現代呂不韋——

民國奇人張靜江

張建智——著

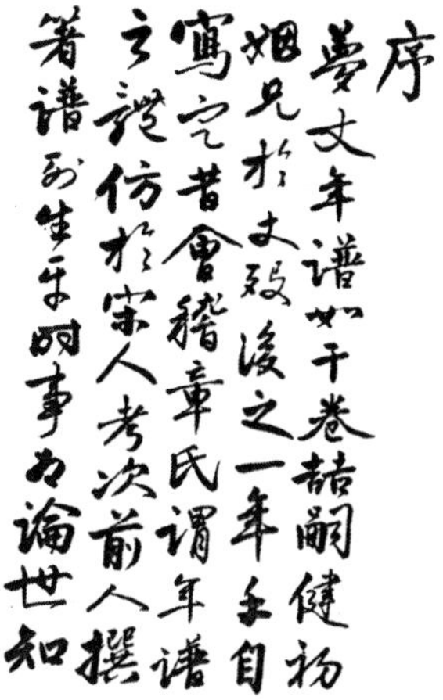

1934年10月，張靜江為《周夢坡年譜》所留下的寶貴墨跡（一）。

1934年10月，張靜江為《周夢坡年譜》所留寶貴墨跡（二）。

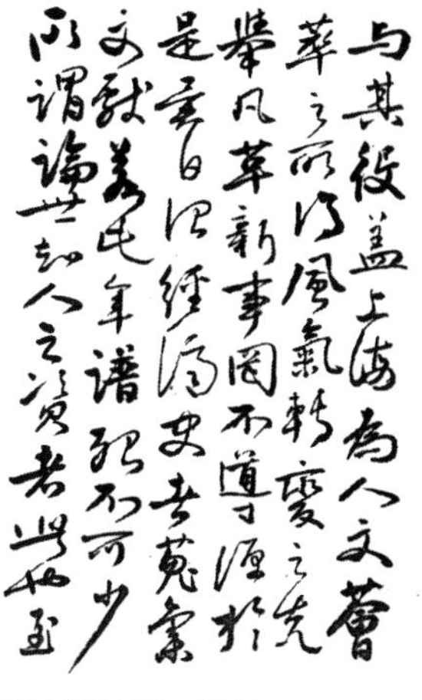

1934年10月，張靜江為《周夢坡年譜》所留寶貴墨跡（三）。

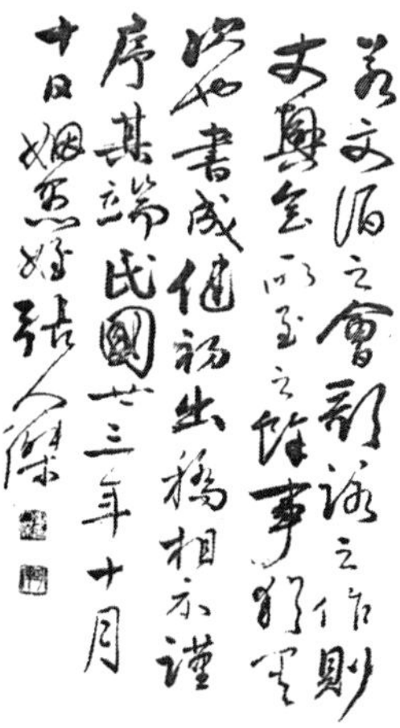

1934年10月，張靜江為《周夢坡年譜》所留寶貴墨跡（四）。

作者在法國巴黎的馬德里廣場。

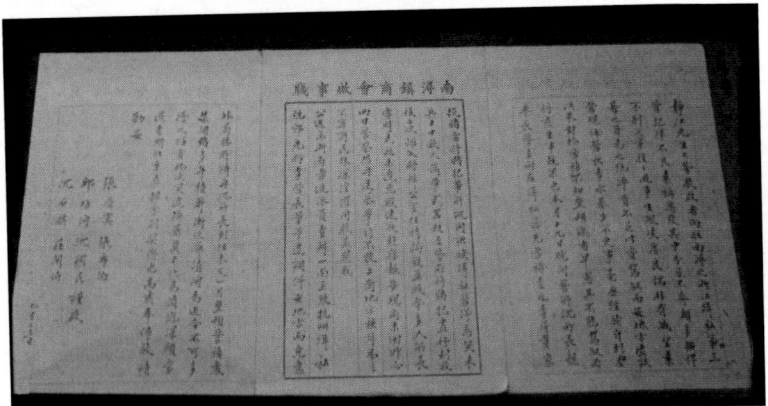

南潯鎮商會啟事牋

南潯商會給張靜江寫信要求查辦違法官員。

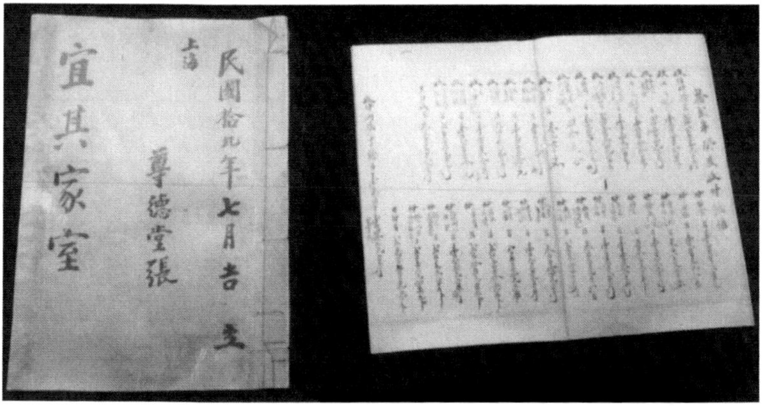

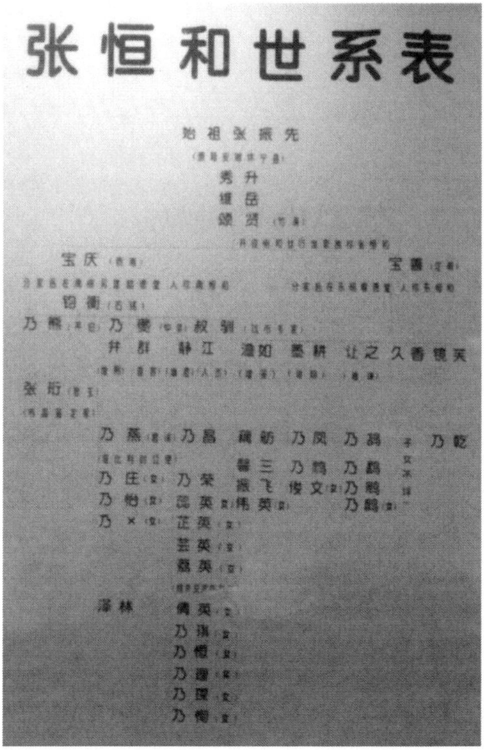

上：張家日用開支賬（1930年）保存完好，說明傳統的勤儉治家風格。
下：張氏家族之世系表。

上：張氏家族之中西合壁的西洋樓。
下：張氏家族之舊居（南懿德堂）。

張氏家族古老的房屋，雕磚結合樸秀美。

張靜江在上海思南路舊居

張靜江女兒與陳友仁。

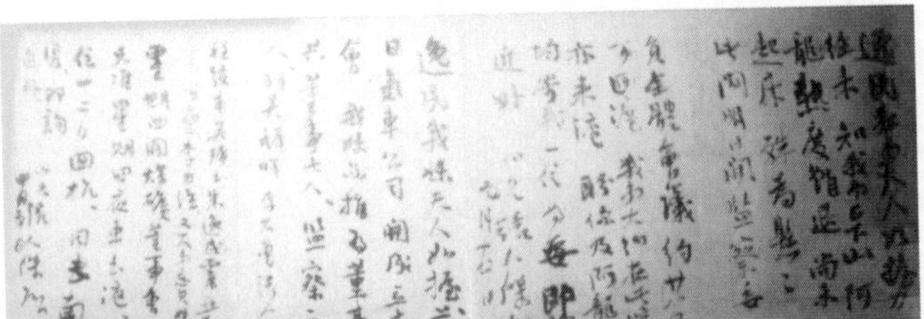

張靜江忙於政治與經濟建設，但凡外出總抽時寫信給夫人。此信可讀出其對家廷生活的眷念。

上：張靜江故居正門前是原青石板鋪就。1998年列為文物保護單位。
下：張靜江書法及畫。

上：張靜江為陳立夫所書。
下：張靜江祖上之尊德堂。

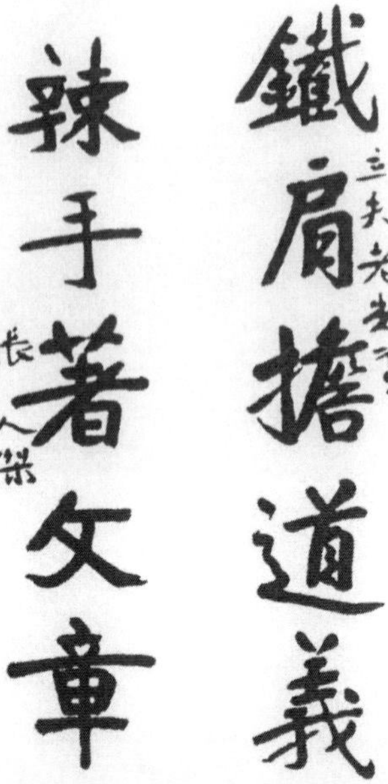

張靜江祖上東園舊影。

張靜江與續妻朱逸民生二子五女。這是張與續妻及兒女們的家庭合影。

上：張靜江與夫人
下：張靜江與祖父、父親、兄弟合影。
祖父張頌賢（中），父親張寶善（左一）、張靜江（右一）、張弁群（右二）、張澹如（右四）。

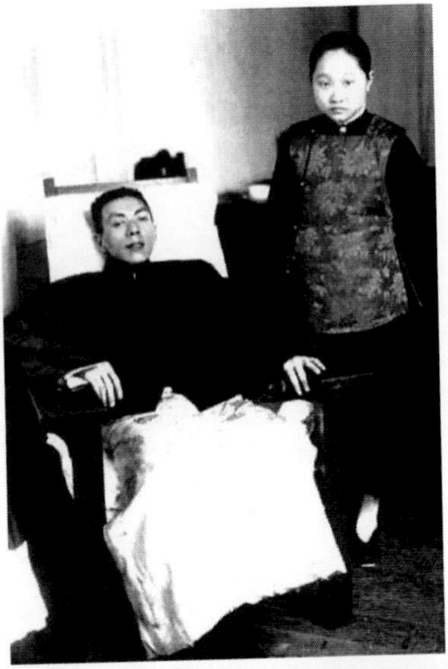

張靜江續妻朱逸民（右一）與蔣介石前妻陳潔如（中）是小姐妹。
蔣介石與陳是朱作的媒。

張靜江與股東們合影。

張靜江親家劉承干所建嘉業堂藏書樓（60萬冊）。

張靜江青年時的照片。

張靜江（前排右二）陪孫中山（前排右四）在海寧觀潮。於此孫手書「世界潮流浩浩蕩蕩，順之者昌，逆之則亡。

張靜江（坐者）與汪精衛（前左二）、孫科、陳友仁（右二）陳銘樞、鄒魯、張繼等合影。

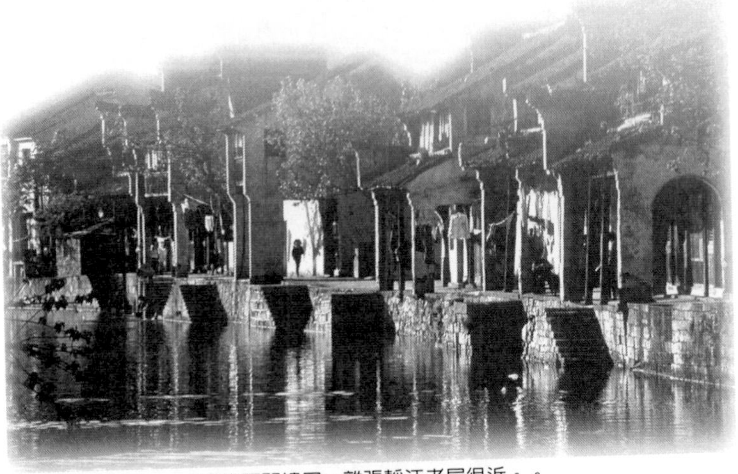

明代百間樓屋。離張靜江老屋很近。。

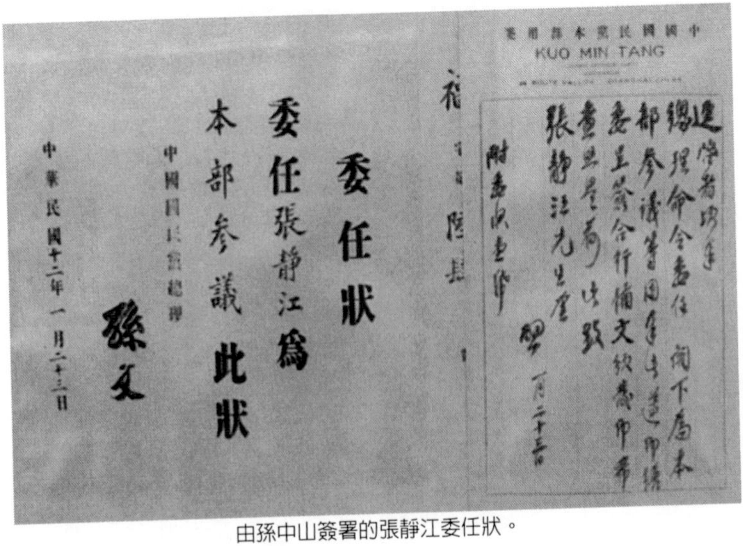

中國國民黨本部用箋
KUO MIN TANG

委任狀

委任張靜江為

本部參議 此狀

中國國民黨總理

孫文

中華民國十二年一月二十三日

由孫中山簽署的張靜江委任狀。

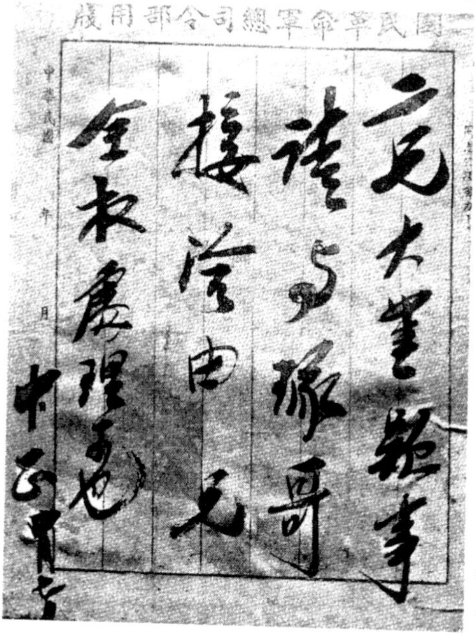

國民革命軍總司令部用箋

二兄大鑒：難事
請与璦哥
接洽由兄
全权處理可也
中正

上：自湖州而來的運河通南潯通津橋。
下：蔣介石給張靜江信。

蔣介石給張靜江的照片。

錢大鈞贈張靜江照片。

上：陳潔如去美時照片。
下：革命低潮時張靜江返鄉與兒女們合影。

目次

下篇　一九二八年後的張靜江／267

上篇

一九二八年前的張靜江

十九世紀末與二十世紀初，從一八九五年至一九一三年第一次世界大戰前，中國的資本主義有了初步的發展，但始終受到清政府封建體制的遏壓與摧折。一八九三年孫中山提出「驅除韃虜，恢復中國，創立合衆政府。」這是中國歷史上破天荒的創舉。在孫中山領導的民主革命鬥爭中，張靜江是唯一一個毀家紓難，斥鉅資以助革命成功之人。於此，他被孫中山譽為「革命聖人」，並榮膺國民黨「四大元老」之一。爾後，對於蔣介石的崛起、創黃埔軍校、北伐、建立國民政府；張靜江以其病衰之軀，為之嘔心瀝血，運籌謀劃，立下汗馬功勞。然而「鳥盡弓藏，兔死狗烹」，這在封建主義羅網之中，他，最終還是逃脫不了被排除出權力中心的命運……

一、休寧祖先

天目毓秀，苕水流芳，一座歷史名城，因傍太湖，而名為湖州。「繞廓群峰列，回波一鏡如」，地處富庶之太湖，毗鄰幽篁的莫干。「環城三十里，處處皆佳絕」（蘇軾），地靈人傑，名人輩出，自魏晉唐宋以降，這裡形成了悠久的人文傳統。

東西苕溪，自巍巍天目，江水蜿蜒而下，岩巒聳疊，山水清遠。「江外湖州最卑下，大雨時行浸原野」，自湖城向東，七十里外，入嘉湖平原，江南名鎮南潯，就座落在這裡。

一八七七年九月十九日（清光緒三年，農曆八月十三日），這天，古鎮上，人頭鑽動熱鬧非凡，這個吉祥的日子，在南潯鎮東柵、龐公祠西首，一座人稱「鹿門舊德」的龐家大宅內，一個新生兒呱呱落地。翻遍方志與史料，這個小生命降生前後，並未有任何瑞兆。但是，這小生命長大後，他那不同凡響的經歷，卻與二十世紀的中華民國歷史緊緊地繫聯在一起。

他，就是後來在中國政治舞臺、經濟建設上，作出極大貢獻的民國奇人——張靜江。

張靜江先祖，世居安徽休寧。當時「徽商」在徽州六縣中，早已形成從商的風習。徽州除黟縣、績溪，業商形成較晚外，其他地區如歙縣早已「業賈者十家而七」了。而張靜江先祖所居的休寧，是「以貨殖為恆產」之縣。可見其祖上視業賈，為重要的謀生手段。

然其先祖，為何於明末攜家眷轉輾至浙江？這許與明末農民起義軍對徽商的打擊有關。當時，李自成領導的農民義軍，雖然也實行「平買平賣」保護商人的政策，但對有了一定家產的商賈，則仍實行打擊措施。從明萬曆後至康熙初年（一六六二－一七二二）近百年間，由於徽商之發展屢遭挫傷，故於徽商心理上，與農民軍總處於不合作狀態，這加劇了農民軍對他們的仇恨。大順軍攻克北京後，視徽商謂「徽人多狹重貲，掠之尤酷，死者千人」。

身處明末兵荒馬亂之際，作為休寧商賈，往往難逃受打擊的厄運，隨明朝覆亡，一切灰飛煙滅。在此局勢下，張靜江的先祖，可能正是受到農民義軍打擊的一個群體，只能「攜眷」離鄉背井，沿途新安江，一路遷徙，長途跋涉，為避亂世之禍。另則，重尋新的商地。

在一路遷移的過程中，張靜江先祖最終選擇了江南水鄉的一個小鎮——南潯。因這塊位於太湖南岸之地，也向有業賈的傳統。於獨具從商經驗的曾祖張維岳眼中看來，這裡無疑是一塊風水寶地。這裡是「工而成之，商而通之」四通八達之地，猶如《史記・貨殖列傳》太史公所描述的那位四川人卓氏，因具經營眼光而長途跋涉，最終找到了一塊經商之地——臨邛，從而使卓氏一躍成為巨賈富商。

張維岳也以這般的眼光，像古人那樣找到這塊土地：它，北瀕太湖，氣候溫和；水運有大運河，向東直達上海，向西通錢塘杭州、可前往京畿；歷來是蘇、嘉、湖、杭之交通要衝。有業賈頭腦的張維岳，不但看到了區域優勢，而且，南潯還瀕臨黃浦江，有著通大海走向國外的方便之門，這些天時地利的條件，堅定了張家擇居了這個小鎮的決心。

與此同時，這江南水晶晶的小鎮，更具特有的人文環境。張靜江的曾祖張維岳，心中有徽州文化素養，他是商人卻通文墨，不失儒雅風度。徽州六縣之一的休寧，在我國文化史上，有著悠久的淵源。大學者胡適曾說：「我們徽州人在文化上和教育上，每能得一個時代的風氣之先。」說的也是，徽州籍的學者，歷史上可數出一大堆，如十二世紀的朱熹，十八世紀後的戴震、俞正燮、凌遷堪等等，他們在我國文化、教育史上，是不可多得的人物。而這個江南小鎮的南潯，以其稟賦的人文歷史，受其清純靈性的水文化的滋養，也可堪稱吳越文化史上星漢燦爛之地，他曾是明嘉靖禮部尚書董份和明萬曆首輔朱國楨的故鄉，史稱「一地三閣老」。康熙皇帝就因此地文化繁盛，製造了一個「莊氏史案」。

這個江南水鄉重鎮，遠在春秋戰國時，陶朱公范蠡，常駕一葉扁舟，於這塊太湖沿岸的富庶之地，出入經商，至今尚存遺跡。元末明初富可敵國的沈萬三，原出身南潯的歷史記載，還隨處翻到。這裡，貨運暢流，商業繁盛，進出便捷，歷來為貨殖者所嚮往。南潯的絲織品早在明清，已被宮廷列為貢品，選為帝后龍袍鳳衣、官僚權貴禮服、嫁衣的上乘原料，早就名聲遠揚。也許，張維岳在安徽或避居浙江時，早聽到了頌揚其蠶絲的歌謠：

白絲繅就色鮮妍，賣與南潯賈客船；
載去姑蘇染朱碧，阿誰織作嫁衣穿。

由於張靜江的曾祖，早耳聞目睹了這有利條件，在清康熙年間，他把最後的落腳點，擇定在這座江南小鎮，（詩人徐遲，曾把其自傳體小說定名為《江南小鎮》）就此，也開始了張氏家族，在這塊土地上的漫長艱辛、如夢如幻的商旅生涯。

據現存的資料記載，張氏家族在這個江南小鎮開始客居時，初為商販，僅開一爿小醬鹽店，謀生度日，由於頗善經營，慢慢在南潯站住了腳跟，且不斷向臨近的杭州、上海、無錫等地，不餘遺力地拓展經營。不久便積蓄下不少財富，人丁開始興旺，家族不斷壯大。

當然，時至今日，有關張氏家族在休寧的世系情況，資料闕如，文不足徵。依據張靜江故居的資料，張氏家族的世系，分列如次：世祖：張振先居安徽休寧。高祖：張秀升亦居原籍。曾祖：張維岳，離開安徽，一路遷徙後逐漸定居南潯。祖：張頌賢，字竹齋（一八一七—一八九二）居南潯業商，由於經營有

張靜江祖父——張頌賢（1817–1892），字竹齋，創近代絲業出口貿易。

方，遂積聚資金。

一八四三年十一月，上海闢為通商口岸，張頌賢利用南潯與上海的水運便利，行絲商坐賈，開始經營生絲出口，其利頗豐，慢慢在十里洋場的上海，嶄露頭角。

張頌賢生二個兒子，長子張寶慶，字哲甫。次子，張寶善，字定甫。光緒十八年（一八九二）張頌賢逝世時，張家已成南潯富豪排行榜「四象」之一，財富實力已非常雄厚。至此開始分家，長子張寶慶（哲甫）分家後，購進南潯南西街的顧家大宅，加於擴建後稱「南恒和」，立堂名為「懿德」。次子，也就是張靜江的父親張寶善，分家後仍居祖上老宅，但進行了擴建，因在南潯鎮東柵，遂稱為「東恒和」，立堂名為「尊德」，特由清末狀元張謇題扁額。

清光緒三年，張靜江降生在這樣一個江南商賈的世家。在這個小生命降生之時，雖已有嫡兄張弁群。但祖父在世時，獨寵愛這個二孫子——張靜江。雖然，在他後面又降生了五個弟弟，但家族的傳承和希望的曙光，終究落到了張靜江身上。他一生從降生之日起，似乎便註定，命運，就像鐵定一樣，無法逆轉。

張氏家族保存下來的祖宗像。先祖們世居安徽休寧。第二排右二為張靜江祖父張頌賢。

二、故里南潯

太湖之南，湖州府所轄的南潯鎮。因水質清、土肥沃，適植種桑養蠶。其「耕桑之富，甲於浙右」。至明代，天下蠶桑之利已「莫盛於湖」。一郡之中「尤以南潯為甲」。明清時，南潯輯里絲，盛名於世，絲綢「名甲天下」。江南市鎮經濟的發展，孕育了大批商人。鴉片戰爭後，隨上海通商之便，絲商群體崛起，南潯「四象八牛」之富豪，名貫江南，並早早走向世界。

然而，這古鎮悠久的人文歷史，遠可追溯至東晉。但以「潯溪」之名，卻在南宋紹興五年（一一三五），到了南宋嘉定（一二〇八），潯溪改名為南林，歷史上的「南林」已是農桑繁盛，行商坐賈，「商旅所聚，水陸要衝之地」（古代碑刻已有記載）。南宋淳佑十年

張家尊德堂全家合影，居中老者是張寶善，後排左三為張靜江。

（一二五〇）建鎮南潯。其物產富饒，水陸便捷，自宋後，南潯很快成為工商繁盛的市鎮。「其與吳江接壤，宋元有城，有驛站。鎮分東、西、南、北四柵。因里人張雲峰，登狀元榜，在北柵早建有狀元坊。」（川騰守《明清江南市鎮社會史研究》，汲古書院）

元末至正十六年（一三五六）南潯重修，城牆周長達一千零六十六丈五尺，高三丈，寬一丈。至明洪武三年（一三七〇）因修建蘇州城，急需牆磚，南潯城牆被拆。城拆後，市鎮中心漸由南向北轉移。南潯鎮東，古運河十字型水系交叉處，那座高聳的「通津橋」，就成為全鎮的中心。橋北為東大街西端，橋南有一條小街，名曰「絲行埭」，是歷史上輯里絲的集散地，素以經營蠶絲業著稱，鎮上眾多巨富，起家於此。清乾隆時，詩人曹仁虎在《南潯竹枝詞》中就有這樣的描述：

紅蠶上簇四眠時，金繭成來欲化蛾。
聽道今年絲價好，通津橋外販船多。

河的兩岸，橋的周圍成為熱鬧的商業區。明清兩代的南潯鎮，其地域，由自西向東的運河與自南而北的市河相交，構成了一個繁華的十字港。可以想像，當時的南潯鎮，人來人往、熙熙攘攘的商人們，每天清晨，霞光甫出，忙碌地交易著絲綢，棉花和布匹；出港捕魚的漁民們，叫賣著魚蝦水產，文人士子，吟詩作詞，茶肆神聊，儼然是一幅江南水鄉「家給人足」的民俗風情畫卷。

明代嘉靖、隆慶以後，由於這江南重鎮絲市與絲織業的發展，南潯鎮日趨興盛。一些著作中記載：「當蠶絲入市，客商雲集，四民各司其業，彬彬然一大鎮會矣」。明代中葉，南潯科舉盛行，許多里人中舉，並有多人成為朝廷大員。至明萬曆年間，南潯絲市，已極繁盛。鴉片戰爭後，「海禁既開，遂行銷歐美各國」，輯里絲蜚聲國際市場，使南潯絲業進入了全盛時期。這時的南潯鎮，範圍變得更為寬廣，東西寬三里，南北長七里，沿河佈滿了店鋪、絲行和碼頭。其時，各地富商巨賈（包括外國商人），雲集這座古鎮。從而出現了以財產多少形成了排行榜，傳有「四象八牛，七十二隻金黃狗」的民間諺語。《湖州風俗志》曾謂：「象、牛、狗其形體大小頗有懸殊。以此比喻各富豪聚財之程度，十分形象。民間傳說一般以當時家財達百萬兩以上稱『象』；五十萬兩以上不足百萬者稱『牛』；三十萬兩以上不足五十萬者叫『狗』」。當時的南潯已躍居「江南首富」之鎮。時有民間俗諺戲稱：「湖州一個城，不及南潯一個鎮」。清代晚期，由於戰爭迭起，國力式微，許多著名的市鎮，大多日漸衰落。但南潯卻依然能保持商業繁榮、煙火萬家的盛況。正如詩人所吟：「水市全家聚，商魚舟結鄰。」「東西水柵市聲喧，小鎮千家抱水園。」這種繁榮景象，一直延續到清代、民國。

水鄉南潯之秀美，有一條水晶晶的彎曲而又細長的市河穿行而過。古老的石拱橋，整齊的石駁岸，隨處可見；河兩岸，綠柳迎風，河水清澈見底，魚蝦成群地在水裡悠閒地遊蕩，閒時踏級入水，不免心曠神怡。夾河有小街水巷，依水的民居，修著白粉牆、鋪著青黛瓦。而那些大戶人家，自有巨宅宏廈，雕花的門頭，堅實的石柱石階，庭院裡栽有百年古松翠柏，這個江南古鎮悠久的歷史形象，至今保存於國內外的畫像、相冊中。

至今還有一處，保存最為完好，那就是具有風情的鎮東百間樓屋。據說，是明代丞相董份的女眷、家奴們的居住處。這建於明代的百間樓，離張家大宅老屋不遠，沿一座座廊屋一轉彎便是。百間樓屋，臨水而築，清盈盈的水流，淌洋河道徐徐蜿蜒伸向遠方。一道道聳起的封火牆，一重重拱式的過街券洞門，一排排沿河的柱廊簷，一座座河埠之石階，再加上灰屋頂，斑駁灰白的門牆，棕黑的木門、隔扇……這迷人怡然的景象，如夢如幻，隨形入影，波光閃爍，錯落有致地倒映在水中，真可謂是：「水晶晶的倒影，映出這個水晶晶的世界！」

這裡，曾是張靜江幼年，常去玩耍的地方。他與家中的兄弟姐妹們，在那裡捉迷藏或觀看兩岸優美的風光。潯溪悠悠，運河流延，河渠縱橫，舟楫四通，河街相交；這種景像，讓張靜江幼小的心靈，看之神往，就是到了壯年，他還曾以這景致入詩。一座座石橋，頂拱高大，幾近雄偉，這在中國可謂少見。這個江南重鎮有這般石橋七十二座，而每座橋都有詩與畫的題材，這些題材和故事可謂說不盡，道不明。如清風橋、垂虹橋、洪濟橋、明月橋、通津橋等。那一座座石橋的橋名都有對仗，橋柱刻有楹聯，或詠史頌賢，或抒情寫景，還都出自名人手筆。

在那江南古鎮曲彎的河邊，年年月月，日日夜夜泊著許多打魚就市的漁舟，可以看到船旁張著大網，網裡是活養的鮮魚，等候大宗買主。一隻隻新抹過桐油的船板在陽光下閃著黃燦燦的光澤，船艄上晾曬著船娘和小囡們鮮豔的衣衫；而到了夜晚一條條漁船上，冒出縷縷炊煙，星星點點的燈火點綴著夜幕下的河港，船娘們用清脆的嗓音唱著動聽的漁歌。這一切似乎在告訴人們，船民們在這個江南富鎮上過著打漁為生、不愁衣食的安樂生活。

南潯的水鄉風光，不單外美，而且內秀，富有濃郁的書香氣息。這個古鎮歷來崇文重教，出了不少名人，當過宰相、尚書。而履跡進士、舉人的不勝枚舉。有飽學之士，著書立說，遺惠後人。南潯多藏書家，闢室藏書，各有專名。如張石銘適園藏書，龐元濟虛齋藏書，蔣汝藻密韻樓藏書，張珩韞渾齋藏書；其中建築獨特，網羅聚書最豐者為劉氏「嘉業堂」藏書樓，被人盛讚「嘉業網羅之豐，南金和寶，珠光熠熠，目迷五色，宛若置身嫏嬛福地」。現惟嘉業樓藏書，保存至今。

南潯還是園林之鎮，在清代最盛時大小花園有十二座之多，至今還留有「小蓮莊」等美麗而又典雅的園林，此

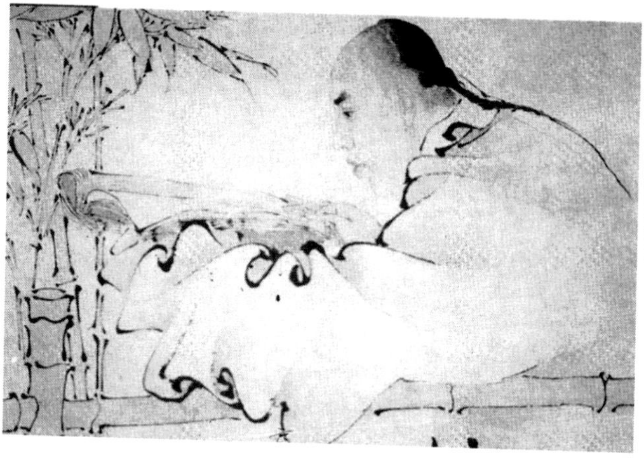

任伯年為張石銘畫讀書圖。

「小蓮莊」正又比鄰適園，兩個花園互相輝映，一年四季，春花秋月，梅雪荷風，故清末宣統皇上特賞「欽若嘉業」匾額，被這江南古鎮，引為殊榮。張靜江無論在國內政界，還是退出政界移居美國期間，言談文章之中，都時時要惦記起這一美麗而富饒的故土。可惜張靜江從一九〇二年離開南潯後，由於他多年從事革命以及在政務上的忙碌、還常年奔波國外，故只能對他的家鄉時時魂牽夢縈，雖偶有幾次回鄉的機會，但都非常匆忙而又短暫。

直到解放後幾十年，時張靜江的孫女們才帶著祖輩們的夢魂，重又踏上桑梓之地。當然，在張靜江童年、少年曾居住過的這塊美麗的土地上，悠久的歷史載有盛事，但也發生過慘事。康熙二年，癸卯，（一六六三年）南潯發生了莊廷龍史案，這史案是由罷黜的歸安知縣吳之榮所發動。僅此一案，便有數百文人墨客橫死刀下，避席畏聞文字獄，莊氏史案，可謂開清代文字獄之先河。這座小城除了歷史上的屠城之禍外，清朝的文字獄，也給這座江南古

南潯「四象」之一的劉家積累財富後所建江南有名的藏書樓——嘉業堂。劉家也是張靜江親家。

鎮留下極為傷心的記憶，為天下士子留下了無數的歷史噩夢。這個歷史的噩夢，直至三百多年後，即在一九六九年十月二十三日到一九七二年九月二十二日，卻由金庸先生以莊氏史案為題材，寫了一部通俗武俠小說《鹿鼎記》，才廣為流傳。

三、恒和起家

如果說張靜江的曾祖父張維岳，能獨具慧眼看出古鎮南潯，這片江南風水寶地上無與倫比的業賈條件的話，那麼從他的祖父輩開始，張氏家族已經充分利用了洋務運動後開放的機會，改變了原來徽商的傳統經營方式，從而在資本積累上邁開了新的步伐。張靜江的祖父張頌賢，在南潯鎮繼承了他的上一代的小本經營後，也慢慢積累了一定的資本。而他經商的時代，也正是中國歷史上逐漸受國外資本勢力侵蝕和滲透的時代。道光二十二年（一八四二），鴉片戰爭失敗，清政府被迫與英國簽訂喪權辱國的《南京條約》。一八四三年十一月上海闢為通商口岸。爾後，上海又准許華人在租界向外國人「租地」、「租屋」，逐漸發展成為了英、法、美等國的「公共租界」。不久，由此而延伸出上海工部局，以及由工部局所辦員警所（巡捕房）。從這以後，公共租界在司法上也儼然獨立。

而當時南潯這個商鎮與上海有大運河連接，水運便利。而浙江的南太湖一帶是中國重要的絲綢產地，特別是馳名中外的南潯品牌高貴、聲譽卓著的「輯里絲」開始運往上海並直接出口海內外。當時英、美、法諸國對中國廉價的生絲需求量逐漸增高，而南潯的「輯里絲」，由於其水質純淨，繅出的生絲品質屬優質上乘，為了適應上海開埠以後出口貿易的需要，同治四年（一八六五）南潯就設置了絲業公所。這個絲業公所的設置實際是為了南潯、湖州等地的商人，為便於他們從事國際貿易與供應外國商人的種種業務和生活上的需要而設立的。今日從許多史料看，那時候搬進租界以內來居住的中國人口已大大劇增，以此同時也說明了作為一個鎮的「絲業公所」之建立，南潯的許多商紳也把自已的商業業務與居家搬入了上海逐漸在擴大的租界。

隨著洋務運動自強、自求願望的日漸高漲，清朝廷對外開放的力度也在不斷擴大，同治十一年（一八七二），上海創設招商局。為致力於發展內河航運業務，隨著南潯至湖州一帶生絲出口的逐年增加，在光緒三年（一八七七），南潯先於湖州設立了內河招商輪船局。

內河招商輪船局的設立，在客觀上也說明了當時南潯商貿歷史上人與財的回流狀況：在十多年前由於太平軍進逼江南後，當時湖州、南潯等地許多富有的地主、地方紳士、及許多有經營頭腦的商人，都紛紛躲避到鄰近的上海一帶；隨著這些人急劇的流遷轉移，他們的資本也隨地轉移，而他們的經營活動也隨之在上海一帶展開。況且，由於鴉片戰爭後的上海已成為一個對外的通商口岸，而在太平軍時期，內地商業的發展缺少圍旋的餘地，這更加強了這些人在上海一帶的資本積累。而到了太平軍結束以後的年代，這些地主、紳士和商人們在有了更多的資本後，他們當然仍要回流到故土來發展、抑或是在上海與故地兩頭來發展他們的實業和貿易。

當運河以及其它的河港有了火輪的往來和運輸，並在與上海等地的運輸得到了進一步的便利後，再加上在太平軍撤退後當時內地的通商與外銷業務的興旺，此時的南潯確進入了一個新的經濟發展時期。

張靜江的祖父張頌賢便看準此時機，把自己的經營方針調整到進一步往出口貿易的方向發展，於是全力在家鄉以「坐賈」方式，把以南潯和周邊村鎮（包括相鄰的江蘇震澤、吳江一帶）所產的生絲收購後都冠以「輯里絲」美名。（因當時南潯產地的「輯里絲」深受西歐市場青睞）在這位縱橫商場幾十年，經驗豐富的商人來看，這時，正是立足南潯走向全國以及各國海外的大好時機，他決意拋棄徽商舊的經營方式，全力經營「輯里絲」的出口業務。從傳統的鹽、典、茶、木，轉向並擴大通洋業務，這一舉措無疑使張氏家族在經營發跡史上跨出了重大的一步。

張頌賢立即在南潯絲行埭（以賣買生絲為業的一條街，靠近大運河邊）和在上海的二洋涇橋的增泰絲棧內，設立了「恒和」絲行。他在南潯的「恒和」絲行大量收進生絲運往上海，同時又在上海設的「恒和」絲行和外國商人洽談成交，一旦這生絲業務談成後，即由黃浦江口岸把這中國的優質絲由海輪運往國外。

那時，還未發明電報、電話來傳遞兩地的商業資訊，全靠「腳划船」傳遞（因這類兩頭尖的船輕便、快捷）。隨著張靜江祖父以及江南其它商賈在經營上的拓展，為獲取快捷的商業資訊，在光緒九年（一八八三）南潯又先於湖州設置了電報局。如此，南潯和上海兩地商業上的活動，經電報往來更進一步加快了商貿業務的速度、廣度和深度。

張家在兩地建立的「恒和」商行在經營上也更活躍，更紅火了，同時張頌賢經營的「輯里」生絲，在海外商貿界知名度與日俱增。他在經營上的有方，又得力於他雇傭的「絲通事」（通曉外語並懂此行的外貿人才），在與外國商人語言上的互通交流，進一步活躍和溝通了雙方的經濟往來。張家從原有的內貿轉入到內外貿的一併經營，漸漸地生意越做越大，在此基礎上更廣開業務，遂使家財暴發，躍為巨富。

隨著張氏家產的擴大，資本的厚積，張家在南潯東吊橋外，原「東墅」古園舊址上建築了高門大宅，並精心營造後花園，取名為「東園」（也稱「張家花園」），因「恒和絲行」聲名顯赫，故南潯鄉鄰又稱張家大宅為「張恒和」。至於張家為什麼取「恒和」兩字，據說是張頌賢取諸於《周易》中的卦辭：「恒，久也。」「恒，亨、無咎，利貞。」其蘊意是永久與長遠之意。又「不恒其德，無所容也。」總之，這些都說明了張頌賢很崇尚中國的元典文化，乃是一個正派的商賈。他深知張氏祖先從徽州遠徙浙江南潯，這其間經歷了不少商場上的艱難和坎坷。而又在他的輩份上，重建鉅賈富豪的基業，靠的是什麼？不就靠一個「恒」字，一個「和」字嗎！

張頌賢知道經商自然有成敗、盈虧，但既要腳踏實地、執著拼搏、持之以恆、孜孜而求，又要成功而不驕、處世如平常、和氣可鞠、風範不移。而「恒」與「和」此兩字，可以說是張氏家族不變的經營理念和永遠追求的目標。因為前者「恒」，正是培育了張頌賢在他經營上的一種強烈的信念和責任感，而後者的「和」，也正是反映了張頌賢這位徽商在經營上的一種特色：始終恪守「誠實不欺」、「公平守信」和「利以義制」等經營理念。故張頌賢把自己在上海和南潯兩地經營絲業的商行相互連接起來，統稱其為「張恒和」這個品牌，自然有其深遠的意蘊。

四、絲、鹽發家

詩云：「戰戰兢兢，如臨深淵，如履薄冰。」用現代語言講：做事要小心謹慎，要謹慎到好像面臨深深水坑之旁，好像行走在隨時會破裂的薄冰之上一樣。張靜江祖父張頌賢在光緒十年（一八八四）那期間在經營絲鹽業這一商業活動上，確實每時每刻都是懷有這種心態的。那時期他雖積有了一定資產，但當他目睹了杭州胡慶餘堂國藥店的老闆，一代紅頂商人——胡雪岩，因為在西方資本侵入中國之際，難於抵卸工業革命，曾幾度破產的經歷後，不禁觸動了他的作為一個商人的神經。

由於西方資本和技術的侵入，再加上當時的許多國外金融銀行業已先後在上海市場參加競爭，使許多業主無法生存的事在當時屢屢發生。張頌賢看到就在自己的故土南潯，就有顧豐盛和周申泰兩家絲行，由於在西方資本主義國家雄厚的經濟力量脅迫之下，孤軍奮鬥，遂陷入了資金周轉不靈的困境，使他也有了如臨深淵般的恐慌。在這種心態下，張頌賢勢必要改弦易轍。而且那時原先靠絲業起家的「恒和」商行，也時顯慘澹。此時此刻不知怎的又使張頌賢憶念起了太平天國期間從事鹽業的往事……

一八五二－一八六四年期間，正是太平軍革命、以及社會的大動亂時期，浙江沿海動亂不定，大片鹽區官吏棄職逃跑，鹽民得以乘機自由運銷食鹽，從而使江浙私鹽充斥市場，使原先官府特許專利的鹽商，失去了原先政局穩定時那種統銷保障的鹽業機制。鹽官在戰亂中紛紛棄逃後，原先官府特許鹽商手中的引票，其原價值慘跌。（引票——為鹽商包銷食鹽數量的憑證，每引為三百八十市），如果，我們能參照看看太平軍革命及連帶的小刀會起義期間，當起義軍曾佔領上海縣城後，他們把清朝官員嚇跑後——那時期的商業是採用一種什麼樣的交流方式？其當時商業交易狀況的混亂也就大致可知了。

當時，有史料記載著這樣的狀況：「上海縣城周圍的護城河邊聚集著上千的人群，大家一齊破著嗓子高聲叫喊，城牆上則站滿了起義軍，也不下千餘人。他們同樣也在朝下喊著。城下的商販，他們肩挑手提，車載畜馱，從市區運來一切可運之物，豬羊家禽、青菜果品、柴火木料……城上的人呼喚著，有的要買豬，有的要買菜，還有的要買雞……當價格講妥後，城上的人，用繩子放下裝有錢幣的竹筐，於是，雞、桔子、衣物就沿牆而上，甚至成摞的木板都能提上去……」鑒於太平軍在江浙滬一帶活動時期，官吏棄職逃跑，商業的交易方式改變了，商人獲利方法、利潤的多少，當然也隨著這種政局形勢的變化而變化。

太平天國農民運動在江浙活動頻繁時期，鹽業當然也時受衝擊。鹽業在那種動亂時期，它的交換方式及獲利的正常情況也被打破了。那時許多持有官府鹽業引票的商人，往往看到政局不穩，紛紛想以低價拋掉。就連當時可謂是杭州最大鹽號的杭州「小粉牆」大鹽商朱恒源，也由於連年征戰，百姓流離失所，一派蕭條景象。鹽號裡到處堆滿了鹽，卻沒有人來買，老闆急得像熱鍋上的螞蟻。因為朱恒源心中最急的是在他手中積壓了一批鹽引票，他一年的本錢和貨源全在這些引票上了。在戰亂之中如果鹽賣不出去，那麼鹽引票又有什麼用呢？不全貶值了麼！如他再壓著這批資金待下去的話，肯定要把鹽號的老本蝕光，所以他一籌莫展，急需將他手中的十萬引票快快脫手掉。

而那時期張頌賢卻有獨到的祖傳徽商的業賈經驗，他獨具慧眼，卻另有自己和當時的商人不同的看法。他認為像鹽業這樣關係民生的行業，久而久之，官府必定不肯放手讓私鹽販子亂販私鹽，也不可能完全讓商人在鹽業上自主經營的，待時局一穩定，朝廷必然要重新統轄鹽業，整頓管理秩序，那時這些鹽引票可就大大值錢了。而且當時張頌賢感到在其它業務方面正受到衝擊，也確無生意可做，所以他也有意要介入這個行業、因為待時局一穩定，鹽業可說是一本萬利的行業。

為此，他通過中間人和朱恒源頻繁接觸，他看到朱急於想拋掉，於是張頌賢和朱討價還價，還唇槍舌戰，最後殺價以十萬兩銀子全部買進當時這些鹽引票，並馬上把朱恒源引票過戶為張恒源引票。從此，張頌賢除「張恒和絲行」外，又誕生了「張恒源鹽號」。到了同治三年（一八六四年）隨太平軍起義的失敗，太平軍終於又退出江浙，果然不出張頌賢所料，鹽區又設鹽官統制，原先的那些鹽引票之價值亦隨之大幅度回升，猛漲十倍，真可以說時來運轉，這一鹽引票的生意，驟然大大擴大了張靜江祖父的財富。

在回憶了這段太平天國期間，他靠低價吃進，高價賣出的鹽業生意的往事，雖也過去了二十多年，但在張頌賢的心中還給終歷歷在目。通過對已逝去的往日那些經營的深刻反思，他重新審視了當時的時勢，看到由於蠶絲業受外國資本和技術的影響，中國之絲業將面臨很大的衝擊。於是張頌賢很快便收縮了他在上海所經營絲業的生意，重新調整了業務方向。在著意作了一番調整經營方向以後，他又去專營鹽務生意的活動了。張頌賢畢竟是商場上的老手，當他專營了鹽業，在鹽生意業務方面他真是駕輕就熟，他既有魄力，又有方略。在鹽業生意上，他還得助於姻親周慶雲（字湘舟令）及外甥李維奎（字聯仙）的大力襄助。他和太平軍剛退出地區的官員緊密合作、互相配合，他還在鹽區建鹽場，鹽廒，就地坐收包運、並聯合其他鹽商成立鹽捕營（亦稱商巡隊，即可算鹽警，後改為輯私營）。張靜江祖父張頌賢在從事鹽業管理上可謂很有策略，一面緝查私鹽，一面借官商營利，一舉二得。他借助太平天國的覆滅，自己又有非凡的經營本領，專營鹽務後，業務越做越興旺。

今天我們看到南通張謇所撰的《烏程張封公墓碣》中就有這樣一段資料，正可佐證張家經營鹽業獲利之豐的歷史事實：

同治初元，私販充斥，引滯課詘，鹽法大壞，巡撫召商集議。張頌賢連約諸商，收餘姚岱山之私，輕課減價，以陰敵緣江並海之私。於是商利溢滋，官課以充，而家亦日以豐大。

從《烏程張封公墓碣》中，可以使我們窺見當時張家由大絲商轉化為大鹽商，並已成為浙鹽之首的歷史軌跡。的確，當初只用了十萬元買進的鹽引票，不久，隨著太平軍起義的失敗，時局恢復的平靜，老百姓重又過上安定日子，鹽的生意又火紅起來，鹽價大大抬高。到此時，張頌賢的鹽引票之價值已增值到二百多萬元，無疑發了一筆大橫財。從此他的絲行生意，鹽業經營更加發達壯大。同時，在有了更多的資本後，他又跨行業經營起房地產，資金信託等生意。當時，「張恒源」經營的浙鹽已橫跨浙北，蘇南，皖南三省，張氏家族遂成為全國有名的大鹽商。

五、「四象」之一

南潯是一個巨富之鎮。這個鎮可比得上全國許多縣市所在地，也許，有許多窮鄉僻壤的縣市還比不上它的一條街。這可不是誇張的說法，由於它是中國一個罕見的富商聚集之地，孫中山就職臨時大總統後的第二天，就曾正式宣佈南潯升級為一個市，如果孫中山後來不被迫辭職，興許這個鎮就在中國行政的區域圖上，它在辛亥革命後就一直是個市而延續至今了。

那時這個古鎮的人口已超過五萬。而且在通訊、發電和交通運輸上在當時已很發達。在這古鎮上，有著號稱「四象」的四個大家族，同時還有類如寧國公、榮國公那樣的大家公爵似的氏族也代代沿襲相傳居住在這塊土地上。這古鎮上還有人們號稱「八牛」的大富大戶們，以及擁有一定數量財產的，俗稱「七十二隻金黃狗」那些大大小小的財主們也長期繁衍生息在這裡。在晚清同治，光緒年間，浙江的古鎮南潯已出現了一個因經營絲業而發家的為世人所矚目的豪富階層群體。那時人們以三種動物來形容這些豪富階層財產的多少，但他們的財產究竟有多少，可以說至今還是個謎？故民間諺語眾說紛紜，而一般民間流傳下來的認為「象」是擁有財產百萬銀兩以上的富豪；而財產在五十萬至百萬銀兩者被當地民間稱為「牛」；再次擁有三十萬兩至五十萬兩以上則稱謂「狗」

了。其實在當地夠得上「狗」這一檔次財富的商戶遠不止這個數。在號稱「四象」的劉、張、顧、龐四個大家族中，劉姓氏族當時的財產估計可在二千萬兩左右，張姓氏族的財產則也達到一千二百萬兩以上。而稱謂「牛」的在當時已被公認了的就有邢、周、邱、陳、金、張、梅、蔣八大家。（也許夠得上這樣財富的商戶還不止這八個家族，因為，有的商戶還未能浮出水面。）這樣看來，當時這個在鴉片戰爭後崛起的江南絲商富戶的家族群體，他們的總資產額，估計當在六千萬至八千萬銀兩左右，這確是個令人吃驚的數字。因為當時清政府每年的財政收入也不過七千萬兩左右。可以說在南潯崛起的這個絲商群體，對當時中國最富庶的江浙地區抑或是全國的社會、經濟、文化變遷都產生了不可估量的影響。

在這個崛起的群體中，張家由於絲鹽起家後，財源滾滾，到光緒十八年（一八九二）張頌賢逝世時，張家已成為南潯富豪中的「四象」之一了。其餘「三象」是：開設劉振茂絲行發家的劉鏞，開設龐怡泰絲行發家的龐雲金曾，開設顧豐盛絲行發家的顧福昌。而以張家當時的財富實力，已僅次於「四象」之首的劉家了。劉家的後代，使今天的人們還能記得的，已不再是當時的財富；而是劉家留下的嘉業堂藏書樓。

魯迅曾到劉家在上海的別墅買過書，還在他的《病後雜談》一文中提到劉家的後代說：「對於這種刻書家，我是很感激的」還在給楊霽雲的信中稱讚劉的後代：「非傻公子如此公者，是不會刻的，所以他還不是毫無益處的人物」。劉家當時財富第一，還為後人留下文化美談，確稱得上是

「四象」之首了。

張家以絲業起家，爾後轉到經營鹽業，但在鹽業經營方面卻比其餘劉氏、龐氏、顧氏在其經營策略上頗高一籌。張家傳承徽商在經營鹽業上的開家本領，在南潯又獨家經營鹽業。從太平天國戰亂至光緒末年這其間，張家逐漸掌握了浙鹽二十餘萬引票，鹽業的包銷範圍已跨越浙北、蘇南，與皖南十餘縣。張氏在湖州、嘉興、新塍、蘇州、無錫、常州、宜興、鎮江、栗陽、金台等地，以及皖南的蕪湖、宣城、寧國、廣德等許多市縣、城鎮設立經營鹽業的分支機構。這種分支機構，那時稱為「鹽公堂」。我的祖父張雪章，那時就是執掌無錫鹽公堂的一位經理，他當時就是在張氏家族的無錫鹽公堂供職時積蓄了些財產，後來就在南潯辦起了教育事業，開辦了南潯的「雪章小學」。當時張家把鹽業經營的總機構設在上海的九江路大慶里，這個鹽務的總管理機構，當時稱為「恒源老帳房」，由張頌賢的外甥李聯仙任總帳房，相當於現在的總經理負責制。原「恒和絲行」帳房由林海生任協理，孫子張澹如（張靜江的弟弟）為總管事，執掌各地鹽公堂業務與人事大權。

張家經營的鹽商業務，已基本上統制了江浙一帶長江三角洲區域。他投在鹽業上的資金如滾雪球般越滾越大。據前宜興鹽公堂吳馥蓀老先生介紹，單純是這些鹽公堂在光復前年銷食鹽的數量已超過十五萬引了，以每引三百八十元計算，這個銷售數字是非常驚人的。據考查資料，那時在產鹽區向鹽民收購食鹽每擔僅二角錢，就算加上鹽稅與附加稅以及當時的運輸費，合理損耗，每擔成本至多上升到四角，而各地鹽公堂賣出的批發售價每擔要高達一元二角，所以鹽商包銷食鹽，去除一切成本開支獲得的利潤是相當可觀的。

每到年終，張家的總帳房便按盈利提成分紅，並視職務大小不同而各有區別，人各一份。在張家從事鹽業工作，待遇是很好的，這從我的祖父在任職無錫鹽公堂經理任上時就是一例，他從鹽公堂按盈利提成分紅所得就有了一份很濃厚的資產，他也除辦教育外也可逐漸開始自己投資開工廠，辦醬鹽工廠及商店。故當時能進鹽公堂者，被視為抓住了金飯碗，從上到下，人人盡責盡力。我們可以想見，當時在鹽業經營業務上，從鹽工、鹽商到各鹽公堂經理負責的一體制度，是一個管理有序，分工負責，效益很高的經營體制，張家所以能積累巨大的財富，是和他有一套從商的市場靈活機制和管理是分不開的。

張家有了鹽業的經營權，不僅壟斷了食鹽的運銷，而且還擴展多種經營業務，即同時經營對鹽業製品的再加工產業，如開辦醬園店等。當時僅在南潯，就開辦了張恒泰、張恒昌、張元泰、張啟泰、老裕泰以及外玉潤等各號的醬鹽商店。同時在附近各鎮亦同時設立如現在所稱的連鎖店式的經營體系。其經營範圍很廣，如造醬、做醬油、制辣醬、加工醬菜、腐乳、醃臘等行業。張家在這些方面的業務已壟斷了方圓五十里外的各鄉鎮，這些鄉鎮上的各種鹽業經營業務都統歸張家管理。張家的多種經營，後來還發展到了綢緞業、金融業。開設了當鋪、錢莊和信託公司，房地產業置辦田莊、地皮，直至發展到近似現代投資銀行式的經營業務。

可以說，張家在中國近現代歷史上，如從經營業務的多樣性來看，從一八四〇年鴉片戰爭後，特別是自上海開埠後，可謂已領先於當時的山西晉商及安徽徽商，這不能不說是開一代經營歷史之先風。張氏家族當年以一爿小小的醬鹽店起家，到光緒十八年（一八九二）時，已成為了中國商業史上，一個以絲鹽起家的經營的典範。

六、童年時期

張靜江（一八七七—一九五〇），名增澄，字靜江，又名人傑，號為飲光。別號臥禪，佛名智傑。父親張定甫，元配生五子（繼室所生子女甚多，不闡述）。張靜江排行第二，鄉里一帶的人及張氏親友熟人都稱之為「二先生」。張靜江的祖父張頌賢最喜歡這個孫子，認為他的「八字」好，日後必能成大器。但由於這個孫子的「八字」中五行缺水，又命中註定會勞於奔波，故給他取名為增澄，並字靜江，以補命中之不足。由於受祖父從小的溺愛，養成了張靜江倔強好勝和主觀性強的性格。他在幼年時就「性殊頑劣」，但在智力上已顯現出了他高於一般同齡幼童的情況了。

張靜江的童年生活是非常快樂與放縱的。他少年時就喜好交友，並崇尚豪俠之氣，他從小慕宋代女詞人李清照一首詞中的一句話「生當為人傑」，故又自名為「人傑」。後來這喜好的詞句，成了張靜江一生從政的官名。張靜江幼年雖亦延師攻讀詩書，但因出身大賈富豪之家，難免有嬌生慣養的習氣，及長，因身體之故而功名無成。但這並未阻礙他秉性聰慧，做事有毅力，喜歡靈活地接受新生事物的性情。從小他便愛與大人長輩們高談闊論，說話時對許多人間世事均能講出個道理來、從而常常語驚四座，有時連長輩們也不得不對他的思想和看法所折服。張靜江從小便胸懷大志，總想長大後能一展宏圖，出人頭地。

張靜江的童年時期，受到他祖父的影響頗大。在祖父和他相處的十多年中，祖父在經商上的每一次成功或挫折的種種經歷，無疑使童年的張靜江耳濡目染，而張靜江從小表現出來的一些性格上的特徵，也深受祖父的喜愛，並使祖父認為要使這個大家族「後繼有人」在這位老祖父心目中，他看中的是他的二孫子張靜江。他認為今後要對他進行著意的培育。

如果說我們從一件發生在張靜江年僅十一歲時、在當時可稱為敢做敢為並具有革新意識的事，也便可見其祖父心目中對張靜江「必成大器」的用心著意的培養了。這件事情發生在光緒十三年，（一八八七年）這年農曆正月二十五日，南潯絲行埭水師統帶營，那天因火藥庫失慎爆炸，轟去了當時一座營房，從而也釀成了一場大火，使火藥庫附近周圍的民房都受損遭殃。由於這次火災遂成為南潯歷史上有名的「火燒張公館事件」。同年十二月中旬，南潯市中心又發生了一次大火，自這個鎮的鬧市中心寶善街南段、一直延燒到清風橋一帶，那日正是颱風的日子，使這沿街燃燒之火，一直延燒到了三府衙門前，這次火災共計燒毀房屋二百餘棟，使這原是繁華的街面頓時只留下了斷壁殘垣。

當時張靜江僅十一歲，還處在幼稚的童年，如以一般兒童講，不太會用心去留意。但他作為觀火兒童，目睹了在這個小鎮上這般老式的救火工具，在使用上的極不方便，一時無法去撲滅大火，而那些火災給老百姓造成的痛苦卻在張靜江幼小的心靈上種下了深深的同情。於是，在他幼小的心靈萌生了一種想要改變這種狀況的強烈願望。事後，他遂向祖父和父親建議，應該改變一下這個鎮上那些陳舊的救火工具，這個建議立即被他祖父採納了。他祖父也意識到像張家這樣一個大家族，又是這個鎮上的鉅賈富豪，理應在這個鎮上做一些造福當地百姓之事。所以他祖父馬上吩咐帳房拿出一筆錢，去上海購置進口救火器材，也就是當時老百姓口上傳說的救火「洋龍」，並在張靜江的建議下組織了以張氏家族成員為主的一支救火隊，這個以張家為主的救火隊既參加這個鎮上的救火工作，也同時為自己整個大家族的救火防護工作服務。這便是南潯鎮消防史上的張恒和「小洋龍」救火隊成立的原因和過程。從這一時期開始，凡鎮上有火警時，這支張家救火隊必爭先出動，在這個火災多發的古鎮上，確做了許多為鄉民排憂造福的好事，也受到鄉里人的稱頌。

張靜江雖是個富家公子，但他能身先士卒地參加救火，常常和張家職工一起上街救火，這在僅有十多歲孩子幼小的心靈中已深深布下了挺身而出為社會做事的種子。這些幼年時生活的一個個片斷，對他未來參加社會革命和各種社會活動產生了深遠影響。而他祖父張頌賢對這個孫子一些見義勇為的行為也給予了極大的支持，也許這是對張靜江今後成為一個傳奇式人物是起了不小的無法測量的作用的；也許張靜江後來許多經濟上及政治上的成功正是從他祖父的這些鼓勵下走出來的。張靜江一生跛足和無法醫治的骨痛症，據說也是在一次張家大宅楠木廳不慎失火時造成的。張靜江為搶救火險跌傷了腿足，以後因當時醫藥條件不夠發達而遂惡化成跛足，這當然還缺乏考據。可是張靜江的跛足，並沒有給他帶來心理上的缺憾，對他後來的參加辛亥革命的決心也沒有產生絲毫阻礙，我想這是和他從小有堅毅不拔的意志和天性有關的。

他自跛足後，雖不良於行，可他不知從童年什麼時候開始卻能精於騎術，他家為他購了一匹棗紅色的品種優良的駿馬。這個瘦小的青年臉上洋溢著一股血氣方剛的朝氣，英姿勃發地騎著高頭大馬，在南潯的東西南北的深巷小街馳騁著時，當地民眾看見後無不為此歎為奇觀。當天氣晴朗之日，在這個江南古老的小鎮上；一個有些跛足的瘦小的青年，騎著高頭大馬從鎮東的一座花園中出發，由東往西，有時他騎馬馳騁在這個古鎮周邊的鄉野間，有時卻騎馬在小巷中蹓躂。這般的情景，在北方可以見到而不足怪，而在這個古老的、時代還處在清朝末期的小鎮上，確實使這地方上的男女老少紛紛傳為天方夜談。

張靜江從小養尊處優，後又跛足很少進行體育活動，張靜江騎馬其實他把它視為一種必要的體育活動，

少年時代的張靜江。

當然生活在這樣的大家族，他每天也必攻讀詩書。在出洋之前，張靜江讀了哪些書呢，這也許是值得作一探究的事。當我讀取有關張靜江的一些片段時，撰稿人都忽視了這一點。這大概認為張家是商人之家，不重視讀書。但是，我們絕對不要忘了張氏家族是徽商，且是巨商大賈，按其家風，讀書是他家傳的必由之路。

「天下第一件好事還是讀書」是張家幾百年所崇尚的遺訓。幼年在家早就有其祖父、父親為他延師來家課館，到了張靜江在十來歲前也已讀完了《四書》、《五經》之類的必讀書，爾後，他也讀了《禮記》、《春秋左傳》等書，並分題作詩、學做八股文。在他二十歲前，按徽商的習俗還得通過考試博取功名。但十九歲時正是他青春英姿勃發，也是他雄心勃勃正待博取功名之時，卻噩運降臨到他的頭上，因為那曾經跌傷後的骨痛症已使他腿腳行走不便、而眼病又使他的視力大受影響。為此，張靜江雖然在青少年時期未能博取功名，但他並不因此或由於體弱病殘而意志消沉，他把為博取功名而學的知識；轉而成為研究中國的書法與繪畫，以及把中國的傳統文化融進了他考證古董、文物及鑒別之中。這也為他日後能在國外經營中國文化的書畫、古董打下了精通業務的基礎。

張靜江在書房寫書法。

七、生當人傑

張靜江外表跛足，但卻能在故里南潯的小街狹巷裡騎馬奔馳，這使當時的人們歎為觀止，在清朝末年，這使他在千年古鎮上成了一位新聞人物。李石曾在《談臥禪》（一九六六年九月十九日發表在《中華新聞》上）一文中回憶過張靜江，他說認識張時，只有二十多歲。當時二十多歲的張靜江，身體精瘦的，身上幾乎沒有太多的肉，一張窄窄的、但頭骨天庭卻是非常飽滿的臉，緊繃著皮膚。鼻子尖尖的，線條倒是十分分明、正挺。溫文爾雅的，但他絕稱不上是什麼美男子，薄薄的嘴唇老是緊閉著；可在惺忪的眼皮裡面，卻隱藏著一對充滿智慧的雙眼，透射出一種洞察力的光芒。

那時他的朋友李石曾還發覺張戴的一付眼鏡就與別人不同，其鏡片不僅特別厚，而且非常不均勻。張戴著這付在當時來講很特殊的眼鏡，確引起鎮上市民對他格外好奇。而另一件使他印象很深的事是，張靜江由於是跛足，

張靜江二十多歲時留影。雖跛足殘疾，但鼻尖挺拔，生得溫文爾雅。

他常穿的皮鞋更有與普通皮鞋不同的地方，其特殊之處在於，類似我國古代纏小腳的婦女所用的「裡高低」，即在腳與鞋底之間置一木塊以適用他那變形的腳，這名曰「裡高底」的東西，可長期適應張靜江患病而變形的足骨。這使他的眼鏡和皮鞋別人是絕對不能借用的。但是，雖是這般的足，但他卻能在一九〇五年左右這段時期，生活在巴黎時，獨自騎自行車在巴黎最熱鬧的街市穿行，這確是常人難於辦到、甚至難於置信的事；但這確是事實。我們可據與他同一時期生活在巴黎的同仁們，在他們的回憶和記載考查中均可證實這類事。

李石曾先生也曾回憶他們那時一起在巴黎的生活：「有時他與我及幾個朋友或他店鋪中的同事到樹林裡去玩，從他那在馬德蘭廣場的商店各乘一輛自行車，一同穿過最熱鬧最繁華的總統府大街……。」我們現在幾十年後的今天，依然可以想像那時的張靜江，他騎著自行車如風般地駛過巴黎的大街小巷的快樂情景，也可想像著他爽朗的笑聲，和他蓬勃的生命力，以及他那一刻不停好動而倔強的個性。

張靜江從童年及少年時開始就形成了一種行俠仗義的性格特徵。當然，這種性格是祖父、父親們在幾十年經商歷程中慢慢培養，孕育他而造就的。從一八九四年起，張靜江即將進入到十八歲的青少年時代，從十八歲那年起（光緒二十年）到他二十六歲（光緒二十八年）去法國為止，這八年中，他主要是生活在南潯和上海兩地。那時，兩地的交通工具不便，從南潯乘輪船到上海要一整天一整夜（約二十四小時），這條水路上，以當時的交通條件來說是很有危險性的，俗說：「船過蘆墟三白塘，日暖風和也起浪。」那時，當船行駛到大運河中那個叫「三白塘」的地方，許多船會在那裡被風浪吹折沉沒。

有一次，張靜江獨自乘輪船從南潯去往上海，在江蘇平望鎮過橋洞轉彎時，忽然風起浪大，拖船被大浪捲了進去，眼看就要沉下去了；那時張靜江也正在那條拖船上，在危急時刻他沒有慌亂無措，卻很機靈地即刻自己爬上拖船的頂蓬，後來幸得船主之助而脫險。而當他知道船裡還有人未脫險遇救時，他就立刻大聲疾呼起來：「誰下水救人上來，救出一人即賞大洋一百元。」船上水手及其它識水性的漢子都認識這位原南潯富家公子「二先生」是說話算數的人物，當時的一百元銀洋不是個小數目。張靜江話音剛落地，隨即就有人跳下水救人了，在重賞之下，幾位老弱婦孺全部獲救，從而免除了這次去上海途中的一場悲慘事故。到上海後，張靜江把許諾賞銀如數發給那些跳下水救人的漢子們。一個年僅十八歲的青年，身上卻有這種難能可貴的豪俠仗義之氣，大家不禁對他深深讚頌和敬佩。

這件事發生後，張靜江無論走到哪裡，不管是在南潯街鄰中還是在上海十里洋場上，這位跛足的青少年公子，他行俠仗義的精神，正直的人品性格，良好的家風教養，自然得到了別人的信任和尊敬。當然，張靜江還做過許多類似這些「生當人傑」的英勇事，這種「為人傑」的精神是與他常常受到祖父鼓勵分不開的。

張定甫所生的幾個兒子中，雖然各有其不凡的才幹，應該說這個第二個兒子張靜江所具有的

「為人傑」精神志向和堅毅的性格特徵和其它幾個兒子相比起來，顯然有特殊的地方。如張靜江的三弟張澹如當時還是上海灘上有魄力的證券交易強手，但在一次證券投機交易中，遭到以財政部長宋子文為後臺的上海盛家的嚴重打擊，以致使張靜江三弟張澹如虧損巨大，一蹶不振，直到束手無策的地步。張家在上海三馬路上算得上是第一塊牌子的「恒康」錢莊，竟到了無法調度資金頭寸的地步，還被宣告清理，同時牽連了通義銀行。

張靜江認為這件事關係到張家的信譽，豈能受到對手的冷嘲熱諷，而讓一些局外之人幸災樂禍呢。於是，張靜江憑著一股「生當為人傑」的豪氣，主動提出由他出場來收拾殘局。他採取二手對策，一是穩住人心，逐把「恒康」錢莊經理薛卓聲一家的生活和錢莊其它工作人員的生活安置好。讓錢莊原有的凝聚力不致渙散，為以後東山再起作好準備；二是「當斷則斷」，他斷然決策迅速把南京西路靜安別墅的全部房地產抛出去抵債穩住局面，然後在上述二項對策下，重樹張家的信譽，囑咐薛卓聲清理帳目，合情合理地處理了人欠和我欠的債務關係，遂使一場倒閉的風波很快平息了下去。

這是張靜江在經營方面的初試身手，卻已顯出了他初犢不怕虎的鋒芒，是他冷靜的分析頭腦和能決斷能成大事的性格化解了這次事件。張靜江在以後的從政生涯中遇到過的危急關頭，需要決斷的局勢可說是不下無數，但他都憑著自己能力扭轉了局勢，使前路重又柳暗花明又一村。

世上大凡能幹一番事業的傳奇人物，往往在童年、青年時就胸懷大志，往往有一種生當為人傑的志向和天賦，而且這種天賦，往往是在他人生的各種經歷中慢慢磨練出來的。大約在張靜江到法國出洋前，他在南潯或上海的許多生活磨練中，已使他形成了將來成為一個具有傳奇色彩人物的雛形了。

當然他沒有當過雜役，沒有當過童工，沒有那種身處社會底層的深刻痛苦感，他是在富豪巨賈的大家族中渡過青少年時期的人生階段的，但並不是說這位公子哥兒缺少對社會和人生的高度洞察力和對那個時代生活的深切感受。他不是生活在大觀園中的賈寶玉式的人物，也決非是一位公子哥兒，而是一位從小就因為救助百姓而導致一生殘疾的少年。可以說張靜江的青少年雖過得是富裕的生活，他卻有他自己另一番對人生的感悟。張靜江在家鄉南潯與上海十里洋場上的一些人生經歷，無疑為他日後去海外博擊和從事經營的生涯打下了練達的基礎。

八、出洋從業

一八九八年（清光緒二十四年）中國這塊古老的大地上發生了一場驚天動地的大事——戊戌變法。這是一場中華民族欲想自強的民族救亡運動。也可說戊戌變法是一次失敗了的不徹底的資產階級革命，某種程度上它具有資產階級民主革命的性質。百日維新是資產階級奪取政權的初步嘗試，維新派和守舊派的鬥爭是新興資產階級和封建頑固勢力之間的階級鬥爭。

戊戌變法前後，正是神州大地上各種思想流派表現比較自由與激烈的時期，而這一時代的唯新思潮，這一時代的激變，這一歷史道路的迂迴曲折，那充滿了血與火、苦難與期望……這一切，無疑使在上海做進出口貿易的張靜江深深受到影響。當時的上海與北京，正是各國列強對戊戌變法施加影響以及推波助瀾的兩大「視窗」。這時的張靜江正值風華正茂的年輕時期，用俗話說，正是二十年華出頭一點大好時光，百日維新的那些思潮觸動了他血氣方剛的年輕心靈，他憑著在上海灘的雄厚資產，以上海「張恒和」外貿商行的名義與外國商人頻繁接觸的便利，他年輕的心靈中也慢慢滋生了一種革命推翻舊的體制的深切願望。但百日維新在中國古老大地上很快失敗了，這也同時給張靜江那顆年輕的愛國之心帶來了深深的悲哀和遺憾，在他的心頭也時時充滿了無名的惆悵。

這些時代悲哀不幸的印記，永久地銘刻在年輕張靜江的心中。他認識到中國當時在世界上飽受外國列強欺凌的局面，看到中國國內封建勢力的強大，一時還無法動搖這個頑固的基礎，而他認為當時中國國民還非常愚昧，況在國內他看不到發展他事業的希望。這些更堅定了張靜江要出國留洋學好本事再回來救國的決心。當他把此願望告知家人、親戚時，張氏族人都認為有人出國從洋，去發揚祖輩們的經營事業，確是一件了不起的大好事。

張靜江同時在他父親張定甫的一番鼓勵下，另一方面也為了發展整個家族的對外貿易業務，張靜江終於在光緒二十八年（一九〇二年）踏上了出使巴黎的壯行。能有此良機，可以說，是他家中的豐厚資產，使他免受了在國內的科舉之辛苦。因為在二十歲時，他的父親張定甫，已以十萬銀兩，為他捐得了清廷的一個江蘇候補道的頭銜。這才使張靜江能夠於一九〇二年出使巴黎，這也確是他人生的一個最重要的歷史轉捩點。這是他當時的有利條件，如果當時他身處在一般人家，也許就難於發展這種年輕遠大的理想了。

五月的天氣，在江南正是個初夏風和日麗的好季節，張靜江在上海告別了父母，掛著了個一等商務參贊的桂冠，終於隨當時的欽差大臣——杭州人孫寶琦出使法國了。

在去巴黎的歐輪上，要經過三十多天的沉悶的海上生活。張靜江除了翻閱從上海出發時隨身帶去的一些四書五經的書籍外，同時他也讀到了流亡日本的梁啟超首先寫出的《戊戌政變記》。這使他看到了清朝政府的腐敗無能，看到了慈禧太后的專權獨斷，他不禁感到深惡痛絕。當時在年輕的張靜江心中，強烈地渴望追求資產階級的新潮流和新思想，這彷彿成了照亮他生命的一束曙光。我們能夠想像，當時張靜江站在行駛的輪船上，憑欄遠眺，看著漸漸遠去的祖國故土，他的心情也確是沉重的。他將奔赴的是一個歐洲進步民主的國家，在那裡他將開始新的學習和生活，但他想，自己雖暫時離開了祖國，也時有依依不捨之情，可他一定並終將回來，回到這片千瘡百孔、但一如母親的故土上來……

張氏在南潯和上海主要是從事經商活動，但排除不了接觸清朝政府的官員，也排除不了與洋人的頻繁接觸。在國內時國外的先進科學技術，以及國外的政治、經濟等方面的知識就在張靜江年輕的心靈上留下了深深影響。因此初到法國時，張靜江認真地考察了中國貨物出口法國的貿易情況，以及當時日本人在法國壟斷中國貨物經銷的局面。這些對國外情況的瞭解，使張靜江對國家所處的危難有了更清醒的瞭解，也更激蕩起這位年輕人的愛國激情。

如果說一九〇二年是中國歷史正在走向一次新的裂變時期，那麼張靜江這麼一個有「生當作人傑」大志向的青年人，也正與時代一起走到了他人生的一次新的裂變時期，他背靠的是由張氏家族幾代人，他們通過業賈而積累了豐厚的巨額資本，再加上張家很早就通過絲綢出口等貿易活動而結識了許多外國洋人。這些有利的條件，當然使張靜江很快就決策出一個堅定的目標：「出洋從業」、去尋求他嚮往已久的遠大的人生志向。

一九〇二年，在那個時代，也正是章太炎和孫中山訂交，共同商討「開國的典章制度」和「土地賦稅」問題的時期，張靜江也正是在同一歷史時期，不過張是在稍後幾年時結識了孫中山。但是，張靜江和孫中山結識後討論的問題，相比起章太炎和孫中山曾商討的問題，也許更是一切革命基礎之基礎的問題。這個基礎，這個常常使他思考的問題，便是如何將革命進行到底，而所急待解決的經濟、經費問題。這也是中國歷史在經歷了若干劇痛和痙攣後，在呼喚一次徹底的革命所必需解決的問題。

這時在張靜江心中常常萌動的，決非章太炎或其它革命黨人心中所想的，僅只是以推翻清朝政府為最終目標的革命，他在中國和到了法國後心中時時想的是這樣一個理念：「欲完成中國徹底革命，惟先解決資本與經濟問題」。常使他激動不已亦深深考慮的問題始終是：中國欲維新，必先重視經濟革命救國論的問題。這決定他第一次出洋不選擇東方的日本（當時許多欲救國的先驅就走向東方的日本）而選擇了具有傳統民主色彩的法國和重視發展經濟的歐洲的原因。

這個對於辛亥革命前或後往往被很多革命者所忽略的問題，為什麼他就比較敏感呢？如果追溯原因不外乎有二個；一是他家是幾代人出自經商世家，對經濟從小耳濡目染，從少年到青年他本人也常常參與這類經濟活動。二是他在上海時已和外國商人接觸、多少在對東方商人與西方商人在經濟上的差異有所瞭解。這二點使張靜江比其它革命黨人在經濟上的目光，洞察更深、看得更遠。

他看到革命的基礎是經濟，看到革命後要鞏固政權也要依靠經濟。就在這樣一種重經濟的思想影響下，張靜江開始時是隨清廷大臣去法國時旨在為清政府去考察實業，但不到半年，他即棄官從商，以僑商身份留居法國巴黎，他要像他的祖輩們一樣去從事經濟，而且當時作為一個隨清廷大臣出洋的青年，在他心中的遠大志向，卻與他的祖輩們的從事經濟有明顯的不同和差異。

這一明顯的不同之處是張靜江的出洋從業的遠大志向，不僅僅是從事一般意義的經濟，在這個青年人心中思慮的是：他要把經濟和政治結合起來一起搞！這個遠大的志向確是張靜江的祖輩們從來都不敢想與

作者在巴黎原張靜江所開設的通運公司門前。

不敢做的事，但時代發展到了張氏家族後輩張靜江那裡，他就敢作敢為了——這是因為，歷史和時代給了他一個天賜的良機。

九、追隨孫中山

國父的稱號，顧名思義，也就是國家的父親了。中國之國父，惟有孫中山先生。這是無人不知，無人不曉的事。中國有歷史記載的，從夏禹開朝「會諸侯於塗山，鑄九鼎。通九州，作禹刑」至今也有四千多年，但從未有人敢稱自己為「國父」者。

在老百姓的心目中，在中國幾千年悠長的歷史中除孫中山先生外，從未承認哪個皇帝、總統、主席為國父。那麼，孫中山先生為什麼能夠有稱得上「國父」的資格呢？他不是神，其實他在心底一直把自己視為平凡人。由於平凡，卻真誠，由於真誠，就偉大。憑他的真誠和毫無私心的奉獻以及在當時同輩人中無可比擬的學識，才感召了成千上萬的愛國志士，喚醒了四萬萬同胞那沉睡而徬徨的靈魂，那敢怒而不敢言的心態。他帶領大眾，獻身於革命，始終如一，大公無私，百折不回。當然中國如果沒有他，也會有人起來領導大眾革命，然而那革命未必能推翻昏潰的清朝，也未必能在這塊古老的神州大地上建立起了中華民國。今天，當我們翻過那塵封的一頁時，再看孫中山那時發動的廣州之役，那庚子年（一九〇〇年）發起的惠州之役，那辛亥年（一九一一年）的辛亥革命，無不歷歷在目，令人熱血沸騰。他終於給中國幾千年的封建皇朝帝制劃上了句號。一手創建起了共和（合眾政府）政體。故從結束封建帝制這種意義上來講，國父者，非孫中山先生莫屬了。

在創建中華民國的歷史中，許多革命志士前赴後繼追隨孫中山先生的革命事業，在那麼眾多的革命志士中，張靜江也於一九〇五年始追隨孫中山，可謂是眾多前赴後繼的隨者之一。為什麼他能窮其一生精力去追隨孫中山先生搞革命呢？雖那時，已距一八九四年十一月二十四日孫中山創立「興中會」，已過去了十一年了，張靜江卻義無反顧地站在了孫中山的身邊，以後的幾十年中他也一直奉行著國父的精神。從這裡我們可以看出，這也許就是巴黎之行的必然結果。

在巴黎這個清新美麗、法蘭西的民主和悠久的歷史文化和諧交融的城市裡，不僅使張靜江開闢了一條獨特的經商道路，也使他「生當為人傑」的思想吸收了新的內容。中國甲午戰爭的失敗，使張靜江年輕的心靈又一次受到強烈的衝擊，他對清王朝的腐敗無能和喪權辱國深感痛心疾首，同時在巴黎，他又受到了在法國盛行的無政府主義思潮的影響。在這樣的歷史和思想條件下，他很快成了一名激進的反清革命宣導者。他有時甚至以中國無政府主義的「宣講師」自居，經常在旅歐華人中發表反清言論。由於他那時的身份是清使館隨員，聽者中的大多數人怕受到牽連而不敢與他交往，儘管張靜江在巴黎受到不少冷遇，但他依然故我，倡言革命，尋找知音。一次當他陪同孫寶琦到比利時參觀博覽會時，他又慷慨激昂地大談反清革命，結果竟被當地留學生中的革命黨人誤認為奸細，幾乎遭到毆打。所以，從某種意義上來說，張靜江雖有反清意識，但只有當他在遇到了革命先行者孫中山時，他的革命熱情才真正找到了知音和寄託，才被完全激發了起來。

在創立民國的漫長過程中，自一九〇〇年庚子惠州之役失敗後，孫中山所籌集到的起義軍費已耗盡得無路可走之地步了。故到一九〇二年時，已經沒有錢來購買槍枝彈藥；沒有錢再繼續搞革命宣傳了。這期間可以說，是革命最缺錢的困難之際。革命必然要再接再厲地繼續下去，但支撐革命的物質基礎經費卻非常匱乏，孫中山只能親自加入籌集革命經費的奔波和忙碌之中。

而恰在一九〇五年的那個非常年代，孫中山為了親自赴國外籌集革命經費，離開西貢而赴歐洲，遂與張靜江正巧遇於同一條赴法的海輪中。當孫中山第一次見到張靜江時，只見他尚處在年輕時期，也看到張掛的清廷官職（指在二十歲——一八九六年其父花十萬銀兩，捐官候補江蘇實業道事）也實是一個虛銜。故孫中山認為可以說服張脫離清廷參加反清革命，遂以真名實姓相告於張，並把興中會進行革命以推翻清廷等主張告知了張靜江。而張靜江第一次看到孫中山時，不知怎的，便在心底與孫中山有了一種強烈的感應。當時的孫中山穿著一身黑色的西裝，穩重地站立在海輪上層的船舷旁邊。濃密分梳的頭髮，整齊地緊貼在頭頂上。微帶長方形的臉上，一雙有著深刻的雙眼皮的大眼睛炯炯照人，顯得特別有神采，時時流露出一種嚴峻、博大、睿智的光輝。兩撇在嘴唇垂下的短鬚，更使他在一張雖是極普通的東方型的臉面上，突兀有了一種西方哲人的神韻；一見之下，便給張靜江留下了永遠難忘的深深印象。

而從張靜江那時的心情，對清廷原本無深切關係（他是出身豪富巨賈，不屬政治官僚出身）。另則他也看到當時慈禧太后的獨裁專制政權也必將沒落，又加上他接受了西歐新的資產階級思想的薰陶。在孫中山的勸導下，他很快接受了孫中山的革命主張，願意參加孫中山創建的革命組織。當然這也離不開他少年時就立下的出人頭地、功名顯要的思想。他心想，一旦革命成功，他就可位列顯要，出人頭地。就是這次十分偶然、但也可說是歷史的必然相遇，從此，也註定了張靜江跟隨孫中山、並加入革命一起攜手共同推翻清王朝的統治。這是一次巧遇、一個機緣、但卻是張靜江一生命運的必然。

張靜江在赴法的海輪上詢問孫中山此去何往，作何計畫？孫中山告訴他正在去西貢興中會分會，以宣傳革命並募集革命所需的經費，此次，他同時還要赴歐募集革命經費。張靜江聽後，非常誠懇地對孫中山說：「我近數年在法經商，獲資數萬，願意為君之助，君如革命所需，請隨時電告，我將悉力以應。」並當面留下地址，相約通電暗號。並當即寫了親筆信給美國紐約的通運公司經理姚叔蘭（張靜江妻舅），並在歐輪上把此信交孫中山，並密告孫中山同船上有清朝欽差大臣孫寶琦亦同輪赴法，務必請孫中山注意，謹慎行事。孫中山覺得張靜江是誠心投奔革命，並從此舉上看出他處事果斷，品性忠誠，更覺此青年可貴可信。張靜江與孫中山在歐輪上約定，日後他的行蹤可通過美國紐約通運公司姚叔蘭先生探詢聯絡。

在這之後的一九〇七年，東京同盟會本部經費枯竭，籌款無著，孫中山於窘迫之中，竟然想起與張靜江那次在海輪的邂逅之事，孫便對黃興談起，想往巴黎發一電報試一試。當時的黃興簡直有些不相信會有這般好事，他還認為張靜江是清廷派往法國使館的人員，也許有可疑之處。但孫中山還是堅持命東京同盟會按地址向巴黎拍電，於是電文僅僅寫了一個「c」字，可不多數日後，果真有三萬法郎從巴黎匯到，這使同盟會本部的同志們真是又驚又喜，說這簡直真是上帝有神「天佑」了我們，這也使東京同盟會的同志工作氣氛活躍了許多。後來，凡孫中山在緊迫時，抑或有什麼困難發生，只要向張靜江發出電報，都有求必應。這對當時孫中山革命經費緊缺的非常時期可以說是雪中送炭，而他和張靜江畢竟是偶然的一次萍水相逢，張竟能如此慷慨解囊，資助革命，使孫中山確實非常感動。

那時，孫中山在年齡上大於張靜江十一歲，孫對於張來說，真可謂「革命征途上的大哥」了。從這以後張靜江一生追隨著這位革命老大哥孫中山，並使他一生矢志不移。

十、婚姻家庭

張靜江的母親姓龐，是南潯「四象」之一的龐家。其舅舅龐元濟（字萊臣），都是有權有勢的人家。龐萊臣還是有名的書畫收藏家，也算得上是個慈善家，在當地做了許多慈善事業。張氏家族雖發財致富，但尚繼承了徽州這地方的人文品性，張氏家族的處世家訓，還時時尊循翁同和為他們寫的一副抱柱盈聯：

世上幾百年舊家無非積德，
天下第一件好事還是讀書。

張靜江有他們幾代家族積累下來的濃厚經濟實力，又是作為劉龐兩大財主連姻的象徵。（嘉業堂藏書樓樓主劉鏞是張靜江的外舅公，龐雲曾是張靜江的外公，均是張氏財團的有力支柱）。因此，張靜江有得天獨厚的家世背景的經濟實力，而這對他日後的婚姻家庭也產生了很大的影響。

二十歲的張靜江在取得捐官候補江蘇實業道後，就有很多人關心他的婚姻問題，鄉鄰們也常常會議論，不知怎樣的大家閨秀才能嫁進張家，成為「二先生」的夫人。當然，這時張家也開始考慮張靜江的婚事了，但這樣一件大事斷不能草率行事，必然有他眾多的親家參與商量。況且張靜江是他祖父張頌賢最喜愛的一個孫子，真猶如這位老祖父心頭的一塊肉。

當時除了張靜江的父輩、祖輩外，尚有龐家，還有劉家這兩個大家親族對他挑選一家門當戶對的親事也有很大的影響力。而最後選擇而定的，是當時在清末任蘇州道員的姚老爺的女兒姚蕙。這姚家也是幾代官宦書香門第，可說與張家是門當戶對，況且姚道員膝下的姚小姐生得是清秀可人，且知書達禮，溫柔體貼、秀外慧中。當時年輕有為的張靜江，一心只關心的是當時的經濟民生、時局政治以及祖上秉承的「學而優則仕」思想，卻對自己的婚事並不怎麼關心看重，而且對男女私情也不十分懂得明瞭，因此他也就很快順從了祖父、父親及姻親龐、劉二親家都認可的這樁門當戶對的親事，他按長輩的心意很快答應了與姚小姐的婚事。

的確在成婚後的張靜江深深體會到了姚蕙的賢淑和溫柔，不禁對她打從心底產生了愛意。爾後，張靜江和姚蕙生下五個女兒（可謂五朵金花），這五女依次為蕊英、芷英、芸英、荔英和倩英。張靜江在賢慧的夫人、以及五個美麗女兒的陪伴下，家庭生活確非常美滿。但俗說，天有不測風雲，人有旦夕禍福，正當張靜江沉浸在這樣一個甜密而美滿家庭時，他可愛的夫人姚蕙卻因在國外發生了車禍而早逝。

那一天，當張靜江得到這個消息時，真猶如晴天霹靂簡直不能相信這是事實，他連續幾天茶飯不思，夜夜不能合眼，人一下消瘦了不少。他滿以為能和姚蕙這位賢妻良母相廝伴守一生，白頭到老，但她竟這麼快就離開了人世。她這美麗而熟悉的身影毫無預料地永遠地離開了他的生活和他的一切時，張靜江現在才後悔他平日總忙著自己的事業，沒有好好地陪伴著她，沒有好好地愛護她；總讓她一人守在家中空房等他歸來，而現在他想彌補這一切，卻已為時猶晚了……想到這些，張靜江的心中為失去此原配夫人而傷心悲痛不已……

為了永遠紀念這位賢慧的原配夫人姚蕙，寄託自己對她的無盡思念，張靜江特化重金為姚氏訂製了一幅水晶玻璃棺材來殮葬她，將姚蕙的遺體運回故鄉安葬時，曾停厝於南潯馬家港張家祠堂內。對於清末那個時代，水晶玻璃本就是稀罕的舶來品，平常人家連看也沒看到過，何況用水晶玻璃做成棺材殮葬，這件事，一時間確實傳聞轟動鄉里，在南潯這個古老的小鎮上傳為奇聞，此舉也可看出張靜江對原配夫人姚蕙的用情之深。

不久張靜江又娶了一房繼室，因為他的朋友，及龐、劉兩家的親戚考慮到姚蕙沒有為張靜江生下一個兒子，在這樣一個大家族，膝下無兒子成何體統呢？在張家眾長輩的極力搓合和促成下，張靜江終又續娶了朱氏逸民為繼室。朱逸民小於張靜江二十五歲，且也生就漂亮而賢慧。當然，像一代江南名望大族的張家，用「門當戶對」去續妻，應該說賢慧的標準是不難達到的。當張靜江第一次見到她時，朱逸民穿著一襲月白旗袍，秀麗高雅，素淨的臉孔上有著一雙丹鳳眼，眉目含情，轉盼溫柔。第一次見面就使張靜江非常滿意。

張靜江與她結為夫妻後，十分恩愛，後為張靜江又續生二子五女。張婚後還特地在莫干山自費修築了一座避暑別墅，取名為「靜逸廬」。即用夫妻兩人名字中各取一字，作為避暑廬名，好不雅趣。並讓這美麗的莫干山脊上，有這一「雅屋」作為永結良緣的紀念。這且靜又逸兩字，給了他們

張靜江懷抱續妻所生的第一個兒子阿昌，喜上心頭。（因前妻是生了五個女兒。）

倆帶來了多少詩情畫意。張靜江為這段中年後的婚姻愛情，始終情意綿綿。當他成為浙江省主席時，曾想在莫干山麓庾村至蔭山街修建旅遊纜車。後因遭當時的「蔣宋孔陳」四大財系人員的干擾反對，同時也受到蔣的把兄弟黃郛之反對，而未能成為現實。從今天對可稱謂竹林避暑勝地、環境優美的莫干山開發來看，如當時能實現張靜江建遊山纜車的話，那今天的德清莫干山將又是另一番天地的旅遊世界了。

由於有張靜江與愛妻朱逸民的一段美滿婚姻愛情的情結，再加上有翠竹蔽天，清泉琮琮，環繞山腰，風景幽靜，交通便利之自然環境，故使當時張靜江許多官場上的朋友、南潯鎮的許多實業家、還有上海許多有實力的商界要人也紛紛在山上建清涼別墅。鹽商巨頭周慶雲在莫干山除建「夢坡別業」外，還廣泛搜集莫干山的歷史文化，民間神話，修《莫干山志》十三卷以傳後世。

我們講述了張靜江的婚姻家庭，必要附帶說一段蔣介石當時的婚姻軼事。因為歷史上的蔣的幾次婚姻無不與張靜江有著

張靜江在莫干山避暑的別墅。

一定的聯繫。

我們知道，朱逸民有個鄰居的小姐妹名叫陳阿鳳，此小妹在年齡上小於朱四、五歲，但人卻聰明玲俐，長得也挺美，一雙明眸，有著白皙而淨細的皮膚，又有一頭烏黑的美髮。蔣介石當時是張靜江家的常客，在張靜江家時，有一個偶然的機緣，看到了這位小美人陳阿鳳，即一見傾心，向其求婚，並請朱逸民作媒。

但當時的陳阿鳳還不到十六歲，而蔣卻已三十四歲，所以一再抗婚，堅持不嫁蔣介石。但蔣介石千方百計想方設法去博得陳母的好感，而且陳母時向張靜江、朱逸民夫婦打聽蔣介石的出身和為人，但聽到的也都是對蔣的誇讚之詞，於是陳母也同意了女兒與蔣的婚事。陳阿鳳也在父母強逼和連哄帶騙下，終於聽從了父母的決定。蔣介石聽到了這個消息欣喜不已，為使勉強從命的陳阿鳳確信自己愛她的真誠，還咬破手指寫下血書。蔣還攜陳阿鳳去繁華的南京路買了許多物品東西。於是兩人於民國十年（一九二一年）結婚，由張靜江作證

張靜江夫人朱逸民（左）與蔣介石前妻陳潔如（右）合影。

婚人，並由虞洽卿的女婿江一平律師辦理結婚手續。

「阿鳳」此名，蔣介石認為太俗氣，即在辦理結婚手續時，逐改名為陳潔如，由於她是蘇州人，有一口柔軟的蘇州話，當過小學教師，也能幹。後也成了蔣介石在廣州黃埔軍校當校長時的隨軍夫人。後至民國十五年（一九二六年）國民革命軍從廣州誓師北伐時，陳潔如移居北伐軍駐上海聯絡站。北伐勝利後，蔣便居住在陳潔如處。

但到了一九二七年十二月一日蔣又與宋美齡在上海結婚。此時，蔣介石除在上海登報聲明與毛氏夫人（毛福梅）離婚外；同時要張靜江對陳潔如斡旋，脫離夫妻關係，此時，張靜江只能囑他的女兒張蕊英和張倩英陪同陳潔如去美國定居。當然蔣介石與朱逸民的小姐妹陳阿鳳（陳潔如）結婚之前，還有一位蘇州夫人姚怡誠，盡心撫養蔣緯國，但並非生母，她與蔣介石只是同居關係。當然，這段蔣介石軼事與張靜江的婚姻家庭可以說「不搭界」。但因陳潔如原是張靜江第二位夫人朱逸民的小姐妹，又是蔣與陳婚姻的作媒

北伐軍出發前，張靜江為蔣介石（左七）送行。其妻陳潔如是隨軍夫人（左五）另有何香凝（左四）吳稚暉（右六）、宋子文（右四）同在火車站送行。

人，故稍帶一筆，略作小敘。張靜江在蔣介石幾次婚姻上，無論是原配夫人毛福梅，隨軍夫人陳潔如，還是白頭偕老的夫人宋美齡的婚事，均有一份張靜江的密切關係與苦勞，蔣介石就是在個人的幾次婚姻上，也非常感恩於張靜江。至於在政治上的感恩，那可就另當別說了。

十一、丹心俠骨

孫中山先生於倫敦蒙難，此次蒙難，對他來說確是一次意外的遭遇。那是因為孫中山在美國住了多月，又奔走了美國各地卻沒能遇到多少能接受他革命主張的人，也就是說因為當時的美國孫中山沒有找到志同道合之人，所以他下決心離開美國而匆匆趕往英國。

於是他來到了當時的霧都倫敦，而孫中山每次到了那裡，便一定要去看一看他的老師——那位在香港曾擔任過西醫書院教務長的康得黎博士。而康得黎博士的寓所恰巧就在清朝政府駐英國使館的附近。真不巧，當孫中山在倫敦看望完老師後，走在路上卻遇到了一位廣東老鄉鄧廷鏗，也許是因為孫中山身處異地，心頭寂寞，或許也是因為鄧廷鏗操著家鄉話又積極地與他交談，讓孫中山把他錯認為朋友，在彼此熟悉後，孫中山也放鬆了必要的警惕性。但是這位廣東老鄉鄧廷鏗卻卻是個危險的人物，他在暗裡是受命於當時的清廷駐英公使龔照瑗的，他巧妙地利用了孫對其的輕信把孫騙進了清廷駐英國的使館。

這樣，孫中山被關進了清使館的一座鐵窗欄的房間中了。那位廣東老鄉鄧廷鏗還與這位清廷的公使龔照瑗密謀如何將孫中山及時押解回國。甚至還為了防止孫中山在英國的逃脫而竟想先把孫中山毒死，然後再將屍體運回國內，而向朝廷報功。這時的情況對孫中山來說已是十分危急，可以說已到了生死攸關的時刻了。

但由於當時倫敦《地球報》（The Globe）及時披露了清廷無理逮捕拘押孫中山消息，引起了英國一些人士對清廷使館的公憤，後英國出面干涉，孫中山終被釋放。但在當時也有與美國官方關係密切的英美在華基督教教會組織——廣學會的機關報《萬國公報》，此報就孫中山倫敦蒙難一事予以報導，但卻譴責孫「鼓煽狂言、謀為不軌」，還攻擊孫中山在獲釋後「且敢連篇累牘刊錄西報，謗毀星使，不遺餘力，種種悖謬，其罪亦重……」

鑒於此，當時孫中山寫了一本《倫敦蒙難記》，由漢學家翟理斯（Herbert Giles）代為發表，於此，英國朝野中的許多有識之士對中國革命運動有了一定的瞭解。其後，革命黨人印發了許多宣傳革命的書籍，並由秦力山和沈雲翔、楊蔭杭、馮自由等人在日本東京共同創辦了《國民報》。那時又有章太炎等人到上海辦了《大陸報》。香港的《中國日報》是革命黨的喉舌。此段時期，中國正處於辛亥革命前夕，也正是當時保皇與革命兩大勢力彼此消長的歷史的漸進過程。追隨孫中山為首的革命黨人，斷然主張堅定走革命道路。而以康有為、梁啟超為中心的人，欲想走改良的道路。

在這兩大思想交鋒期中，以《國民報》提出革命救國的主張，正與梁啟超在《清議報》、《新民叢報》提出的保皇改良主義，兩者成了鮮明的對比。

那時，倘若沒有《國民報》，以及一九〇三年後的《江蘇》、《浙江潮》、《漢聲》、《直言》、《醒獅》等風起雲湧的革命刊物鼓吹革命，也許當時許多留日學生及國內一般知識份子及民眾的思想，將一直為保皇的思潮所支配。當時在上海又發生了《蘇報》案，使革命的青年鄒容死於獄中。當時國內的革命和保皇的兩種思潮，以及國內清廷血腥鎮壓手無寸鐵的人民大眾，這些歷史所發生的必然軌跡，雖然說當時張靜江大部分時間是在法國巴黎從事經商活動，但張靜江還是能通過各種管道瞭解國內當時發生的這些狀況。這些國內思潮的激烈鬥爭，深深地刺激了他年輕的心靈。

光緒三十一年（一九〇五年），正是孫中山成立革命同盟會的時刻，張靜江結識了吳稚暉，同時又與李石曾等人通力合作，在當時國內外反清革命思潮的影響下，張靜江又聯合汪精衛、陳璧君、蔡元培、褚民誼等人共同發起在巴黎創辦了世界社，同時創刊發行《新世紀》週刊。因為當時張靜江看到了以往年代裡孫中山在倫敦蒙難時，正是由於報刊輿論的及時的披露，孫中山才能即刻被獲得釋放，張靜江從這件事上確認識了宣傳的巨大力量。

由此，他開始在法國緊密配合國內外諸多革命報刊，大力鼓吹以孫中山為首的革命宣傳。讓世界輿論看到清朝政府的腐敗和黑暗，讓世界輿論支助孫中山同盟會的反清革命。還出版了《新世界叢書》和大型畫冊。張靜江都親臨主事，而且出資最多。那時，在法國的《新世紀》週刊和《新世界叢書》，不斷鼓吹推倒清廷，建立共和。經過同盟會成立前一個階段的初步論辯，國內保皇的改良主義思想曾受到了一次衝擊。

但是，當時在海內外思想、輿論界，改良派依然還有相當大的影響。當時許多人還對改良派抱有很大的幻想。可以說，張靜江在國外展開的針對改良派的革命輿論的宣傳，在當時正和同盟會在日本刊行的《民報》，以及國內許多革命刊物正互相輝映。《民報》作為同盟會的一種黨報，「第一號」出版於一九〇五年十一月十七日，發刊辭由孫中山執筆。當時《民報》的撰稿人很多，差不多全用筆名或外號。

當時的保皇黨他們抓住了「土地國有」這一點在《新民叢報》對《民報》展開筆戰，其後《民報》也就保皇黨所提出的「革命足以引起瓜分」這一論點，對《新民叢報》予以還擊。當時的《民報》和《新民叢報》兩報的主要撰稿人都是能文之士，兩三年間的長期論戰不僅使在國外的留學生有先睹為快之感，而且也啟發和激蕩了國內各地一般讀書人的思想，而有些在當時國內禁令森嚴的地方還讀不到《民報》的人，他們往往從國內當時的《新民叢報》的文章中讀到了《民報》的一些雪泥鴻爪，反而產生了對《民報》的同情感，從而也產生了對孫中山領導的革命的擁護。

孫中山當時已非常重視國內外各地在思想方面的戰鬥狀況，那時在巴黎的張靜江常和孫中山有多方面的聯繫，無疑巴黎的這些宣傳，使很多曾對革命持模糊態度的民眾，也遂漸能正確接受到孫中山的革命思想和他的政治主張的傳播。

孫中山在同盟會成立前一個月（乙巳年五月離開法國），正在法國，爾後，他曾說過：「新的革命組織已經在歐洲發端，到了日本就可以正式成立。」今天我們來考察張靜江在法國的革命工作，不但是政治宣傳上的作用，同時還參與了同盟會革命組織成立的這些頭等機密大事。這在孫的當時認為「歐洲發端」之思想上，也可說明了為什麼孫中山直到逝世時，他對張靜江一直保有非常信賴與親密的感情。當那時在歐洲的許多華僑，以及比、德、法三國不少留學生，都紛紛參加了孫中山領導的革命以後，孫中山知道國內及國外對革命思想已深入人心，於是，孫中山離開法國前往新加坡、西貢、爾後他回日本，緊接著在東京——終於使中國歷史上的同盟會順利誕生。

張靜江在同盟會成立前或成立後，凡孫中山急需革命經費時，張靜江總慷慨解囊，甚至出售巴黎之商店，以應革命之需。故孫中山曾說過這樣的話：「自同盟會成立後，始有向外籌資之舉，當時出資最勇而多者，張靜江也，傾其巴黎之店所得六七萬元，盡以助餉。」這評價在辛亥革命前後時期，在當時的中國有許許多多追隨孫中山革命的同志中，可謂是很高的贊輿了。當然，張靜江對革命所支援的經費款項數目遠不止這個數字。但孫中山在心中始終認為如像張靜江這般出身於世代鉅賈大賈的人，他能放棄一切，甚或放棄清政府給他的功名和利祿，而去幫助他搞革命、冒風險，這種精神就更不簡單。後來孫中山還親自題書「丹心俠骨」四個大字之墨寶相贈於張靜江，以永志革命的感激之情。

十二、中華共和

光緒三十一年（一九〇五年）孫中山和張靜江會面於歐洲後返回東京成立同盟會。孫中山與黃興、宋教仁議定提出同盟會的口號是：「驅除韃虜，恢復中華，建立民國，平均地權。」此十六字為該會綱領。推舉孫中山為總理。總部設於東京，國內和海外設立分會和支部。同盟會雖有綱領、有機構、有支部，但熱情呼喚「開創中華共和國」，這個建國的名稱，應該歸功於革命青年鄒容。

同盟會成立前，光緒二十八年（一九〇二年），當時的留日學生集會紀念明朝滅亡二百四十二周年，翌年，因俄國不肯從東北撤兵，上海、北京的學生集會抗議。東京留日學生尤為激昂，組織拒俄義勇隊，回國請願。當時，革命青年鄒容以通俗而犀利的文筆寫《革命軍》一書，他第一次提出了開創「中華共和國」的革命前進的口號。章太炎在《蘇報》上發表文章尤以《駁康有為論革命書》，而頗受孫中山讚賞。張靜江因長期僑居法國，受民主啟蒙思想較早，是極力贊成「創建中華共和」這個口號的活躍人物。

看到當時國內外革命熱情的不斷高漲，在孫中山創建同盟會十六字綱領的鼓舞和召喚下。張靜江記得孫中山的第一次講演，講題便是：《中國應建設共和國》。在孫中山的召喚下，張靜江從法國匆匆趕往新加坡，那時已是一九〇七年春。為了盡早趕回國內，加入推翻清政府的行動，張靜江於一九〇七年七月十七日抵香港，以便儘早赴上海。那時的張靜江已在國外及時獲悉了浙江紹興革命黨人徐錫麟槍斃了安徽巡撫恩銘。張靜江在致吳稚暉的信中稱徐之行動為「中國第一次有思想之暗殺」。當時這行動，均有國外各革命組織在國外報紙報導。而在國外由張靜江創辦的法國報紙上，首先載入此條消息。而這些對革命有利的宣傳印刷物，隨著清政府對海關的嚴查，進入國內也日益發生了困難。但張靜江那時寫信給同盟會的信中鬥志昂揚地說：「弟等抵申後，必極力設法，使其不絕源流」。當時清朝政府也正加緊鎮壓、封查和燒毀報館。張靜江抵上海這個大都市後，第一件事就是即又重新建立起新聞媒介的組織，以大量出版各類報刊，配合東京同盟會黨報《民報》，以大力宣傳孫文學說。

此時，國內正遭遇黎明前最黑暗的歷史現實，如革命志士吳木越（安徽桐城人，光復會會員）被炸死，陳天華和姚洪業為革命投海而死。湖南長沙的革命志士禹之漠被清廷政府絞死於靖州東門外。當時還正值「丙午萍醴瀏之役」壯烈失敗之時，領導這次起義的革命志士龔春台、姜守旦、蔡紹南、劉道一等人皆慷慨成仁。其它的主要同志被清廷捕殺有九十多人、加上陣亡在戰場上的和被清吏濫殺的將超過一萬多人，一場轟轟烈烈的起義如此結束！

革命志士的犧牲，革命起義的失敗，無不刺痛海外革命志士張靜江的一顆對革命的執著之心。為了建立一個中華共和國，張靜江在辛亥革命成功前夕幾年中，經常馬不停蹄，匆忙往來於國內外革命聯絡點。那時孫中山領導的同盟會在國外活動地域較廣泛，亦較秘密，需要有一個聯絡中心。張靜江建議把這個聯絡中心設在他創建巴黎的通運公司內。孫中山考慮到巴黎通運公司在國內上海也有公司，在美國紐約、法國巴黎、英國倫敦均有分支機搆，正好可以利用通運公司為革命打掩護作聯絡點，非常理想，就採納張靜江向他提出的建議。

為了使革命的聯絡運轉得更為有效，張靜江同時把上海通運公司任總經理的長兄張弁群，上海中國銀行董事，他的舅父龐青城均介紹給孫中山，並使他們先後加入同盟會，也成為當時的同盟會會員。他還建議孫中山日後凡在上海活動時，為安全起見，可住在龐青城家裡，可隨時得到照顧。當時張靜江舅父在上海的別墅，正座落在公共租界戈登路七號（今江寧路三百六十六號）。龐青城當時還雇傭白俄保鏢看守家門，孫中山亦感安全。在那一段時間，孫中山由海外回到上海，就曾住在張靜江舅父在上海的別墅裡。當時的宋教仁、廖仲愷等也經常在那裡集會。

張靜江在法國巴黎通運公司大門。

孫中山與張靜江感情至深，除了筆者上述幾節已有所闡述外，另還有一個維繫他們之間的感情的原因是：張靜江長期在法國巴黎，他首先接受了在法國大革命時期的幕後推動者——「共濟會」思想的影響。從張靜江一九〇六－一九〇七年間寫給吳稚暉、李石曾的一些書信中，即可看出他對法國的文明思想及民主、自由思想早有薰陶。而孫中山早年也曾加入過法國的「共濟會」。也在思想上接受了法國大革命的影響。孫中山在辛亥革命時期的自由、平等、博愛之主張，與法國「共濟會」有志同道合之處。

一九〇六年，孫中山在《民報》創刊周年紀念會上演說時就曾提出：「法蘭西民主政體已經成立，……中國革命之後，這種政體最為適宜。」又如孫中山創建的同盟會的綱領中包括的「驅除韃虜，恢復中華、創建民國、平均地權、」，這綱領的所謂「四綱」之中顯然是以「創建民國」即民權主義作為核心。該會發佈的軍政府宣言中也曾指出：「今者由平民革命以建國民政府，凡為國民皆平等以有參政權。大總統由國民公舉。議會以國民公舉之議員構成之，制定中華民國憲法，人人共守。敢有帝制自為者，天下共擊之！」以此可見法國大革命思想對當時中國的辛亥革命有何等強烈的影響。法國當時的內閣總理克列孟梭，法屬印度支那聯邦總督杜美，以及許多法國同志，均支持和同情孫中山創建「中華共和」的政治體制，亦決非偶然。

張靜江在法國的經營生涯，表面上是為賺錢，而實際上也是在為孫中山輸送法國大革命留下的革命種子。他把這類法國民主革命的種子，移植到中國當時這片落後的土地上來。如果我們以十九世紀、二十世紀的法國巴黎，先後都在為中國的革命輸送革命的思想和種子，而在那種歷史時期，法國也確在為當時中國這塊「風雨如晦」的苦難大地，輸送著「創立中華共和」的民主養料。而那時的張靜江可謂為此輸送「養料」的革命搬運工矣！當然，法國大革命思想對當時辛亥革命有影響但也並非是全部的影響。因為在中國歷史上的無數次革命確離不開外因的影響，但畢竟是內因起了決定性的作用。

十三、巴黎通運公司

清政府自一九〇一年開始在各種複雜多變，及在世界潮流的影響下，逐漸在被迫及無可奈何之情況下開始推行新政，主張以西方政體之長，補中國政體之短。但新政的開展，清政府在不斷被迫推進的同時，也感覺收效甚微，認識到只有將新政引向政治領域，方能使自己在四伏的危機中尋得生路。於是才有了清政府五大臣出洋考察政治，以期擇善而從的舉措。

中國的歷史，由於漫長的封建政體的幾千年延續不變，雖從一九〇五年至一九一〇年，清政府在實業、軍事、教育、警務等領域，在變改上有不斷的推進，甚而走到了以籌備立憲為主的新階段，但總的趨勢上，已無力挽救於政局的垂危。一九〇六年九月一日，清政府發出「宣示預備立憲先行釐訂官制諭。」擬在表面上實行君民一體，呼吸相通，博採眾長，明定許可權，籌備財用，經畫政務。到了一九〇八年八月二十七日，清政府還頒佈了「憲法大綱」凡二十三條，此也可算是中國歷史上首個在形式上初具憲法性質的法律文件，同時頒佈的還有「議院法選舉法要領」。清政府還定於一九一七年召開國會，實施憲法，制訂了「逐年籌備事宜清單。」即排定了所謂的變改政體的日程表。也設資政院，有議員二百名，其中半數是欽定，半數由民眾各省選舉。擬定各省於一九〇九年二月進行初選，六月間進行複選。還提倡實行地方自治，制訂重要的有利於國計民生的法律。總之，清政府在即將垂危之時，似乎開始了朦朦朧朧的一些覺醒，乃似乎在進行著一些自保或自強的變政措施，抑或是決定向西方學習的一種在國內實行改變政體的方案。

但是，各省所謂的資議局已基本上被新興抬頭的資產階級立憲派所控制。歷史似乎在跟清政府長期盤居於宮廷以慈禧為首的一批官僚捉迷藏，當他們欲自強、自保時，中下層官僚及廣大民眾，已早於上層官僚，接受了一種受歷史發展衝擊所形成的潮流。社會各階層特別是江浙滬經濟發達地區，紛紛以合法陣地議政、參政，彼此聯絡，互通聲氣，聲勢大振。而當時的局勢已動盪不安，革命黨人紛紛一次次計畫發動更大規模的起義。當時，江浙滬一帶的新興資產階級實業派已大量崛起，他們已大量興辦實業，對外貿易，從多種管道接受和沐浴著世界新潮流那不可抵擋的傳播和衝擊。

從絲商起家的浙江吳興南潯的龐元濟，所辦實業遍及上海、杭州、江蘇各地，範圍包括繅絲、造紙、煤礦、保險，其資本在當時已在全國屈指可數。而龐元濟便是張靜江的親舅舅。所以，在當時歷史紛紜，面臨著政治、經濟動盪，變政風雲迭起之際，張靜江在當時正值二十七歲至三十歲的少壯時期，在龐元濟及其自己父親雄厚資本實力作後盾的情況下，張靜江抵巴黎後，即與助手周菊人等設立通運公司。他一方面向國內各界招股，擬辦成一個以推銷國貨的對外貿易公司。但當時國內人士對此尚缺乏認識和瞭解。當時清政府在巴黎的欽差大臣孫寶崎，也曾為此事寫信給盛宣懷，懇請上海富商筱舫、子萱、等人入股，但最終張靜江的招股未能得到國內一些富商的呼應，最後巴黎的通運公司只能獨資創辦，而資本由張靜江父親獨資。

張靜江在巴黎的通運公司，設在巴黎的馬德蘭廣場的左邊。說起巴黎馬德蘭廣場，它實際有一座相當大而著名的天主教堂，教堂面對香水梨大街頂頭的公台是更加寬廣的廣場；無論是教堂和廣場都代表那個時代之風格與特徵，兩者各有自己之性格和文化之歷史建築。教堂前面有四根希臘式分隔號大柱，左邊斜對著教堂的便是通運公司的兩間門面，兩間之中有一個臨街可供顧客出入方便的大門，在門的左右有兩個大玻璃櫥窗陳列著許多中國商品。這些陳列的樣品的品種很豐富；有中國的茶葉，中國江南，特別是張靜江家鄉盛產的有名的輯里湖絲，有中國織造的最精美的色彩絢麗的各式綢緞，中國的地毯，漆竹和牙器等。櫥窗裡還陳列著中國名貴的古董、字畫。並且還有中國傳統的金石、玉器，以及各種古色古香的瓷器等等。由於當時歐洲對中國文化的濃厚興趣，以使法國上層社會對中國傳統產品非常喜愛。所以當時張靜江從中國運往歐洲的這些物品，可以說是商品琳琅滿目、無所不有。李煜瀛（李石曾）晚年在其《石僧筆記》內曾記載：「這是一座七八層的大樓，臨街部分樓上租作通運公司的辦公室，樓下為門面，下面有一個大車門，為住在院落後面樓上樓下住房租客所經過。當時張先生商店中有五六人即住在後面樓上，當時，大約有房四五間。我們朋友常常在那裡吃飯談天。……那時的通運公司在巴黎商業上的地位並不太高，可在那幾年中（辛亥革命前）貢獻於民國革命與社會文化則實在很大，那時侯，比通運公司大多少倍的大商家，卻都沒有那樣的精神和魄力。所以，國父遺著中稱之，非偶然也。」

張靜江在巴黎開設通運公司，應該說是中國和法國最早通商一種示範，通運公司把中國產品打入了國際市場，屬民營經濟最早期的成功者。如把張靜江和近代中國民族資本實業的開拓者張謇作一比較的話，就當時的情形而論，前者屬貿易家，而後者是實業家。也可以說，通運公司屬於和國際往來的前哨站，而張謇辦的一系列實業是國內的生產基地。當時張靜江已清醒地看到清朝政府也必定走向滅亡，革命浪潮已經無可阻止。同時他和一些當時的革命志士的不同之處，是他更清醒地看到革命欲長期堅持和勝利，必須以經濟實力——即資本的革命經費作為後盾。

張靜江在這方面的認識，是和他從未正式進入官僚階層有關。也得力以他祖祖輩輩及親戚，大都屬於中國最早期從事商業活動的人有關。這也決定了他在辛亥革命前後扮演的角色。

張靜江隨著在巴黎通運公司業務的發展，緊接著又在巴黎找到座落在義大利街的一座房屋，那是巴黎最繁盛的一條街，這裡比馬德蘭廣場更活躍豪華，是外國到巴黎遊客的必到之處，張靜江選擇了這麼一個地方，在二樓開設了一個名為「開元」的茶店。它可以說是通運公司的分公司，也是個推銷中國茶葉的貿易公司，更是個供巴黎人來人往的品茗的場所。這個場所充滿了中國古老傳統的氣氛。其佈置的高貴典雅遠在一般巴黎開設的茶室和咖啡館之上。可以說，「開元」茶店，是中國文化與實業相結合的成功典型，也是中華民族向世界作宣傳廣告的一個視窗。

但是，正在此業務展開之際，一九〇四年二月，張靜江在巴黎接到孫中山的一紙電報，電報上述說了國內為發動革命起義，急需要大的一筆鉅款充作革命經費。當接到此緊急電報後，張靜江當機立斷召集了一個秘密會議，商定把此茶葉分公司拍賣，以籌足鉅款保障孫中山在國內革命經費的急需。

張靜江那時在巴黎要擔負為支助孫中山先生在國內的多項經費的擔子，如要供給革命性的各項長期經費，如要維持同盟會的黨費，還要維持宣傳國內革命的世界社的會費等等。所以，在經濟上，他總是困難地為此吃力地支撐和應付。巴黎的茶葉業及茶店雖然停止了經營，而在巴黎張靜江經營的中國古董業務卻大為發達。這方面的業務，也已逐漸向英國倫敦，美國紐約市場拓展了市場。隨著業務的擴大，座落在馬德蘭廣場的通運公司總部，也遷移至聖教場一座古色古香的大樓精舍中去了，那裡無異成了一座有著五千年歷史的琳琅滿目的中國博物館了。

十四、創立世界社

孫中山在領導革命同志成立同盟會前夕，中國出現的一個新興的社會群體，即資產階級、小資產階級的知識隊伍，他們通過各種途徑接受了新的時代精神，而且他們大都具有新的知識結構，他們與前輩比較，在看問題的視野上比較寬廣，在接受國外先進思想上更為活躍，在對待國內清政府所實行的政策及國際政治走向上更為敏感，他們預感一個去舊換新的世紀即將到來，他們把與時代息息相關的潮流及傳播新的自然科學知識、新的社會政治等各方面的新知識引入到國內來。

在這樣一種潮流下，當時的張靜江在巴黎的活動，無疑是這方面人物的先驅者。一九〇五年七月，在那個還不太炎熱的盛夏，他帶著雖有骨痛病的身軀，從巴黎趕至英國倫敦，在他下塌的旅舍，由孫揆伯（鴻哲）先生相約吳稚暉、林斐成等人商討如何進一步為國內傳播先進政治與科學文化知識問題。隨後張靜江相約吳稚暉能往法國一起就如何發起組織「世界社」進行一次討論。

吳敬恒（字稚暉）出生於江蘇省南部武進縣雪堰橋南街一個普通的小商家庭，他年長張靜江十二歲。曾留學東京和英法等國，因他自幼刻苦讀書、又俱備了東西方文化深厚的功底，在他日後主筆《新世紀》時，曾撰稿對中國漢字進行採用注音字母的改革和探討，可謂是中國早期漢字注音的創建和改革者。他和張靜江日後交友甚好，志趣相投。張靜江與吳稚暉之間的認識和以後的密切合作，主要由當年隨孫寶琦到法國的另一個隨員李石曾所介紹。因吳稚暉和李石曾已早在國內熟識。

李石曾（名煜瀛），是清朝末年大學士，禮部尚書李鴻藻之子。李鴻藻去世後，清政府為示恩寵，特封其子李石曾為戶部郎中。李石曾雖生長在一個聲名顯赫的家庭，自己也年紀輕輕就順利踏上仕途，進入清政府官場。但他就當時已搖搖欲墜的政局也看得清楚，並認識到清王朝的危機和腐朽，當然他更不願以自己的青春歲月，作為清政府敗亡的陪葬品，故當有清政府派遣孫寶琦出使法國這樣一個機會時，他便抓住了這個機遇隨孫寶琦出使法國，並由此與同時出使的張靜江共赴法國。李到了法國後在學習西方文化時，教他法文的第一個教師便是一個無政府主義者，這使他受很大影響。李當時在法國就系統地受到了巴枯寧、克魯泡特金無政府主義思想的感染。所以，李和張實際上雖是以不同之官銜、不同的出身背景、不同之家鄉故土，但卻一起走向了法國的巴黎，並都同時在法國受到了無政府主義的影響。當時張靜江在法國的好友李石曾，還正是一個剛剛進入十九歲的有作為青年。

由於這層關係，當張靜江擬在法國巴黎辦「世界社」這個反清宣傳的小團體時，和吳稚暉一見如故，吳當面便答應了張靜江的相邀並共同創建「世界社」。

一九〇五年八月，當張靜江把建立「世界社」的主要人員及經費落實後，便即暫返回國，居上海，待至冬天再返法國巴黎。當時也是孫中山在東京正式宣告成立同盟會後不久的時期，張靜江和孫中山的合作也顯得更為緊密，包括在擴大革命的宣傳工作上。他這次回國，主要是為世界社創辦後的發行工作聯絡國內同志。張靜江自和孫中山在赴法海輪上的相遇後，他們之間的心靈也靠得更緊了。從表面看張和孫的相遇似乎是偶然的，其實就當時全國上下對清政府的腐敗無能，以及認識到清政府的必然滅亡上，應該說在這個有識志士的群體意識上，他們之間心靈上的相通應該是共同的。這不過當時誰也不能預料清政府徹底崩潰的時間而已。當然，他們之所以能走到這個群體中來，當然各有不同的個人背景。如張靜江就個人的背景和別人就不同，他本人出身於沒有特殊官方背景的民商家庭，家產的積累雖殷實富有，但均靠祖祖輩輩辛勤積攢而成。他自己擠身於仕途，也只是靠原始資本積累而成，靠花錢買得了一個有名無實的空官銜。從根本上說，他對祖上為他化費了十萬兩銀子這麼一筆大費用，不得已而去為他買這麼個空官銜就心懷不滿，張靜江在內心深處，對封建專制政府對民間商業的壓制和苛刻的盤剝有切齒之痛。因為，對於一個務實的經營世家，他們的子孫懂得用這筆化費而擠入仕途，要付出祖上多少辛勞的代價。所以，對於張靜江主動接近當時已是中國反清革命的領袖孫中山，確也是他內心長期反清的必然。當有這種機會降臨他身上時，張靜江當然慨允竭盡全力而為之。從此後，張靜江與孫中山便更緊密合作，凡孫中山在從事革命中需用他什麼他也必全力以赴，也許，這種「有錢出錢」的革命形式，在大多數人的眼中，似乎比血肉橫飛，慘遭殺頭的真槍實彈的革命似乎省力、省事，其實並非如此。這從經濟發展的漫長歷史中原始資本的積累，要付出多少生命的代價，便可知其所以然了。這也是我們必須改變的一種傳統看法。這正如英國思想家和作家──傑克．倫敦所說的一名言「進行現代革命，是需要錢的……」

那年張靜江在巴黎的夥伴──吳稚暉在倫敦正式加入同盟會。次年三月，他自己也加入了同盟會，這是一九〇六年三月張靜江在返國途中，經新加坡時加入同盟會的。爾後，他介紹李石曾也加入同盟會。如此，這在巴黎共創世界社的三巨頭均以開始信仰無政府主義的意識形態，先後又逐漸使他們一起進入了一個共同的革命組織。這在客觀上是受到孫中山先生的感悟是分不開的。當然，他們三人也各自從自身不同的處境，不同的立場需要去加入一個反清組織的。應該說這是他們三人主要的內因。

在清政府駐法欽差大臣孫寶琦任滿回國後，張靜江、李石曾作為隨行人員，並未隨孫寶琦返國，他們反而脫離了孫寶琦的干涉而獲得了在法國行動上的自由權，這是張靜江在「三十而立」所開始發展真正屬於他自己的革命事業的開端。這也使他猶如一匹脫韁的駿馬，可以盡情在法國為創辦世界社而奔波了。

十五、《新世紀》週刊

張靜江的「三十而立」是他事業的真正開端，是他人生微妙的時刻，自一九〇二年十月十六日離別祖國到他國異鄉，他已在國外生活了三年多，這一千多個日日夜夜，他雖常常思念家鄉，思念親故舊友，思念妻子兒女，但自結識革命領袖孫中山先生後，他突兀裡成熟了，他的年輕的一顆熾熱的心，隨著受法國革命搖籃的自由民主空氣的沐浴，在這塊世界特殊的土地上，他能接受俄國、英國、義大利、西班牙、波蘭、德意志等各國民主政治的思想。以及在法國他還能接受各國的革命的流亡者之聲。這使他來自一個封閉的、愚昧黑暗的民商子弟，那一顆閉塞幽暗的心胸，頓時寬廣了許多。眼睛裡看到的，耳朵裡聽到的，心胸中感悟到的，已和往日，可以說幾十年裡，大不相同了。真猶如一道強烈的陽光，照開了他閉塞的心胸。

他的革命的理性使他在三十而立之年加入了中國第一個反清的革命組織——同盟會。令他高興的是，他在法國組織的「世界社」的同仁，吳稚暉和李石曾也均加入了同盟會。而李石曾加入同盟會還是經他介紹的。能使這位清朝政府大官僚李鴻藻之子加入了同盟會，即背叛了自己的所謂「階級」，這在當年也屬非常開明之舉。經過歐風美雨的陽光沐浴以及在赴法輪中接受孫中山先生的革命教誨，張靜江確經過了一陣子激烈的反思。二十世紀之初，有識志士心裡明白，清政府必危亡。但什麼時日滅亡，人人心中無數。通過什麼樣的道路，清政府能改朝換代，在當時諾大的中國和國外雜說紛紜，便是同樣的幾個反清組織，看法亦往往不同；再說，同盟會組織內部，也有不同想法。所以，在當時的歷史條件下，確立張靜江自己堅定地跟隨孫中山道路走，並對孫的理論確信不移，難道不要經過一番激烈的思想鬥爭嗎？

張靜江畢竟是個有經營頭腦的務實派，他的祖祖輩輩都是一步一個腳印的原始資本積累的實幹家。當吳稚暉接受張靜江的熱情邀請，從英國來到巴黎後，張靜江便即刻和李石曾、褚民誼、蔡元培等人正式成立「世界社」於巴黎達候街二十五號（25.Rue Dareau，paris），並馬上建立了中華印字局，這個中華印刷局當時設在巴黎健康街八十三號(83，Ruede la Sante，Paris）。當這些準備工作完備後，張靜江就日夜和這些同志籌備一個宣傳革命的基本陣地——創立《新世紀》週刊。上述計畫共同在巴黎商定後，張靜江擬即回國籌措款項和其它有關工作，並準備立刻在款項籌措後馬上到新加坡購置印刷機器和招募排字、印刷等工人。那段時間，張靜江確是為創立世界社和創立《新世紀》週刊，費盡心機，奔波忙碌不堪。

如此奔波忙碌，到了一九〇七年六月二十二日，《新世紀》週刊的第一期，終於在巴黎發行了創刊號。當時的世界社對這個週刊是這樣分工的：由張靜江負責經費，吳稚暉負責編排，李石曾、蔡元培、褚民誼等協助供給稿子文字。

在《新世紀》週刊發刊前，由李石曾、吳稚暉以世界社名義，編印了《世界》大型美術畫報。並由張靜江夫人姚蕙為主持發行人。第一期即刊行一萬冊，刊載介紹了世界名人，近代偉人們的學術思想和成就，及世界重要的科學發明。印刷精良，色彩瑰麗。快已經有一個世紀了，真不知今日還有哪家圖書館，藏有當時由張靜江他們在法國編印的《世界》大型美術畫報，如果有的話當你翻開，會令人驚奇的是：這大型畫刊中，有馬克思的畫像，而且這是中國最早印刷的馬克思像。作為大一統的封建帝國的清政府統治時期，出現了馬克思的全世紀無產者聯合起來的無聲形象，但當時全世界還沒有一個國家真正實現馬克思所預言的社會主義國家，世界上第一個實踐無產階級政權——俄國也還未完成十月革命。在俄國的十月革命一聲炮響還未噴發前，抑或在馬克思主義還沒有送到中國前，張靜江在法國的「世界社」卻給正處於清政府嚴密統治控制下的中國，送來了第一張馬克思的肖像，這無疑對中國歷史上傳播馬克思主義思想有過一定的影響。不論張靜江後來走上了一條什麼樣的道路，但他確實在馬克思學說還未在神州大地上傳播前，先送來了馬克思的形象。我查了許多現代歷史資料及各類文化類書籍，似乎還很少有人真實地記載過這個史料。

張靜江所創辦的世界社，在巴黎還為中國讀者出版了《新世紀雜刊》和《新世紀叢書》。《新世紀雜刊》是發行了五種單行本，分別為《萍鄉革命軍與馬福益》、《中國炸裂彈與吳木越》、《上海國事犯與鄒容》、《廣東撫台衙門與史堅如》、《湖南學生與禹之謨》等。這五本書，可以說都是記載了辛亥革命前夕，發生在中國的五件重大革命事件，書中有真實的對事件的詳細記錄，還有鼓吹革命，喚起民眾的呼聲與評論。《新世紀叢書》，僅出版了第一集，集中收錄了六篇文章。這第一集叢書中，由李石曾撰寫了《革命》一文，其餘是翻譯之作，翻譯了蒲魯東，巴枯寧及克魯泡特金諸人的學說。

當時的《新世紀》週刊設發行所在巴黎侶樸街四號（4 Rue Broca，Paris）。待這些鼓吹國內革命的刊物雜誌發行後，張靜江即於一九〇七年五月中旬赴倫敦，後轉赴上海，這些刊物如何在國內發行諸問題和國內同志進行商洽，後物色了由同鄉周柏年先生主持在國內的上海的發行工作，並在上海平望街設「世界社」上海分社。說來也很巧，張靜江當年和李石曾、吳稚暉等人創辦的《新世紀》週刊，也正好和當時法國人格拉弗的法文《新世紀》編輯部同在一座樓中，而且雙方關係相當不錯。

一九〇七年六月二十二日，《新世紀》週刊正式問世，至一九一〇年五月二十一日，因經費困難而停辦，共出版了一百二十一期。《新世紀》逢星期六出版，採用新世紀紀年法，如發刊當年即為新世紀七年，不用清朝皇帝年號，並用西元記年月日，以示徹底對存在於神州大地上的清朝政府的否定，以堅定孫中山先生提出的「驅除韃虜，恢復中華，創立合眾政府。」的決心和意志。可以說，當時同盟會在日本刊行的《民報》和張靜江在巴黎發行的《新世紀》，他們互相輝映，是孫中山在東方和在西方鼓吹革命的二個重要的宣傳陣地，為孫中山同盟會的革命作出了重要貢獻。

十六、相濡以沫

孫中山的革命活動在早期他脫離不了以家鄉廣東為基地，並大多側重於聯絡舊式會黨為他革命的同盟，且不太注意輿論陣地和宣傳教育，這造成了旋起旋滅，影響甚微。一九〇三年後，他漸注意接受新思想最快最多的留學生參加到他領導的革命活動中來。這一思想的確立和轉變，使日後設在東京的同盟會總部，大多是以留學生為主體建成的。由於留學生是一支充滿愛國激情而又非常活躍的生力軍，而且又通過這些留學生，向各處延伸出去，從而遂於國內外各地建立了分會。

正如孫中山在日後所回憶的那樣：「一九〇五年之秋，集合全國之英俊而成立革命同盟會於東京之日，吾始信革命大業可及身而成矣。於是乃敢定立中華民國之名稱，而公佈於黨員，使之各回本省，鼓吹革命之義，而傳佈中華民國的思想焉。……」從孫中山在一九〇三年思想方法上的轉變，亦可看到孫中山自一九〇五年遇張靜江後，更需要張靜江能在法國大革命的中心地巴黎，把新思想傳播到國內來，促進革命之發展。我們由此可見，法國大革命思想的傳播對（當然，那時已由鄒容寫成的《革命軍》及鄒容與陳天華合寫的《猛回頭》及當時同盟會機關報《民報》也同時在作大量的宣傳）所以，從當時革命的推進與發展速度觀察，張靜江在法國竭盡心力創辦的輿論陣地《新世紀》週刊，對當時孫中山在國內的革命宣傳是多麼合拍。

當時孫中山一方面繼續發揮東京（東方）和巴黎（西方）的革命輿論宣傳，而另一方面為了反抗當時的侵略勢力與清政府黑暗腐敗的反動統治，他深知革命暴力是不可避免的。故國內的武裝起義不斷在各地頻頻發動。

隨著孫中山對思想戰線（即對革命思想及孫文學說的傳播）和武裝暴力的擴大和發動，國內的革命經費日顯拮据。此時，孫中山第一個想到的又是法國的張靜江。因為，同盟會在經費苦竭時，曾在東京發生了內部的磨擦和矛盾。

一九〇七年春，日本政府應清王朝的請求，驅逐孫中山出境，那時孫中山在離日前接受了日本政府贈款七千元，股票商鈴木久五郎贈款一萬元。而此時孫中山只留了二千元給同盟會東京總部機關報《民報》作經費。當時曾為了經費的拮据和困難，遂引起了《民報》主持張繼、章炳麟、宋教仁的懷疑和不滿。他們以自己胸襟的狹窄和誤解，猜測孫中山損公而肥了私。當時還引起了同盟會之間許多同志互相的矛盾，也引發了吳稚暉在《新世紀》週刊上筆戰陶成章、章炳麟的論戰。

這時的孫中山心情煩惱，對陶、章、宋以小人之心度他的君子之腹甚為不滿。在當時的困難萬分之際，他又通過同盟會胡展堂先生電告巴黎的張靜江求援和贊助。張靜江在接到孫中山電求時，毫無二話，仍一如既往，即從巴黎匯款萬元資助。孫中山當時接款後，真猶如雪中送炭地感到欣慰。他即寫信給張靜江致謝，並把這筆資助經費的用途，開宗明義地向張靜江報告軍事經過。張靜江亦即覆書，以表明對孫中山在資金用途上的絕對信任。他的覆信充溢著對孫中山的誠摯之心：

> 余深信君必實行革命，故願盡力助君成此大業，君我既成同志，彼此默契，實無報告事實之必要；若因報告事實而為敵人所知，殊於事實進行有所不利，君能努力猛進，即勝於長信多多。

在當時孫中山面臨險惡、困難與複雜多變的形勢下，他受到了保皇派康、梁的攻擊，又受到清政府及江浙官商鄭孝胥為首的立憲派勢均力敵的圍剿，再則還受到陶成章、章炳麟、宋教仁對他一心為公的懷疑。而在這樣形勢中，張靜江雖身在國外，卻一如兄弟同志般的盡心竭力的支援，對孫中山來說，確是莫大的鼓勵和撫慰。

十七、秋風悲戰馬

張靜江在辛亥革命爆發的前夕，基本上還是以從事對國外的貿易來獲得巨額利潤，再把這些盈利所得的資金資助孫中山在國內的革命事業。當然作為「四象」之一的江浙首富，他還有祖上的家族資產可作為從事革命的後盾。當時清末局勢，已處於搖搖欲墜、革命風雲跌宕起伏之際，而張靜江與在國內從事實業的財閥們，最大的不同之處，恰恰在於對國內形勢所作的估價不同。國內的，一如張謇、趙風昌、虞洽卿、李平書等一批實業家，他們把發展實業和改變國內政治現狀的希望，仍寄託於國內立憲的進展，以及清政府能在政策上有所改良。但在張靜江心中，很少有這類奢望和幻想，這也許和他長期在國外從事經營，受到世界潮流之影響，以及在法國巴黎接受各種資訊的便捷有關。

辛亥革命前夕，為了控制國內的反滿情緒，清政府在各地嚴厲鎮壓革命志士。一九〇七年，傳來徐錫麟、秋瑾在浙江紹興發動起義失敗並遭殺害的消息。那時，張靜江正在香港養病。當天早晨，他讀香港早報，並正在香港黃泥湧道一個叫愉園的花園裡散步，得此不幸消息，他馬上停止按每天慣例的早上散步，當即返回寓所，心中萬分憂愁。匆匆用了早餐後，不知做什麼好，再也讀不進這些書報。他和夫人姚蕙在餐後談話時，也沒有了平日的歡笑，整個在養病時佈置得很優雅的家，氣氛和往日大不一樣，家庭中的空氣一如充塞著沉重的鉛，顯得一片淒涼和灰暗。

就在數日前，即一九〇七年七月十九日，張靜江還滿懷激情與快慰，給朋友寫信說：「浙江紹興人徐錫麟槍刺安徽巡撫恩銘，是中國第一次有思想之暗殺，而達目的者。今特剪昨報一段寄呈……。」

張靜江在秋瑾遇害後憤怒疾書。

對徐錫麟有思想的暗殺行動，張靜江是懷著崇敬之情的。但是，時隔二天，情況劇變，徐錫麟及秋瑾終慘遭清廷屠刀殺害。此一正一反，革命風雲的變化無窮，使正在香港養病的張靜江憂愁萬分、憤懣不已。他即刻展紙寫了一封致吳稚暉的信「……為徐錫麟案，關防更加嚴禁。此案連累人甚眾，已加害者數十人。紹興徐創之女學校女教習秋瑾亦已加害，已逮捕之女學生也有幾十人，不問是否同謀，只要與徐有往來者，有革命思想的，即指為同謀，當即加害。」

我們從張靜江的急信中可以窺見在辛亥革命前三四年間，當時中國大地上已陷於種種黑暗的地步，清政府已把「略有革命思想，即指為同謀，當即加害」。當時的神州大地，已血淚斑斑，在略有思想的革命志士頭上，惟有斧頭在等待他們。

白色恐怖已遍佈全國。據當時的《中國日報》載，徐、秋被加害後，當時紹興的開明紳士，擬電同鄉京官與江督，說現在正是留東學生遇暑假歸國之時，如不問是否同謀，紛紛逮捕的話，恐這些留東學生將全部被迫為革命黨。這些誠惶誠恐的社會心態，在殺害徐、秋之後已遍及許多省份，特別是浙江、江蘇、上海一帶。當時有報記載，紹興事件發生後，清廷慈禧太后欲把徐、秋等人殺絕並夷誅九族。但也遭到了清廷肅王等人的不贊成。當然，更遭到了在辛亥革命爆發前夜，已逐漸對保皇與立憲失去信心的一些清廷有識之士和新興資產階級的反對。

這時，張靜江所創立的世界社和《新世紀》週報，也同時加大了反對清廷野蠻行徑的宣傳力度。他在巴黎致吳稚暉的信中更闡明了這種觀點。他說：「……又徐加害後，即剖心窩、公祭恩銘魂，野蠻如此，南亞非洲黑人，亦不致此。擬抵申調查詳細寄法，閱登巴黎、倫敦各大報紙，使歐人知清政府之野蠻……。」

張靜江雖暫住香港愉園養病，但心中時時不安，惦記國內革命進展，時時打聽動態及閱讀各報，並在香港與各界人士互通資訊。因發生徐、秋事件後，使他在港不能再安心住下去，後即返國內上海。張靜江正準備返國時，又發生萍鄉之役，很多革命志士被殺害。他雖身處國外，卻連連發出了憤怒的聲音：「如此等野蠻政府尚能存立於二十世紀之世界，即世界全數之人之能，務不如一滿猷，有是理乎？」

當時的國內形勢急劇變化，全國反滿情緒的上升是非常激烈的，這在孫中山《孫文學說》「有志者竟成」一章裡，已有所精確的闡說：「當萍醴革命軍與清兵苦戰之時，東京之會員莫不激昂慷慨、怒髮衝冠，亟思飛渡內地，身臨前敵，與虜拼命。每日到機關部請命投軍者甚眾，稍有緩卻，則多痛哭流淚，以為求死而不可得，苦莫甚焉。其雄心義憤，良足嘉尚……由此而後，則革命風潮之鼓蕩全國者，更為從前所未有。……」

張靜江一到上海後，就把這些國內風潮的激蕩狀況，一一電告巴黎世界社的同仁們，並告知他們，為了國內外革命工作之需要，如發生由於登報及宣傳經費上之不足，任何革命同志，可向巴黎通運公司李石曾先生處領取。到了國內後，他第一個感覺是，革命的輿論宣傳工作跟不上形勢的發展。於是，他決心化最大經費，以最大能量來讓全世界文明國家的善良人民，知曉當時東方最黑暗、最愚昧的世界——那個辛亥革命前夜的中國清政府的罪惡。

作為辛亥革命的先行者——孫中山在連續發動和領導了近十次武裝起義失敗後，內心非常憤慨，在當時他用詩表達自己的心聲。正是：

塞上秋風悲戰馬，神州落日泣哀鴻。
幾時痛飲黃龍酒，橫攬江流一奠公。

孫中山先生當時的即興賦作，也同樣是當時張靜江內心的悲鳴與憤慨的寫照。

十八、《新世紀》停刊

孫中山在受到陶成章、章炳麟，對他在使用革命經費問題上的猜疑，使孫中山更想到張靜江在法國巴黎的那塊輿論陣地。從一九〇九年十月下旬至一九一〇年一月三日，孫中山通過胡漢民、張靜江轉致吳稚暉的信件計有八封之多，此表明孫對在巴黎的同盟會會員非常信任，同時孫也多麼期望張靜江、吳稚暉能撰稿於《新世紀》週刊上為他辨護。

吳稚暉在和張靜江商洽後，果然在巴黎的《新世紀》週刊上先後發表《勸革命黨》及《黨人》等文章，駁斥陶成章、章炳麟對孫中山的誤解和猜疑。吳稚暉竭力要陶、章分清是非，顧全大局，他說：「天下人無無黨者，或盡心於公益，或盡心於私利……既無可逃於黨人之外，即亦不能免於衝突之起。衝突之範圍，不過較廣與較狹耳……故衝突不必問其有無，止當問其是非。」當時不但《新世紀》週刊發稿支持孫中山以身作則，是非分明的立場，還同時以巴黎《新世紀》的名義，向有關美洲同仁報館寄去函件和文稿，為孫中山闡明立場，以反擊陶、章的不實之詞。

辛亥革命發生前夜，作為孫中山領導的同盟會，當時在非常困難的時期，對革命經費的需要是不言而喻的，為了經費，黨內發生糾紛屢見不鮮，再加上當時的革命武裝起義屢受挫折，在革命內部又發生了一件為經費問題而衝突的事。當是，張靜江接到胡漢民轉來一個函件，東京的謠傳劉師培叛黨事件，並要張靜江進行調查。

事出有因，原由是章炳麟在當時革命受挫、內部糾紛時，他忽突發想去印度出家當和尚，走逃避現實的道路。但當時同盟會內部經費資金枯竭，無法成行。據當時張靜江給吳稚暉的信中透露：「漢民云中山以無川資不能定期業歐，並囑弟托人調查劉師培叛黨之確據。」連孫中山去歐洲都缺乏之路費（川資）。在此經濟拮据情況下章寫信給劉師培、何震夫婦，企圖通過他們向當時的清廷大臣端方謀求款項作為去印度的經費。而端方當時是清廷內閣重臣，也是仇視和鎮壓革命的劊子手，作為革命黨人怎能去向他伸手呢？而這一年（一九〇九年）八月于右任被清廷逮捕。於是就產生在東京有一印刷品言及劉師培有叛黨作暗探的傳說。

由於此事以訛傳訛，加上吳稚暉的極力渲染，上綱上線，便發生了這類內部激烈的糾紛。但張靜江在接到胡漢民轉來信件談及此事時，心態很平靜。他認為「此事太難，在上海弟竟無人可托也」。其實，張靜江在上海不是無人可托，實是他認為「話出有因」，而真要調查卻「查無實據」，故他感到難字當頭，而認為不應把寶貴的時間耗用在內部的糾紛上。他是大度的，不像吳稚暉那樣抓住一點別人的誤解，就給人上綱為「奸細」。後來此事不了而了之。儘管作為《新世紀》的同仁——吳稚暉確有這方面的不足，但於孫中山對巴黎的革命宣傳陣地《新世紀》還給予很高評價。在一九一〇年七月二十日孫中山致吳稚暉的信中就表達了這樣的感激之情：「弟自抵美西及檀香山二地，大蒙華僑歡迎，此皆多《新世紀》，以及先生辯護之力也。」

張靜江在香港養病期間，胡漢民、馮自由代表同盟會請他補辦入會手續，當張靜江看到「盟書」內有「對天發誓」字樣，作為當時辛亥革命前夜的一個反封建戰士，他不同意在盟書內要求入會會員當天發誓的規定。因為，他認為一個反清的革命組織不能類同於一個宗教團體。爾後，在胡漢民和馮自由破例允許不對天發誓的情況下，張靜江才補辦入會手續。因為在一九〇五年張靜江只是口頭答應孫中山加入同盟會，而到了一九〇七年七月，在香港才有機會補辦入會手續。

一九〇五年六月二十八日，召開同盟會籌備會時，到會人數總共是八十一人，而到了開成立大會的八月二十日，據馮自由的《革命逸史》已是三百多人。所以，當時許多革命志士是在日後補辦入會手續的。幾位很重要的會員也是如此，如：胡漢民、居正、蔡元培、章太炎、于右任、還有蔣介石等。

從史料看，從這件入會手續，亦可看出張靜江受歐洲新思想薰陶之深，對於一些原始的社團封建式的做法，他是堅決抵制的。也許，在千千萬萬個同盟會會員入會手續上，都勵行了「對天發誓」的形式，但惟有張靜江是破例的，這雖是一件小事，但也足見張當時的與眾不同，接受新思想的敏捷，以及他不附俗，不隨大流的作風。

一九〇七年十月後，北京清政府已早對張靜江在巴黎的《新世紀》進行革命宣傳的行為已強烈反感。清政府外務部批准兩江總督，以《新世紀》煽惑人心，反對政府罪，要求法國政府查禁發行。此事一直拖至一九〇九年十月，張靜江一方面在強烈在清政府政治高壓下，另方面《新世紀》自發行起均由張一人在支撐所需一切的經費，虧空太大。在張靜江當時要從各方面拿出經費，投入孫中山革命的各種開支日顯龐大的情況下，感到實在無力支撐下去，故他要求吳稚暉從倫敦趕至巴黎共商《新世紀》善後事宜。當時他的同仁吳稚暉已和家人分別了整整六年，已剛剛在倫敦全家團聚。此時的張靜江也常匯英鎊接濟吳稚暉在倫敦全家人的生活。為《新世紀》能正常出版，吳確為張靜江竭盡心力，他不僅要執筆寫大批文章，還要親自排版督印。除編《新世紀》，還編《世界週刊》及《新世紀雜刊》、《新世紀叢書》等。有時一人病倒在外，無一親人在身旁。故張靜江非常感激他。孫中山也同樣感激他的努力。一九〇九年八月間，孫中山有機會從布魯塞爾到倫敦，還親到吳稚暉家作客，並與他和子女一起合影留念。

張靜江發起創辦的《新世紀》，在吳稚暉的積極配合下，支撐到一九一〇年五月二十一日，當第一百二十一期《新世紀》刊出後，才宣告停刊。吳稚暉在停刊後在料理完社務工作結束後，他也即從巴黎返倫敦家居，並繼續從事他的《上下古今談》的寫作。

張靜江與吳稚暉及和蔡元培、褚民誼等人合辦的《世界社》以及所屬的《新世紀》刊物、叢書等也於此告一段落。雖然，這方面的輿論宣傳暫且結束，但張靜江和他的同仁們，在革命合作的其他方面，卻又翻開了新的一頁。

十九、同盟會中部總會

辛亥革命爆發前夜，中國各階層，各官僚集團，及皇室內部各派政治力量，都以自己的權力與利益之多寡，充分表現出了對當時變革的姿態、不同的看法與傾向，他們思想的軌跡也表現得淋漓盡致。如發生在蘇浙爭路、滬杭甬路以及川路風潮等圍繞路權的問題上，清政府與人民的衝突日益激烈，甚至趨於白熱化的程度。川路風潮最終成為辛亥革命的一根導火線。

當時，在向國外借款築路和利用中國民族資本發展築路上，爭論不休。如以鄭孝胥為代表的主張是：「必可借，不借不能興中國。」但以張謇為代表的對這種挫傷中國民族資本的做法是有保留態度的，但也不得不表示：「借自可。」而以盛宣懷為代表的則表現得更為實用和圓滑，他看到了中國自己發展實業（包括築路在內），往往最軟弱之處是資金不足。當時在築路權益問題上，如就蘇浙兩路公司在資金上，一開始就沒有能夠完全擺脫對外國資本的依賴，當時的所謂「郵傳部撥款」（即上級拔款部分），實質上還是依賴中英公司的借款。所以，盛宣懷採取表面上承認滬杭甬路的「完全商辦。」而在暗處，卻使了個「調虎離山計」，把中英公司對滬杭甬路的借款，移到了蘇路北線開徐段之用。

其實，就當時清政府的腐敗無能，在缺乏產生一種新型政體的情境下，實已無法發展國內的生產力，只能借助外來資本的投入。當時在中國的經濟比較發達的沿海及江浙滬地區，中國的官僚實業派、中國的民族資本已早和國外進行了一系列洽談和合作了。如當時的美商在南京、上海和中國的實業派趙鳳昌、張謇、熊希齡、葉景葵等洽淡中美合作後，記載了當時雙方比較詳細的合作項目。在翻開二十世紀之初，那時的對外合作範圍也是非常廣泛的。如當時已有：銀行金融業合作，資本是中美各半。在張謇的日記中也有如下記述：「達，華（大、華爾特）與我南北商會協議共營銀行，開航業，設商品陳列所，置商品調查員四事。銀行資本一千萬元，各半；太平洋商輪、華資過半……。」

作為江浙滬的大財閥後代的張靜江，前面我們已講述過，他早已在法國巴黎、美國倫敦，及美國等西歐市場上經營各類中國產商品，也在做有著幾千年傳統文化積澱的中國字畫、古董貿易。當國內在辛亥革命前夜，江浙滬一些擁有民族資本、官僚資本的實業家，已紛紛和西歐進行合作合作，投資開發的時期，而張靜江在國外構思與外商共同開發的領域已是更宏大、更寬廣的合作。

一九〇九年春，張靜江在法國巴黎先後與法國四家銀行，洽談合資籌設通義銀行。當時合股擬先辦股本一百萬法郎，中國華人占股百分之七十五，法國投入資本占百分之二十五。那年的春末初夏，為能辦好此事，原本很忙碌的張靜江，即從巴黎趕赴上海。他辦事一貫雷厲風行，一路上上海，趕不上休息，即和上海各銀行進行洽談。但是，由於當時受到國內形勢的干擾，加上國內銀行對華人股所占比例較大，法人所占比例僅百分之二十五，上海各銀行董事感到風險太大，並產生懷疑，再則加上當時的國內，隨著帝國主義各勢力的深入中國，鐵路業的開發投資，在中國經濟、政治、軍事直至文化上的作用愈顯重要，故中國的銀行及買辦官僚，地方商紳，都傾注於投資在鐵路業上，而對於辦通義銀行顯得興趣不大，最終使張靜江想投資中法合資的銀行業未獲得成功。

由於當時國內形勢的侷限，張靜江只能返回巴黎，把自己在國外的通運公司進行收縮整編，由職員另組來遠公司經營傳統業務，仍以做中國古玩字畫業務為主。由於通運公司的收縮，這一年的冬天，他夫人姚惠，也只能攜張靜江的幾個女兒從法返滬上生活。回上海不久，正好發生一件急事，當時國內的好友于右任，因聲援韓國革命，被清政府逮捕。張靜江聞訊後，即以個人出資聘請律師為其辯護並多方營救，後在各方出面幫助下，清政府終於釋放于右任出獄，並經張靜江資助，于右任東渡日本，繼在日本進行推翻滿清的革命活動。

張靜江與夫人姚惠所生的五個女兒合影：大女兒蕊英（中）二女兒芷英（前右）三女兒芸英（前左）四女兒荔英（後左）五女菁英（後右）。

在辛亥革命爆發前夕，孫中山在越南河內主持兩粵雲南革命起義時所需經費款項較大，在最緊急之關頭，又兩次電告張靜江能迅速匯款，張靜江在收到電報時，急馬上湊足鉅款匯入孫中山秘密約定的戶頭。不論自己在國外資金周轉如何困難時，他也毫無例外地想方設法完成孫中山交辦的革命任務。張靜江也並非如一般社會上講的僅是經濟上的支助革命經費。其實，在革命的緊要關頭，他都帶著殘軀病體直接加入一些重大的革命行動。

章炳麟與陶成章反對孫中山的一些主張，由來已久。他們和孫中山相處總有距離。特別在日本東京同盟會的機關報《民報》的經費上有了一點恩怨，再加上其它日積月累的矛盾糾葛與思想分歧。總之，章、陶認為孫中山是一位「不能開誠佈公，虛心坦懷待人，作事近於專制跋扈」的領袖人物。一九一〇年二月，章炳麟和陶成章公開提出反對孫中山領導，提出改組同盟會。但此事均遭到各主要盟員的反對。

張靜江與夫人姚蕙合影。

於是，他們即在東京重建光復會總會，章和陶遂成為重建後的光復會正副會長。一九一一年七月，光復會在上海法租界的平濟路善良里籌組「銳俊學社」，遂成為光復會的一個領導機構，並由上海當時的頭面人物李燮和任總幹事。這時的孫中山看到章炳麟、陶成章在同盟會內已顯然出現了這種鬧分裂的跡象，並對當前推翻滿清政府的革命產生了許多不利的因素。

孫中山面對這種形勢，即作出相應的部署。當時，考慮到上海已成為孫中山領導同盟會的重要根據地，面對這一分裂局面，更須加強同盟會這一革命組織，以不使其產生更大的負面影響。在辛亥革命勝利前夕，張靜江在法國巴黎接到孫中山拍來的電報，他秘密接受了孫中山之命，從巴黎趕回上海，在上海當時作為同盟會的一個秘密聯絡中心——座落在公共租界戈登路（今江寧路）的別墅內，與宋教仁、廖仲愷、陳英士、蔡元培、譚人鳳、龐青城、周柏年、周佩箴等人商議以陳英士為核心再成立一個戰鬥力更強的中國同盟會中部總會。不多時日，這個同盟會中部總會成立於上海公共租界的馬霍路德福里，由陳英士任會長，上海設同盟會支部。

上海支部由周柏年、周佩箴任評議員，另在南京、安慶等地也設立分會；爾後，又在武昌設立分會。在同盟會中部總會成立後，即著手密謀光復上海和杭州。這個由章、陶所逼出來，亦可說是當時就革命形勢之需要組織的中國同盟會中部總會，在以後若干年裡，甚至到了孫中山發動的二次革命後，在中國近代歷史上，起到了不可估量的作用。

二十、同鄉陳其美

在同盟會中部總會中，由於宋教仁、譚人鳳，經常在外聯絡，故孫中山的得力助手陳英士，是實際在上海主持革命工作的重要人物。

陳英士年青時。

陳其美，字英士，號無為，一八七八年一月十七日（光緒三年十二月十五日）出生於湖州的一個商人家庭。他的一生比較短促，遇難時年僅三十八歲。十四歲入崇德石門鎮善長典當鋪當學徒。這是他服從了父親給他安排的命運，他自己的意願，是好好讀書，將來報效國家。歷經了十年當鋪學徒的辛苦勞作，這石門小鎮確是非他長居之處，直至二十六歲他才離開這個小鎮跑到上海，依然是默默無聞地在上海當一名同康泰絲棧的助理會計。可是待至二十九歲，那時成了這位開國英才的另一個新的起點。他在人生的最後十年，卻在中華民國歷史上迸發出了耀眼的光華。他東渡留學日本，入同盟會，投身革命，創建民國，討袁護國，直至最後英勇殉難，實踐了他生前所說的「丈夫不怕死，怕在事不成」的光輝誓言。

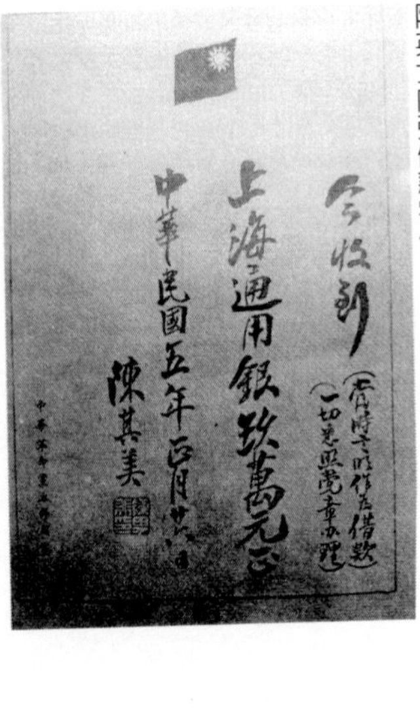

陳英士向張借款字條。

張靜江與陳英士都是湖州同鄉，都出身商家，且是同時代人，張大於陳僅一歲。兩人出身的差別僅是張出身於鉅賈，陳屬小商。雖兩人性格迥異，但在思想上對新事物的敏銳與追求卻是相同的。他們兩人從各自不同的人生經歷上，一起投入了以孫中山為首的辛亥革命。但張靜江接受西方歐化思想比陳英士強烈。從而，他們同時從座落在浙江北部、太湖南濱，素以民物富庶、馳名海內外的江南名城湖州出發，去接受了二十世紀初的新思想、新知識。張靜江去了法國，陳英士東渡扶桑。但殊途同歸，都在孫中山領導的革命隊伍裡成為兩名得力的助手，亦成為歷史上兩位傑出仁人志士。

兩位辛亥革命史上的關鍵人物都來自江南古城湖州（還有一位關鍵人物戴季陶也來自此城）但相比之下，陳英士生命更短促，這位革命的精英，在歷史的天空下，他劃出的光亮，速疾而燦爛。從眾多的辛亥革命史料看，這兩位同鄉幾乎很少晤面，雖然他們在上海從事的革命事業是相同的。由於他們在辛亥革命征途上所扮演的角色不同，加之張靜江在國外支助國內革命的時間多，但他們倆都是緊隨孫中山的指示去從事每一項革命的行動。特別是成立同盟會中部總會和二次革命時期，陳英士與張靜江可謂是孫中山最親密的左右手。也許，如若沒有他們兩人的出現，辛亥革命歷史將為是另一種走向，當然歷史不能假設。

張靜江與陳英士在上海組織成立中部同盟會，應該說是一次在同盟會內充實新鮮血液和調整革命方向、策略的新舉措，同時又可以說是一次新的大規模革命行動。孫中山一直主張在南方、特別是廣東發動武裝起義，但卻屢戰屢敗。特別是「辛亥廣州起義」，可以說

張靜江（中坐者）與蔡元培、李石曾、褚民誼、汪精衛在上海寓所合影。

是孫中山領導同盟會籌備時間最長，用款最多，損失最慘重的一次起義。南方的福建、廣東、廣西及四川籍的很多同盟會骨幹均在這次起義中壯烈犧牲。正如孫中山當時所歎息的「吾黨菁華，付之一炬。」這對同盟會來說，無疑是一個重大的打擊。南方起義的失敗，使同盟會內部產生了不同的看法。當時的香港同盟會甚至發表宣言，指示革命黨人「要幹的只可採取個人行動」。黃興在這次武裝起義失敗後，甚至閉門謝客，心灰意懶。他在香港曾表示：「革命與暗殺二者相輔而行，其收效至豐且速。」準備專意搞暗殺。同盟會中另外二位領導，如胡漢民也心灰意懶，一籌莫展。譚人鳳也要「決志歸家，不願再問黨事。」

「辛亥廣州起義」的失敗，確給同盟會的領導者們帶來深刻的教訓和深深的思考。孫中山後來分析這次起義時，曾說了這樣的話：「是役也，碧血橫飛，浩氣四塞，草木為之含悲，風雲因而變色。全國久蟄之人心，乃大興奮。怨憤所積，如怒濤排壑，不可遏抑，不半載而武昌之大革命以成，則斯役之價值，真可驚天地，泣鬼神，與武昌革命之役並壽。」但是，孫中山這段話是在辛亥革命成功之後說的，只是一種鼓動革命向前的奮激之言。而「辛亥廣州起義」失敗的負面效應是什麼呢？在中部同盟會成立的《宣言》中，倒是客觀地反映了當時的狀況：「於是群鳥獸散，滿腔熱血，悉付諸汪洋泡影中矣。」這確是大實話。為什麼在這時要重新確立同盟會的另一個中心——中部同盟會總會呢？真正的原因便在於此。即形勢需要扭轉孫中山一味地把革命的重心放在南方各省的戰略方針。因為實踐證明了放在南方的起義，耗時最多，時間最長，用款最多，但收效甚微。當時，陶成章和章太炎也極力反對孫中山在這方面的革命策略，但陶、章是用搞分裂的方式來反對，而陳英士與張靜江他們是用再成立一個新興的組織——中部同盟會總會來校正孫中山發動起義的策略。故在《中國同盟會中部總會成立宣言》中曾明確表示「奉東京本部為主體。」這就是說中部同盟會總會，仍團結在以孫中山創立的東京同盟會周圍，但它指出了同盟會的某些弊病，力圖總結歷次武裝起義的經驗教訓。也體現了較孫中山更為民主的思想。這是張靜江崇尚西歐民主思想色彩的一種體現，也是陳英士在那時刻的重大決策。

孫中山對中部同盟會的成立，沒有發表過直接肯定的言論，但他後來在回顧這段歷史時曾說：「先是陳英士、宋鈍初、譚石屏、居覺生等既受香港軍事機關之約束，謀為廣州應援；廣州既一敗再敗，乃轉謀武漢。……」，「溯陳君之生平，光復以前，奔走革命，……其間慷慨持義，秘密勇進，數瀕危殆，凡舊同志類能稱述」。這便是孫中山對建立中部同盟會的看法。而當時張靜江受命孫中山從法國趕回上海參與組織中部同盟會，說明孫中山在廣州起義失敗後之心境，他不反對陳英士他們在上海組織這個中部的同盟會，這從某種意義上也可認為是孫中山對此行動的默認。但他是絕對不會放棄對中部同盟會組織的領導權的。因當時他無精力與時間顧問，才派了張靜江趕赴上海參與組織工作。張靜江在組織與參與中部同盟會的事項後，是肯定會向孫中山彙報的。當時中部同盟會會長由陳英士擔任，參加這次成立大會的到會者共有二十九人。其中浙江籍人數最多，這和張靜江與陳英士同屬浙江湖州人不無關係，也說明張與陳對當時形勢的發展有著共同的看法。

中部同盟會的成立，對同盟會來說是一種獨立行動，但它適應了革命形勢日益發展的需要，中部同盟會對中國近代民主革命作出了重要貢獻。這一貢獻可以說和當時的二位革命奇人——陳英士與張靜江兩位同鄉的緊密策劃與合作是分不開的。且中部同盟會成立時的經費也由張靜江資助。當時，對革命有些心灰意懶的黃興，在香港得知中部同盟會的成立，也即發函說：「欣悉列公熱心毅力，竟能於橫流之日，組織幹部，力圖進取，欽佩何極！……光復之基，即肇於此，何慶如之！」

張靜江與陳英士在辛亥革命成功前夕的這次合作，使張靜江非常敬佩這位既是同齡人又是同鄉人的陳英士。六年後，袁世凱指使張宗昌派人在上海暗殺了陳英士這位革命志士時，張靜江聞訊大慟，在他對陳英士的弔唁輓聯中寫下了肺腑之言：

> 知己重感恩，溯頻年海上追隨，氣誼之疫，箴規之挈，誠堪刻骨銘心，不圖小別經旬，伏枕一函悲永訣。（上聯）
>
> 如公安可死，歎今日城中擾攘，元兇未滅，群逆未殲，正待犁庭掃穴，巨料猝演慘劇，同胞五旗哭先生。（下聯）

陳英士之被殺，使張靜江在上海失去了革命的夥伴、良友和同鄉，使他十分悲憤。他們倆人在反清反袁時期，在從事秘密活動期間，為避人耳目，有時也借四馬路（今福州路）惠樂里的長衫堂子（高級妓院）或去浙江路清和坊的長衫堂子怡情別墅，以打牌吃花酒為名，搞秘密集會和革命聯絡，但當時不知內情的人，從表面看似乎他們花天酒地，觥酬交錯，醉生夢死。但其實質並非如此。但當時一些時人，曾挖苦抑或流言蜚語，稱謂陳英士為洋梅（患梅毒者）都督（陳英士在辛亥革命後任上海滬軍都督）。事有湊巧，張靜江患有骨痛病而下肢蹺腳殘疾，他的足疾後來發展成下肢近乎癱瘓，當時也有人非議他的足疾是有生活上不檢點造成的骨痛病，更有不明真相的人把這些謠言作為依據，廣為流傳，也竟然使「謠言千遍便成為真理」，使有些人信以為真，對張靜江產生很多誤解。其實，陳英士與張靜江這兩位湖州籍同鄉，都是在人生旅途上脫穎而出的精英志士，但光有機遇，如若個人不具備優異的品格和足夠的主觀能動性，也難造就成志士人傑。

于右任在《民立七哀詩》中評價陳英士：「十年薪膽餘亡命，百戰山河吊國殤；霸氣江東久零落，英雄事業自堂堂。」，李石曾在《談臥禪（張靜江）》中對張靜江也作了如下的評價：「臥禪在少年時經過不少醉生夢死的上海生活，但可以說是出污泥而不染。」我想，這便是對陳英士、張靜江的公允評價，也可看作「為天下惜人材，為萬世存正論」的定格。

張靜江、陳英士，小於孫中山十一二歲，而長於蔣介石十歲左右，他們二位，可以說是造就中華民國歷史一個大週期的重要人物。這是時代歷史決定了他們的作為，但他們二位，同時也造就了這一時代的歷史。因為，無論從時間和空間看，他們是孫中山與蔣介石之間的不可替代的中間環節、甚或無與倫比的人傑志士。

二十一、為建國備款

一九一一年七月三十一日（農曆閏六月初六），陳英士與張靜江、宋教仁、譚人鳳等人在上海北四川路湖北小學召開同盟會中部總會成立大會後，的確鼓舞了許多在國內外各地浴血奮鬥的各界志士。譬如武昌的革命志士焦達峰、孫武、劉公、劉英、李作棟、楊玉如等人就決心乘湖南鐵路風潮進行暴動。他們充分理解同盟會中部總會對當時形勢的分析，充分支持在策略上從南部的發動起義轉移到以中部為重點的突破，他們充滿了對推翻滿清王朝的信心。如李作棟這位湖北革命幹將曾說：「廣東雖然失敗，我們湖北卻更將可以展開，清政府以為這回廣東把中國革命黨殺了，再沒有革他們命的人了，他們必不大防備革命黨的敢作敢為，那知廣東被鎮壓而死的，都是那已嶄露頭角的革命志士；而天下還有我們湖北這些無名的革命志士，如果乘其不備，出其不意，革起命來，那一定是可以成功的。」又如，另一位湖北革命志士焦達峰，見到譚人鳳等人對革命前途有些心灰意懶，反倒充滿信心地對他們說：「事在人為，何可拋棄前功？」

如若從這些湖北武昌地區的革命黨人的自信力來看，可以說，他們比上層同盟會中有些領導人還更充滿信心，更是認為滿清政府必垮臺不可。而且，在這些革命志士心中，革命的勝利彷彿就在眼前。好像是在目前最黑暗的天空，卻預示著暴風雨即將就會到來。這些革命意志，以及黑暗無法阻擋的陽光心靈，顯然是受了陳英士、宋教仁等人加強了中部同盟會組織思想的影響。

中部同盟會的活動，開會地點在上海的湖州旅滬公學，秘密聯絡機關，就選擇在浙江北路的楊譜笙寓所。這些地方張靜江也是非常熟悉的。那時，他雖然在國外，但他通過戰士和老鄉陳英士以及同盟會中部一些浙江籍會員，以及他在上海通運公司的同仁，經常能得到國內革命發展的動態。

正當陳英士在上海籌畫江、浙等地的武裝起義時，出人意料的事竟然發生了。一九一一年（辛亥）十月十日，即清宣統三年八月十九日凌晨，湖北革命黨人，似乎可以說是一群無名小卒，一些在武昌清兵營中的普通士兵，毅然打響了推翻滿清政府的第一槍，這可以說是劃時代的第一排槍聲，卻宣佈了綿延數千年之久的中國封建專制制度的滅亡。這確是中國抑或是人類歷史上的一次奇蹟！而當時的孫中山遠在北美，黃興正在香港，宋教仁、譚人鳳他們在上海……

武昌起義軍很快以迅雷不及掩耳之勢，幾天內先後攻佔了武昌、漢陽、漢口三個重鎮，革命，確在同盟會中部的武昌這個城市爆發並取得勝利。由於武昌起義打響了第一槍，即刻如星星之火可以燎原，在整個中華大地上掀起了全國各地的反清革命高潮，從十月二十日到三十一日，不到半月，中國的湖南、陝西、山西、雲南、江西五省相繼回應，先後各自成立革命的軍政府。

張靜江在國外得知這一清息後，即欣慰萬分，即刻把武昌起義的捷報，告知了在倫敦的黨人吳稚暉。他對吳稚暉說：「我接到國內人士手書，一一讀悉，武昌起義一打響，已勢不可擋，法國報紙所載消息亦頗詳細，民立報已發出同樣的消息，我認為，如果再有一些省獨立，譬如南京起義也成功了，那時各國必出面承認革命政府的獨立。我希望再派人去歐洲各國，能多瞭解各國對中國國內革命承認的實際情況。……」張靜江對各國當時是否會承認中國國內革命的憂慮是有道理的。如當時的美國金融界喉舌《華爾街日報》就對辛亥革命發出抱怨說：「破壞了鐵路特許權，危害了貨幣改革，干擾了貿易，威脅著美國在華僑民的生命財產」。所以，張靜江認為多瞭解各國對革命的態度，非常有益於孫中山的對外政策。

這時在法國巴黎的張靜江猶如一隻想趕快飛回國內的戀鳥，他紛紛發信，致電各位革命黨同仁。那時，他的好友溥泉先生也在法國，他囑他電告中國國內各省清政府的督撫，讓他們明白清政府已註定即刻崩潰，希望他們認清形勢早日反正。

「一夜驚雷轟獸窟，武昌城接漢陽城。」武昌革命起義的成功及清政府喪鐘的敲響，確使張靜江在國外狂喜萬分。以此同時，祖國命運在未來的日子裡的走勢，也令他焦急不安。隨著革命行動的不斷推進，國內革命者頻頻在各省起義的成功，他急於要思考的問題是：法國各報大書孫中山將成為中國革命成功後的總統，考慮到英國人是比較同情孫中山革命的，法國人也有認同，但德國是什麼態度呢？張靜江就這個令他日夜思考的重要問題，即刻寫信給在倫敦的吳稚暉：「……總之，中山資格最老，人格文明，若南京一打下，我黨必聯名請其速來歐洲……先生認為是否？如同人贊成，俟南京一打下，或即聯電推其來歐洲。」這時的張靜江在法國急切地在謀劃等南京一打下，應即刻推選孫中山為領袖。因為，在張的心目中：中山先生論資格最老，而且人品高尚、文明。

由於他長期與經濟打交道，加之他長期生活在歐洲經濟發達的國家，在他頭腦中對「經濟與文明」就思考的比較多。這也正是張靜江這位老同盟會員，在辛亥革命首義後，與宋教仁、黃興等人的不同之處。他那時日夜思考的一件重要事情是：當國內革命成功，孫中山當了總統後，中國的新政府最需要的是經濟實力的支撐，即革命新政府必急需經費來維住運作。而且這種革命新政府的支撐需用的款項資金將會更多。

張靜江就目前國內革命不斷的推進、形勢發展的飛快，一直奔波於國外一些有識之士和一批大富翁之間。他不斷寫信給海外的同志蔡元培、吳稚暉等人，同時也不停地拍電報給海外的華僑，竭盡全力設法動員海外資本家為革命備款、為建國而立功。張靜江憑他的資歷和經驗，已認識到「此一時彼一時，照現在的形勢，稍有熱心的人，已不難說服運動能為建國籌款。」的確如此，以當時的局勢的發展，已被維持了幾千年的封建統治的大廈開始倒塌。國內外的革命志士和廣大人民已看到了光明的曙光。所以，大家希望能為早日在中國這塊大地上實現民主共和而出錢出力。

當武昌起義爆發時，孫中山正在美國北部的科羅拉多州進行籌募革命經費的活動。當他抵達該州丹佛城的第二天，他從美國報紙獲悉「武昌為革命黨佔領」的消息後，他即刻中止了演說籌款計畫。當時他想馬上回國，能親自指揮革命戰爭，但他和張靜江的想法是一致的，西方各國能承認革命政府嗎？西方各國是否會聯合起來反對辛亥革命？所以，孫中山很快接受了張靜江的建議赴歐洲各國進行周旋。

二十二、革命既成

孫中山於一九一一年十一月十一日抵達倫敦。當晚，他便去看張靜江的同志加好友吳稚暉。此晚不巧，吳稚暉正和張繼一起外出了。孫中山留下便函，約於明晚八時再來晤訪。在留下的便函上，孫中山在倫敦對國內武昌起義的成功，作了高度評價，他說：「近日中國之事，真是泱泱大國民之風，從此列強必當刮目相見，凡我同胞，自當喜而不寐也，今後之策，只有各省同德同心，協力於建設，則吾黨所持民權民生之目的，指日可達矣。」這段話可謂是孫中山向包括張靜江、吳稚暉在內的同盟會內的革命黨人下達革命後協力於建設的動員令。

孫中山與吳稚暉第二天準時會面時，吳轉達了張靜江對孫中山的問候，並把張靜江近日在法國積極備款為建國所急需的事宜報告了孫中山，孫聞此情況後，心中大悅。孫當時下榻於倫敦薩福伊旅社，整日不停地為建國進行外交活動，而吳稚暉則每天去此旅店，還為孫處理來函來電。

這時的張靜江，本想即日趕赴倫敦與孫中山會晤，但因手頭正在處理湖北同志朱和中發電來的急事：當時雲德炮廠有一批軍火，計野戰炮十八尊，機關槍二支，已裝運在途準備售於滿清政府，並已運輸在途，約十一月五日至十日抵天津，經朱和中告張靜江後，張出面交涉後，對方同意售給革命黨。為了這件急事，張靜江就不可能再趕赴倫敦了。當張靜江處理了這件急事後，才赴倫敦和吳稚暉會晤，在會晤中他極力動員吳稚暉急返祖國為建國做好準備工作。吳稚暉（一八六五－一九五三），江蘇省武進縣人，早年和張靜江一起加入同盟會，為孫中山所器重的早期同盟會的骨幹，吳從小生計艱難，離鄉背井，他曾赴京會試、外出教書、自學外語、參加革命、出國避難，一生活了八十八歲，居家和獨居都各占一半。他是張靜江一生的同志和交往最長的好友。

那時，孫中山在倫敦住了半月，在此之前，孫中山曾兩次去過華盛頓，希望謁見美國國務卿諾克斯（Philander C. Knox），但每次均被拒絕，當時的美國政府對武昌起義的成功採取不支持態度，而表面上卻仍標榜「嚴守中立」。所以，孫中山在那時刻只能去英國倫敦，爭取對辛亥革命的支助。孫中山在赴巴黎前也和張靜江對吳稚暉的要求一樣，堅邀吳趕快回國參加革命鬥爭。吳稚暉在與張靜江倫敦一晤後，兩人商議遂決定早日返國承擔自己的革命大義。吳稚暉末和孫中山一起返回，他要到德國轉一轉，跟時在德國的蔡元培晤面，後在張靜江的電催下，吳與蔡元培均先後返國參加建國工作。張靜江已悄悄告知吳稚暉，決定在一九一一年十一月六日起程返回。他回國的航道是從西伯利轉道，因那時西伯利亞是一無危險之地、較安全。孫中山後於十二月初從巴黎乘英輪返回。為了孫中山回國的安全，他的回國時間不隨便外洩，孫中山只告訴了張靜江，國內同志知道孫中山返回的準確時間，均從張靜江處發出。

張靜江自西伯利亞轉道回國抵達上海，待他抵達上海後，上海革命黨人紛紛聚集張靜江的寓所，那時辛亥革命剛成功，黨內下層多草莽英雄，但張靜江卻不加戒備且樂於和這批黨內下層同志交談，共商建國大事。雖然，抵達上海後他身體欠佳，但仍抱病不已，孫中山當時在法國與國內往來之電報、信函均經張靜江轉發，他的寓所一時成為溝通孫中山與國內革命黨人的聯絡中心。

當時，整個中國還是一片戰火之中，各地起義軍隊正與滿清政府的殘部以激烈的鬥爭之中。當時上海已在陳英士和李燮和等聯合後光復了上海，上海的光復成功，不僅在財政，經濟上打擊了清政府，牽制了武漢的清軍，並為攻取杭州、南京等地奠定了基礎，從而加速了長江流域各省的革命進程。當南京在一九一一年十二月三日被攻克而光復時，江南各省如湖北、湖南、安徽、江蘇、江西、浙江、山西、陝西、福建、廣東、山東、廣西、貴州均派代表至滬召開臨時會議。當時革命黨人內部存在著地域觀念和派系矛盾，爭執的焦點是在武昌，還是在南京召開各省代表會議。最後經討論，確定在南京召開。

在國內已準備建國的籌備工作已基本籌齊，革命的志士與各界人民在「盼望甚殷」地等待孫中山由巴黎經香港回國。這時在上海的張靜江除和陳英士、黃興、宋教仁等人在積極做好籌備工作外，這時張靜江還為東北省陸軍協統藍天蔚（家豪）要他為東北做一件援助軍火的急事。藍天蔚自武昌起義後，東北各省也紛紛響應，大家公舉藍為奉天民軍臨時關東大都督，但他因困於清總督趙爾巽的保安會的排擠，只能出走至上海，以策劃外省的實力來援助東北的起義。藍天蔚從東北到上海後通過關係找到張靜江對他援助，張靜江即和陳英士，戴季陶、黃復生聯絡後共同幫助藍天蔚籌集軍火。因為這裡有一群群的英雄和士兵急需武器，他們要走上革命的戰場。所以張靜江在這種急需的情況下，以自己掏錢，秘密購了四門大炮，三千支步槍給藍天蔚援助他們，藍天蔚真是感激萬分。

一九一一年十二月二十五日孫中山在上海十六鋪碼頭受到革命軍領導及各界民眾的熱烈歡迎。至上海後，孫中山緊急召開包括陳英士、黃興、宋教仁、張靜江等人商議建立中華民國的大事。在孫中山就職前夕，十七省代表在南京選舉了孫中山為中華民國首任臨時大總統。張靜江出席上海同盟會本部歡迎孫中山大會，當獲悉南京選舉結果時，陳英士、張靜江、黃興等人高呼：「中華民國萬歲！」一九一二年一月一日，孫中山前往南京就職，張靜江和陳英士等人前往送行，目送著孫的火車徐徐前行，革命成功了，中華民國終於在南京成立，張靜江從心中感到鬆了一口氣。他隨孫中山的反清革命行動可暫告一段落。雖然北方還未能統一，但對於張靜江，這位政治上野心不大、且出身商賈豪門的人，確從他心底感到如釋重負了。

當一九一二年一月一日，清宣統三年十一月十三日，也是中華民國元年元月一日，那晚，海關上的大鐘，沉重地敲響八點時，南京各處響起二十一響的禮炮聲，當禮炮聲停息，孫中山就職大總統，中國歷史上，終於宣告了一個新的時代的開始。

「一個新的中國終於誕生！」那晚，張靜江一夜未眠，心中好像時時在默念著這樣一句話語。

二十三、功成身退

革命，歷經艱難、曲折、坎坷，無數革命同志，灑熱血、拋頭顱，一次次的武裝起義，一次次的失敗，無數次有同志心灰意冷、悲壯激昂，然也有無數次重振熱情，重舉義旗，再吶喊，重赴戰場廝殺，金戈鐵馬，熱血沸騰……。終於，在中國歷史上的辛亥年，——那個在泱泱大國代代精英們積澱了二千年的正義後，終於結束了二千年的封建帝制。這是二千年歷史上劃時代的轉折。張靜江，作為自己從小也接受了封建傳統文化薰陶，出身巨賈富商世家的後代，既然能參加到反抗滿清政府，並在他手中結束了長達二千年的帝制。這確使他感到狂喜不已、自豪萬分。當他目送孫中山先生去南京就任臨時大總統後，在這十六鋪碼頭上，在這位已過而立之年並略帶殘疾的青年人心中，回首革命往事，撫今追昔，不勝感慨萬千。

革命的成功，帝制的結束，使他對人生之路有更深切的記憶。回憶自己當年從一個江南的古鎮，一個絲綢魚米之鄉，走入開埠不久的大上海，是上天給予了他人生的一次難得的機緣，在漂洋的海上，使他結識了比他長一輩的革命先行者孫中山，並開始加入同盟會反清革命組織，走入世界革命聖地巴黎，傾其身家性命支助辛亥革命行動，直到今天革命既成。回想這五六年間，那無數個不眠之夜，如今，當張靜江度過了三十五歲的那個歲末，計畫著他未來自己年輕生命的走向時，他似乎想把繼續革命的重擔卸下來，讓真正熱衷於政治革命的同志與朋友們繼續來做這種神聖的事業，而他認為自己應該選擇功成身退的道路了。在他心中，他認為以往他搞革命，那是因為滿清的政治太黑暗，沒有給他有抱負的青年人一個施展才能的環境，是不得已而為之，從而使他的人生之旅有了一個曲折的過程。如今他認為該結束這種政治革命的生涯，重回搞經濟的事業上來。

於是，在民國元年（即一九一二年），二月，早春已經降臨在黃浦江上，張靜江和他的幾位朋友、商家，如昆季等好友，想重振上海和巴黎的通運公司。這個通運公司曾經因他致力於革命和推翻封建帝制，一度停頓和關閉過，而今，革命成功了，帝制推翻了，於是，他想約請他的幾個朋友再重新加股，使這家在法國的公司重新鼎立起來。因為，這上幾代由祖輩傳承下來的業績必須由他繼續往前發展。

張靜江為何要功成身退呢？一是他感到身殘之軀，時有病痛，致力於政治革命，身體缺乏本錢。二是他感到革命的一切工作，必建立在經濟基礎上，他受歐洲經濟革命論思想薰陶，發展經濟是革命的真正重心，所以，他想重操舊業。三是受陳英士影響，陳英士在民國初年曾多次向孫中山呈請辭職，孫中山多次通電陳英士，請他「顧全大局，再行勉為其難。」當時這種形勢和氛圍，對他確有很大的影響。

張靜江在上海看到的形勢，使他感到矛盾重重，革命既成後的政治鬥爭非常激烈。革命黨人和頑固的立憲派，繼續在明爭暗鬥，全國政局急劇變化。南北議和後，南方代表北上後，袁世凱卻陰謀製造了兵變。袁世凱不肯來南京就職，並在北方對革命黨人軟硬兼施，步步進逼。那時，連同盟會中部最傑出的領導者陳英士，都面臨被迫辭職，何況張靜江這樣的商賈巨富的革命者呢？所以，造成張靜江想功成身退的原因雖很複雜，但最主要的原因，還是因為當時國內革命成功後的形勢複雜而險惡。

二月二十六日，黨人彭家珍得到張靜江助資北上後，張靜江即赴廣東，他想與革命同仁吳稚暉，林森等人晤敘討論革命既成後在上海、江蘇、浙江等地的複雜險惡的形勢。那時正處於革命黨人的步步退讓，退讓的嚴重後果是使袁世凱在北京竊奪了辛亥革命的成果，就任了中華民國臨時大總統。竊取了革命果實後的袁世凱，在三月二十三日任命他的親信唐紹儀為總理，唐紹儀即另外在南京組閣。

四月一日，孫中山被迫卸任臨時大總統。這是所謂南北議和後袁世凱和立憲派步步進逼的結果。當然從今日之史料看，這和當時國外勢力支持袁世凱有一定關係。譬如，一九一二年一月一日，孫中山在南京宣誓就職，宣佈成立中華民國。當時孫中山曾竭力爭取列強承認中華民國，但遭到許多列強的冷遇。那時的美國公使仍然認為孫中山並不是中國的一個「代表人物」，認為孫中山「能否控制局勢是大可懷疑的」，反而吹噓袁世凱是「當今中國最強大有力的人」。孫中山還通過美國特派記者麥考密克（Frederick McCormick）和美駐華使館參贊丁家立（Charles D. Tenney）呼籲美國承認南京臨時政府，但丁家立帶給孫中山的資訊是：「趕緊同意你對手的意見吧！」還帶有威脅的口吻對孫中山說：「我對你實話實說，即使你竭盡努力，你也是沒有出路的！」對新成立的革命政權，在美國官方眼裡完全是不值一顧的。

當然，在美國政府和壟斷財團漠視甚至敵視孫中山和辛亥革命的同時，我們也應認識到當時的美國公眾對孫中山和辛亥革命，還是持支持態度的。如當武昌起義成功後不久，就有美國的新聞記者在《紐約時報》上發表《武昌爆發反清革命，共和國體有望建立》，還有報導如：《革命軍在武昌宣佈成立共和制政府》，這些報導還是比較客觀的，如還報導說：「武昌起義，一支強大的革命軍武裝力量已從漢口開拔，準備與來自北方的清朝皇家部隊作戰……」並稱讚「起義軍組織嚴明，供給良好，外國人受到保護……」等等。但這畢竟不能減少當時總的形勢對革命的干擾和多方面的壓力。這時的全國形勢，確如陳英士在《為唐內閣辭職通電》中所說的：「國政棼如亂絲，紛更擾攘……」，當時，雖有如陳英士等革命同志與袁世凱抗爭，但在孫中山被迫卸任臨時大總統後，陳英士也已無法力挽狂瀾，終於被迫辭去了上海滬軍都督的職務。

革命成功後的複雜多變的形勢，使張靜江痛心疾首。在武昌起義前，他只想能把腐敗專制的清王朝推翻了，就大快人心，中國大有了希望，一個民主的有如他在歐洲法國所感受到的文明共和國，將會在東方屹立起來。但是，事實並非如此，革命既成後，革命者的鮮血換來的，依然是袁世凱換了旗號，代替了滿清的王朝。革命的結果不是女革命家秋瑾所期望的：「拼將十萬頭顱血，須把乾坤力挽回！」而是「無量頭顱無量血，可憐購得假共和！」

張靜江看到這樣的國內形勢，他感到自己在革命後能做些什麼有益於國家和人民的事呢？俗話說：「不為良相，亦為良醫。」他不可能像醫生那樣去醫治人民的疾病。但他想提倡一種革命既成後革命黨人應該俱備一種什麼樣的精神品格。於是，張靜江聯絡了李石曾、蔡元培、吳稚暉、汪精衛等人在上海發起了「八不會」和「進德會」運動。這樣的提倡緣起於國內辛亥革命半途而廢，雖然中國換了民國的牌子，可清王朝遺留下的官場腐敗、社會風氣的糜爛依然存在。

為了改變這一革命既成後的腐敗風氣，所謂的「八不」與「進德」，即提倡革命黨人做到八條：不吸煙，不飲酒，不食肉，不狎邪，不賭博，不置妾，不官吏，不議員。根據每個人的不同選擇，又分為甲、乙、丙三等會員，分別稱做「三不」、「四不」、「六不」和「八不」。當時，蔡元培等做到「三不」，為「三不」會員，張靜江、張繼、戴季陶等為「四不」會員，汪精衛表示不能放棄喝酒、吃肉，成為「六不」會員，而李石曾、吳稚暉、廉泉三人全部做到「八不」，成為「八不」會員。對張靜江來說，他自己約束自己，做到「不賭博，不狎妓，不置妾，不官吏。」這

吳稚暉在民國時期的照片。

體現了張靜江由於長期在法國巴黎生活，接受了歐美的社會改良學說而發起，這也緣起於他們在巴黎辦「新世紀」報刊時，接受了「要進行社會改良，其第一步通常從個人做起。」的思想，他們還認為「與其組黨結社，莫如完善個人道德更為迫切，腐敗的根源在於脫離了道德，革命成功後，樹立新道德就應成為主要的目標。」

這些主張和提倡，當然在日後，無論張靜江、吳稚暉、汪精衛、戴季陶均未能做到和實現，但這也說明了當時一種紛繁複雜的辛亥革命後的局勢，其中包括了同盟會內部在革命既成後，在其內部也滋生渙散情緒，當時還沒有產生一種能把革命黨人統一和凝聚的理論與信仰。張靜江除了和這些同盟會老黨員提倡這些思想外，他還得做一種革命既成後的實際工作。他做什麼呢？當時進入民國後，培養新的能適應當時形勢的人才，確是迫切擺在新政權面前的重要議程。

當時任教育總長的蔡元培，作為革命黨人更有切膚之感。在這樣的條件下，張靜江為了培養辛亥革命後需用新的人材，他和李石曾、蔡元培等人又同時發起了「儉學會」，宣導學生赴英、法等國留學，培養國家有用的新的人材。張靜江在當時袁世凱已竊取革命果實、革命黨人內部思想、理論還處於未統一的狀況下，他根據自身力量，也許只能如此做些有益於社會發展的事。這從一九一二年二月十五日的張靜江「為籌辦留英儉學會事致吳稚暉函」中，可窺其當時的處境和他積極投入辦中國儉學會的態度：「……留英儉學會已租定四川路一間房屋作事務所，以便招待英文教習。……待報名人數一多，或即送行或多請教習，再行決定。章程已送文明去印矣，不日即登之報章……。」

這一年的六月，張靜江在辦妥了青年學生赴法、英各國留學事宜後，相約吳稚暉同去拜望孫中山。在同盟會老黨員黃興當時在上海同孚路的寓所，四人一起相敘，他們討論了孫中山卸去臨時大總統後，革命黨人應該如何再接再勵，把新的中華民國扶持起來。當時孫中山持「實業救國」論，宋教仁持「政黨政治」論，並熱衷於「組織同志內閣」以控制議會，從而達到抑制袁世凱專制獨裁的野心。而陳英士對宋教仁那套責任內閣制和「政黨政治」論並不贊成，他認為應追隨孫中山的「擴張教育，振興實業」為唯一正確的救國方針。

六月的黃昏，已漸入夏暑，上海天氣又燠悶濕熱，東南亞黃梅季節剛退去，那晚，許多老同盟會員聚在一起，各人談在當時局勢下自己的打算。吳稚暉表示他卻要走入教育求國，具體是去做漢字改革，做中國漢字讀音統一會的工作。黃興和孫中山都回顧了辛亥革命前後的革命工作。張靜江向孫中山彙報了自己準備重振通運公司，致力於貿易，以積聚經濟為實力的政策。孫中山最後都以同志平等待人的口氣認為應各自去做益於社會和人民的事業。當然，那時宋教仁還未被刺，孫中山在政治上對袁世凱的真面目也認識不清，也只能分頭去完成他的「實業救國」論了。故這次張靜江在黃興寓所會晤了孫中山後，他也即離開了上海，仍赴歐洲專心於自己的經營事業了。後來吳稚暉也只能專為中國漢字的讀音改革而奔波。當時的陳英士也正準備回浙江湖州家鄉去走走，黃興準備回湖南長沙去看看自己的故園。而宋教仁也準備回桃源，想去看望他那白髮蒼蒼的老母親。確實，在那般形勢下，許多黨人今後將怎樣繼續走完自己的革命之人生道路？不免都有些茫然。

張靜江離開上海已是酷暑，在赴歐洲途中，正好遇到氣候季節的更換，他的殘疾身軀雖感勞頓疲憊，但身體尚能支撐。那時，他的心情已平靜下來，已漸漸脫離了國內紛亂的政局。而那由當時的政局所演化出來的、自欺或欺人的革命或非革命的理論和空洞的各類口號，張靜江對此也只能置之於胸外了。這從他當時致吳稚暉的一封短信中表述了當時國內局勢及他的內心看法：

稚暉先生大鑒：來函致悉。先生十日來，弟等在此恭候。此番來歐途中，雖更換天氣，身體尚佳，不過稍覺困頓而已。中國新聞大致與報紙記載相同，袁逆作惡，自取敗亡。國黨力竭，只有小為休息，然後研究根本之解決。弟現決計專心經營通運公司，如其得法，亦大有可為，否則亦可消去時光，而與社會上無礙也。

弟人傑啟。

他又回到了法國的通運公司。當時國內各派政治力量正處於莫衷一是之際，他只有仍去專心致力於公司業務的經營，這使他的公司業務突飛猛進。

張靜江在革命漲潮時，是一位勇者，勇於把革命推向高潮。而在國內革命退潮時，他能適應退潮時的形勢，仍去經營他擴股後的公司業務。如果說，這也是張靜江當時政治上的韜光養晦之略，那麼，正如他自己當時內心的反省與自白所說的：「國黨力竭，只有小為休息，然後研究根本之解決。」

這根本之解決是什麼呢？當然，使他未能料及的是：時隔數月後，國內就發生了他的革命同仁宋教仁這位傑出志士被袁世凱陰謀刺殺的慘案。這使他出乎意外——離國赴歐僅數月，革命又急劇地轉入了一輪險惡的漩渦。

二十四、二次革命

法國巴黎的初秋是令人豔羨的。在張靜江寓居的通運公司辦公室和臥室，時而可以聆聽從古老大教堂鐘樓裡嫋嫋而來的鐘聲，庭前牆角和碧綠的草坪上正在抽華吐萼的紫藤與茄花，朝夕發出縷縷的馥香，混合著巴黎這座城市典雅的氣息，也不時向人們襲來。此時的張靜江在擺脫了國內政治紛擾後，似可一身輕鬆專心致力於他在巴黎的經營業務，然而他雖身處異鄉他國，而內心卻也是非常不平靜的。出於對時局的無奈，同時由於出身與性格的不同，他不想加入國內那種爾虞我詐的政治鬥爭。對革命既成，清帝退位後的政治主張，他確也保留了自己的看法。他對宋教仁的責任內閣制的「政黨政治」，似感到在中國還缺乏實施的民眾基礎，對孫中山、陳英士的「實業救國」，也感到無堅實的資本可資國內運作，而對袁世凱假惺惺的兩面派政治，袁世凱曾殺害六君子、投靠慈禧的記憶，終未能淡忘；他堅信「袁逆作惡，自取敗亡」，這將是歷史的必然。

當然，在辛亥革命後，他到法國重操舊業，但當靜下心慢慢反思，感到對於孫中山的辭職，雖有多方面的形勢所迫，但也確有軟弱的一面。此時此刻，使張靜江又想起譚人鳳對孫的忿言：「袁世凱殺了張振武、趕走了唐紹儀、王芝祥，跋扈已極欺人太甚，中山君以黨人之領袖身份，竟無一點抗議言行……」張靜江感到譚之忿言有過頭的地方，但亦不無道理。總之，他感到自己暫時脫離一下國內這種混亂的政治氣候是必要的。但他雖著力於巴黎公司業務，在心中卻並未完全超然物外，只不過到了巴黎這個既有革命傳統，又有充分自由施展才能的域外，感到有一種如釋重負的輕鬆。但是，這般的人生輕鬆在他也僅僅只度過了幾個月。而正當張靜江把通運公司人員重組完畢，業務量大增，獲利不淺，並正待進一步擴展公司進出口貿易業務時，給他出其不意的是，國內突然傳來宋教仁被刺的惡耗。其實，他雖專心於貿易，但確是「身在曹營心在漢」，他此時在法國度過的每一天，又何嘗不時時在牽念著國內革命同志們的一舉一動啊！

他在巴黎又接到了國內同志急速拍來的加急電報，電報中敘述了一九一三年三月二十日夜，在上海火車站，國民黨代表理事長宋教仁正準備乘火車北上，突然，幾個歹徒迎面撲來，幾聲槍響，宋教仁當場倒在了血泊中。三天後宋教仁搶救無效，死在醫院。臨死前黃興見宋痛苦萬狀，實在於心難忍，他含著淚俯身到宋教仁的耳邊，輕聲對他說：「……你放心去吧！國家大事，我們一定盡力做去，老伯母那裡，我們也會盡心盡力去照料的！」宋教仁聽著了黃興的話才停止了他的呼吸。

二十三日，兇手終於被抓住，而這起暗殺事件的元兇和謀主正是當時孫中山讓位於他的臨時大總統袁世凱和他的親信國務總理趙秉鈞。

張靜江在巴黎接到此電函後，心中極為憤慨，似乎在內心既自責遠離了國內正鬥爭著的艱苦卓絕的同盟會同仁，又深深感歎不已，清皇朝帝制的暴政是打垮了，似乎正要來臨的應該是太平盛世的新共和。帝制的帷幕落下來了，社會上許多不公正應該被蕩滌一乾二淨，一切都會重新開始了。但當這一切過去後，我們又看到了面熟的不寬容的另一類暴虐，它穿上了中華民國共和政體的衣服，梳著國會選舉的民主式的髮型，但骨子裡卻依然是專制王朝的血液。經過這簡直不敢相信的血的事實，也使他認識到了獨裁者儘管可以滿面都是笑，但骨子裡卻是殺人的奸賊。張靜江在巴黎熬過了幾晝夜坐臥不安的日子。

悲痛加憤慨，在經過深思熟慮，他的第一個的選擇是，他應該立即回國！他必須回去，必須立刻回到祖國去，回到孫中山身邊去。於是，張靜江馬不停蹄地從巴黎趕回上海。

到了上海後，他一邊參加料理宋教仁的後事，一邊與吳稚暉、黃興、陳英士等人為揭露案情真相，出錢出力，奔波不已。四月十三日，上海民眾在張園舉行了大規模的追悼大會，沉痛追悼宋教仁。

孫中山親自撰寫的輓聯是：

作民權保障，誰非後死者！
為憲法流血，公真第一人！

孫中山的輓聯寫得鏗鏘有力，為現代憲法而奔走、呼喊、直至最後以生命犧牲流血的宋教仁，確是中國第一人。眼看著宋為國而死的黃興寫出了更有力的輓聯：

前年殺吳祿貞，去年殺張振武，今年又殺宋教仁！
你說是應桂馨，他說是洪述祖，我說就是袁世凱！

宋教仁的親密無間的戰友黃興，在憤慨中寫出了更直截了當的遣指袁世凱的正義呼聲。中國人為有一部正義公平的現代法制，當時悲憤的浪潮，已迅速席捲整個中國。殺人者和南北各級政府，都慌了手腳，而袁世凱的真面目，終於露出水面。

一九一三年四月後，袁世凱公然下令拘捕各省國民黨人。這時原同盟會的革命黨人，在嚴酷的形勢下，同志們才認識到必須重新聯合起來，只有這樣才會有完成「政治革命」的真正希望。這裡包括原對袁世凱存有美好幻想，曾替袁世凱講了許多好話的老革命健兒章太炎在內，均一致重新聯起手來。張靜江此時常和孫中山、黃興、陳英士磋商宋教仁案發後的革命形勢和對策。

章太炎回來了，大家還是歡迎他的到來。四月二十三日張靜江參加了歡迎章太炎回歸國民黨總部的歡迎大會，陳英士作了熱情洋溢的歡迎詞。

那晚，張靜江回到寓所已很晚了，但章太炎在會上一些愧對兄弟的、流著熱淚的講話，確也使他很感動，有些話他甚至深有同感：如章說：「……吾輩欲掃除劣政治，出產良政治，非先從醫治國病，剷除專制劣根下手不可。」章太炎還痛心地說「……若坐視腐敗專制之病常存留中央，則民國共和終成幻想……。」

袁世凱的專制統治，和他這個竊取辛亥革命果實的野心家必須翦除！這是張靜江回國後的一個非常堅定的信念。這時，原來那些同盟會革命黨人又從各地潛回上海。吳稚暉與蔡元培等人辦《公論》報，以及當時的《真相畫報》均對袁世凱的專制統治給予揭露。當時的許多革命青年凜然大義，勇於犧牲的精神確鼓舞了許多革命志士。張靜江經常和他們保持聯繫，並深深感到中國的正義力量，並未是暴虐可以任意扼殺的。

當時，孫中山力主以武裝討袁，戴季陶也是堅決主張立即出兵討袁的。但陳英士、黃興卻主張以「法律解決」，並幻想能夠與北方的袁世凱進行調和。但張靜江是對袁世凱不抱任何幻想。這主要表現在他曾支持參加過辛亥革命的一些會黨成員，在進攻上海江南製造局的事件上即可看出。

那次，進攻江南製造局由江蘇都督府顧問共進會副會長、鐵血監視團張堯卿發起，他聯絡了柳人環、韓恢及上海藉工黨領袖徐企文等人策動，組織隊伍，聯絡退伍軍人和駐守製造局的下級軍官，他們以「鞏固共和，聲討民賊」為目的。但由於當時黃興、陳英士的反對而以失敗告終。但張靜江對進攻江南製造局，以聲討民賊袁世凱卻是全力支持的。他以殘疾的身體，親往前線視察，鼓勵士氣，還出資助餉。但這時的黃興、陳英士等革命黨人為減輕對袁世凱的壓力，幻想同袁世凱妥協，竟輕率地拋棄了這批反袁的鬥士，並使袁世凱屠殺了他們，演出了反袁陣線內部自相殘殺的一幕悲劇。但張靜江卻和孫中山意見一致，認為對袁世凱必須進行武裝鬥爭，故進攻江南製造局事敗後，一些被袁世凱通緝的黨人同志，大都避居張靜江上海公寓，有一些黨人由他饋贈旅費出走日本，這無疑為孫中山發動的二次革命保存了一大批革命志士。

同年五月，張靜江策劃了一幕令當時正義反袁的人民無不稱快的事件。當時，袁世凱部下有一位第二軍軍長，名徐寶山，第二軍那時正駐防揚州，性獷悍，無惡不作，當地老百姓對這批兵痞痛恨不絕。徐寶山原是淮徐兩地的一名鹽販子，無業遊民。袁世凱把這種專幹壞事的地痞納入地方軍隊，此人效忠袁世凱，橫行霸道。張靜江心中深感這位軍長不除，對於上海一帶討袁必是一種後患和阻力。

當時張靜江打聽到徐寶山喜歡收集古董，而張靜江又是通運公司專做古董貿易的。他和四川人的辛亥革命同志黃復生密商後，製成一小型炸彈，並把這枚炸彈放入通運公司特地製造的古董箱中。當這一切製作完畢後，因通運公司常和徐寶山派往上海覓購古董的一位艾姓親信有交往，就利用艾的筆跡，寫信給徐寶山說：在滬上已覓得一古銅器，價值連城，但所帶款項不足，故望先派人來滬上識別後，再議價。果然使徐寶山中計，徐急於覓此古董，專程派人去上海和那位艾姓親信接觸。五月二十四日晨，此箱古董存於徐寶山的一位副官處，徐急於欣賞古物，自己親往他的副官處，並親自將鑰匙當場塞進箱中，準備打開此箱觀看這古董，當那箱子被打開的那一剎那，即砰然一聲，發出巨響，炸彈暴炸，徐寶山這位受撫於袁世凱部下的第二軍軍長當然斃命。

這天上海報紙新聞報導後，全國譁然，無不為除掉袁氏一個爪牙而拍手稱快。當時的袁世凱在黃興、陳英士僥倖存在幻想的那三個月中，袁正好作了充分的準備。已逐漸完成了兵臨南下的武裝準備工作。當袁世凱認為時機成熟時，他便下令北洋第六師李純進佔九江的同時，馬上派遣海軍中將鄭汝成到上海控制海陸軍。此時，駐滬海軍便倒向袁世凱。楚泰、海籌等艦也同時駛入黃浦江內。總之，袁世凱已以武力嚴重威脅著上海的革命黨人陣地。南方的李烈鈞於七月十二日從上海抵江西湖口召集舊部組織討袁軍，並宣佈江西獨立。七月十五日，黃興在南京組織江蘇討袁軍，宣佈江蘇獨立。七月十六日陳英士被推為上海討袁軍總司令。二次革命的戰幕終於在這種形勢下正式拉開。

但是，倉促應戰的二次革命，僅幾個月便在全國各地先後失敗了。號稱二交革命的討袁戰爭失敗了，孫中山和黃興以及許多革命志士都成了無家可歸的浪人。當時的上海、廣州、香港都有袁世凱貼出了通緝佈告，更有懸賞的密探在追蹤和暗殺他們。形勢非常危急，惟有重新踏上流亡日本之途。此時的孫中山與黃興等革命黨人都離國去了日本。孫中山為二次革命的失敗十分痛心，他是早就主張以武力討袁的。他認為二次革命的失敗是：「非袁氏兵力之強」而是由於黨組織不嚴密，革命黨人人心渙散所造成。當然，在當時對二次革命失敗原因的看法也不一致。但革命黨人不論分歧如何，但繼續革命的決心卻是堅定不移的。祖國又陷入了復辟的危險之中，所以革命一刻也不能停頓。在失敗中崛起、前仆後繼，這歷史與社會前進的動力是任何人也阻擋、撲滅不了的。

九月，孫中山即重新組織中華革命黨。張靜江和一些原同盟會同志最早加入孫中山的中華革命黨，那時，蔣介石也隨張靜江同時加入中華革命黨。但是當時黃興對孫中山在組成中華革命黨時，為了黨員的一定要效忠於孫中山的領袖權威，入黨時要黨員打手模一事，和孫有不同的看法。

歷經艱苦卓絕的辛亥革命成功後，由於革命黨人的妥協，革命果實被袁世凱竊取，被迫的二次革命，由於黨內的不統一以及當時袁世凱力量相對的強大，革命也宣告失敗。孫中山在這種急劇變化的險惡形勢下，又站出來了，成為眾多革命者所擁護，又發揚起同盟會初期的革命精神，於是，中華革命黨的成立也勢在必行。那時在日本孫中山住在東京的澀谷附近的一幢房屋中。在他身邊又要聚集了一批忠實於他的信徒，如廖仲裁凱、何香凝夫婦、胡漢民、戴季陶、陳英士以及張靜江等人。而在辛亥革命後對袁世凱抱有幻想的黨內眾多同志中，應該說張靜江對袁世凱的本質認識是比黃興、陳英士清醒。他是追隨孫中山思想比較堅定的一個。因為他沒有太多的幻想，相對比較注重於如何用經濟支助革命取得成功。

二次革命，是孫中山為首的革命黨人，為了從袁世凱手中奪回革命果實所被迫進行的一次武裝鬥爭。而鬥爭的失敗，標誌著——辛亥革命的最後失敗。之後，許多革命志士流亡到了日本。而張靜江這位商賈出身的革命者，唯一出路，他依然只能像以往那樣，流亡歐洲，以圖配合在日本的眾多命志士的東山再起。

二十五、出任財政部長

二次革命失敗後，黨人星散，革命軍瓦解，革命根據地喪失，這些辛辛苦苦，用鮮血換來的辛亥革命成果毀於一旦，這確使張靜江這位商賈出身的，專心推翻帝制的老同盟會員心情十分沉重。自一九〇五年加入同盟會以來，革命近十年，憶及革命往事歷歷在目，回想當年，千千萬萬的革命同志為推翻封建的清王朝，付出了多少代價。如今，革命黨人拋頭顱、灑熱血取得的成果卻白白被袁世凱以假仁假義、虛偽奸詐而搶了去，當想著袁世凱會重新沿著專制的道路走得更遠，這使張靜江不禁怒火中燒，憂憤難當。

想著這些往事，張靜江心中不禁酸楚起來，想著這些令人氣憤而又傷透了心的往事與近事，這位在商場上頗為精明練達的經營家的眼角有些濕潤了。他想著這近十年的革命為什麼會付之東流，想著黨內在辛亥革命成功後不統一的可悲性，想到了陳英士與黃興兩位同志怎麼會對當時的袁世凱抱有太多的幻想呢?的確，用他商人的眼光來看，欲在商場上取勝，是必須靠準確無誤的判斷來實踐的，所以對於商賈出身的張靜江來說，實在難於想通這些問題之奧妙，也許政治與經營之道各有各的不同之處。就目前情況下，在這二位同志中，陳英士已毅然加入了孫中山新組建的中華革命黨，但黃興由於在黨章中要按指印、立誓約、絕對服從孫中山而不願加入。此事令他憂心忡忡，迷惑難解。誰叫你去加入政治的漩渦呢？

令人憂慮的事很多，但有一件事叫他刻骨銘心。由於二次革命失敗，袁世凱想復辟稱帝，已派軍政人員去他家鄉湖州南潯追捕他，家鄉族人在袁世凱的高壓下，似乎要和他割斷氏族關係，這事確使他很痛心。聽家族中人所報訊息，袁世凱還進一步密令他的爪牙、浙江都督朱瑞去辦追捕張靜江之事。朱瑞近日已派了葉頌青旅長，率部隊包圍了他的家鄉古鎮南潯，並宣佈通緝他和他的舅舅龐青城，還抄了他們的家，封了龐青城籌辦的潯溪造紙廠。以使他和舅舅被迫流浪域外。

痛定思痛，張靜江也去了日本，在那裡他雖可以長住日本，也可以和孫中山一起朝夕相處，可以在東京為中華革命黨出謀策劃，這是他求之不得的事。但他考慮還是應該早日離開日本，像辛亥革命前夕那樣，去他的根據地法國巴黎，做些實際的工作，進一步開闢西歐，去為中華革命黨積累更多的資本。因為，孫中山的「第三次革命」，依然需要革命經費來維住；因為，眼看著黨人又陷入了經費拮据的可憐境地。一九一四年的一月二十六日，當他送別了革命鄉友陳英士去了東北大連，因那時的陳英士已接受孫中山的指派，即赴東北去秘密發展革命的反袁力量。

日本東京早春的三月，天氣還很寒冷，真是「二月（農曆）春風似剪刀。」張靜江抬頭望著那陰霾的天空，他正帶著焦急的心情在等待朱家驊一起到法國巴黎去。他們原先擬乘海輪直抵法國，但他感到不放心陳英士單身只影一個人在大連，同時在前幾天他與孫中山交談時，得知陳英士到大連後，因途中海風呼嘯，天氣寒冷，患了嚴重的感冒，由於他在東北展開地下革命的艱苦，原有的胃炎又突然加劇，他已住進大連滿鐵醫院。

這時候，張靜江一方面代表孫中山，一則自己也急於想去慰問一下陳英士，故與朱家驊決定轉道大連看望陳英士後再乘鐵路去法國。（況且他們三人都是同鄉）不一會兒，朱家驊已到達他住處，二人租了一部車同往海輪船埠。在去大連海輪上那幾天幾夜中，當他和朱家驊一起憑眺浩渺的海上碧波時，心神卻猶如驚濤駭浪般起伏不定，他想到陳英士在大連的東北活動正陷於困境之中，袁世凱所籠絡的關東都督對陳已下了逐客令，而大連的日本官廳對陳英士在大連的活動也嚴密監視，凡從東北大連奔赴外地活動的革命黨人受到嚴加查禁，中途則被阻回。張靜江想到陳已在醫院病倒，每餐只吃一碗稀飯，每日只能睡三小時，想到既是老鄉又處危難之中的中華革命黨同仁處境非常惡劣，張靜江不禁潸然淚下。他從革命同志信中知道還有三天，陳英士因在大連無法開展活動，加上疾病嚴重，即將離開大連返抵日本，所以他更急於想馬上和革命戰友見面。

終於在三月十二日，張靜江當海輪一靠碼頭，他和朱家驊急衝衝地趕往大連陳英士臨時住處。從三月十二日至十五日陳離開大連這三日中，張靜江、朱家驊與陳英士，戴季陶，他們在一起差不多縱談了三天。有一晚，他們四位談到深夜，張靜江只見陳英士端坐一面，肅然而言：「中山先生領導革命，我們都很難追隨上啊……」陳一而又沉入回憶，似乎在回憶自己過去不聽孫中山的教誨，放棄了對袁世凱的武裝鬥爭，使黨陷入如此危境中去，他接著又感歎地對三位同志說：「我這兩年，才算認識了總理的偉大，但卻太遲了，而今日許多同志還未覺悟，總說我們服從太過，豈不可歎……」大家心中知道，這是指陳英士在勸黃興加入中華革命黨問題上，已竭盡全力、嘔心瀝血，但未獲其效。張靜江帶著安慰的口氣對他說：「其美兄，你也盡到了自己的一份力了，我相信黃興同志，定會「歲寒松柏，至老彌堅」的。而且，孫先生一直信任黃興是一位堅定的革命者，相信他最終會和我們一道追隨孫中山先生，大家攜手起來把袁賊的美夢打破，俗說，滄海橫流，端賴和衷共濟啊！」

今天，如用歷史眼光審視中華革命黨的入黨儀式，雖確沿襲了封建落後的結社形式，不無弊病，但若處在當時袁世凱的兇暴殘虐，二次革命又一敗塗地，且黨內處在「散漫不統一」的危急情況下，也許只能採用「正本清源」「摒斥官僚」「淘汰偽革命黨」等方法，為了新建政黨，加強其戰鬥力，在當時危急存亡之際，孫中山的嚴格要求，還是有其一定的意義。張靜江、朱家驊特地轉道大連與陳英士、戴季陶一起三天的晤敘，暢談了當時局勢的發展，並為今後追隨孫中山加強中華革命黨，大家一起探索了許多實際操作的問題。

當時的形勢，即歷史發展到此時此刻，正如董必武在一九三八年，回顧那一段歷史時說：「孫中山指示中國的出路，唯有實行三民主義的革命，他特別鼓勵我們在失敗以後不要灰心喪氣，要再接再勵地努力去幹，革命不是僥倖可以成功的，只要我們在失敗中得到教訓，改正錯誤，想出好的辦法來，繼續革命，勝利的前途是有把握的……」

在三天的會晤暢談後，四人即將分手了，各奔東西。張靜江和朱家驊擬轉道坐西伯利亞鐵路的萬國臥東，去德國柏林。陳英士也準備返日本繼續養病，並把大連、東北黨務交方劍飛等同志主持。張靜江和朱家驊到達柏林後，轉道巴黎，仍主持他的通運公司，以公司的盈利繼續為中華革命黨籌措經費。

一九一四年六月，在東京舉行總理選舉會議，張靜江雖在法國巴黎，但他早已在大連即委託陳英士投一票擁護選舉孫中山為總理。七月八日，在日本東京築地精養軒召開大會，孫中山正式宣佈中華革命黨的成立，實際到位人數有三百多人。大會通過了《中華革命黨總章》，隨後發表孫中山的《革命方略》。孫中山當眾第一個宣誓加盟，正式就任總理職務。

孫中山就任總理後，大會通過本部組織，茲分為：總務、黨務、財政、軍事、政治等五部。總務部長為：陳英士，黨務部長為居正，軍事部長許崇智、副部長鄧鏗，政治部長胡漢民、副部長為楊庶堪，財政部長為：張靜江、副部長為廖仲愷。在這次中華革命黨正式成立後，孫中山始終將協理的人選空著，此虛位以等待同盟會最早會員黃興的到來。中華革命黨並設支部於國內外各地，國內支部專事組織討袁，海外支部負責籌款。孫中山希望通過組織新黨來恢復同盟會的革命精神，「再舉革命」推翻袁世凱的專制統治和竊取的革命成果。

張靜江以他的傾其身家性命支助孫中山完成革命大業，以他的超人的經營謀略終身為孫中山的革命事業籌款。孫中山物色他為財政部長，這也說明孫中山對張靜江的器重。因為，當時海外支部主要負責籌款，這是個非常艱巨的任務。張靜江當時正在巴黎，由於他不能赴日本就職，由廖仲愷代理職務。

為了拓展通運公司的業務，為革命付出更大的財政支出，另方面，此時正值第一次世界大戰爆發，通運公司在英德兩地業務逐漸減少，他又另闢美國紐約設立分公司，公司地址在美國紐約市第五大道六六〇號（660, Fifth Ave）。公司經理仍由姚叔來擔任。自被孫中山委以財政部長重任後，張靜江更是在國外辛苦奔波，積極和海外支部人員緊密聯繫，積極籌款，以更多的經費來完成中華革命黨的武裝討袁鬥爭。

二十六、理財第一人

張靜江被孫中山委託為財政部長，雖在東京的具體財政事務由他的副部長廖仲愷代理擔任，但整個中華革命黨的財政收支狀況的來源與平衡還得由他自己去籌畫，去籌集。

那時，由於巴黎通運公司正遭遇歐戰的發生，在巴黎的古董生意就不景氣了，於是，他經常要從巴黎跑到美國紐約，在紐約的通運公司雖然由他的妻舅姚叔來執掌經理，但從中國進貨，長途運輸，市場的經營理念和策劃仍須他事必躬親。因為他知道自己受命於非常時期，孫中山在東京新建中華革命黨，這位受國人信賴的總理，在這樣的時刻，多麼需要他這位原財政部長盡心出力，在國外多多籌措經費來支援國內的反袁鬥爭。所以說，張靜江在國外到處奔波，他一方面要把自己的通運公司盈利全部奉獻出來，另方面還要溝通國外各支部對中華革命黨的捐款。

在民國四年一月二十六日（一九一五年一月二十六日），張靜江第一次以財政部長名義寫給楊壽彭的信中，就可看到他為討袁鬥爭而傾其全力籌款的情況：

壽彭仁兄同志惠鑒：

承匯捐款三千圓，茲寄上收條一紙，祈察存。此間需款孔亟，嗣後集款每達千圓，請即匯寄本部。因軍事緊急，不可有一日之差，如各處有款源匯濟，則急轉輸策應。無慢滯之患，一切進行當能如意也。專此，敬請籌安。

財政部長　張人傑　元月二十六日

都說張靜江在被孫中山委任財政部長期內，就他一人在巴黎籌措的經費達數千萬元，（精確數字，有待考證）而且，他在這項籌資事情上，非常仔細認真，每筆帳目之往來，均以財政部出俱收據，交給對方。他在給楊壽彭同志的信中，可以看出其辦事效率「因軍事緊急，不可有一日之差。」這也可看出他為孫中山領導反袁鬥爭的心情是多麼緊迫。孫中山在委任予他當財政部長時的評說就是：「張原屬豪富出身，黨內財務，惟張所為。」這幾句話，足見孫中山對他評價可謂是很高了。

當時，中華革命黨在江、浙兩省頻頻發動武裝鬥爭，但連遭失敗，范鴻仙這位被孫中山、陳英士委派在上海發動軍事起義的領導人也被袁世凱派出兇手暗殺於上海寓所。由於孫中山派陳英士在上海開展反袁鬥爭，又準備在西南各省袁世凱兵力薄弱地方發動武裝起義，故黨內經費非常拮据，這從陳英士抵達上海後給孫中山信中的報告情況，便可看到當時經費之急需了，同時也可看到張靜江這位財政部長所肩負之重任。陳英士給孫中山信中便談到急需的經費事項：「……據云非假以三月之長限，萬金之用費，不能確有把握。吾已允其陸續籌付。……南洋款項，已商諸許汝為、何曉柳二君，一面由我出名函催，一面也由二君另函加催，效果如何，尚不可知……。」從當時陳英士給孫中山信中，便可知當時張靜江負責財政部、並負責在國外各支部，緊張籌款以供給國內各省發動反袁武裝起義的責任之大。

有關張靜江在法國巴黎，以他的通運公司作為國內中華革命黨財政部的大本營活動的系統資料，還比較匱乏，但依據當時張靜江任財政部長發給中華革命黨世界各地同志的信中，也可知財政部用盡心思在巴黎籌款給國內情況的一鱗半爪，綜合起來，人來人往，籌款不停。如民國四年九月十五日（一九一五年九月十五日）的《收到電匯致吉宸、徐統雄函》中就列舉了由臺灣銀行匯出款項的事，「此間奉到由新加坡電匯款貳千圓。」民國四年十月九日（一九一五年十月九日）《為籌款及報告內地軍情致鄭螺生等函》中有記述：「日前孫先生（中山）奉到源水兄八月十七日書，謂計籌款所得者，有五六千。約一、二星期後，達到八千，即行先付一萬。……後又得暹邏電匯二千餘元……。」民國四年十一月十九日的（一九一五年十一月十九日）《為內地需款甚急告南洋同志函》中記的情況是：「……尊處前月電款五千四百三十二圓，經已妥收，並由本部（財政部）制發收條，夾入孫先生（中山）致函中寄上。兩月以來，以金山四萬圓為最大宗，其次暹邏有萬餘圓，再次則『小呂宋』與尊處。國內鄂、湘、蜀、粵、滇、黔、滬、桂等處皆需鉅款經費，除鄂、蜀、滇、黔四省外，已如數給付外，湘、粵兩省，僅能分次支給。至於其它國內重要地點，雖於軍事上有大價值，然以來款不足，遂不免有顧此失彼之患……」

又如，民國四年十一月二十五日（一九一五年十一月二十五日）《報告討袁軍情並續籌款函》中說：「日前尊處迭寄先後三次捐款名單，只因本部事冗人希，加以急需準備交特派員帶往『小呂宋』南洋等處之債券，延遲至今，始行辦理，罪甚罪甚。現已辦理完畢寄上。……尊處如有可為，望速籌鉅款匯濟，毋居他處後也。」

可以看出，張靜江對國外之籌畫經費，是抓得非常緊的。民國四年十二月二十一日（一九一五年十二月二十一日）有《為收到匯款情形致鄭螺生等函》中說到：「本月十七日奉到尊處電款一萬元，經即複電收到，茲寄上收條。南洋有直匯滬上款項多宗……刻已函請陳英士先生，將南洋直匯上海款項各次數目及地名，列一清單寄來，一俟寄到，當由本部照發收條寄去無誤。」從此信中我們更可看出他籌款帳目之清楚與仔細。張靜江在孫中山處於最危難之際，在二次革命遭到慘重失敗，以及在袁世凱已拉攏了各派勢力，甚至已和各帝國主義在華勢力取得支援的情況下，孫又重新組建了中華革命黨，這樣的時刻，張靜江這個危難時期的財政部長，確困難非常大，擔子非常重。

值得注意的是，張靜江以財政部名義往來世界各國籌款的信件很多，尤其是在他寫的籌款往來信件中，他還時時利用這種機會發佈一些重要國內軍情，並在信中常常鼓勵著捐資者的革命信心和士氣，並在信中協助孫中山做好團結國外支部的工作。我們不妨再摘錄若干這樣的例子。如：「北京自籌安會發生後，內地輿論為之騷然，袁氏此舉，不啻為吾黨彰其標幟，望乘此機擴張黨勢，前路光明，去茲不遠也。」這是講袁世凱指使他參政院中的楊度、孫毓筠、嚴復、劉師培、李燮和、胡瑛為袁世凱稱帝而組織的籌安會在國內人民中引起了強烈不滿的情況，張靜江在財政部發出的信中轉達了此訊息。又如：「袁氏稱帝，眾叛親離，革命義旗，當翩於內地，以為回應也。」那樣的鼓動言語，轉發世界各國，又如：「四川聲勢，亦漸擴大，一俟滇省舉事，黔、蜀當即聯成一氣……上海鎮守使鄭汝成被轟，身受炸彈手槍三十餘處，吾黨二勇士，從容被捕，此舉為吾國自有革命以來之最壯最烈者。」

這般的在籌款信中的鼓動宣傳，無疑對國外各支部，注射了一支支強心劑，無疑更使國外踴躍捐資，以支持孫中山在國內第一線的革命武裝鬥爭。

張靜江那時的財政部長簡直成了革命的宣傳部長，他傾全力宣傳國內形勢的迅捷發展。

連篇累牘地頻頻向各支部籌資發信，但在信中都有張靜江對革命的宣傳：「陝軍已起，連破十餘城……延安一帶已成燎原之勢，本財政部得此消息，即遣各方面主要人物攜款內渡，圖中南各省大舉，以與西北相應。」時隔近百年，今天當我們讀著張靜江在財政部為籌軍餉發往世界各地的信件中，真是件件夾帶著革命的豪言壯語。如信中所說：「須知三軍未動，糧草先行，內地同志或酣戰疆場，努力殺賊，或奔走東南，準備興師，則所賴以接濟餉械者，惟海外諸同志耳。」在他發往各國同志信中還向各支部籌款同志呼出了詩一般火熱的語句：「呼吸存亡，在此一戰，自由奴隸，由君自擇。……海天萬里，引領為勞，寒風凜冽，伏希珍重！」

一九一五年的中國大地上，終演出了袁世凱稱帝與「籌安會」的鬧劇，並出賣國家主權的「二十一條」更使局勢急劇變化。孫中山領導的中華革命黨，廣泛發動討袁起義，當時國內由黑暗又漸趨光明的大勢，浩浩蕩蕩，向前發展。誠如孫中山所說：「世界潮流浩浩蕩蕩、順之則昌，逆之則亡！」袁世凱的皇帝夢——在辛亥革命後的中國，終成過眼雲煙。

二十七、與蔡元培

在張靜江為國內討袁而在國外全力以赴做著向世界各國支部籌款最忙碌的時期，在財政部長任上，他與眾多政界，社會名流，中華革命黨國外各支部人員頻繁交往中，應該記一記他在法國這期間與蔡元培的交往故事。因為他們兩位可謂同時代的老友、且在諸多對政治社會的看法上、頗多相同觀點。

蔡元培，一八六八年一月十一日出生於浙江紹興府山陰縣城。他是人們熟知的一位教育家和北京大學校長，在中國近代史上，蔡元培同時是一位重要的倫理學家和那個時代傑出的政治改革家之一。他的思想和著述在中國五四時期有很大影響，他的思想構成了那個時代給中國近代史留下了一份重要的遺產。

他與張靜江是同時代人，他們同在歐洲，在日漸衰落的清王朝垮臺之際，都是去歐洲尋求救國方案的朋友和同仁。辛亥革命前後，蔡元培在歐洲與張靜江、吳稚暉、李石曾三人共同辦過「世界社」。蔡元培與孫中山的交誼，也即由張靜江、吳稚暉從中牽線。陳英士是蔡元培在中國教育會開辦通學所時的學生，在陳英士擔任滬軍都督時期，這位當年蔡元培的學生從上海發電促請老師能回國助他一臂之力，蔡元培在接電後，即匆匆結束了四年之久的留德生活，經西伯利亞返國，後被孫中山選為中華民國教育部長。但不久革命成果被袁所竊，他又流亡法國。隨著一九一四年八月第一次世界大戰隆隆炮火的響起，蔡元培等人的旅歐生活已為戰爭陰影所籠罩，這時他正在辦勤工儉學活動，進入九月，德軍迫近巴黎，他舉家避住西部鄉間的謨觴村，後又遷往小鎮聖多耐，最後和李石曾等人移居法國南部的都魯士。終於有一天，這位長於張靜江九歲的蔡元培，想念起了在巴黎的正忙於財政部籌款的浙江老鄉，這位共辦過「新世紀」的同仁，他專程去巴黎拜訪了張靜江。

這是一個風和日麗的季節，在一個清新朗靜的早晨，香舍麗榭大街已是熙熙攘攘，遊客不絕，巴黎馬德蘭廣場那座相當宏偉的天主教堂，正敲著莊嚴肅穆的鐘聲，而在通運公司的第五樓上，一間掛滿中國字畫、並存放著幾件珍稀古董的辦公室裡，張靜江與蔡元培兩人正靜悄悄地在會晤敘談。

當蔡元培向坐在殘疾輪椅中的張靜江上前握手時，張靜江幾乎想立即站起來擁抱蔡元培。兩人已幾年未晤，張靜江向蔡元培訴述了近日財政部的經費拮据，國內孫中山及各省中華革命黨人向他拍來電報催款。談完這些政事後，張詢問他近日之狀況，蔡元培向張靜江講了這三年流亡生活的艱苦，幾次遷移的苦楚，但卻不無興奮地向張說：「我舉家近日遷到了法國南部的都魯士，生活上才漸漸安定下來……」蔡元培一面遞給一支法國產的淡巴菰的煙給張，自己馬上又點燃起另一支抽著，雖然他平時很少抽煙。有著好心情的他又慢慢地說了下去：「由於有了一點稍稍的安定，我現在才可慢慢完成了自己撰寫的《哲學大綱》一書的編譯，亦可著手繼續進行《石頭記索隱》的考證……。」

張聽完後，不禁感慨起來：「元培老兄，還是你有成績啊，留存以書傳後代，雖不能說一定會流芳百世，然也至少讓後人記得你呀！」張靜江講到這裡，猛吸了一口煙，然後淡淡地一笑，他彈掉了淡巴菰上留存的煙灰繼續說道：「可我呢……我僅能做些雜務，百年以後誰還能記得我呢。說不定還會有人罵我呢！」這時張靜江向蔡元培講的那些感慨的話，確是發自肺腑的心裡話。

張靜江感到自己在巴黎忙碌的，都是匯進匯出的款項數目，再加上自己因有殘疾，不能像黨內其它同志那樣去國內為討袁鬥爭出生入死，雖然近日他還派了多位同志去國內參加討袁起義，而自己還只能留在國外第二線上幹些籌畫經費的革命，所以不免有一些落伍之感。

當他想到國內正轟轟烈烈，英勇犧牲，前赴後繼，心中不免悵然起來。蔡元培見張靜江有些寂寞的惆悵，便安慰他說：「靜江老弟，總理幾次表彰你在國外的功勳，這是黨內同仁皆知的大事啊，而我只是徒然浪費光陰，寫了幾本小書，聊以消磨時光而已，而你是功勳卓然，國內革命經費全賴於你的策劃，誰人可比呢！……」

兩位都出生於商人家庭，同是浙江人的老鄉，又都是李石曾、吳稚暉的同仁與好友，並都共同參與創辦過法國巴黎的「世界社」。雖然張已任財政部長，但彼此在旅歐期間均堅守「君我既成同志，彼此永遠默契！」的平等精神。

彼此同志般地默契，今日重又在巴黎相晤，這是一件令他倆非常欣慰的事，尤其在大家非常忙碌的域外生活中，更屬難得。在彼此謙虛一番後，即互相鼓勵，繼續為革命事業努力。此時，張靜江向蔡元培談了自己因歐戰而與世界各地中華革命黨支部來往郵件的困難，而各地支部捐資的來往帳款的收據，不得已只能由人攜帶，這樣放慢了聯繫速度，給國內各地革命志士經費的周轉上造成了困難重重，所以，使他憂心如焚。

蔡元培也談到了自己近期因歐戰，首先受到衝擊的是留德勤工儉學的學生，由於學校關閉，國內匯款難於寄達，孤立海外的學生面臨困境，一些人主張輟學回國。

為救助學生，他和李石曾發起成立旅法學界維持會，留住學生繼續求學，幫助學生代覓學校，提供救濟。當蔡元培講到學生當前在法國求學的困難情況時，張靜江打斷他的話語，即刻向蔡元培伸出雙手握了握，然後動情地表示：「我一是捐款給你們的旅法學界維持會，讓學生留在法國繼續求學！」張靜江同時還向蔡元培談起一九一二年孫中山任臨時大總統後，他曾在國內參加發起勤工儉學會的情景。他對蔡元培不無流連地說：「那時，我便是宣導勤工儉學的，今日聽到海外儉學生突遭困難，那有不慷慨解囊之理呢？……所以，第二是請你轉達我對留法學生的問好！」

蔡元培聽到張靜江的支持留法學生的響亮話音，頓時興奮異常，他還把他剛起草的《華人禦侮會會章》文稿交張靜江審閱探討。張靜江對這個會章提出了一些個人看法，蔡元培一一記著。這個所謂的「華人禦侮會」，實質上是採取激烈手段抗禦外侮的秘密愛國團體。所以，張靜江不時提出了一些不同的看法。

這一次的蔡元培看望張靜江，使他們談得特別投機，他們還為蔡元培擬在法國成立中法兩國教育界發起籌組的「華法教育會」展開了討論，還就蔡元培準備編撰《旅歐雜誌》也交換了看法。張靜江不住地發出贊同並支持蔡元培在法國做著這些有益於改造中國文化的大事。

今天，我們再來閱讀蔡元培在那時期在法國撰寫的《文明之消化》及《對於送舊迎新二圖之感想》的文稿，還能窺探到這些文章中有張靜江對這些問題的真知灼見。因為，正如唐振常先生所評價的蔡元培，他「是一個在歐洲的無政府主義、國際主義、自由主義傳統中培育出來的自由知識份子。」而張靜江也是在歐洲文明的搖籃——法國巴黎歐洲傳統文明中，培育出來的崇尚自由知識份子價值的最早的中國人之一。

嚶其鳴矣，求其友聲。當他們兩人快分手時，夜幕已降臨，他們又談了些國內的形勢。他們都感到：辛亥革命推翻了中國幾千年的專制統治，建立了民國政體，這當然是非常偉大的成功。但是目前國內情況複雜，黨派鬥爭，混亂分裂。他們都希望這種不應發生的噩夢早日結束。他們也希望國內政事能走上軌道，也多麼想早日回國出錢出力，建設國家。

他們倆人畢竟在思想和文化上有著共同的追求。那日，一位中華革命黨的財政部長和一位未來對中國文化有卓越貢獻的教育部長，雖短暫在法國巴黎相會，終在域外覓得了知音，並在日後漫長的人生道路上共同邁步而行。

二十八、夢別陳英士

張靜江在歐洲辛苦奔波，精細核算，積極籌款，並及時把款項匯入國內反袁討伐的大本營，尤其是陳英士在上海陸海軍中的策反工作，耗軍費特別大，但他極力為陳籌足軍費，有時還催款南洋之經費，直匯上海。張靜江與陳英士緊密配合的上海反袁武裝起義，已早引起袁世凱的極大仇恨。

袁世凱無法去對付在國外的中華革命黨的財政部長，但他卻可以在國內集中黑暗勢力去對付上海革命黨的總司令陳英士。袁世凱知道上海陳英士的革命經費時常發生困竭，他便陰謀設計了一條毒計，他買通、利用革命黨內的叛徒李海秋對陳英士說：上海鴻豐公司擬將一塊礦地典押給日本商人，如果作為上海革命黨總司令頭銜的陳英士，能幫助從中介紹的話，事成以後，可把押礦借款的十分之四作為革命的經費。

當時，陳英士苦於國內外經費匯入的不足，又不知李海秋已經叛變了革命，未經周密調查，便答應了此事，並約定一九一六年五月十八日雙方在他寓所簽約。是日下午五時左右，陳英士從漁陽里到法租界薩坡賽路（今上海淡水路）十四號寓所，叛徒李海秋和假裝簽約的許國霖等五人按時到了陳的寓所，就在此刻，許國霖說忘記帶來了合同底稿，並急急地要李海秋去車上拿合同底稿。結果就在李剛出門去取那所謂的合同時，袁世凱暗中派出的一位兇手，就拔出勃郎寧手槍向陳英士猛烈射擊，只聽到「砰！砰！」一陣混亂的槍聲，陳的頭部已連中數槍，倒在了血泊裡，頓時殞命……

後兇手供認，陳英士是袁世凱賞格十三萬元，派人暗殺的。陳英士在上海被袁世凱暗殺的噩耗傳出，孫中山大為震動，他偕黨人蕭萓立即驅車前往出事地點，目睹此慘狀不禁潸然淚下。黃興和其它國內同志以及各界愛國志士無不同聲痛哭。此消息電報傳至法國巴黎張靜江處，張為這位戰友、同鄉、辛亥革命的英才被突然暗殺而悲痛萬分。

想到他和陳英士在上海共生死，想到去大連和陳英士的促膝長談，不分晝夜。陳英士的形容笑貌，以及他再造民國、出生入死的英勇氣慨，猶就在自己的身邊。當他在法國把此重大而不幸的訊息，告知寄身海外的華僑和各國支部同仁和留學生後，海外的人士和革命同志悲痛不已，紛紛發唁電給國內，都表示了要「誓殲國賊」，對國內代表封建專制主義的黑暗與殘暴勢力非常痛恨，國外革命志士堅決要求配合國內黨人「誓竭能力，立翦凶仇」，對袁世凱瘋狂鎮壓革命黨人和國內人民大眾的兇惡勢力個個義憤填膺。

當讀到孫中山的：「君死之夕，屋欷巷哭，我時撫屍，遒弗瞑目」這四句祭文時，使在海外的張靜江更痛心疾首。好幾個晚上，夜闌人靜之際，陳英士的英俊形象，辦革命事業的精幹魄力，才氣橫溢的個人魅力……均在張靜江心中揮之不去，刻骨銘心。尤其他和陳英士在大連分別僅數月，就使他失去了這位同鄉知己，想到這些，不禁獨自悲慟而落淚。

當失去了這位英明的知己，使他內心更時時歉憾不已，他不禁在內心，又深深地責怪起自己來了。他想，如果在那一刻，他在海外能多募集一些革命的經費，能及時地把資金匯給上海的陳英士，也許陳英士就不會因為經費而上那奸細的當了。他想，造成今天陳英士「遽罹凶謀」的根本原因，還是由於當時革命經費的困竭不足。雖然陳英士「為民而死，雖死猶生」，但終究留下「出身未捷身先死，常使英雄淚滿襟」的千古遺憾！

五月二十日，當孫中山致書日本黃興，對陳英士被害表示「無窮悲憤」的那個深夜裡，張靜江突兀做了一個與鄉友陳英士會面在巴黎附近一個公園內的夢·

張靜江在和陳英士相晤的夢境中，似乎聽到了陳向他娓娓道來的告誡話語：「……辛亥革命後，我們既不能實現北伐，也難於控制南方，這使我們同仁走上了妥協之路……由於革命的不徹底，舊官僚和舊軍隊依然能保持原有的體系，於是袁世凱能和他們串通而保持強大的力量。我們革命隊伍卻相對分散而弱，使政治中心人物袁世凱便能輕於竊取果實。但別小看袁世凱，他周圍的首腦人物，有些人的知識結構比較接近近代化，這確是我們要改進的地方……他們久經宦海，又善於揣摩他人心理，而野心家袁世凱更精於此道……靜江老兄，你看到了嗎？袁世凱用忠誠的姿態騙了清朝皇室，用信守共和的姿態又騙了我們，而又用了統一和秩序贏得了國外的資產階級……呵，這便是他用盡了欺騙……使中山先生也受騙，被他登上了總統寶座……他又用欺騙，乘我苦於經費，求革命經費心情之迫，派人殺了我……這都是我們自己覺醒不足，掉以輕心的結局……靜江老兄呵……望你要引以為誡，再不能輕信，不能受騙……中國的老官僚、政客們都是最善於欺騙民眾的啊……望老兄切記……切記……」

張靜江第二天一早醒來，對在夢中和陳英士的最後一次親切而痛心的晤敘，特別是在夢中再三告誡的話語，令他好幾天都揮之不去。

日後，張靜江對於陳英士被害後的局勢，作了相當審慎的觀察與分析：他認為孫中山在辛亥革命前，多次發動南方各地的武裝起義，耗時、耗力、耗資極大，一個統治了幾百年的封建專制的清王朝被推翻，其間人民受小亂和大亂之苦不斷。而辛亥革命推翻了清王朝，對於廣大人民大眾，甚至許多革命者，只要沒有了「皇帝」兩字，便認為一切都太平了，國家可以建設了。沒有了「皇帝」兩字，就不再有獨裁專制了，似乎一定能過上穩定、安耽的日子了。以致大家害怕動亂，厭倦再革命了，這樣便有利於袁世凱編局的成功。其實，中國人頭上沒有了「皇帝」兩字，還是在用斧頭統治。而袁世凱與孫中山兩方勢力，正由於此，而此起彼伏；這不利於孫中山的革命黨人在各地的起義。而且，當時的中國資產階級代表人物時而用帝國主義可能乘機瓜分中國來恐嚇革命黨人，並說革命黨人如發動武裝起義必遭失敗，以從背後來分化國民黨內部的團結。致使像黃興和陳英士等同志，在一段時間內，也相信能用「法律解決」當時的南北分裂。而汪精衛、胡瑛等，在袁世凱面前乞求「諒解」的妥協面目更暴露無遺。但是，今日從國內傳來的惡耗，終使袁世凱最後露出其一如清王朝專橫暴虐的面目了。

張靜江從陳英士的事件，也進一步認識到國內的資產階級，為什麼大多數人為了保住自己在民族工業中上升的豐厚利潤，而於政治上的專制暴虐而不顧？是非曲直之不聞？而卻把這些市場上的暫時繁榮，歸功於袁世凱統治下的相對穩定。張靜江自己也是一名商賈出身，在這種表面的繁榮中，同樣也會給他帶來豐厚的利潤。但他卻決不願以這種暫時的利潤，去動搖國內反袁鬥爭決心，他決不能屈服於袁世凱在國內的集權統治。基於在這樣的認識中，他又想起陳英士在夢中跟他說的那些話了……此刻，他決心待財政部帳目結清後告一段落，即刻回國參加陳英士的國葬活動。

二十九、回國返鄉

正當袁世凱自以為可以用武力統一全中國，自以為已拔去了孫中山得力幹將，江浙滬一帶的中華革命黨領袖陳英士後，認為當皇帝已萬無一失，大功告成。當時，國內外確也有許多幫傭人士，逆潮流而動，想幫袁凳上皇位。但俗話說「利令智昏」，歷史的車輪，世界的潮流，畢竟不可逆轉。

革命黨反對他，曾經一度擁護過他的資產階級上層人物的開明派反對他，甚至在北洋軍閥內部也逐漸對他離心離德。袁世凱雖用武力贏得了皇位，但全國各地的討袁鬥爭日益高漲，袁世凱垂死掙扎，千方百計想拖延時間而不肯辭職，但終究是歷史的必然，抑或是老天不佑著他，他的倒行逆施，招致眾叛親離，楚歌四起。一九一六年六月袁世凱突然病亡，最終結束了他可恥的一生。

歷史的潮流是不可抗拒的，中國人民稱之謂獨夫民賊的袁世凱僅僅當了八十三天的短命皇帝，在億萬人民的唾罵聲中、連同那曇花一現的「洪憲帝國」，一起滾進了歷史的垃圾堆。歷史也終於吃力地在中國大地上沉重地翻過這一頁。

由於袁世凱的病亡，無形中卻消除了護國戰爭直接反對的目標，在此情況下，南北軍閥於是迅速謀求了妥協，加上各國在中國的勢力範圍的爭奪，最後以美國支持的非北洋派出身的黎元洪繼任總統，由日本國支持的皖系軍閥頭子段祺瑞充當國務總理，掌握了北京政府的實權。黎、段上臺後，他們之間就各以不同的國際勢力為背景，雙方又開始爭權奪利，其間在中國歷史上還演出了一幕張勳復辟的醜劇。

這時期的中國，許多歷史人物為了自己的實際利益均靠攏各派軍閥，而以孫中山為代表的革命民主派卻再一次受到排擠和叛賣。張靜江在巴黎得知國內的動盪、混亂，民不聊生的、又處在危險局勢時，他毅然決定回國。這次返國，對他個人來說也同時想回上海醫治一下自己的腿病，因這時期他腿部疼痛又發作了而行走不便。當然更重要的是，他急想回國參加同志兼鄉友陳英士的國葬，再則又可當面和國內的孫中山進一步討論當前時局及革命同志今後的鬥爭方向。這時期的上海，由於「二次革命」後流居海外的一些革命志士也紛紛陸續回國，作為長期僑居國外並擔任孫中山財政部長的他，當然時時會想念著自己的祖國，無不牽念著這些革命同志和自己的親朋好友？

這些「二次革命」流居海外的同志，從世界各地帶來了許多這個地球上的另一些聲音，另一些時事。最重要的當然是蘇俄已經接受了馬克思主義學說，從而完成了他們國內並影響著世界形勢的一九〇五年和一九一七年的無產階級革命。中國的知識者，在經歷了封建王朝的專制統治，和正在經歷著的軍閥專制的苦難，這時也經由陳獨秀、李大釗這些知識的精英在《新青年》上向國人發出了：「自由為人類生存必須之要求，無自由則無生存之價值。」……他們鼓吹「自由的敵人，『惟皇帝與聖人而已』……『自我之解放，乃在破壞孔子之束制』。」當張靜江返國後一踏上祖國的土地便聽到了這般民主的呼喚，無不為之高興。他還從蔡元培處得悉主編《新青年》雜誌、宣物「德先生」與「賽先生」的陳獨秀已應蔡之邀請出任北京大學文科學長。而與張靜江在法國同創《新世紀》的好友李石曾也「惠然肯來」，出任了北大生物學教授……這些中國國內現狀的嬗變，使張靜江日後在人生旅途上，以及在革命志趣上發生了微妙的深深的影響。

一九一六年四月二十七日，孫中山偕廖仲愷、戴季陶由日本回國後至一九一七年夏天，孫中山偕同廖仲愷、朱執信、何香凝、章太炎等人從上海乘軍艦赴廣州籌建護法根據地，後孫中山任職中華民國陸海軍大元帥，這都是革命志士為「攘除奸凶，恢復約法」，在廣東建立中華民國軍政府，從而開始了南北兩政府對立的新的局面。此後，在軍事上和北方的段祺瑞政府互相勝負，並長期處於相持狀態。

一九一七年，孫中山正憤於桂系軍閥的跋扈和對他的排擠，而自己又是在獨掌著一個空頭的「軍政府」牌子，那時他手中無兵權可作任何的反擊。這時在上海的張靜江看到孫中山正處在這兩難的境地，加上陳英士已到殉難周年之日，張靜江和上海的一些革命同志便電催孫中山回上海為陳英士舉行國葬。

當年陳英士去世後，其遺體寄存上海，未得及時安葬，袁世凱死後，孫中山致書各總長、各議員，請以國葬，但當時未能實現，直到一九一七年五月十八日在張靜江等人的催促下孫中山從廣州回上海舉行陳英士國葬活動。在孫中山還未到上海時，張靜江到處聯絡黨人，發動捐資安葬。當時有唐紹儀、李烈鈞、孫洪伊、譚人鳳、章太炎、胡漢民、朱佩珍、張靜江、王一亭為主喪人，孫中山特為親詣弔奠，當時上海前往弔唁者不下萬人。《民國日報》還發表陳英士歸葬哀辭，認為「天不死公於廣州，不死公於上海，不死公於病，不死公於兵，而死公於袁逆朝夕受戮之時。吾疑公蓋為靖難而來，靖難外無所戀於天地耶」，張靜江對陳英士家屬表示哀悼，並在為其尋覓墓葬地、安葬儀式等各方面所需資金上給予大力捐助。

陳英士的墓地，經張靜江等一批老同盟會員和其家屬相商選定在浙江湖州城南碧浪湖畔的峴山。這裡自古是浙西勝地，太湖之濱，東西苕溪之水，自天目蜿蜒而瀉，入太湖匯流而入海。古代不少名人如皎然、陸羽、蘇軾、黃庭堅等許多文人墨客，曾在此吟詩作畫、探古思幽，是一青山綠水的清麗之地。

陳英士之墓就築於風景秀美的峴山南麓。墓地的山巔「雄跨亭」，有元代書畫家趙孟頫撰寫的匾額，時為人傳誦。離峴山數百步之碧浪湖，波平如鏡，水清魚見。從峴山眺望，是一派江南水鄉的旖旎風光。墓的正面刻有「氣壯山河」四個大字，墓前碑刻，有孫中山親書的「陳公英士之墓」，墓的四周遍刻革命黨人的誄文，記載陳英士的生平事蹟，甬道前端所建的石牌樓，正中有孫中山題詞：「成仁取義」和革命同仁贈書的聯額。其中有張靜江的好友蔡元培的輓聯：「軼事足徵，可補遊俠貨殖兩傳。前賢不讓，洵是子房魯連一流。」另還有于右任的輓聯：「春嘗秋禱生民淚，山色湖光烈士墳。」當然，張靜江的書贈和聯額，還未被鐫刻上去，這是和張靜江當時雖位於財政部長，但他長期奔波於海外，在國內政壇還未嶄露頭角有關，且和他身有殘疾，身居政壇幕後有關。

也許，令這批在世紀初便起來推翻帝制的革命志士在安葬死難烈士後，萬萬不會想到五十年後的一九六七年文革中，陳英士墓被炸開而遭到破壞，革命群眾把這位革命先烈墓地中掘出的衣服、金絲邊眼鏡、棺木等一古腦兒放一把火焚燒。這真是後起的「革命者」革五十年前的革命者的一場悲劇。幸好於改革開放後的一九八四年三月，再經當地政府組織專門力量重新修復。讓「俱往矣」的陳英士這些辛亥革命者有了安息之處。也使碧浪湖畔增添了新的光彩。

張靜江自參加他的同志加鄉友陳英士國葬後，就安心在國內醫治他的腿部的骨痛病。這時期他除和黨內同志與好友接觸外，每日在家揮毫奕棋以自遣。這時也正值第一次世界大戰即要結束之際，中國是協約國的一員，現在協約國戰勝了，中國的人民正沉浸在戰敗國的德國應歸還戰前佔據的青島和在中國的其它特權的喜悅之中。

當時，中國的南北正對峙著而相對穩定，世界大戰已日趨結束，孫中山也在各派軍閥的排擠下暫在上海居住，相對來說，這是一個表面穩定的時期，也是張靜江人生旅途上相對空閒之時。這時，由於稍閒些了，他對自小離別的故鄉，時時夢牽魂縈，幼時家鄉的良辰美景，家鄉的父老鄉親們，似乎在呼喚著他返鄉、探親與尋夢。張靜江此時還鄉雖不屬於「衣錦還鄉」，但畢竟實現了他的一部分志向，即推翻了滿清王朝，推翻了袁世凱的獨裁政體，也算是「功成名就」吧，於是，他決定返鄉小住，以實現因長期在國外和革命而久未還鄉的一個情結。

三十、低潮時期

闊別了近二十年的故鄉——南潯，對一個長期在海外從事政治，經濟的遊子來說確是激動人心的事。這段時間，他的一些革命同仁，也基本上閒散在全國各地。連他的導師孫中山，此時也同北方軍閥決裂，而同南方軍閥也分道揚鑣了。孫中山已「奔走國事三十餘年」，想實現在中國建立民主政治，可談何容易。他感到苦悶，感到孤獨。最後，回到華僑為他集資購置的上海莫利愛路住所，這一時間他在上海深居簡出，閉門謝客專寫他的《孫文學說》。然而，對於一個商賈出身的革命志士，處在革命的低潮，他能做什麼呢？回鄉探親，享多年未享的「天倫之樂」。張靜江於革命低潮時，只是攜妻帶女，去這個歷史上早有盛譽、人文景觀底蘊深厚的水鄉澤國去洗潔他多年的戰塵和煩勞。這不就是張靜江自己稱謂自己為「臥禪」的心情的寫照嗎？

當他一踏上故土，這裡的一草一木，一山一水對張靜江既都是熟悉的，也是陌生的。但那裡的石橋，那裡清澈見底的河流，他老家張恒和一轉彎便可見到的明清時代留下的百間樓屋，依然是那麼熟悉和秀美。天目山流淌下來的苕溪之水從湖州出來，以扇形展開七十二條河港，全流入太湖，而從最北分流出來的一股水，流到了家鄉南潯。張靜江回鄉攜妻帶女乘坐的那條小火輪船，就是從這條河道中駛入。當小火輪上的船老大告訴他，距太湖之濱僅二、三公里水路，離杭州七十公里，離上海一百多公里時，張靜江這時雖已是步入中年了，但他這時的心情，似比往日少年時乘船到上海時還高興百倍。

當小火輪載著全家人的船進入市河時，他索興像少年時那樣高興地坐在船頭上，當他看到貫通他家鄉古鎮那三座明清時代所建造的石橋，均以半圓形橫跨在市河的水波上，那石橋的倒影和那石橋構造的半圓似合成了一輪天上的滿月，隨著他乘坐的小火輪的往前徐徐行駛，河流的碧波在他腳下流過。那橋旁是堅實的石梆岸，那些個中年婦人，在石梆岸下用石頭砌成的後門橋口洗衣、洗菜，好不自然，閃爍的水光，倒映水中的橋，都構成了他故居水鄉的婀娜多姿，月貌花容，美麗極了。

張靜江遠眺佳氣蔥蔥、有著千年好山水的古鎮，感慨殊深，對故鄉的眷戀之情，令他時有激蕩之淚，從老眼中淌出。「少小離家老大回」，他於少年離家後，幾十年在國內外不知經歷了多少悲喜哀樂，如今猶如隔世重來，能不令他「歎逝獨泫然」呀！

當張靜江乘坐的小火輪駛過家鄉最高的垂虹橋時，忽使他想起宋代詩人姜白石曾乘船駛過這座石橋時留下的幾句詩：「河上佳人看客舟，舟中行客思悠悠，煙波漸遠橋東去，猶見闌干一點愁。」

張靜江此刻有愁緒嗎？當然有。不過他準備把多年為革命而付出的艱辛和愁緒，在回家消閒期間，把它全拋棄；他要盡興在故鄉享受恬適之美，以及與家人的天倫之樂。過了垂虹橋，很快就駛過了第二座俗稱大橋的「通津橋」，當船過這一帶水面時，他不禁又低吟起文徵明《夜泊南潯》的詩：「春寒漠漠擁重衾，燈火南潯夜泊舟。風勢東來疑雨至，波光南望接天流。……」從上海一路過來也確到了傍晚時分，過了離張家不遠的通津橋，再駛過東柵的洪濟橋，（亦叫新橋）前面就有一座座高房和一片片草地、一大片花園。這便是張氏家族的故居——「張恒和」老家了。

在海外奔波革命和住在上海的市塵繁囂，使他厭倦疲憊了的身心，一頭鑽進這古色古香又略帶西式的老屋，終使他過上了「閒中領略皆天趣，隔斷塵囂萬慮清」的日子。

可以說，張靜江在那革命的低潮時期（一九一八年－一九二二年），是他一生中住在故鄉南潯最多的日子。這期間，他不時往返於上海和家鄉，俗話說「兩頭跑，兩地住，最舒服。」在家鄉，他既可住在自己張恒和的故居，又可休閒式地住進母親龐家的園林中。

如前所述，張靜江出身於商人世家，而他又是當時中國有名的徽商之家，他有弟兄七人，依然是：張弁群、張靜江、張澹如、張墨根、張讓之、張久香、張鏡芙。而他是張氏家屬的第二個兒子，從小受祖父、父親所寵愛。他的外公是開辦龐怡泰絲行發家的龐雲鐕。這大約是因為張靜江的母親是江浙鉅賈，南潯「四象」之一的龐家的女兒有關。他的外公是開辦龐怡泰絲行發家的龐雲鐕。龐氏家族之性格素豪邁，用今天的基因學追溯，龐氏家族極富於冒險性、有孜孜不倦、進取博鬥之品性，張靜江從小深受其母耳染目濡，抑或基因的遺傳，生而殊異，自幼堅強，智力過人，這是造就他能以殘疾軀體、久病，但卻能日後主政中樞，並從事經濟努力宣導實業。今天，若從張靜江舅舅龐元濟由冒險天賦與競爭秉性而創造的業績，似可作為張靜江事業成功的一個基因的佐證：

舅舅龐元濟（一八六四－一九四九），字萊臣，別號虛齋，先經營蠶絲業發家。一八九二年以賑捐直豫災害，捐銀十萬兩，受慈禧太后恩賞舉人，特賞四品京堂。後即赴日本考察實業，回國後在一八九五年與人合資銀三十萬兩，在杭州拱宸橋創辦世經繅絲廠。次年又與人合資八萬兩，在塘棲鎮辦大綸絲廠（後改名為崇裕絲廠）。同年又在南潯方丈港集資十二萬兩，創辦南潯汽機繅絲廠，改良中國名牌輯里湖絲（白廠絲）遂與日本絲競爭。此外這位富於冒險競爭的實業家在一八九六年與人集資白銀四十萬兩，又在杭州創辦通益公紗廠。這通益公紗廠的建成，實際上要比當時署理兩江總督兼南洋大臣張之洞奉命設商務局公辦紗廠、以及比中國當時以「狀元開工廠」的張謇建大生紗廠和蘇州陸潤癢狀元辦蘇綸紗廠要早，且規模較大。張靜江的這位舅舅還敢於收買洋商的「正廣和」汽水公司的大部分股票，最後還投資辦浙江鐵路公司、浙江的興業銀行。

從張靜江的成長歷程去觀察其處世風格和人際關係，將有助於我們深化對張靜江性格的認識和體悟。他的舅舅龐元濟，還是國內外著名中國書畫的大收藏家，當時在國內外只要蓋上他「龐虛齋」三個字的鑒定印章，就可公認此書畫為真品。他舅舅還著有《虛齋名畫錄》十六卷和《續虛齋名畫錄》四卷，另著《歷代名畫志》一冊。上海博物館收存有龐氏家族一九四九年解放後捐獻的大量名畫。張靜江的婚姻生活談不上平靜，卻是幸福和美滿的。一八九六年，二十歲時捐官侯補道銜時就與門當戶對的蘇州姚道員之女姚蕙結婚。婚後數月後，張即隨駐法公使出使法國，為商務隨員。此後數十年，張為商務往來及追隨革命事業，多年在外，居家時間甚短。有時夫人姚蕙也去法國短住，張還舉薦妻舅姚叔萊為美國紐約通運公司經理。後第一個妻子姚蕙早年卒於美國，其生五個女兒。長女嫁寧波商人莫家，次女嫁同鄉周君梅，三女原擬嫁宋子文，但她卻情願嫁給一個電影明星陳壽蔭，四女兒嫁於曾任國民黨外交部長的陳友仁。最小的女兒，給朱家驊（曾任教育部長）做了乾女兒。

張靜江五個女兒與舅父母姚叔萊夫婦合影。

張靜江後續聚朱逸民，小於張二十五歲，但結婚後，夫妻生活十分恩愛。朱逸民服侍張生活十分周到，由於張長期奔波國內外革命事業，雙方時聚時散，因張接受法蘭西平等博愛精神，所以夫妻非常平等互愛。張和朱氏生二子五女，其中第二個乃昌是兒子，最後一個乃榮是兒子，其餘乃琪、乃恒、乃理、乃琛、乃王旬為女兒。看來，張靜江的家庭以女性為大家庭，其中的天倫之樂也可以想像而知了，況且張氏世代是鉅賈，不乏優裕的家庭所需的物質條件，這也可想而知他生活在一個充滿幸福和諧的大家庭之中。人生一世，遭逢不幸，也實所難免，然而，對於張靜江一生的婚

張靜江二女兒張芷英（中）和丈夫周君梅（右一）及他們的女兒周夢慈（左一）全家合影照。

張靜江女兒張荔英與其丈夫陳友仁1931年在日本（陳曾任國民政府外交部長）。

姻、家庭及子女，可以說是在一個物質條件充裕的，雖也處於中國老式傳統家庭，可是接受的是西方平等的開放思想，這無疑給他的家庭氛圍沐浴了更多的溫馨。

有了這麼一個家庭，有了世代經商已達到了「家財萬貫」的原始積累，這就為張靜江選擇人生精神與事業的執著追求創造了一個有利的空間，在這個空間中，他可以不謀自身及一家之私利，他可以不謀僅僅是一鄉一邑，一省一國之利，而可以擴大為世界各國的地域範圍。張靜江是在歐洲，特別是法國，是在無政府主義、國際主義、自由主義傳統民主思想中發現世界趨向多元的最高價值。

確實如此，張靜江返鄉居住在他認作「世外桃源」的水鄉古鎮期間，正是孫中山也避居上海寫《建國方略》和《知難行易的學說》時期，許多革命黨領袖同仁也時來南潯、湖州來造訪、交談、切磋。因為這時的革命正處於低潮時期，都在尋覓革命的新理論和新方針時期。他的朋友黨內理論家戴季陶此時也全家移居湖州趙孟兆頁故園蓮花莊。這時的南潯至湖州，雖只有四十公里，但無論張靜江到湖州蓮花莊花園，還是戴季陶到南潯東柵張恒和故居，均是船舶往來於京杭大運河上。這時張有時住在戴的宅園，戴有時住在張的故居，他們倆促膝

張靜江坐在輪椅上與兒子合影。此時正值孫中山避居上海寫《建國方略》之時，張返鄉家居享天倫之樂。

夜談，時時交流探討當時中國社會所出現的新的局勢與問題。

在這當時革命低落時期，張靜江和戴季陶在他家鄉交談的內容基本可以分為四個問題：一是當中國科學民主的啟蒙任務還遠未完成時，便有了社會主義學說從蘇俄急速的傳入。這便是「十月革命一聲炮響，送來了馬克思主義」的問題。二是當時的《每週評論》十八號上摘譯登載了《無政府共產主義與國家社會主義》，這無疑驚世駭俗地打破了張靜江所信仰的無政府主義的價值學說，以致他和戴季陶時而會討論起這方面的問題。三是他們經常交換了當時新文化運動的崛起，討論了胡適的《多研究些問題，少談些主義！》，以及由李大釗提出的《再論問題與主義》，因為這些文章已談及布爾什維克主義，對當時張靜江、戴季陶所接受的思想，無疑是一個大衝擊。四是還經常討論起正在中國崛起的工人階級運動，特別是當時刊在《新青年》上的「勞動節紀念號」，刊有孫中山、蔡元培等十六人的題字，其中有九人是名不見經傳的勞苦大眾。這便是說，勞動大眾將在中國政治舞臺上已顯出了他們的光彩奪目的光芒。這是令張靜江、戴季陶非常頭痛的問題。

他們在鄉下，聽到孫中山、蔡元培也和勞苦大眾一起題字的消息，確使張和戴一時難於理解。他們對上述幾個局勢問題反覆討論。這一時期，黨內同志都處於有充分閒暇的好時光，胡漢民也來湖州住在千谷樓，這千谷樓因登樓人望山谷色青青而著名。曾有名詩「花外高樓樓外出，一湖南抱萬峰環」此樓確令人神往，故胡漢民一住便是半年，也常和張靜江、戴季陶時常相敘，也常加入他們之間熱烈的探討時局和形勢。其間張靜江常和戴季陶、胡漢民等徜徉湖州的山水，領略山林田野的情趣，這時，他正得趙孟兆頁行書心經墨蹟，自此張靜江便捨棋而學書，常常臨池不輟。由於他舅舅龐萊臣家中大量藏有字畫，張靜江也學畫，他常題名「臥禪」而畫了許多山水畫。當時向他求書畫的人很多，據說他的行書草書，比國民黨同仁于右任寫得早而好。在張靜江的帶動下，戴季陶在閒時住蓮花莊也習趙孟頫書帖，那段時期，胡漢民知戴季陶藏有曹全碑拓，胡漢民喜愛此碑字數多，書法秀勁，也時時在湖州的千谷千谷樓臨摹書帖。此段革命低潮的閒暇期，由於張靜江在家鄉，既有相當講究的住宿處，並在家中備有中西菜廚師，故朱執信（大符），廖仲愷（恩煦）也常自上海乘小火輪船一起在南潯、湖州徜徉浙西的山水風光，共相盤桓。（朱執信於一九二〇年九月被桂系軍閥殺害。）孫中山曾有：「執信忽然殂折，使我如失左右手。」（可見朱執信在孫中山心中位置的重要）。

這時期，蔣介石非常熱衷於和張靜江的密切往來和接觸，在上海的張靜江住處，蔣常來謁拜張靜江，也常討論時局的變化，蔣乘不願擔任當時孫中山派他在粵軍擔任第二支隊長，所以長期以探望在奉化的母親為藉口，離開部隊跑到上海，正是這時期蔣和張保持著最密切的聯繫。張靜江在物質上給予了蔣介石在上海的各種花費。所以，蔣非常敬重張靜江。正緣於有這二十年代雙方的密切關係，才有了孫中山逝世後張全力扶持蔣介石的政治生涯。

三十一、在上海辦證券所

正當張靜江在家鄉故居享受著清靜閒適天倫之樂的生活，並且可以時常往來於上海和南潯之間，可以時時和戴季陶、胡漢民等志同好友促膝討論和交流當時急劇變化著的時事形勢，可孫中山當時從廣州以及從上海分別用電報命張靜江趕快結束革命低潮時期的半隱半閒的生活，希望他回上海繼續主持聯絡工作和籌畫革命經費。

對於當時的孫中山正處於非常逆境的時期，也是一個激烈動盪的時期，這樣的時刻，有對孫中山有利的形勢：比如要求民主的科學，要求改革傳統文化，創立新文化，要求反帝反封建的「五四」愛國運動的爆發，以列寧為首的蘇俄政府已發佈第一、第二次對華宣言，蘇俄表示竭立促成中俄友誼條約，歸還中國領土。孫中山被廣東軍閥排擠，感覺到中國的國民黨只是徒有虛名，紀律鬆馳，僅有一批熱心改造中國的領袖人物聚集在孫中山身旁。而正在這時蘇俄共產國際遠東局使者維金斯基在上海和孫中山會見，擬準備雙方建立電臺聯繫。但也有許多不利的因素：如孫中山的忠實執行者朱執信被桂系軍閥謀害，另陳炯明已與北方軍閥暗中勾結，北洋政府致電孫中山，要他辭職，孫中山的粵軍高級軍官、蔣介石的朋友鄧鏗被暗殺，意在要孫中山放棄北伐。總之，對孫中山領導的革命，不論是有利的形勢、抑或是不利的形勢，都需要龐大的革命經費來運作和支撐。

於是，在張靜江接到孫中山命他開創經費來源的迫切情況下，深受西歐資本發展的張靜江即刻想到應在當時西方列強關注的中心城市上海設立證券物品交易所，經過他的各方面關係和人情的聯繫，終於在民國九年（一九二〇）二月四日正式開業，此上海證券所由虞洽卿任理事長，下設常務理事有周佩箴、聞蘭亭、郭外峰、盛正華、周湘舟令等人，張靜江為總監察。張靜江自己的一塊資本運作放在叫「恒泰交易所」，他委託陳英士的侄兒陳果夫，以及他自己的侄兒張秉三為經紀人。當時在上海他的革命同仁與朋友戴季陶和蔣介石都曾在他的「恒泰交易所」任職。蔣介石和戴季陶的加入，使張靜江和他們兩位在政治上經濟上和他們更為密切。

今天如若考證這段張靜江和蔣介石、戴季陶在證券交易所的合作歷史，可從二個方面來佐證。根據陳果夫的回憶錄中有「商業場中」之第二節《在錢莊所學應用到交易所去》中有如下回憶：「在民國九年的秋天，總理命令本黨同志在上海籌設證券物品交易所。蔣先生（介石）把這件事告知了我，並且要我研究這問題，我因此特地到日本人辦的證券所參觀了兩次。不久，蔣先生就要我和朱守梅（孔暘）兄及周枕琴（駿彥）先生，趙林士先生等商量，組織第五十四號經紀人號，名茂新，做棉花證券兩種生意，推我做經理，守梅兄做協理……。張靜江先生等當時對我們的作風，也加以稱譽，漸漸的他也做了我們的股東。」

二是據原在上海恒泰交易所工作的南潯的紳士張仲愷回憶說：「蔣介石曾在交易所當過拍板，

在張靜江處拿過津貼，張靜江把交易所盈利，提供給革命的經費，每月至少亦有一至二萬元，後因證券所虧損而停業……。」

據陳果夫的回憶，當時上海的證券所，實際上相當於今天的期貨證券和股票證券兩種。當時的期貨除棉花、棉紗、白廠絲等外，尚有黃金等證券交易。他說：「……後來我和朱守梅兄又集合了許多朋友，組織一家做棉紗與金銀生意的經紀人，號名為鼎新，排在第四號……這一來，一門之內，可做花紗金銀證券四種大生意，營業更暢旺了。」

看來當時張靜江作為監察和證券所的大股東，是容納了物資和現金（銀元、鈔票現金），還包括金子和銀子這些貴重物品。不像今日之證券和期貨物資兩所分開進行操作的。而這裡講的「第五十四號」經紀人號和「四號」經紀人號，就相當於今日證交所中的大戶頭。當時上海也有許多從事金融業的錢莊，但從金融業的發展，自從吸納了國外已經發達了的證券交易營業方式，兩者就不可同日而語了，真可謂小巫見大巫了。如陳果夫自己回憶，他原在錢莊工作，後到證券所操作，兩者作比較時他說了這麼一段話：「我在茂新方面從事證券，昨天一天的出入，就要相差一千八百餘元，如不幸而失敗，豈不是在莊上再做十年，亦不能抵償這一筆損失嗎？」這還是他剛開始從事證券的第一天吃的虧的回憶。往後生意越做越大，就更可想而知證券營業和錢莊營業數額相差之大了。

張靜江在證券上每日有一至二萬元提供革命經費，這也是當時孫中山對革命經費的需求決定的。在陳果夫的回憶中也可見其一斑，如他說：「同志親友們看見交易所賺錢很容易，往往要托我們代為做些，那些窮苦的同志來托時，尤其不能拒絕。但他們不能虧本，只有賺錢之一法。……輸是算我們自己，贏則寫上某某同志，填一張報告單，聯同支票一併送去。……這些地方，我們對於同志，可算無愧……」

張靜江為什麼在開辦證券交易所時只選了自己的遠房侄兒張秉三和陳果夫做經紀人呢？這是和蔣介石有很大的關係。陳果夫是陳英士的侄兒，而陳英士是蔣介石的革命上級和革命恩人，而陳果夫的每一次角色的轉換均向蔣介石請示彙報。如他曾回憶：「民國六年（一九一七年）冬天，我岳父看我沒有事做，來信勸我做生意。我經過很久考慮，才決定答覆他，願在金融界工作。因我當時想：金融界是商業中樞，我岳父（朱五樓）又是金融界的領袖，在我結婚時，金融界的老前輩都已見過面……但一時還不能決定，特地寫信給蔣先生（介石）商量，他亦贊成我入金融界，可學一點東西，一面還希望在必要時可作我們工作上的掩護……。」

那時的蔣介石和張靜江聯繫非常緊密，由蔣介石贊成、推薦，抑或也是黨的工作上的掩護，張靜江當然選陳果夫做他證券所的經紀人，再則，陳的岳父朱五樓是當時金融界的領袖，更適合在金融界周旋。陳果夫的岳父朱五樓是湖州荻港人，荻港這地方不大，但仰仗於水陸交通的方便，從清代康熙年間一直到民國後期，那地方在歷史上出了幾十位舉人、進士和狀元。那裡有「九朱十三章」的兩大氏族，一族是朱熹的四十九世系後裔，一族是章姓的氏族，如章宗祥也是那地方人。今天瑞典的一位王子，名為羅伯特・章，也是章氏血統，一九九八年這位瑞典王子還特地攜夫人來湖州荻港尋根呢。

張靜江在以後的政治生涯上，還多次和陳果夫合作過，那是後面要講的事。所以張靜江與陳果夫在上海辦證券所的合作並且選擇陳作他的經紀人，確有政治上的和經濟上的兩方面的需要來決定的。

張靜江在上海辦證券交易所是受孫中山在一九二〇年命本黨同志在上海籌集經費所辦的，時間約有三年多，後來因虧損而停辦，這在《陳果夫回憶錄》中記載了這件事，他說：「從開始到交易所失敗為止，大約做了數萬萬元的交易，傭金收入總在二十餘萬元。可惜到了第三年，交易所風潮一起，所有盈餘全都倒了，幾乎連本錢也賠蝕進去，好比一場春夢。」

看來，張靜江在上海奉孫中山之命辦證券交易所，到了一九二三年，並非由於經營上的不善，乃是因為一場證券風潮的刮起而倒閉的。這應該是和當時局勢的動盪不穩，軍閥的連年割據混戰有關，當然也和外國勢力在上海租界的金融滲透有關，總之，在這樣一種封建式的體制下搞證券交易，和自由的資本的自由市場經濟格局是有悖的，它註定是個發育不全的早產兒，必定是要窒息而死亡的。

倒閉後的情況，陳果夫自己曾說：「交易所風潮後，我們的交易所停業了，工作同志漸漸地隨著政治軍事的發展向黃浦跑，我因工作及清理關係仍留在上海。」而張靜江在證券所停歇後，因骨痛病增劇，不能及時和革命的同志們一起去廣東，只能在家養病。一九二三年二月二十一日，蔣介石來上海特地看望張靜江，並乘這次拜望又一起討論了當時孫中山準備聯俄、容共的政策。

這時孫中山在廣州也很希望有膽有識的老黨人張靜江能趕快到廣東，以扶助他實行三大政策，他一方面派了一名留德名醫李其芳為其診治，還自己特地寫了一封催促他往廣東的信函給張靜江，原函如下：

靜江兄鑒：

內子回粵稱兄病，近來反劇，行動更不自由，殊用為念。茲有醫生李其芳新由德國回來，醫學甚深。據稱近日德國發明新法用藥注射可癒此病，彼曾親見一病十二年不能行動者不過一個月便已醫癒。今請李君前來診視兄病，設法醫治。如能於一兩月內痊癒則請兄與李君一齊來粵為荷。至於醫金藥費由此間擔任，兄不必再給他也。弟與李醫生詳談半日，深信其法為合理而妥善，想必能奏奇效，望兄亦深信而一試之，幸甚。

此致

即候時祺並祝速癒。

孫文

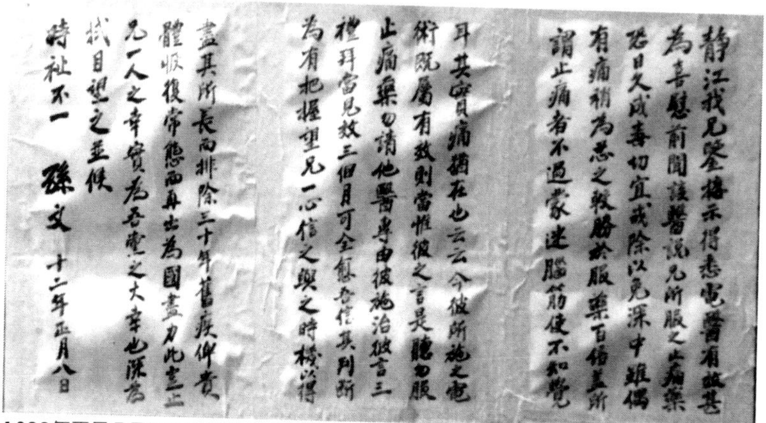

靜江我兄鑒：接示得悉電醫有故，甚為喜慰。前聞該醫說兄所服之止痛藥踰日久成毒，切宜戒除，以免深中，雖偶有痛，祇為患之較輕於服藥百倍，蓋所謂止痛者，不過蒙迷腦筋，使不知覺耳，其所以痛猶在也云云。今彼所施之電術既屢有效，則當惟彼之言是聽，勿服止痛藥，而請他醫專由彼施治。彼言三禮拜當見效，三個月可全愈，吾信其判斷為有把握，望兄一心信之，與之時機以得盡其所長，而排除三十年舊疾，俾貴體恢復常態，而再出為國盡力，此豈止兄一人之幸，實為吾黨之大幸也。深為拭目望之，並候
時祉不一 孫文 十二年正月八日

1923年正月八日孫中山親書張靜江詢問病情，希張早日康復，為國出力。

今天，時隔八十多年，再讀孫中山當時給張靜江的這封信函，足見孫與張在革命征途上雙方的親密關係。為了實現孫中山的三民主義和三大政策，他需要有一批和他一起的老同盟會員，老革命同志對他理想的擁護和實現。孫中山當時面臨著的是：一方面要與當時已背叛革命理想以及種種欺詐行為進行鬥爭，另要繼續以中國歷史上第一次推翻專制統治的偉大品質和遠大信念來實現他心中的基本革命理念。

三十二、當選中央執行委員

二十世紀二十年代初，由於中國社會的動盪、經濟發展水準低下，所謂向西方學來的證券交易，其實是非常不成熟的。此時，陳果夫正在上海清理證券交易所的殘餘工作，已快近一九二三年的歲末之際。從黨人退出證卷的交易至一九二四年初，這段時間雖很短暫，可對張靜江來說，也是一個重要的人生十字路口。孫中山婉轉派了醫生前去替張治療疾病，實際是請他趕快去廣東和孫共商國事。當時的蔣介石奉孫中山之命，組成的「孫逸仙博士代表團」赴蘇聯考察了三個月（一九二三年九月二日－十二月十五日）後已回到上海，蔣在上海也敦促張靜江去廣州出席國民黨第一次全國代表大會。因為，在當時的革命轉折時期，對於孫中山來說，在他已革命了幾十年時光後，這次在廣州召開的第一次代表大會是多麼重要。

但是，正是在那段短暫的歲月裡，張靜江卻在當時那政治風雲的動盪中，使他對當前發生的政治產生了巨大的不解、疑惑和徘徊。因為，他知道孫中山已決定實施聯俄聯共的政策。張知道孫中山要實現的這種革命理念，是這次即將舉行的第一次代表大會的議題中心。他熟悉孫中山的個性，凡孫中山要想實現的事情，也是任何人不可能再動搖孫中山已下的這個決心了。這正如當年為了中華革命黨的事，黃興只能出走美國一樣。孫中山為了這個理念的實現，特地派了蔣介石前往莫斯科考察共產主義的理念和現實狀況。但是，蔣在一九二三年十二月十五日考察後返回上海的當天下午即來張靜江的寓所，談的主要是考察的觀感和他對蘇聯共產主義的反感的思想。蔣介石在考察回國後，曾直言不諱地向張靜江談了以下一些話：

我很快就覺察出蘇聯社會各部門及蘇聯共產黨內，存在的公開的和秘密的激烈鬥爭。我比以往任何時候都確信蘇聯政治體制是獨裁和恐怖主義的統治工具，它與以三民主義為基礎的國民黨的政治體制完全不同，這是我出訪蘇聯所得出的結論。如果我們一直待在國內，我們恐怕永遠不會發現這些。

當張靜江聽到這些蔣直接考察蘇聯後得出的結論，他很為孫中山的聯俄政策而憂慮重重，另一方面張當時雖在上海養病和奉命辦證券所，但他一直和法國和美國屬於他的通運公司屬下常有電函往來，根據他從法國和美國得到的資訊，當時列寧的病情日益惡化，蘇聯共產黨內以托洛茨基為首的國際派，正和以史達林為首的國內派在權力鬥爭上已日趨明顯和白熱化程度。張靜江在未去廣州前，以蔣介石的談話和他從法國獲得的國際資訊；確作了一番深思熟慮和權衡利弊得失的思考。令他擔憂的是，孫中山和俄國的合作是建立在這樣的基礎上，即蘇聯依然會像沙俄時代那樣對付中國。這使張靜江回憶起有一次孫中山帶著異常高興的姿態向他說，沙俄過去侵佔中國的領土將歸還中國，但已經有好幾年了，蘇聯領導人還沒有任何跡像會實現這種許諾。

這些當年對蘇聯的種種憂慮的思考，在相隔了八十多年後的今天，我們由歷史的資料看到了一九二二年十二月二十三日列寧在病重期間口授的《給代表大會的信》中，可以看到一些當時蘇聯內部的情況，如列寧當時就說過：「……為了防止中央委員會一小部分人的衝突對黨的整個前途產生過分大的影響，這樣做是必要的……」可見，張靜江當時的憂慮，從早已過去了的歷史事實看，也還是有一點根據。因為當時蘇聯的內部的紛爭，從一九二二年已經開始了。當然，無論蔣介石去蘇聯作了三個月的考察，無論蔣還會晤了當時蘇聯的一些部長和地方官員並參加了莫斯科蘇維埃全體代表大會，無論張靜江從他在法國通運公司獲悉的一些當時共產國際的消息，但我們可以肯定他們倆是無法知道當時在蘇聯已發生了關於列寧口授遺囑的重要秘密。因為今天我們從《被篡改的列寧遺囑》這本書中可以知道，那時只有加米涅夫、史達林、托洛茨基等幾個人知道當時已發生的內部鬥爭的實際情況。這個圈子其實很小，是在絕對非常保密的情況下進行的。

所以，可以說當時張或蔣都是為了本階級或本人的利益格局，而憑這種利益格局的直接或間接的從國外得到的一些零星國際資訊而敏感到的。所以，對於張靜江當時是否想去參加孫中山聯俄、聯共為中心的國民黨第一次代表大會，他在思想上的鬥爭確是非常激烈的。

孫中山似乎也敏感到他的政策是否會得到張靜江這樣的老同盟會員的支持，當時孫也不敢絕對肯定。所以，孫特派了留德名醫前往上海探望並催促張和這位由他派往的李醫生一起赴粵，李在一路上可作為張靜江的保健醫生，也可使孫中山放心。而蔣介石從蘇聯考察完畢後，應先去廣東向孫中山彙報考察情況，但他卻回了老家溪口，並又向在上海的張靜江先作了考察的彙報。這傳到孫中山耳中的一些資訊，使孫中山感到不滿，於是他立即也敦促蔣速去廣州彙報，並說尊重蔣的關於對政治形勢的一些不同的看法和建議。這樣蔣介石也拖到了一九二三年年底才去廣州謁見孫中山。他把自己反對聯俄的意見告知了孫中山，但同以往一樣，孫中山拒絕了蔣的這個建議。蔣介石於是在張靜江決定趕赴廣州參加國民黨第一次代表大會前，把孫中山的拒絕情況告知張靜江，所以，張儘管也不贊成聯俄聯共的有關政策，但他知道已無法改變孫中山已經決定了的方略，故他也就不說這件事了。

究竟是去參加大會，還是說他患有的骨痛症加劇能推卸則推呢？這時張靜江忽然想起最近孫中山給他的一封電函，他重新把那封電函翻讀了一番，那裡有孫中山對他的絕對的信賴之詞，他禁不住用他從法國帶回的洋筆劃出了這幾句有重大歷史意義的話語：

卑貴體恢復常態而再出為國盡力，這豈止兄一人之幸，實為吾黨之大幸也。

讀著孫中山對自己充滿信任，把他視為黨國的棟樑，孫中山還視他為「革命聖人」，並題「丹心俠骨」相贈。看到這些電函和孫中山的字跡，倒確使張靜江在內心產生了一種負疚感。

張靜江屬於早期文明社會的寵兒，是出生江南的巨賈，同時又沐浴在自由的無政府主義思想的薰陶中成長，他既有傳統文化的底蘊，又具西方上流社會紳士的風度，當他回想孫中山從一九〇五年創建同盟會至今手無兵卒、奔走革命，孫中山如泛舟汪洋屢戰屢敗，又奇蹟般的屢敗屢戰，無不步步危難，又步步向前走去，孫中山的人格魅力和榜樣的力量張靜江是讀懂了的。作為中國的鉅賈，他是第一個站出來跟孫中山走的，而如今孫中山又要走上通往中國歷史的另一個臺階，他是跟著他走呢，還是半途而廢呢？作為張靜江出身世代商家，又在國外生活了多年，他努力想從經濟的資本積累和運作來尋找社會的變遷，以達到社會政治的開明和民主的思想傳播，孫中山已宣導的三民主義，特別是他的民主主義精神，在張心中認為已是可以去實現社會的變革和實現強盛的現代化國家了，而為什麼還要去聯俄和聯共呢？孫中山豈非多此一舉！

張靜江正是在對孫中山的聯俄聯共政策產生著不解和迷惑的情況下，他最後還是決定帶病去廣州參加中國國民黨第一次代表大會。

其實，孫中山提出「聯俄與聯共」的政策，也並非是一早一夕，亦並非是突發的奇想。早在中國發生推翻滿清王朝的辛亥革命後不久，列寧就非常注意中國歷史的走勢，他在《真理報》及《涅瓦明星報》上發表了他研究中國的文章，如一九一二年七月十五日的《中國的民主主義與民粹主義》，一九一二年十一月八日的《新生的中國》，一九一三年三月二十二日的《中華民國的巨大勝利》，一九一三年五月十八日的《落後的歐洲和先進的亞洲》，列寧已讚揚和高度評價了孫中山和他領導的革命運動。到一九一七年十月革命勝利後，蘇聯又表示對一切被壓迫民族的友好態度。

到一九二〇年，經陳獨秀介紹，孫中山在上海會見了第一位使者。爾後又接見記者談話，又於一九二一年八月二十八日孫中山又復函蘇維埃外交人民委員齊契林的信中，介紹了中國自辛亥革命後中國的政治情況和他的艱難的困境和遭遇。他希望以私人的接觸，獲得蘇維埃的組織及軍隊以及教育組織的支助。總之，就當時的形勢，特別是孫中山在他扶持的粵軍將領陳炯明叛變後，更加快了孫中山和蘇聯合作的步伐。因為孫中山既然已被陳炯明逐出了廣東以後，原先他心中對一些帝國主義所抱有的、能支持他的幻想消除了。在孫中山那樣的心理障礙也同時消失時，他也再不必由於因擔心帝國主義的干涉北伐，從而使他不敢公開實行聯俄的政策。因此在陳炯明叛變後，孫中山曾說過這樣的話：「在這些日子裡，我對中國革命的命運想了很多，我對從前所信仰的一切幾乎都失望了。而現在我深信，中國革命的惟一實際的真誠朋友是蘇俄。」他還說：「我確信，蘇俄甚至在危難之中也是我惟一的朋友」。至於孫中山和共產黨的合作，也可由在陳炯明的叛變後，中國共產黨立即聲討陳炯明的叛逆罪行，並堅決支持孫中山的正義鬥爭。中國的「五四」運動，及中國的工人階級在民族資本主義工業的發展中，已壯大了隊伍，在受到了蘇俄十月革命成功的鼓舞下，必然成為一支新興的力量而成長起來。

當時，在整個地球上都有共產黨和共產主義的蓬勃推進與發展，在這樣的大勢下，再加上孫中山自己在當時到處碰到的艱難而又曲折遭遇，使孫中山除了聯俄和聯共還能有第三條道路可走嗎？況且，孫中山當時誤解了蘇聯實行的新經濟政策就是他主張的民生主義。故使他更深信應聯合蘇維埃的俄國，從而可以解決他的扶助農工的政策。而在中國內部，中國共產黨第二次代表大會提出的反帝、反封建，打倒軍閥的口號也正符合孫中山多年苦悶彷徨中追求的需要。所以，當時雖然國民黨內部有異議，這當然包括張靜江等許多革命的老同盟會員。但當時傾向於孫中山聯俄的國民黨左派向這些持有異議的人提出了一連串的反駁：第一，是蘇聯已明確承認了國民黨是唯一能領導民族革命的黨。第二，是蘇聯已敦促並派出馬林來中國指導中共黨員加入國民黨並受其領導。第三，蘇聯派出越飛和孫中山會談時也承認了共產主義還不適合於當前的中國現狀。當時國民黨內反對孫中山聯俄聯共的一些人，基本上也無話可說了，就算心存疑惑，但也只能服從孫中山的改組國民黨，以及聯俄聯共的政策。

而且，隨著李大釗的第一個加入國民黨，隨著他在大會上的發言：「……我們加入國民黨並同時保留中共黨員的資格，這是公開的值得讚揚的行為，而不是偷偷摸摸的行動。」這些話也使國民黨內原有些人的疑慮也似乎是有消失的跡象。當時正在患骨痛病的張靜江，在他長期染有法國西歐自由無政府思想的內心，他是在確帶著疑慮和不解的思想狀態下，在孫中山實際上派德醫李其芳的保護和陪同下於一九二三年十二月二十七日，終踏上起程步伐趕赴廣州參加國民黨第一次全國代表大會。

在蘇聯共產國際的指導和中國共產黨的參與下，孫中山經過幾個月的繁忙緊張的籌備工作，以及改組了中國國民黨的情況下，終於一九二四年一月二十日至三十日在廣州國立高等師範學校（即現在的中山大學前身）禮堂召開了國民黨第一次全國代表大會。

孫中山以總理身份擔任大會主席，海內外代表總數為一百九十六人，當時實際到位人數為一百六十五人。李大釗被孫中山指定為大會五人主席團成員，其餘是胡漢民、汪精衛、林森、謝持。大會選舉出了中國國民黨的中央領導機構，由胡漢民等二十四名執行委員和毛澤東等一名候補執行委員組成中央執行委員會。張靜江被選舉為國民黨中央執行委員。屬當時中央核心的二十四名成員之一。同時選出五名中央監察委員和五名候補監察委員。張靜江的好友吳稚暉被選為中央監察委員，蔡元培被選為候補中央監察委員。而認張靜江為恩師的蔣介石，在大會即將閉幕時被任命為陸軍軍官學校籌備委員會主席（即黃埔軍官學校）。這個位置據有些史料佐證是張靜江竭力向孫中山推薦而成的。

在長期的革命共事中，孫中山一直對張靜江有很好、很深的感情，認為張靜江對革命是無私和忠實的，在孫中山最困厄之際，張靜江對革命經費的籌畫是有巨大貢獻的，故在大會提名張靜江為中央執行委員時，孫中山還在大會後期推薦張靜江列名主席團人員。當時有部分代表提出反對，但孫中山在會上竭盡全力解釋並做好工作，使張靜江終於坐上了主席團。當時共產黨人李大釗、毛澤東、瞿秋白、林祖涵、張國燾、李立三、於樹德、夏曦、羅邁等參加了國民黨第一次代表大會。

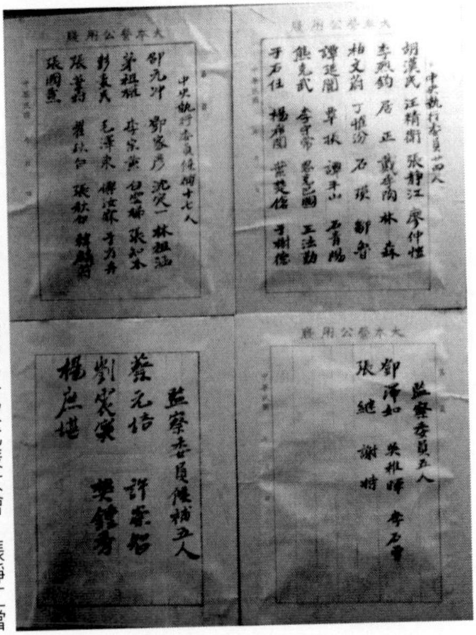
大本營公用牋
中央執行委員二十四人
胡漢民 汪精衛 張靜江 廖仲愷
李烈鈞 居正 戴季陶 林森
柏文蔚 丁惟汾 石瑛 鄒魯
譚延闓 覃振 譚平山 石青陽
熊克武 李守常 恩克巴圖 王法勤
于右任 楊希閔 葉楚傖 于樹德

大本營公用牋
中央執行委員候補十七人
邵元沖 鄧家彥 沈定一 林祖涵
茅祖權 李宗黃 白雲梯 張知本
彭素民 毛澤東 傅汝霖 于方舟
張葦村 瞿秋白 張秋白 韓麟符
張國燾

大本營公用牋
監察委員五人
鄧澤如 吳稚暉 李石曾
張繼 謝持

監察委員候補五人
蔡元培 許崇智
劉震寰 樊鍾秀
楊庶堪

1924年1月於廣東召開國民黨第一次代表大會，張靜江當選為中央執行委員，由孫中山親書名單。時毛澤東瞿秋白張國濤等當選為候補委員。

中國國民黨自一九〇五年成立同盟會起，中經改為國民黨（一九一二），後改為中華革命黨（一九一四），直至一九二四年改為中國國民黨，近二十年末開過一次黨的代表大會。在國民黨一大會議上，支持聯俄聯共政策的頭面人物有：廖仲愷、汪精衛、戴季陶、吳稚暉等。持反對態度的有一批海外華僑中的黨員，頭面人物有如：馮自由、鄧澤如、林森、謝持、林直勉等，這些受資本主義國家影響的國民黨黨人對共產黨視為洪水猛獸，這是和他們這些人的視野有關。

張靜江在這樣的場面，從他內心來講也是在國外受資產階級思想長期影響的人，基本立場也應該是代表自己階級的立場持反對心理的，但他又非常忠實於孫中山的三民主義思想和觀念，對孫中山個人又是非常尊敬的，再加上張靜江還屬於傳統的舊式中國商家，他的資本運作跟直接辦實業的新興資產階級有所不同，他是靠對外貿易運作經濟的，所以他未親眼目睹什麼是資產階級和工人階級的對立態度。這樣，他還未能達到把共產黨領導的工人階級的革命視為洪水猛獸，所以說，張在心裡既是疑慮的，但態度又是溫和的。再則，孫中山對他很看重，他被直接選入了國民黨最核心的決策機構——中央執行委員會。以現在的話講張靜江已進入了中央最高領導層。他還能和馮自由那樣站出來反對聯俄聯共嗎？

當他回憶自己的過去時，在他走過的一條漫長而曲折的革命道路中，在茫茫逝去的歲月裡，自一九〇五年同盟會成立至今，他一直是支持孫中山所領導的革命事業的，而且他的出手實在是一種無私革命家的大家風範。現在孫中山與國民黨給了他一種最高的最熱誠的回報，他已體味到了一種做政治家治國平天下的味道。他知道自己再也不是一個單純的商賈了。

的確，作為一個計算精確有當的商人兼政治家的張靜江，雖身處波譎雲詭，縱橫捭闔的政治旋渦中，但他時時告誡自己，必須順應潮流，心中惟有繼續和孫中山一起去完成一種使命，決不可半途而退。

三十三、力薦蔣介石

中國國民黨第一次代表大會在廣州召開期間，孫中山從蘇聯代表處驚聞列寧於一月二十一日在莫斯科附近的哥爾克村逝世的噩耗，萬分悲痛。他向代表大會建議致電莫斯科，對列寧的逝世表示沉痛哀悼，並發表講話，號召大家學習列寧領導的俄國革命的精神。對列寧的逝世，儘管在隔了八十年後的今天，已有另一種說法的史料考證和論述，但在當時的中國，無論是共產黨和國民黨，對列寧的逝世均是一件很哀痛的大事，大會都一致同意休會三天，廣州各機關下半旗三日，廣泛宣傳列寧的生平及其事業。在二月二十四日（國民黨一大期間），張靜江以中央執行委員會會員身份隨同孫中山一起參加了中國國民黨舉行的追悼列寧逝世大會，有廣州各界人民群眾六萬人參加。同時，參加國民黨第一次代表大會的共產黨人也參加了這個追悼大會。孫中山親筆書寫了「國友人師」的輓詞，並在會上宣讀了一篇言簡意賅的悼詞，對列寧表示崇高敬意和深切哀悼。

就在追悼列寧逝世大會的這一天后，孫中山深感建立自己革命軍隊的需要，他下令籌建陸軍軍官學校，他指派鄧演達、王柏齡、沈應時、林振雄等七人為籌備委員會。又在二十八日，指定位於廣州黃浦島上的廣東陸軍學校與廣東海軍學校原址為校舍。這便是後來聞名全國的黃埔軍校。

對於建立自己軍隊的黃埔軍校，孫中山是非常看重的，他一方面請共產黨協助，一方面還聘請蘇聯軍事顧問，孫中山這時已深深感到自己革命幾十年而未能有一支自己的軍隊而遺憾，同時也清醒地感到沒有自己的軍隊，也無從談起打倒軍閥和國內外的反對派。孫中山原來決定自己親自擔任黃埔軍校校長。但是，他想到自己無論在政務上、軍事上，或對外事務上都有重任在身，非常繁忙，應接不暇，於是孫中山就想到了在一九二二的夏天當時陳炯明叛變後，和他一起在「永豐」軍艦上忠心追隨他並和他一起在艦上待了五十六天的蔣介石，但他又考慮到自己是否應該委託蔣介石這種人去辦這所至關黨國命運的軍校呢？這件事對孫中山來說，一時還拿不定主意。就在這一刻，他又同時想到了剛當選為中央執行會員的張靜江，他想應該和這位老同盟會員商量一下這件辦軍校的重要大事是有必要的。當時張靜江正還在廣州每天和孫中山一起參加會議，會議期間，孫中山特為此事，在繁忙中抽時間，徵求了張靜江對籌建中的陸軍軍官學校校長人選的看法。當孫中山問他推薦誰為最合適時？張靜江即向孫中山推薦的第一個人便是蔣介石。當孫中山問張為什麼推薦的第一個人是蔣介石時，張靜江向孫中山陳述了蔣介石當校長的三個有利條件：

第一是，張靜江認為，蔣介石很早就接受軍事教育，早在一九〇六年，他抱病通過競爭的考試，在報考人數一千多人中，他是保定軍官學校錄取六十人中的一個，而在一九〇七年，保定軍官學校選拔優秀學員被送到日本，蔣又被選入東京振武軍官學校。所以，作為創辦軍校，蔣介石是合適人選。

第二是，蔣在東京軍官學校，由陳英士推薦加入同盟會，蔣第一次參加同盟會大會，就被陳英士引見和孫中山會見，孫中山認為蔣是個「將來可以成為革命中堅的人」所以，張靜江認為蔣有執掌國民黨第一所軍校的資格。

第三，武昌起義後，蔣介石就放棄在日本的軍事學業，參加了軍隊，成功地帶領部下攻打浙江巡撫衙門，他最早在《軍事》雜誌上寫文，指出當時的俄國和日本是對中國威脅最大，張靜江還提出蔣在考察蘇聯時結識了蘇聯紅軍將領、待將來軍校成立後可來中國指導訓練軍隊。

由於張靜江極力向孫中山推薦，孫中山很快採納了張靜江的意見，最後孫中山終於決定自己不擔任校長，而由他委託蔣介石擔任黃埔軍官學校校長。

其實，張靜江推薦蔣介石給孫中山為軍校校長，更有他自己的謀劃和打算。這主要是蔣介石原來是陳英士麾下的一員得力親信和幹將，而張靜江與陳英士都是支持孫中山革命的親密戰友，既有同鄉之誼，又有金蘭之盟，而且蔣介石多年來早已經常在張靜江處走動，已早成為張靜江的親信。從另一方面來講，張靜江本人對蔣介石也有結納之意，他認為這個年輕人能文能武，有發展前途，將來是個有用之才，於此，張總是多方面給蔣予支持和鼓勵。而且，張靜江對蔣介石也一如他對孫中山那樣，都是在其最困難的時候給予大力相助。民國七年（一九一八）春，孫中山在廣州成立護法軍政府，任職大元帥時，張靜江就把蔣介石推薦給孫中山在粵軍擔任上校作戰科主任，而在一九二二年夏天，陳炯明叛變，於孫中山危難之時，張靜江又即命蔣介石應冒險去廣州保護孫中山。張靜江扶持蔣介石一步步緊隨孫中山，故在成立軍校問題上，他更有機會進一推薦蔣介石，推薦蔣能得到這一軍事重任，可以說是張靜江一貫的心願。

一九二四年六月，黃埔軍官學校在廣州成立，宣佈廖仲愷為黨代表，周恩來為政治部主任，蔣介石終於達到了出任黃埔軍官學校校長的重任，這對他日後攫取政權創造了一個有利條件。所以，蔣介石一直視張靜江為「恩人」，稱張靜江為「導師」。這在張靜江的故鄉——南潯的父老鄉親們的傳說中，七十多年後，對於生他，長他的潯溪悠悠（潯溪是南潯的一條美麗的河）的故鄉，對民國時期有二件事常有流傳：一件是由於張靜江對辛亥革命的貢獻，在一九一二年辛亥革命後，孫中山曾為了感謝這塊富饒的故土，曾宣佈把這個古鎮的建制，一改而成為「南潯市」的建制。第二件事是蔣介石在中國歷史上的出人頭地，成為爬上中國政治的頂峰人物，是由於南潯人張靜江給他一步一步扶持的結果。

當然到了以後，蔣介石爬上了最高位置，成了中華民國的總統後，蔣介石和張靜江為國內建設和其它政治意見上的分歧，蔣介石逼張靜江下臺時，南潯故土的故鄉人也可能為張而鳴不平的，當然這些是後話和傳說而已，在當時一九二四年的中國歷史上還並未展開這樣的政治現實。在一九二四年，蔣介石無論在國民黨內的資歷，以及在政治上所處的地位來說，他還不可能進入國民黨政治層面的決策機構，那時的他，不論是孫中山個人或他領導的決策機構，在當需要聽取蔣介石對政治的看法時，抑或採納他的某些建設性意見，蔣的一些主張和理論都不可能被當作命令和指示來執行的。

可是，當蔣介石被任命來訓練當時國民黨的第一支真正的軍隊時，情況就大不同了，蔣的影響則在國民黨內逐步建立了起來，當蔣開始組建和領導孫中山非常重視的新的軍隊時，自然使蔣走進了最高的決策層，使之只聽命於實際存在的中央權威，而不再如以往那般、只是聽任中國大地上去滿足某個軍閥的強權和貪婪的野心。在一九二四年六月十六日舉行的開學典禮上，孫中山的簡潔明瞭的講話，倒確值得回味，也可算是國民黨聯俄聯共以後一個新時期轉折的到來，也可以說是從一九〇五年成立同盟會至一九二四年時期，他領導革命的一個小小的總結：

我們共和國的基礎幾乎沒有存在過。道理很簡單，因為我們的革命一直是以革命黨的鬥爭而非依靠革命軍隊而開展和堅持的。由於缺乏一支革命的軍隊，我們的革命一直由軍閥和官僚操縱著。這種狀況如果繼續下去的話，我們的革命是決不會取得成功的。從現在起，我們的革命已經開始了一個新的時期，這所學校是革命軍隊的基礎，而革命軍隊是以諸位同學為核心的。

從孫中山這一段講話，也可看出蔣介石自擔任軍校校長後的地位了。當然，這地位的攀升，蔣心裡是很明白清楚的，如若沒有張靜江這位當時有財有勢的中央執行委員的極力推薦和在孫中山面前的美言，很可能就輪不到他了。當然，對張靜江來說，在日後幾年能在國民黨決策機構中，特別是在孫中山逝世後逐步使他走向了權力的巔峰，確也是離不開蔣介石的知恩圖報的。

三十四、痛別國父

張靜江在廣州開完了中國國民黨第一次代表大會後，在會議結束後的第二天即離開廣州返回上海。行前，他特地去孫中山寓所辭別，孫中山也和他談了一席話，但和他談話的主題主要是北上之事。當時，張力勸孫中山要謹慎行事，理由是，剛成立的在廣州的「中央政府」，還未站穩腳跟，而作為國民黨建立自己的軍隊、培養軍隊幹部的事還剛剛起步。同時國民黨中央政府雖與莫斯科有了一點合作，但列寧緊接著就逝世了，蘇聯政權的交接究有誰來執掌當時還是個未知數，是托洛茨基，還是史達林，在一九二四年的年初確誰也難於預料。而歐洲各國，很重要的英、美、法主要國家未能接上很友好的關係。孫中山在英國工黨政府一九二四年一月上臺後，曾以國民黨的名義向英國發了賀電，但當時的麥克唐納還未承認中國的國民黨。另外，當時的廣州商界權力人物還以特別厭惡的眼光來對待孫所領導的「中央政府」，他們甚至威脅說：如果中央政府對他們徵稅，他們就要罷市，他們還組織武力，購置槍支，反對孫中山的中央政府。而當時無論是北方的軍閥，抑或是南方的大小軍閥均各自為政，無法無天，他們所做的，就是依仗掌握的武力，掠奪國家財富和欺壓老百姓。以致，中國當時無論是北方或南方同樣處於混亂的狀態，故張靜江在離開廣州時，無論是告別時的一席長話、還是會議其間偶爾碰面時的短話，他總時時勸說孫中山無論在廣州或北上均要處處小心並保重自己。

張靜江與孫中山分別後，即返上海居住。此時的他，一方面繼續治療自己的骨痛病，並時時要關注他的通運公司在國外各公司的商貿上的事務，當然，在他心中更時時關注著的主要是當時的時局和形勢。身在上海，對張靜江來說，他極為關注控制著北方政權的三個主要軍閥的微妙變化，當時吳佩孚控制了北京及其周圍的省份，張作霖是東北軍閥，他的頭銜是「東北各省總司令」，他控制著整個東北地區。馮玉祥是吳佩孚的部屬，但他已成了控制著西北地方的軍閥。

馮玉祥贈張靜江照片。

張靜江也密切地注視著孫中山和蔣介石在廣州的動態局勢與狀況。這時在廣州的蔣介石也時而向居住上海的張靜江發信告知一些局勢，蔣告知他廣州商人正在武裝一支有九千支來福槍的外國船隻，很快將駛入廣州港以武裝商人。英國駐廣東總領事也插手這件事。這時的孫中山已感到難於在廣州發展，就將指揮部和部分忠於他的軍隊調集到廣東惠州，並委託胡漢民為名義上的軍事指揮。而蔣介石仍駐紮在廣州。這時在江東，陳炯明又發動了新的進攻，雲南與廣西的軍閥也不順從孫中山的領導。這迫使孫中山發出了：「我們必須拋棄一切去尋求一種新的生存方式。最好的方式就是向北進行懲罰性的討伐，我們必須沿著我們漫長而崎嶇的道路去戰鬥。用戰場作為我們的訓練學校，這將產生驚人的收穫。我黨同志決不應猶豫不前。」但孫中山的這種想法和號召，響應者卻寥寥，連蔣介石也不太樂意接受，而當時在上海的張靜江呢？當蔣介石把孫中山的這些話轉告給他時，他從上海寫信給蔣，也認為時機不成熟，不能感情衝動，應予靜觀形勢而動。說真的，蔣在心中是願意接受張靜江當時對北伐的態度與看法的。

九月份，國內爆發了江浙的軍閥混戰，居住在上海的張靜江眼看戰火影響了上海，他一邊忍受著骨痛病的發作，時而避居故鄉，時而避居上海租界。

這時的孫中山卻非常樂觀和自信，因為他看到了直系將領，人稱「基督將軍」的馮玉祥突然從自己營壘裡殺出，背叛了上司吳佩孚而揮師入關，直搗北京。演出了一幕有利於孫中山北上的戲劇性變化，於是，曹錕被囚，末代皇帝——溥儀被遂出了北京皇宮紫禁城。真是「堡壘是最容易從內部攻破」，使直系軍閥吳佩孚慘敗，這果然使孫中山的「倒直」策略獲得了預料之外的成功。這使當時的局勢發生了急劇的變化。控制了北京的馮玉祥又向孫中山發出了去北京的邀請。孫中山的北上，確關係著國民黨中央政府的生存與發展，事關重大。張靜江突然在上海接到孫中山的電告，要他作為中央執行委員的資格火速去廣州開會商議北行之事。這時張靜江患病在身，行動不便，但考慮到事關重大，便馬上趕赴廣州參加會議。這次會議由汪精衛、胡漢民、廖仲愷、戴季陶、孫科等人參加。當然蔣介石也在廣州，也很有可能參加這類會議。會上許多人都想勸孫中山不要急於北上，而張靜江是力勸暫勿北上的最主要的人物。但孫中山心中主意已定，他為了完成自己崇高的使命，並為了抓住這次軍閥內訌的機遇，決定去北京。孫中山在會上決定胡漢民留守廣州，代行大元帥職權。譚延闓等負責大本營事務，駐守韶關。而汪精衛、宋慶齡、戴季陶、李烈鈞、孫科隨孫中山北上。當時的戴季陶，確很年輕，但他已於國民黨第一次代表大會上當選為中央執行委員，任中央宣傳部部長，他這次是以孫中山的秘書和翻譯身份陪同北上。

十一月十三日，孫中山在黃埔軍校過夜，蔣介石謁見時，孫中山對蔣說了許多勉勵的話，最後還說：「我要去北京了，是否能活著回來還很難說，不管怎麼說，我是去那裡進行鬥爭的……。」從這些話，可見當時黨內有許多人是勸阻孫中山不要北上的，但孫中山是為了進行鬥爭而去的。確實，當時雖有馮玉祥邀請，但北方許多大小軍閥是不能接受孫中山的革命主張的，外加北方的親日勢力十分強大，因此，在北京等待孫中山的，確應說是巨大的壓力和危險。興許，這些危險情況使忠實於孫中山的張靜江力勸暫勿北上的重要因素。

十一月十七日孫中山一行抵達上海，受到萬餘擁孫群眾的隆重歡迎。他在上海講了北上二個目的，一是對內奪取軍閥把持著的政權而還之於國民，即要召開國民會議。二是對外廢除不平等條約。張靜江在輪埠與孫中山夫婦一行送行告別，爾後永豐艦繞道日本轉天津。

張靜江那日送走孫中山一行北上後，心中總是忐忑不安，送別那晚他翻來覆去，始終難於安眠。這位江南世稱「四象」富商出身的，又具中西學問功底的並一心想改造中國積弱貧瘠社會的老同盟會員，當他的革命先行者孫中山帶著滿腹不平，挺險北上、深入虎穴之際，他自有一番心存鬱鬱，前途茫茫之複雜感情難於名狀。此種寓道義與擔憂於一爐的心中感情，確使張靜江對孫中山此行北上，想得很多很多，遂使他徹夜不眠。如他心中想著：孫中山北上是否會遭不測，是否會遇到北方軍閥給他赴「鴻門宴」、抑或吃「閉門羹」呢？當孫中山離開上海輪埠時，他看到孫中山滿臉的疲憊感，以及宋慶齡夫人眼神中時而也流露出絲絲的悵惘之感，這些都使張靜江在心中隱隱感覺到一種悽惶的感覺……

那一刻，他簡直想、就在孫中山離他而下艦之際，應上前把孫中山抱住並把他拉上埠岸，不讓孫中山離滬北上。但張靜江看到的是，送別的萬人群眾都群情激昂，孫中山在激昂的送行群眾中，似乎也顯得情緒激動，不顧自己身子的疲憊，真有一種說不出的「風蕭蕭兮易水寒，壯士一去不復還」的感覺，那悲壯而激蕩的一刻，在張靜江心中久久不去……，這送別孫中山的場面，這齊聲高呼「打倒帝國主義」、「打倒軍閥」的口號聲。真使座在輪椅上的張靜江望著那滔滔而去的黃浦江水發呆，他連自己也兩眼模糊起來，這一剎那，他自己也再不把自己的生命當成什麼了。當他拿自己的所作所為與孫中山在最危險之際挺身而出相比較，他竟發現自己顯得如此猥瑣而渺小了……那晚，真使張靜江一夜未眠，只是到了五更之際、他才微微入睡，但很快就驚醒了。在驚夢中他似乎發現他的導師孫中山掉進了大海，那艘永豐艦也被大海滾滾波濤所淹沒了……

張靜江在孫中山離開上海後一直憂心忡忡，但他的擔憂果然在他和孫中山分別僅僅二十多天後，張靜江就接到了孫中山在北上到達天津時，終於積勞成疾，已患了不治之症的肝癌。這「積勞成疾」當然非一日之寒，這是孫中山在長期革命中，為實現他的理想，在和各派敵對勢力鬥爭中積的勞，在一九二四年秋天，孫中山實際上已日感自己身體的疲憊不堪了。而孫中山正是在一九二四年除夕那天，帶著病到北京時，為了擊敗在北京的各軍閥及段祺瑞政府所召開的所謂的「善後會議」，孫中山又付出了使身患的病症加劇的代價……

孫中山在生命最後的那些日子裡，一刻也不放鬆革命工作，他在病榻上擬訂召開國民會議草案，並派遣幹部到各省宣傳國民會議的精神。終於在三月一日他逝世前十一天，在北京舉行了國民會議促成會全國代表大會，當時有代表二十個省、一百二十個委員會的二百多名代表出席。這可想而知，在病危時，孫中山為了祖國和民族興盛，要具備多大的堅毅不拔的精神。

孫中山在北京病篤時，張靜江應孫中山急電，即與龐青城一起馬上趕赴北京鐵獅子胡同孫中山行轅，見到孫中山時，他把持孫中山雙手，不禁痛哭流涕。當他感到西醫對孫中山已無良藥可治時，他力勸孫中山服用中國傳統中藥，他多麼想使服用了中藥後，能創造出一個奇蹟把孫中山的病轉危為安。當他看到孫中山為了擊敗段祺瑞賣國的所謂「外崇國信」，什麼「善後會議」，而以重病之身在北方支撐了三個多月。最後的日子，孫中山身子已極度虛弱時，張靜江和當時隨行的宋慶齡、汪精衛、孫科等，在最後的那些日子裡常常整夜侍奉在側，時刻不離孫中山的左右。

三月十一日，孫中山逝世前一天，孫中山神智顯得很清醒，這大概便是醫學上常有的生命最後的「迴光返照」時刻，張靜江在病榻前，和宋慶齡、孫科、汪精衛等人和孫中山商談後事，簽署孫中山最後的遺囑，在簽署遺囑完畢時，張靜江座著輪椅上前和孫中山緊握雙手，又一次使張靜江對著孫中山泣不成聲。至三月十二日九時十分，孫中山仍呼著「和平」、「奮鬥」、「救中國」、「同志奮鬥」等聲音朦朧的語音。當最後一次，孫中山對張靜江等長期跟隨他的同志欲言道別時，孫已呼不出聲響了……到了九時三十分的最後時刻，一代偉大革命的先行者終於溘然長逝了。張靜江最後只能緊握孫中山的雙手直至冰冷才慢慢鬆手，真正做到了他與孫中山長期革命感情的情同手足。在他和孫中山生命最後的抉別時，張靜江正值四十九歲，正步入壯年的最後階段。

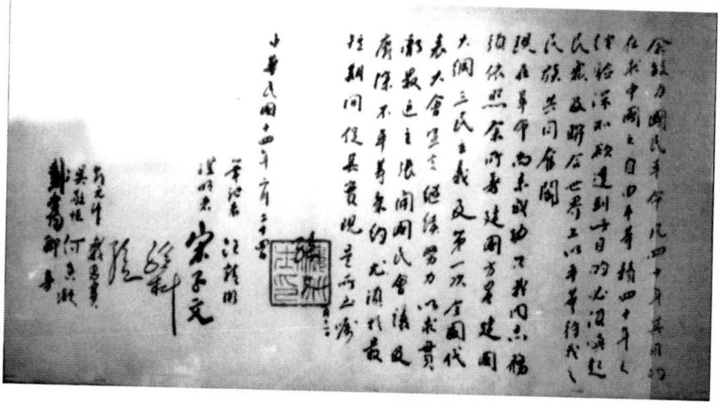
余致力國民革命凡四十年其目的在求中國之自由平等積四十年之經驗深知欲達到此目的必須喚起民眾及聯合世界上以平等待我之民族共同奮鬥
現在革命尚未成功凡我同志務須依照余所著建國方略建國大綱三民主義及第一次全國代表大會宣言繼續努力以求貫徹最近主張開國民會議及廢除不平等條約尤須於最短期間促其實現是所至囑
中華民國十四年三月十一日

孫中山在北京逝世遺囑。時張靜江及舅舅龐青城在病床前。

三十五、張蔣結盟

孫中山逝世了，留下了他的不朽的《遺囑》、《致蘇聯遺書》以及對家人留下了《家事遺囑》。他的《家事遺囑》值得一錄：

余因盡瘁國事，不治家產。其所遺之書籍、衣物、住宅等，一切均付吾妻宋慶齡，以為紀念。余之兒女，已長成，能自立，望各自愛，以繼余志。此囑！

孫中山的逝世，引起了全國人民和國際上一切人民對他廣泛深切的哀悼。《告中國民眾》指出：「為中國民族自由而戰的孫中山死了，自然是中國民族自由運動一大損失，然而這個運動是決不會隨著孫中山先生之死而停止的。」當時的莫斯科、東京、倫敦、紐約、巴黎、三藩市以及東南亞等地，都召開了追悼大會或進行了追悼活動。一九二五年四月四日，中國國民黨中央執行委員會推定張靜江、林森、于右任、戴季陶、葉楚傖等十二人為葬事籌備委員會。十八日葬事籌備處成立於上海，孫科為家屬代表負責辦理孫中山的葬事。孫中山在遺言中，自己擇定南京紫金山之中的一塊茅山南坡的向陽之地為陵墓基地，面積約六千餘畝土地。孫中山葬事籌備處，應該說在孫中山逝世後仍回上海居住的張靜江為了這塊墓地的落實，他曾多次派人去南京市進行磋商，但礙於當時各自為政的情況下，一時沒有獲得最後的結果。

孫中山逝世後，在當時的國內、全國各區域充滿著軍閥割據的情況下，似乎確少了一根擎天柱，他的未竟事業在艱難曲折地進行著，就連那塊孫中山墓地的磋商也要在不斷地談判中進行著。這是因為當時的中國，由於民主基礎的薄弱，領袖的作用尤為突出所造成。在孫中山逝世後，在當時軍閥混亂，各占山頭的情況下，開完孫中山追悼會後，大家在悲慟之餘，似乎都感到「群龍無首」，大家需要一個「領袖」人物來執掌權力，以完成孫中山的遺志和「革命尚未成功」的大業。一九二四年七月一日，廣州原由胡漢民代理的海陸軍大元帥大本

孫中山逝世後，宋慶齡（左六）偕親友在南京紫金山勘察陵墓時與龐青城（張靜江舅父，左十）、何香凝（左四）、倪桂珍（左七）、宋美齡（左八）、宋子文（左十一）、等合影。

營，改組為中華民國國民政府。由於孫中山屍骨未寒，當時大家還願意彼此合作，實行了國民政府的集體領導，當時在廣州由十六人組成這個執政的國民政府委員會，張靜江就是當時最高層的十六人中的常務委員之一，其它十五人分別是：汪精衛、胡漢民、廖仲愷、孫科、許崇智、伍朝樞、徐謙、張繼、譚延闓、戴季陶、林森、程潛、古大存、朱培德、于右任等人組成。當時的共產黨人還沒有在國民政府裡擔任負責工作。這十六人中，競爭最激烈的有三人，即廖仲愷、胡漢民和汪精衛。當時在人們的心目中廖仲愷是公認的左派，胡漢民顯然是保守一些，而汪精衛在當時面目還不清的情況下還算是屬偏左一點的人物。廣州國民政府成立時，由廖仲愷提名，許崇智支持，汪精衛當選為第一任主席。但不久，在廣州就發生了廖仲愷被刺的奇案。

是誰謀刺廖仲愷的呢？兇手究竟是誰，眾說紛紜，搞不太清楚，有待史家考證。但胡漢民的堂弟胡毅生是兇手的主使人之一，這已是無疑的了。對這件奇案，有汪精衛、蔣介石、何香凝，還有周恩來（見《周恩來選集》上卷，人民出版社，一九八〇年十二月，第一一七頁）等人均認為胡漢民是「知情人」，雖然，當時的胡漢民始終未予認可。最後的決定是，國民政府只能通知胡漢民去蘇聯「考察」來結束這件奇案。張靜江當時一方面在廣州要參加各種會議，一方面就孫中山墓葬之事和南京磋商和協調，最終的結果是於這年的十二月，南京市終於同意拔地二千餘畝，作為孫中山陵墓建築之用。由於墓地佔用土地問題已解決，在這一年十二月上海孫中山葬事籌備處登報，以有獎徵求孫中山墓地設計圖案。由於張靜江是湖州南潯鎮人，和陳英士烈士是同鄉好友，如果我們從今天的中山陵來看，基本上與座落在湖州道場山麓始建於一九一六年陳英士陵墓設計之圖樣大同小異，只不過孫中山陵墓規模宏大一些而已。設計圖樣上的一致，這和張靜江當時參與上海孫中山墓葬籌備處的事務不無關係。當孫中山墓葬籌備處發表徵求陵墓設計圖案後，由於海內外人民對孫中山無私地把一生奉獻於革命事業，都懷有無比的崇敬，故世界各地建築師紛紛應徵，最後挑選了海內外著名建築師四十餘人的設計圖案作為入選者。最後的孫中山陵墓圖案的確定，張靜江是主要的參與者之一。

張靜江當時對時局的轉折，特別是孫中山逝世後，在不到一年中，發生了許多國民黨內部的暗鬥明爭之事。他是這個內幕鬥爭的冷靜旁觀者，當然他也是國民黨元老中最為被各派勢力所倚重和拉攏者。孫中山生前在政治前臺上的三大助手和幹將，如廖仲愷當時已被害，接著的是胡漢民又被放逐蘇聯考察去了，國內僅剩汪精衛一人了。但在一九二五年十一月二十三日，當時在孫中山逝世時聚集在北京的一些右翼的國民黨元老如鄒魯、林森、謝持、居正、戴季陶、邵元沖、葉楚傖等人在北京西山碧雲寺突然召開了一個所謂的「國民黨一屆四中全會」，這批參加會議的人，後歷史上被稱為「西山會議派」，他們違背了孫中山既定的聯俄聯共政策，他們採取的方法是在國民黨內部搞分化的策略，他們為此採取了聯合蔣介石而反

張靜江為孫中山墓題詞。

對汪精衛。當時的這個所謂的「西山會議派」，確使國民黨內部公開分裂了。當時的張靜江在孫中山逝世後即已返回了上海，但歷史上也有認為張靜江也參加了「西山會議」，這是缺乏歷史事實依據的。當然，如果從張靜江作為一個國民黨內的無政府主義者，他雖未參加這樣的西山會議，但從思想傾向上，他是站在「西山會議」立場上的，這興許是無疑的。因為，孫中山在廣州召開國民黨一大前他曾經在孫中山面前反對過聯俄聯共的政策，但張靜江決不是在孫中山逝世後，像「西山會議派」的一些人那樣是背著孫中山，甚或是在孫逝世後背著大家在搞小動作的人。張靜江是在孫中山向他徵求政治意見時，公開提出了自己個人的看法，爾後孫中山正式召開了一大，把聯俄聯共政策確立為會議的主題時，張靜江被當選為國民黨一大的中央執委後，他還是服從孫中山這一重大政策的。

一九二六年一月一日，國民黨在孫中山逝世後，在廣州召開了國民黨的「二大」，會議由汪精衛、宋慶齡、譚延闓、鄧澤如、譚平山、丁維汾等組成主席團，吳玉章為大會秘書長。張靜江從上海趕往廣州參加了「二大」。這次會議繼續貫徹孫中山的遺囑，堅持三大政策，通過了「彈劾西山會議決議案」。並開除了鄒魯、謝持的國民黨黨籍，譴責了西山會議派的其它成員。

一九二六年的這次國民黨第二次代表大會，是屬於開得比較好的一次大會，在組織上也體現了國共合作的精神，大會在十六日選舉產生了中央執行委員和中央監察委員。張靜江在這次國民黨「二大」會議上當選為中央監察委員，會議還同時產生了各部人選。其中有了較多的共產黨員被選進了國民黨第二次代表大會成員。所以，從國共兩黨合作的歷史來看，這一次倒是當時國共合作的一個短暫時代。如當時在國民黨中宣部任秘書的作家茅盾，在其以後的回憶錄裡也曾回憶當時選舉的情況，他說：「最足以發人深思也是令人啼笑皆非的，是胡漢民（那時已因「廖案」被逐了）得票最多，而汪精衛和蔣介石得票都比胡漢民少一票。」這說明了二個問題，第一是，胡漢民在國民黨內的「基礎」還是很雄厚的，不因為被懷疑刺廖、被逐而倒下去，反而在「二大」上得選票最多，這也說明了當時國民黨內大多數黨員對胡漢民是認為功不可沒的。第二是，在國民黨「二大」上，蔣介石上來了，由於他當時是國民黨軍隊的當然領袖（因是黃埔軍校校長，國民黨軍隊的中堅力量，也是孫中山一手培養的）。他的東征討伐陳炯明，以及在平定楊希閔、劉振寰叛亂中，使他也立下戰功。由於蔣介石在「二大」上異軍突起，使當時只剩下汪精衛一人的天下，突然改變成為當時政治舞臺上的「三套馬車」。

「三套馬車」中的蔣介石，在軍事上獨具實力，而汪精衛也有政治上的實力，那便是他已是國民黨繼承孫中山遺囑的人，另外，當時的共產黨人在蔣與汪的選擇上，更傾向於後者。但當時參加國民黨「二大」的張靜江，如從他真正的內心思想上看，他卻是熱衷於選擇於蔣介石的。這個中的緣由和道理，前面有關章節中已有了敘述。讀者也早可讀懂其中的原因，無須贅述。當時在出席國民黨「二大」期間，即一九二六年一月九日下午，正好有一個空閒的機會，蔣確是一個非常有心計的人，他特地陪張靜江去獨自遊覽廣州的長洲島，在遊覽之際，他時感在「二大」的進行中，汪精衛是他日後升騰的阻力，所以竭力在張靜江面前攻擊汪精衛的受共產黨影響而左的方針政策，他那時是多麼需要張靜江能以元老身份站在他的立場，以幫助他反對汪精衛的「二大」報告精神。蔣介石在和張靜江一起觀賞長洲島海上風景時，看到長洲島海水的奔騰不息，不禁仰望海闊藍天，感慨不已地對張靜江表示著他內心的悵惘之感，當奔騰的海濤拍打長洲島石綁提岸時，他自言自語地對張靜江說：「啊，今日我才日益感到我那經歷了二十多年的革命事業，是多麼艱難曲折，崎嶇不平，到今日看到『二大』上發生的種種複雜的鬥爭，人心的叵測，真猶如那望不到邊的大海一般前途莽莽，真不知我的這一生獻身於革命後的成敗，將來究竟如何，就不得而知了啊！」這時的張靜江卻大多以安慰的口吻囑他靜觀待變，不能氣餒，仍要不斷奮進，並鼓勵蔣要用巨大的毅力去撥開政治上暫時的烏雲。

二星期後，「二大」召開完畢，二十日下午蔣介石又陪張靜江，同時邀請汪精衛與夫人陳璧君往廣州黃浦東南方向的一個叫海神廟的歷史古跡去遊覽。那日他們遊興很好，因為當時蔣與汪在政治上只是明爭暗鬥，雙方還未拉開那爭奪寶座的序幕。這次遊覽海神廟中，作為他們的革命長輩，國民黨中德高望重元老身份的張靜江，還是時時提醒他們和衷共濟，風雨同舟來把國家搞好，以實現剛剛逝世的孫中山國父的遺囑大志。

「二大」結束後，張靜江由於身體不適，擬準備離開廣州返回上海。二十九日晚六時，蔣又設晚宴與張靜江餞別，在席間兩人痛飲數杯白蘭地洋酒，當餞別時刻已到，他們即要分手了，此際蔣介石由於張靜江這位富有二十多年革命曲折鬥爭經驗的好友和「導師」將要離他而走了，不禁感慨不已。

就在他們倆分手之際，蔣向張靜江傾心談了目前黨內激烈的紛爭，以及他認為那一觸即發的分裂的形勢，談了汪精衛很難控制黨內人心的複雜局面。當然，作為張靜江只是很好的聽他的感慨與憂慮，也時時和蔣探討那漫長的革命所面臨的局勢與變化。張作為革命了二十多年的老同盟會員，他已深知蔣究在想什麼？也深知蔣內心複雜激蕩而多變愁情。

二十九日晚十時，已是張靜江起程回上海的最後時刻了，蔣介石還親自步行送了好幾程路。張靜江在道別時，看到蔣對他一片誠心，又想到未來變幻莫測的政治形勢，心中不免也同時感慨起來；當他看到蔣介石此刻眼中時露出迷惘與無奈，不禁油然生出對蔣的同情和憐憫之情……

三十六、當選中央常務主席

一九二六年三月十二日，是孫中山逝世一周年紀念日，在北京的國民黨左派和右派分別在故宮太和殿、中山公園舉行公祭大會。據北京《晨報》三月十三日的報導，于右任、李大釗、徐謙、吳稚暉、李石曾等出席了左派的公祭大會。而在另一方面，是以張靜江和在上海的孫中山葬事籌備處全體人員，也同時從上海趕到南京原孫中山身前選擇的幕葬地，舉行了孫中山陵墓的奠基典禮，在奠基典禮上，奠基石上的書刻由張靜江親自書寫了孫中山手書的大同篇，並題：

「孫中山先生遺墨，民國十五年三月十二日陵墓奠基紀念，張人傑敬題。」

張靜江在參加孫中山陵墓奠基典禮後即返上海。一星期後，突接到蔣介石的一份加急電報，蔣在電報中簡單訴述了自己在廣州處境的危難與困厄，要求張能迅速趕赴廣州，為蔣解決其所面臨的複雜多變的局勢助一臂之力。張靜江在上海接電後，即以三月二十三日抵達廣東。當晚，張靜江即奔赴廣州黃埔軍校的要塞部與蔣介石晤面。

雖時入深夜，張靜江已疲憊不堪，但還是聽取了蔣介石向他訴述的險惡的政治局勢：一是發生於廣州黃浦海面的三月二十日的中山艦事件。二是蔣當時和蘇聯派在國民黨內顧問團人員的矛盾。三是當時蔣介石和共產黨人之間的磨擦。此三件事在當時已困攏著蔣介石的心。因為當時中共創始人之一的陳獨秀，還負責國民黨的黨務工作，毛澤東主要負責國民黨的宣傳部工作。而蔣介石在一九二六年二月一日，已被任命為國民黨的國民革命軍總司令的職務。

這三方面矛盾是如何產生的呢？蔣介石三月二十三日晚上在向張靜江的傾談中，當然是絕對站在自己的立場上來談的。可當時實際情況是錯綜複雜的.根據多種史料，大致可概括當時的情況：蔣介石在國民黨「二大」會議上提出了自己的軍事計畫，當時共產黨人對他的軍事計畫，沒有提出反對意見（當然陳獨秀內心是不太贊成的）。而蘇聯派來中國的共產黨顧問鮑羅廷，也支持這些軍事計畫。

但是，就在這時蘇聯政府，突然把鮑羅廷召回。鮑被召回後，廣州出現了攻擊北伐和把蔣描繪成新軍閥的傳單，這使蔣懷疑是蘇聯人在幕後的策劃，這使蔣介石向當時的主席汪精衛提出一些意見，並對汪精衛說：「領導國民革命的實權不應落入俄國人之手；即使與第三國際進行聯絡，也應劃清某種界限，我們決不能喪失自己的決定權。」

可汪精衛沒有採納蔣的意見，因為那時汪精衛之真實面目尚未顯露，他仍與蘇聯以及共產黨合作。這使蔣介石懷疑俄國人之不可信，也懷疑汪精衛正與俄國人勾結在一起出賣他。緊接著，廣州的「三二〇事件」（即「中山艦事件」）發生了，蔣介石認為這艘艦艇突然開到黃浦，「是共產黨的一個陰謀」，當時在他心中他既不信任蘇聯人，也不信任汪精衛，並在他心底更不信任共產黨人。在這情況下，他即以廣東警備司令的名義，宣佈了戒嚴令。蔣介石正好利用了這個「中山艦」事件，他命令廣東警備司令部對二十五名共產黨員，進行逮捕或嚴密監視，其中包括周恩來（當時周恩來

右：鮑羅廷1923年在廣州。

左：北伐前張靜江與陳果夫、陳立夫、褚民誼等合影。

任黃埔軍校政治部主任）。蔣對蘇聯派在中國的顧問也軟禁起來。這使中共和俄國人，都沒有事先覺察。總之，蔣介石乘「中山艦事件」，既對付了俄國人，也對付著共產黨人。

張靜江傾聽了這一切，經反覆思量後，認為這是蔣「非常天才的行動策略」。那晚上，在黃浦要塞部，蔣是一個勁兒地傾談，張是坐在輪椅上洗耳恭聽。當張靜江感到蔣在政治上很成熟並足智多謀。並當即稱讚了這位當時年僅三十九歲而已應付了這麼複雜大事的軍校校長。

蔣介石在當時的廣州，唯能使蔣信賴的國民黨元老，也僅有張靜江一人而已。因為，其它在廣州的國民黨人，不是傾向汪精衛，便是傾向共產黨人，抑或是傾向俄國顧問。當然，從客觀來講，張靜江有許多外在的和內在的條件，能獲使蔣信賴。第一，張靜江是孫中山在世時所信賴的國民黨元老；第二，張靜江自孫中山死後從未捲入那一派的資深黨人；第三，張靜江自身殘疾，他不可能去從事軍隊指揮，也不可能不顧身體上的缺陷，去站在政治鬥爭的最前峰……這些客觀的條件，再加上張靜江是看中蔣並長期在政治上扶植蔣上臺的年長尊者。在張靜江居住廣州的那些日子裡，張靜江也希望蔣在這樣的局勢中不要和蘇聯決裂，也不要和共產黨人鬧翻。所以當時的「西山會議派」人物和國民黨右派人物，希望蔣介石能完全靠向他們，但蔣沒有採納他們的意見。

蔣表示要改善「和共產黨之間的關係」，因為當時的汪精衛已被蔣利用「中山艦事件」擠出了政壇，汪也在當年五月攜夫人陳璧君去了法國。而在四月二十九日，鮑羅廷又被蘇聯派回中國時，蔣介石同鮑羅廷進行了多次會晤，並取得了雙方諒解和合作。

此時，蔣介石通過「中山艦事件」，並在張靜江等人支持下，獨佔了鰲頭。軍權已掌握在他手中，但黨權還未奪過來，於是在五月十五日，蔣即召開了中央執行委員會緊急會議，這是在他和張靜江多次磋商下的一次對他有利的緊急會議。

在中國歷代統治者心中，誰掌握了軍權，那麼，他就能指揮一切了。果然，中央執行委員會也由蔣介石主持，他自己擔任了主席，並通過了一項在國民黨內限制共產黨的新規定，當時蘇聯顧問鮑羅廷對此沒有提出反對意見。這個提議，由當時的譚延闓、蔣介石、孫科、朱培德、宋子文、甘乃光、陳公博、林祖涵、伍朝樞等九人聯名在會上以《整理黨務第一次決議案》中提出的。這個決議案的內容，其要點是確定整理黨務的四個原則，另外，擬組織國民黨與共產黨的聯席會議。

今天，我們從史料看，這些發生在一九二六年時局的變化，以及蔣介石極富謀略、非常老練地在這個特定的時期內，利用「中山艦事件」的突然出手，無疑擴大了自己的戰果並提高了自己在中國的地位和統治權力。可以說，蔣介石在這些突發事件上能夠得逞，是他和張靜江等國民黨元老們一起磋商的結果，而張靜江也是幕後積極幫助他擴大戰果的重要人物之一。故當時在有些地方，已公開貼出標語，矛頭直指張靜江為「昏庸的國民黨老朽」。有關張靜江在一九二六年至一九二七年間幫助蔣介石開展「整理黨務案」，我們可佐用陳果夫的「十五年至十七年（一九二六－一九二八）間從事黨務工作的回憶，摘錄如下：

一九二六年五月中旬，第二次中央全會開會，通過「整理黨務案」，因此推薦蔣先生兼任組織部長，蔣先生派我為組織部秘書、前去接收。在蔣先生北伐出發前，更特別關照我要常和鮑羅廷接洽……同時，遇有重要事項可隨時請示靜江先生等然後決定。

我們同時擬訂了一份黨政訓練所辦法，提請核准設立，靜江先生為吸引各地人材，又辦了一所學術院。

這時的鮑羅廷也曾向張靜江先生談過：「外間對蔣先生的空氣很壞，不如勸他辭去黨政工作，專理軍事。」張靜江先生卻痛惡他們（指蘇聯）的宣傳方法，所以不客氣地回答鮑：「空氣不好，不就是你們造成的嗎？」後來，靜江先生為此事立刻把鮑羅廷找來，當面嚴厲責備說：「在前方戰事緊張之際，要蔣先生辭去黨政，無異是反對中國革命，我們請你來做中國的顧問，但並不希望你是這樣做的。」

我所擔任的組織部長，在南昌時便移交陳公博接辦了。清黨之後，在南京重立黨部，推吳倚滄同志任組織部代部長，後倚滄忽患霍亂症致死，雖交蔣先生擔任，但北伐後，仍交我代為部長職務。

從以上陳果夫的回憶，可以看到張靜江在「中山艦事件」後，在為蔣介石的謀劃中，確出了大力。他不僅使蔣介石從廣州所處孤立的困境中擺脫出來，而且還以國民黨元老、孫中山摯友的位置，幫助蔣介石第一次擊敗了汪精衛。但蔣介石的矛頭主要是共產黨方面，這使他在四月二日提出了「整理黨務案」這一決議案。緊接著是四月十七日召開大會正式通過了這個決議案，二十日開始了選舉。

這次選舉結果是：張靜江、譚延闓、蔣介石、吳稚暉、顧孟餘等五人當選為國民黨代表。李濟深、何香凝、經亨頤三人，當選為候補代表，但共產黨有代表三人，卻遲遲未能提出。這從史實看，主要是蘇聯在中國的顧問鮑羅廷，已被蔣介石的那一套政治所迷住了。那時的鮑羅廷不僅幫助了蔣介石，還為在十九日舉行的中央執行委員會會議上，選舉張靜江為當時的中央常務委員會主席，做了許多幫助工作。陳公博當時的記述，可為一歷史佐證。其當時記述如下：

我到鮑公館，在座的只有他的翻譯張春木一人。張春木的名字叫張太雷，是一個共產黨中央的執委而兼負廣州責任的。我和鮑羅廷談話，本來用不著翻譯，今天他特別在座，我知道或者有什麼事而需要他幫腔。鮑羅廷對我說：「汪先生走了，國民黨中央執委已失重心，陳先生以為是不是應當在執行委員會內設一個主席？」我當時回答鮑說：「汪先生也會歸來的，而且執行委員會設一個主席，總章無此規定。如果要設主席，根本非修改總章不行？……」但鮑羅廷卻以革命的需要做我的工作：「這個主席是臨時的，章程可以待汪先生歸來再修改，在革命期間，我們只有看革命的需要與不需要，而不應守著呆板的總章。」

我耐著性子向鮑分析當時的情況：「就算是革命的需要，但誰來當主席呢？」鮑卻直截了當地對我說了這樣的話：「我想這個主席最好是由張靜江先生來擔任。」當我向鮑羅廷說張靜江是有殘疾，不適宜當主席時，鮑卻向我說：「張靜江先生是孫中山的老友，我記得孫中山在北京病危時，張先生以一個四肢癱瘓的人，連爬帶跌跑上北京，孫中山一見他便哭了。」當我再次提出張靜江不適合做主席時。鮑羅廷更堅定地對我說：「但除張靜江外，再無第二個人了，蔣介石、譚延闓都已贊成，而且，蔣介石是提議由張靜江來擔任主席的。……」

確如陳公博所記那樣，中央執委會議最後通過決定由張靜江來擔任中央常務委員會主席。對此，周恩來曾用一段話來概括了當時國民黨二屆二中全會的情況：「蔣介石打擊左派以取得右派的支持，又打擊右派以表示革命，這就是他的流氓手段陰險刻毒的地方。」

張靜江所以能當上中央常務委員會主席，根本上說是離不開蔣介石的提議和捧場的，但從當時國民黨內部處於分裂的情況作一分析話，也確只能由張靜江暫時擔任主席。因汪精衛已出走國外，胡漢民也被蔣趕跑了，譚延闓，恐怕不願意幹，而蔣介石呢，從年齡、資歷以及剛發生了「中山艦事件」，人們對他影響不佳。故也只能先推張靜江這位孫中山的摯友上臺了。

三十七、蔣、汪對壘

蔣介石在張靜江這位元老的支助下，靠了他的天賦、智謀，抑或亦是一種大膽的投機和冒險，遂完成了中華民國政權的交接，而北伐之事重又提到議事日程。當然，在客觀上看，當時的直系軍閥吳佩孚也確出兵湖南，伺機進攻廣東。到五月中旬，湖南省長唐生智因實力不足，難於招架，已被迫退守衡陽。國民革命軍首先派出第四軍葉挺入湖南援助唐生智抗擊吳軍。在這種客觀形勢下，即由國民黨中央執行委員會通過「迅速出師北伐」等提案，並在張靜江提名下，國民黨中政會通過任命蔣介石為國民政府委員。六月四日又任命蔣介石為國民革命軍總司令。在蔣的領導下，相繼任命李濟深為總參謀長、白崇禧為總參謀次長，鄧演達為總政部主任，下分為八個軍，約十萬軍隊為當時北伐的部隊。在戰時狀態中，國民政府所屬軍民財政及各部機關，均受蔣介石節制領導。

唐生智贈張照片。

但是，就在蔣介石掌握了軍政大權擬率部出師北伐之際，在國民黨中央內部又突然傳出來要敦請汪精衛從國外歸來主持中央大計的呼聲。這突然出於內部的呼籲，確使蔣介石認識到，單靠一個國民黨元老張靜江擔任中央執會主席是解決不了問題。這其中的奧妙是什麼呢？這位也懂儒家學說的總司令忽然悟出了這裡的玄機——雖然汪精衛被他擠出了國門，沒有了權力，但在人們心目中，汪依然是孫中山的繼承人。因為孫中山在一般國人的心目中是一個半神化形象，如有人要繼承他，必須經過一番包裝，把自己打扮成孫中山的合法代表，才能真正被國人承認。而他蔣介石沒有孫科作為太子的天資，也沒有汪精衛眾目所矚的革命本錢，若想作為合法繼承人，他唯一的捷徑是必須和孫中山攀聯姻親。

為此，蔣介石只有再求助於張靜江這位黨內元老代他向孫夫人求婚。張靜江確是一位有資格來向孫夫人宋慶齡說這件事的唯一的人選了。但是，作為一位愛恨分明的女政治家宋慶齡，一眼就看出了蔣介石是出於政治目的而向他求婚的，因而他嚴詞拒絕了張靜江這位替蔣介石牽線談這門所謂的婚事。這從我們看宋慶齡曾和美國名記者伊德格·史諾談話中可以看出當年蔣介石托張靜江牽線向她求婚時的憤懣，史諾寫下了如此的話：「孫文於一九二五年逝世後，蔣介石通過媒人向她求婚。她認為這是政治，不是愛情，就一口回絕了。」張靜江吃了閉門羹的原因就在於此。當然，斯諾的記述是否表述精確，還有待考證，因為在宋慶齡自己的文選中，還未有此記載。當然這般的軼事也不會記入文選中去。但是，蔣介石為了政治的需要，他是不甘心就此甘休的，攀附孫中山親人這件頭等大事他是堅決要做下去的，這也體現了蔣介石凡只要他需要的事便會堅持做下去。他趕快掉頭轉向了向宋慶齡的妹妹求婚的決心。當然，蔣介石這個想和孫家親屬聯姻的目的最後是達到了，這便是宋美齡最後還是成了蔣的夫人。

自一九二六年七月六日，國民黨中央全體會議因張靜江以自己足疾而辭去了中央常務主席職務。故推選了蔣介石為常務委員會主席，但北伐期間仍由張靜江代理國民黨中央常務委員會主席。譚延闓任國民政府代理主席。當北伐軍攻佔武昌、南昌，佔領了長江流域的廣大地區後，國民政府和國民黨中央從中國南端的廣州準備遷到內地中心地區已成為形勢發展的必要。這時的國民黨中央在十一月舉行各省市海外黨部聯席會議討論遷都問題。

當時蘇聯派在中國的顧問鮑羅廷卻不贊成遷都，但遭到了以張靜江為首的許多國民黨元老的反對。這時正在南昌的蔣介石打電報給代主席張靜江及譚延闓也曾催促遷都。於是在一九二六年十一月二十六日後，國民黨中央委員會會員和國民政府成員分批從廣州遷入武漢。

正在這準備分批遷往武漢之際，張靜江突然接到老家發來的電報，要他速回家鄉，因他父親病危。這時張靜江因職務在身，而且正是黨國正在進行北伐的重要時刻，只能暫不回家奔喪。這時，蔣介石領導的北伐軍駐防江西南昌，一九二六年十一月二十五日蔣介石特地從南昌發專電至廣州國民政府，唁電如下：

「廣州張主席鈞鑒：聞老伯（張靜江父親）逝世，吾公至孝成性，哀痛必不堪狀，正中忝屬義子，不能稍盡厥職，徒增吾公悲悼，罪戾深重，於心更戚！尚祈節哀全孝，以成伯父在日之志也。」

由於蔣介石是張靜江一手攜提起來，在蔣介石最不得志和革命處於低朝時期，張靜江曾邀請蔣介石往湖州南潯相敘相晤，蔣介石也受到過張靜江的父親張寶善（定甫）在家中的熱情接待和照料，故張靜江父親的仙逝確使蔣介石哀傷不已。所為的「正中忝屬義子」正是蔣自已表達了這般的情意。

北伐軍的節節勝利，自汀泗橋一役，徹底打敗了軍閥吳佩孚的主力部隊，十月十日攻克了武昌，接著十一月四日至八日，又殲滅了軍閥孫傳芳的主力，相繼佔領了九江和南昌，前鋒已直指了浙江邊界。一九二七年一月，廣州國民政府遷往武漢，但蔣介石卻把總司令部仍駐在南昌，他轉彎抹角說出許多理由拒絕前往武漢。他為了不遷武昌，先電召張靜江到南昌，先與張商定他們一致不去武昌的道理和決心。這時的全國形勢，隨著北伐軍不停的節節勝利，蔣介石已遂成為北伐的英雄和當然的國民黨領袖。

但中國當時的歷史也極其複雜，在蔣介石的左右方面，有國民黨左派，擁汪精衛派，也有以陳獨秀為代表的共產黨派。就在這時期，中共在漢口召開特別會議，陳獨秀做了一個「左右開弓」的政治報告。陳獨秀提出「扶助左派建立以汪精衛為領袖的文人派政府」，最後通過了「迎汪回國」「擁汪反蔣」。汪精衛在一部分國民黨人的擁戴下，汪精衛的回國任職也成為中共企圖遏止蔣介石軍事獨裁和右傾反動的主要希望。但蔣介石是非常洞悉當時那複雜多變的形勢，他看到了這些不利於他的形勢，為了擺脫這個不利局面，他也佯裝歡迎汪清衛回國復職並攜手共進。他還特地推選張靜江、李石曾二人作為迎汪代表。這時蔣還向汪精衛發出了情切意濃的懇請汪復職的電報，為他下一步對付汪精衛與共產黨做好了伏筆的文章。就在汪精衛轉道蘇聯回國復職之際，在選擇南昌或武漢作為國民政府定都問題上，發生了兩方爭持不下的尷尬局面。

蔣介石決計要把國民政府留在南昌，這形成了贛漢對立空氣一天天緊張起來。當時已被蔣召去江西南昌的張靜江站在蔣的一面，依然倔強不讓步，而在武漢方面的孫哲生和徐季龍儼然掀起反蔣大旗。在江西南昌方面，這些擁蔣派知道不能直接反汪，而希望打擊共產黨而鎮壓反蔣的隊伍；而在武漢方面，也不直接攻蔣，他們藉口張靜江不適宜擔任中常會主席，高呼著要張靜江交還黨權給中央，實際上就是交還給汪精衛接任。當汪精衛獲得了史達林支持的許諾後從蘇聯回國，緊接著汪精衛在國民黨左派支持下，當然也有以陳獨秀的「擁汪反蔣」的策略下，確給一九二七年三月七日在武漢召開了國民黨二屆三中全會帶來了另一種方向和形勢，經過激烈鬥爭，挫敗了蔣介石控制中央的企圖。會議決定在政府中設立勞工部和農民部，由共產黨員蘇兆征和譚平山任部長，這是否定了所謂的「整理黨務案」。這確是對蔣非常不利的形勢。

但是，這期間蔣心中也有準備。正當在武漢準備召開二屆三中全會前後那段期間，蔣介石一方面反對武漢國民政府「過激」的行動，一方面指責毛澤東在湖南領導的農民運動。他把這二個問題並聯在一起，作為討好江浙滬財閥的一張牌。他要張靜江電邀上海虞洽卿到南昌秘密談判。當時作為上海財閥的虞洽卿和另一個江南大財閥錢新之作為上海方面的代表，到達南昌。這是蔣介石聯絡國內最富有地區的財閥用來對付汪精衛在武漢召開國民黨二屆三中全會的決定性策略。因為那時全國人民翹首北伐使命的完成，期盼軍閥割據時代的結束，但北伐要取得成功必須有軍費的支撐。蔣介石是非常清醒地知道，沒有物質力量作強大後盾，什麼也談不上，他看到了汪精衛只知道抓國民黨的黨權，而他卻把眼光和賭注放在物質財富和軍權上，而且，他知道要維住軍權最終還要靠龐大的軍費支出。在這方面蔣認為張靜江是最適合的聯絡者，張有著雙重身份，既是黨國元老、中常會主席，又是江浙的鉅賈大賈。

憑了張靜江這非常重要的身份，江浙許多大財閥，上海許多大財閥都服他。在張靜江的召喚下，江浙滬的大財閥都同意和蔣介石合作。他們的代表是上海的大財閥虞洽卿和錢新之，背後是完全帶著更強大的國際勢力——帝國主義各駐滬使團的外國財團和金融勢力。他們的使命和交換條件便是要蔣介石不採取武漢國民政府所採取的過激政策，保障帝國主義的在華勢力和江浙滬財團的利益，只要答應這個條件，他們就堅決擁蔣反汪，乃或反共。而國民黨的二屆三中全會當時在武漢的國民黨的左派和共產黨員占了大多數。全會宣言正是提出要「把一切行政立法權集中在國民政府手裡」並提出了「防止個人黨政和一部分人專政的傾向」、提出了「實現本黨的農工政策」「使民眾運動充量的、普遍的發展……」

這些激烈的口號是給蔣介石和江浙財閥、國際在華勢力提供了更加緊密合作的基礎。當時擔任國民黨中央代主席的張靜江就拒絕了參加武漢的二屆三中全會，他憤然離開了江西南昌，一個人獨自從南昌到了上海。而蔣介石也巧設緣由留守南昌，實際上也拒絕去武漢參加二屆三中全會。他們二人都分手了，一個在上海，一個在南昌，都在靜觀武漢會議的進行，以伺機作出下一步雙方較量的行動計畫，這就導致了國民黨內公然的分裂。而整個武漢的國民黨二屆三中全會，當時的汪精衛也沒有趕得上參加，他和陳璧君夫婦二人還在旅行的途程中。這會議的迎汪反蔣，無疑是給汪、陳夫婦增加了一層回國接權的美麗色彩。但同時也帶來了巨大的陰影！

三十八、致書汪精衛

在武昌召開國民黨二屆三中全會後，蔣介石和張靜江眼看著他們在國民黨中的所有重要職務逐要轉給了汪精衛。由於蔣已和江、滬等經濟發達富裕地區的財閥進行了磋商和溝通，武漢方面通過發表公告對蔣進行譴責，說他的統治保護了「官僚，商人和其它機會主義者」。但汪精衛在未到達武漢就職前，已於一九二七年四月一日先到達上海，其實蔣和汪在上海已經會晤了幾次。當然他們間的會晤，也有了張靜江在其中的調和和周旋。當時汪精衛在上海期間，又和上海的共產黨領袖陳獨秀會晤並發表了一個聯合宣言。汪精衛和夫人一踏上國土，確也雄心勃勃，似乎已得手了國民黨在武漢的中央黨權。當然，這中央黨權在當時，基本上代表了屬於國民黨左派和一部分共產黨人的利益和信念的要求。但蔣介石當時已掌握了國民黨軍隊的實力派人物，他已通過張靜江這位黨國元老聯合了江浙滬財閥及駐滬各領事館。他代表的是江浙滬財閥和各帝國主義在華的集團利益。

當時陳獨秀所領導的共產黨人，還是重申接受孫中山的三民主義。但是，當時的中國工人和農民已隨著工人罷工和農民運動，實質上已經跑到了新的階級鬥爭的前列——即中國工農反對中國資本家和地主的鬥爭。這種新的形勢在當時的如火如荼的發展，也注了定了蔣介石、汪精衛、唐生智等人先是分裂，後卻同流合污，最後又走到了一起。這時，已不是那單純的國民革命了。這是中國當時急劇變化著的新形勢決定了的產物。一九二六年下半年首先在湖南發生的農民的土地鬥爭震動了全國。湖南各地都組織了農民協會，隨著北伐的進行而產生了武裝的隊伍，北伐軍向江西、湖北的發展，農民的土地鬥爭也跟著蔓延。

當時，在彭湃領導下，廣東東江農民運動也更進一步有了長足的發展，也進行了農民分土地鬥地主的鬥爭。北伐軍到了武漢，這個中國中部的大城市，又觸發了一個大的群眾運動。手工業工人和店員也開始向店主鬥爭，那些地主和店主，都受到了懲罰，輕的戴了紙帽子遊街，重的遭到了槍斃。這時的上海這個東方的大都市也爆發了一連串的「經濟罷工」，這種罷工的鬥爭，不論這些工廠是屬於帝國主義的，還是屬於中國民族資產階級的。這麼一種突如其來的工人和農民的自發鬥爭和要求，已完全突破了國民黨和共產黨當時的鼓動者和領導者原本的初衷。這轟轟烈烈的群眾運動似乎確震動了中國當時的地主、資產階級，也震動了共產黨某些領袖人物，不用說，更震動了汪精衛和蔣介石，而當時中國的地主和資產階級所面臨著恐懼就可想而知了。如當時著名的葉德輝，一個有知識的古文字學者被槍斃了，連當時在北京有名的學者王國維，也受恐懼和惶悚，而於一九二七年六月在北京投湖自殺。這般迅速發展的「國內戰爭」——即不是國民黨軍隊與北洋軍閥的鬥爭，而是中國大地上工農群眾和地主、資產階級之間的鬥爭，確使當時許多人有兔死狐悲之感。

鬥爭性質的變化，加速了汪精衛和蔣介石的聯合，也使北洋軍閥掉轉頭來加入了這種聯盟。使他們一致認為罪魁禍首是共產黨。張靜江所代表的江浙滬財閥及當時各帝國主義在華勢力，也都圍合攏來。當時急速發展了的形勢，從張靜江一九二七年三月十日親自寫信給汪精衛夫婦的一封勸慰信中，即可其一斑。不妨全文錄下：

> 精衛四兄、壁君七姐同鑒：弟本病廢海市，聊盡餘年，徒以與總理三十年之厚交，回憶前年病危在床，執手隕涕，弟亦泣不可仰，惻愴之懷，如何可諼。家國之痛，義忘生死，是以去春三月聞廣州內部糾紛，不辭道遠，刻日南行，冀稍盡其獻替。豈知弟於三月二十二在長

堤登岸，先二日介兄已向共產黨行斷然之手段，而季兄（精衛）亦飄然引去矣；弟乃憂懼不知所出。聞道路傳言，季兄之行，則因介兄未以非常之舉前告。長者為行，不使人疑，若有不得不行之勢。聞諸介兄，彼正有深痛之隱，獨示意於弟，以為共產黨之陰險，或有擊而不中之虞，不先告季，將失敗時介自負之，季仍可自收殘局，各有其分義，弟亦何言。弟到之時，介兄仍欲澈底解決，斷此亡黨之毒腕，以慰總理之靈。但弟當時與今日尚受催眠之諸公，同此見解，以為共產黨徒病幼稚，無拳無勇，終何能為，但當正詞以告之，誠意以結之，止其包辦之運動而約束之，必可就緒。兄姐歷來之委曲求全，即最能待若輩以此種之血誠。乃介兄忍無可忍，既出以非常，倉卒短時之內，兄姐必有剛柔兩疆，難下斷言之痛，故弟謬願承乏短時，一為介兄之緩衝，一待兄姐之徐歸。又一方面，弟欲以坦率疏憨之態度，與若輩為真誠之結合；且恃我本廢人，暫時問政，原極滑稽，毫無嫌疑之可避，因即用整理案選舉法等，相與周旋，而且時時疵議其失，盡我友道之直諒，皆示以適可而止，不應包辦。乃至今思之，弟亦愚妄可笑。欲就條文組織方面與彼輩為疏闊之制裁，真所謂弄斧班門，太不自量。共產黨賣空買空，別無長技，彼等所設之天羅地網，使人有其誠，無可折其偽者，即其言偽而辯，潤非而澤，工為條文組織是也。入其條文組織之阱，挑拔誣弄，一變再變，遂陷我於老朽昏庸，獨裁怪物之林矣。我不能不為狼狽周章，我思亦自噴飯。今乃幸其萬惡到頭，逆謀顯著，條文組織，盡失其武器，抱最後亡黨賣國之悲者，一時蜂起，而弟亦居喪啣哀，癃罷日增，更不欲以老朽面目，同彼輩亦天壤視息，因此隨介兄於前數日共民誼兄飛渡海西，泣求兄姐早歸。弟則不及兄姐之至，已即日拔出政潮，完我殘息，冀張目病床，以待黨之不亡，國之不賣，然後死去，乃得笑語在天之總理也。言盡於此，敬祝長途曼福。

弟張人傑謹啟。　三月十日

這便是蔣介石托張靜江向汪精衛發出的一封互相勾和之書。為了完整理解當時在一九二六年下半年始於興起的當時中國工農反對中國資本家和地主的鬥爭，在這個鬥爭中，我們也可從這封書信中反映了當時張靜江內心的恐懼與不安。在此信函中，張靜江極力為蔣介石開脫「中山艦事件」和「整理黨務案」，極力貶斥共產黨在當時的政策和策略，也極力為當時人們斥他為「老朽昏庸」而辯護。亦表示了汪、蔣合流後，他即退出政壇的決心。當然張靜江還是要實現孫中山的遺志，是以孫中山這面大旗來說動汪精衛和蔣介石繼續合作。

當時中國隨北伐的節節勝利，如果所謂的革命僅限於「國民革命」，即只限於「打倒帝國主義」，只限於「打倒軍閥」，亦即只限於要求民族獨立和民主改革的話，也許張靜江就不那麼急於要向汪精衛泣求和低三下四地哀求他回頭和蔣介石合作了。這當然是一種設想，歷史也許不容於這種假設。

那時，國民黨中央政治會議在南昌議決：在浙江設立臨時政治會議，並任命張靜江、周鳳岐、韓寶華、陳其采、經亨頤、宣中華、蔣夢麟、蔡元培、褚輔成、戴任、馬敘倫等十一人為委員。張靜江被中央政治會議選任為浙江臨時政治會議的主席。由於當時張靜江正由廣州啟程前往南昌，還未回到浙江，故此主席職務暫由蔡元培代理。這個浙江臨時政治會議，下設政務和財務兩個委員會為執行機構。政務委員會由張靜江、褚輔成、朱兆華、周鳳岐、王廷揚、莊崧甫、魏伯楨、沈鈞儒等組成為委員，這個政務委員會也由張靜江來擔任主席，未到任前由褚輔成代理主席。財務委員會由錢新之、陳其采、阮性存、張世杓等人組成。由曾和虞洽卿一起赴南昌和蔣介石談判的江南財閥錢新之擔任主任委員。

一九二六年末之際，以蔣介石為首的中央政治會議在南昌召開會議並議決在浙江設立臨時政治會議，實際上是蔣介石為即將發動的「清黨」做了一些充分的準備工作，這工作便是由張靜江去擔任主席，進一步由張靜江去聯絡江浙滬財閥，及南方的各帝國主義在華勢力，便可為日後和武漢汪精衛的國民政府公開唱對臺戲，也是蔣介石隨著北伐在這一帶的勝利而在政治上如何進一步鞏固他們獲取果實的重要步伐。

這個浙江政治會議，下設政務和財政兩個委員會，便是為蔣介石坐鎮東南為基地，以把東南這塊富饒地域控制在蔣介石手中，從經濟上講便是控制了中國最發達地區的經濟來源的命脈。在這方面張靜江是為蔣介石做了大量的工作，當在這方面工作打好了物質基礎後，蔣介石動用北伐軍的軍權也便可以對付汪精衛，同時也對付共產黨人。在這個前提下，以這個集團利益的大旗下，確漸使蔣和汪走向了以後的寧漢合流。

三十九、黑暗的前夜

據陳果夫在《民國十五、六年後一段黨史》中回憶一九二七年那時在清黨前蔣介石曾談到：「我們革命是為中國爭取自由平等，今天蘇俄顧問來指使，……這倒好像先亡了國。」這是對鮑羅廷的不滿，也欲驅逐他的一個信號，緣由是鮑羅廷當時代表蘇俄在一定程度上支持了中共及武漢等地開展的農民運動和一些地區的工人罷工運動。蔣介石的思想基礎是和當時蘇俄和中共有著十分大的差距。據當時中共黨內的文件曾指出了這種思想基礎和理論上的反差：「現時國民黨內部反對蘇俄，反對共產黨及反對勞農運動之趨向，非常強盛。」並分析了三種趨向的原因：「第一是蔣介石乃張靜江等人確信一國之中只應有一種黨派，各階級間應和衷共濟，不應有階級之戰鬥，且無須有共產黨。第二是：「當時的國民革命已將發生效果，且不久將有反階級革命之運動發生，以為現時最大之仇敵，並非帝國主義或軍閥，乃為共產黨，因此遂發生反對俄國，反對共產黨，反對勞農運動之事。」第三是：「隨著北伐軍之發展與勞農運動應有之發展，處於共產黨掌握之中和共產黨指揮之下，國民黨遂生嫉妒恐懼之心……。」

隨北伐軍一路而來的發展，從而使工農運動也得到了發展，當時代表江浙滬財閥利益的張靜江和蔣介石在內心都非常恐懼和嫉恨。當時的狀況，確又一次把蔣介石推向危難之中，對蘇俄，對中共等涉及到的當時的政治、軍事、外交、黨務等一系列棘手的問題，他沒有充分把握。據李宗仁回憶，處在這樣左右為難的境地中，在江西南昌他有時去見蔣，時看到他「面色沮喪，聲音嘶啞」，見到李宗仁時，蔣「絕望之餘，一再問我『你看怎麼辦？』我說：『我看只有快刀斬亂麻的方式清黨，把越軌的左傾分子鎮壓下去。』」

當時還傳有一段故事插曲，張靜江和黃郛常常也在南昌陪伴著蔣介石，張靜江多次向蔣做寬他心的工作。有一次在蔣住宿的屋子裡，那天傍晚時分，屋子中僅有張靜江、黃郛和黃郛夫人沈景雲，當談到鮑羅廷，談到中共，談到農民運動和工人罷工之事時，蔣介石面色既氣憤又沮喪，突然在心急火燎之下他急於起身向屋裡牆壁直奔，當時他們三人怕蔣介石一時想不開去尋死，急得張靜江「膺白膺白……」地大聲叫喊起來，張靜江即暗示要他趕快追進屋裡去，以防蔣發生尋死的意外。當時因張靜江自己是坐輪椅無法追進去的，只能大聲疾呼別人。由此可見當時蔣介石所處的政治氣氛的緊張。

黃郛（一八九三－一九三六）字膺白，浙江紹興人。夫人沈景雲，浙江嘉興人。黃郛是蔣介石的把兄弟，（辛亥革命時曾與陳英士、蔣介石結為盟兄弟）早年留學日本，入東京振武學校，不久加入同盟會。討袁勝利後，曾入北洋政府內閣，並任外交總長。一九二四年十月策動馮玉祥發動北京政變，任代理內閣總理職務。爾後段祺瑞上臺了，黃郛被迫辭職。蔣介石在受了由武漢舉行的國民黨二屆三中全會的打擊後，堅定了他利用手中的北伐軍總司令權力，想一舉篡奪國民黨的黨政軍大權的決心，他想加快速度實現這個願望，但在受到中共、蘇俄及汪精衛代表的武漢國民政府的阻力和反對的情況下，如何把這一決心變為現實，蔣介石當時在南昌確使他陷入了左右為難與痛苦思索的境遇中。

在當時的情境下，蔣介石只有依靠在南昌陪伴他的少數幾個主要國民黨人，一個是國民黨老資格元老張靜江，因為依靠他的幫助才能聯結江浙滬經濟發達區域的財閥，以供應北伐軍北伐耗費的軍事支出。二是黃郛，因黃和日本天皇集團中最有才幹的軍官鈴木貞一是源淵流長的關係，因此蔣要依靠黃郛和他的另一位在日本的同學張群來同鈴木貞一溝通，以取得日本和蘇俄共產國際的抗衡，以達到鉗制汪精衛的武漢國民政府。

另蔣介石當時要依靠的是戴季陶。當時戴季陶正以武漢國民政府特使身份出使日本，名義上是為武漢國民政府出使日本，實際上是幫助蔣介石建立聯日拒俄的外交方略。

戴季陶（一八九〇－一九四九）原名良弼，字選堂，號天仇，後改名傳賢、字季陶。祖藉浙江湖州，生於四川廣漢，所以也有說是四川廣漢人。他十二歲考入成都東遊預備學校客籍學堂。十五歲，便東渡日本留學，後入日本大學法律系學習，為當時留學生中年齡最小者。十九歲在日本大學畢業，很快掌握了日語，後接受了西方的先進思想，以幼小年齡即在日本發起組織留日同學會，並當選為會長。一九〇九年回國，任江蘇地方自治研究所教習。後因在上海《中外日報》、《天鐸報》撰文抨擊清王朝而受通緝，逃往南洋檳榔嶼，主辦《光華報》，後加入同盟會。辛亥革命後在上海創辦《民權報》。以年輕而富有才華，受到孫中山的欣賞和信任，後任孫中山秘書，並受命進行二次革命的軍事聯絡活動。

二次革命失敗後逃往日本。是孫中山旁邊參與革命的一位國民黨理論家，寫就《孫文主義哲學基礎》和《國民革命與中國國民黨》二書，自然，他的觀點，即所謂的戴季陶主義，後成為中共和國民黨左派討伐的靶子。

戴季陶在日本時，就結識了蔣介石，他們都追隨湖州人陳英士在上海進行反清鬥爭，並共同推舉陳英士出任上海滬軍都督。若是尋根溯源，蔣介石能被孫中山委任黃埔軍校的校長，除了有張靜江的幫助外，孫中山的秘書戴季陶的幫助，也是少不了的。再則，當時在張靜江的謀劃與幫助下，戴季陶還主動和許崇智結盟。故當時在軍政界就流行著這樣的話，依次稱他們四人為：許老大（許崇智），張老二（張靜江），蔣老三（蔣介石），戴老四（戴季陶）。

蔣介石有了張靜江、黃郛、戴季陶的幫助，有了江浙滬財閥的代表虞洽卿、黃金榮和上海青幫的助力，外則有了上海的英、美在華國際勢力的幫助；有黃郛的幫助，也就有了依靠日本勢力來抵禦蘇俄在中國的勢力，以致獲得平衡。

在諸多對蔣介石有利的形勢下，蔣又借用了中共周恩來準備發動的上海第三次工人武裝起義，即借用共產黨和工人之手，為他北伐軍順利佔領南京、上海。蔣心中非常清楚，等北伐軍佔領了這些城市後，等他的翅膀一硬，他便要對付共產黨和工人農民了。因為，蔣介石認為他們已威脅了他的獨裁權力，威脅了代表資產階級的江浙滬財閥集團在當時中國的既得利益。

但是，對於北伐問題，當時共產黨內一直存在二種傾向，所以衝突與焦點，在共產黨內部也隨時發生。譬如陳獨秀有一篇文章發表在《嚮導》週報，則明顯對北伐持反對態度，引起的震動很大。陳獨秀則認為，三月二十日的「中山艦案」事件，五月十五日的「整理黨務案」，已經給了大家明白的教訓了；廣東政權從多頭的統治，已經變為蔣介石一頭的統治了。而「國民政府顧問」鮑羅廷，已經失去了操縱國民政府的力量。在如此的情形下，陳獨秀認為，所謂北伐有什麼意義呢？北伐無非就是同蔣介石和解，就是抬高蔣介石地位，就是供給他比以前更多的軍火和金錢。蔣介石利用北伐名義，又可以禁止後方罷工和抗稅，限制工會和農民協會活動，監視共產黨；萬一前方軍事不利，仍舊可以退回廣東；到那時，蔣介石惟一要做的事，仍然是要消滅廣東共產黨和一切民眾的力量。然而，當時的瞿秋白，張國燾是贊同北伐的。當中共高層討論北伐問題時，陳獨秀一個人發表意見後，張國燾提出反對。兩人反覆辯論了幾次，還引獨秀發了很大的脾氣。當時的瞿秋白，也是不贊成陳獨秀意見的。「這在他的《瞿秋白文集自序》中有幾句話，說他有一篇論北伐的文章為《嚮導》拒登，稿子失落不見。但他在遺稿中有這篇稿子，是擁護北伐的。」

這一切可真有點天意。當時的形勢出乎一切人意料之外，北伐進行得很順利。唐生智倒戈，湖南方面差不多沒有什麼戰爭，不久武漢攻下了。這在湖南，是當時礦工運動和農民運動收到了一定的效果。「獨立團」，純粹共產黨官兵，建立了戰功，擴充成師，最後成軍。「三一八」屠殺以後沉寂了的革命浪潮，又洶湧起來。從當時許多跡象，看不出北伐對於共產黨有什麼不利的，而有利方面倒很明顯。

這時，張靜江正在南昌。他又為蔣介石做了二件重要的事。一是幫助蔣向宋美齡求婚。二是幫助蔣物色了一位蔣在往後政治生涯中重要的幕僚陳布雷。蔣介石在一九二六年的夫人陳潔如，原先就是張靜江一手撮合攏來的。陳原是蘇州人，當過小學教師，長的漂亮，人也能幹，在廣州成為蔣介石的隨軍夫人。

蔣介石與陳潔如。

民國十五年（一九二六年）下半年，蔣介石一方面為了北伐方便，一方面在心中要娶宋美齡，就把陳潔如送往上海，住在法租界邁爾西愛路一幢上海資本家的別墅中。當時，此地也做為蔣和上海各界人士的聯絡點。那時，蔣介石已慢慢通過張靜江向宋美齡求婚，當然這中間還有宋靄齡的幫助。因為，蔣介石為了聯絡英、美諸國對抗蘇俄，必須和宋家結親。蔣介石如希望得到外國人的財富，如欲外國資本投資以及外國政府的官方援助，惟一的捷徑，是通過宋氏家族的幫助。這當然包括宋子文這位金融資本的新星在內（當時宋子文的屁股，還坐在汪精衛這邊）。所以，當時的《大公報》創始人胡霖做了一個很好的分析，他說：「蔣的再婚是一個深思熟慮的政治行動。他希望同宋美齡結婚後能把孫夫人，包括宋子文都拉過來，如和宋美齡結婚，蔣就有了同西方人打交道的『嘴巴和耳朵了」。因宋美齡除了擁有傑出的英語功底外，會說六國語言，她還具有深厚的美國文化背景。

但是，蔣為了得到宋美齡，還必須拋棄原先由張靜江作媒的陳潔如夫人。這在當時能夠有能力、有財力處理蔣介石這些私人的家事，也惟有張靜江最為合適了。蔣介石曾親筆寫信向宋美齡求愛，當然，蔣向宋求婚，抑或求愛，有政治目的，但蔣也確是有愛心於宋美齡的。宋既是美國培養出來的大學生，又長相漂亮，哪有不愛之心。有幾封求愛的信當然是通過張靜江這個中間人周旋的。當一九二七年十二月一日蔣介石能與宋美齡在上海結婚，一個先決條件是蔣介石必須與前妻離婚。在一九二七年九月間，蔣介石在上海報紙上已登載與毛氏夫人（即蔣第一夫人毛福梅）聲明離婚。爾後蔣又通過張靜江對陳潔如做了大量工作，使陳潔如聲明和蔣脫離夫妻關係。處理這類事，蔣可以全權委託張靜江辦理。

張靜江為了這件事也費盡了腦筋，解鈴還得繫鈴人，最後張靜江不惜花金錢費用，囑他自己的女兒張蕊英和張菁英，一塊陪同陳潔如去美國作定居，並常常由張靜江的幾個女兒去陪伴陳潔如。

1927年被蔣拋棄的前妻陳潔如（中）在張靜江大女兒蕊英與五女兒倩英陪同下登船赴美國單獨生活。

蔣在做了這些合法的從而也滿足了宋美齡心願的情況下，終了夙願如償地和宋氏家族，也是孫中山的親戚攀親了。這對他日後爬上中國權力巔峰，並戰勝了對手汪精衛做了很精心的鋪墊工作。

再說陳布雷（一八九〇—一九四八），自幼天資聰慧，飽讀經書史籍。他十四歲應府試，知府特欣賞他，將其錄為第一。辛亥革命前夕，代戴季陶撰寫《天鐸報》的短評、社論。因他熟諳英語，曾親譯孫中山先生的對外宣言文稿，首刊《天鐸報》，從而名聲大震。蔣介石出於需要身邊有一名精通文才、熟諳英文的幕僚，而慕名陳布雷。

一九二六年冬，陳布雷有機會去南昌，以記者身份前往視察。而張靜江是首先在南昌和陳布雷會晤的第一人。由於陳布雷和張靜江的相見，也由於張靜江囑陳布雷要好好當好蔣介石的「秀才參贊」，也改變了陳布雷的一生。

陳布雷是如何做上蔣的內參的呢？王泰棟先生曾經做了些記述，可以由這些記述作為佐證：

陳有一次到南昌，中午張靜江正還躺在籐椅上休息，雖然身上蓋著一條毛毯，仍可看出骨瘦如柴，簡直像一個孩子。陳布雷與潘公展前往向張致問候。當陳布雷說：「北伐軍進展神速，已定長江中下游，張主席勞苦功高」時，張靜江欠起身來揮了一揮手說：「勞苦功高的是草頭蔣，不是我蹺腳張……」。陳布雷又接著問：「張主席，聽說蔣總司令要見我？……。」「老三（蔣介石）到牯嶺去了，明日當歸。」這時，張靜江特地對陳布雷語重心長地說：「布雷呀，你要好好給老三當當參謀嘍！老三這個人呀，當年在上海向我領津貼和活動費，我是知道的，他確實需要有一個秀才參贊來幫忙他啊。」

以後，在張靜江的安排下，陳布雷和蔣介石見了面，並就在這次談話後，就留在了南昌。十多天后經蔣介石與陳果夫介紹加入了國民黨。後又經張靜江推薦任蔣介石的機務參贊。

就在陳布雷留在蔣介石身邊當機務參贊後的一些日子裡，中國大地上已有兩股黨派的激烈鬥爭，且已日趨白熱化，而那鬥爭的焦點，依然是在考驗孫中山所要實現的三大政策。是真聯俄、聯共、扶助農工，還是搞假的那一套？抑或是向右轉去反對孫中山留下的重大政策呢？這時的張靜江，對北伐滿懷期盼，他曾呼籲：「中國混亂已久，不可失此唯一良機。」他積極建議各方力量聯合起來完成北伐大業，以「最短的時間成立具體協定，解決大局」。

四十、「護黨救國」之通電

一九二七年二月二十七日，北伐軍攻佔了張靜江家鄉的省城杭州，緊接著在三月二十二日又攻佔了上海。這對於張靜江是非常高興的事，他的家鄉離上海一百六十公里，離杭州一百多公里，這兩地對他都是非常熟悉，能從軍閥的手中解放出來，他和當時的許多老百姓一樣，都懷有一種被解放了的喜悅。至此，蔣介石的國民軍隊控制了長江流域，並且控制了華南、華中的十多個省份。但是，就在一九二七年上半年，北伐軍卻停止了向其它軍閥的繼續戰鬥，而這種鬥爭，而鬥爭的矛頭卻轉向了共產黨所領導的工人和農民的武裝。

上海和南京先後被北伐軍攻克後，四月二日由蔣介石控制的中央監察委員會全體會議在上海舉行。這個會議便是為清理共產黨而召開的，在這個會議上，表面上是由國民黨元老吳稚暉提出：「請查辦共產黨案。」而實際上是蔣介石在上海就和張靜江、吳稚暉、蔡元培、李石曾等人商討的一個清黨的大計。為什麼要實施「查辦共產黨案」呢？在這裡我們只要看一看由張靜江等人以當時的中央監察委員聯合發表的：「護黨救國」的通電，即可見其一班。這個通電是寫給汪精衛的，現錄之如下：

汪主席並轉全體同志鑒：本黨半載以來，革命工作之發展，一日千里。長江既全部肅清，帝國主義所盤據的最大營壘之上海，亦告克復。凡此基本之發展，足證民眾熱望本黨之殷切，與本黨同志此後工作之艱鉅。不幸當此時期，表面成功之迅速，與內部重心之崩馳，適成正比。黨員工作，感指導之無力；內外要政，受無形之停滯。黨的整個意思，無由顯明表達；黨的機關權力，莫能適當行使。內之百萬黨員準備奮鬥，而不知聽命之何從；外之受治於黨之民眾，對本黨之中心失寄，漸次增加其惶惑。推原其故，不能不謂武漢聯席會議以來種種

導機關案。」夫本黨為革命政黨，指導機關有無效率，以革命勢力能否在此指導機關下發展為斷。第二次全體會議產生之常務委員會，成於北伐出師以前。在此機關指導之下，北伐軍事以最困窘之給養，任最艱鉅之工作，於極短促之歲月，克極頑強之二大軍閥。苟非指導得宜，得民眾之信仰，與武裝同志之奮勇效命，何以臻此？若非反對本黨革命勢力之發展，別有肺腸，何至於於前方最吃緊之時，破壞卓著功績之指導機關？此可痛心者一也。當該會議開會武漢之時，正值中東兩軍武裝同志在蘇皖肉搏疆場之日。政府即不憫念其憂勞，亦何忍加以妨害？槍械子彈，為北伐之命脈，乃武漢聯席會議三電粵兵工廠，令其停工，拆移機器於漢陽。此其壟斷軍械，阻礙北伐之陰謀，已顯然畢露。乃猶不止此，當國民革命軍力攻蘇浙時，連電請濟子彈，漢方均置若罔聞。是實欲置國民革命軍於死地，乃快厥心。此可痛心者二也。國民革命軍受命北伐，義不容得一隅以自封。故自克鄂贛以後，即分道並進，亦為規復東南。而該會議中乃發軍事進行過急之辭，以為詆女其。甚至原定調赴東南之兵，亦為該會議所遮阻，逗留上游。及淞滬底定，漢口黨報竟皇然誣國民革命軍為匪軍。該會豈無耳目，何竟絕不糾正？其掣肘於事前，誣毀於事後，用心積慮，昭然若揭。此可痛心者三也。國民革命軍之有政治部，原以統一黨的訓練，使整個的軍隊成總理之信徒，為三民主義而作戰。自為少數搗亂分子把持以後，純粹之三民主義者，被排斥無餘。甚至周納罪名，拘幽滿獄。是實欲中國國民黨之黨員絕跡於國民革命軍中，而高呼提高黨權者，至此又不發一言。

此可痛心者四也。農工政策，本為總理所貽留。指導農工，組織農工，為國民黨黨員之天職。乃自共產黨分子加入以後，對國民黨員之為農工運動者，儘量排斥。偶有組織，動遭摧殘。中央對此，不聞有糾正之事，而對於農會工會之幼稚行為，則又視為驕子，絕無指導制裁之權能。此可痛心者五也。廣東省市黨部及江西省黨部之組織，並無不合法之點，而兩省黨部之選舉辦法，系經中央政治會議第六次臨時會議通過，此次列席武漢會議之各同志中，有多人皆曾親自列席於該會議；一切經過，均所親見親聞。今忽謂違背總章，勒令改選。究不知系違背總章之何章何節？各級黨部均為指導本黨同志革命工作之機關，今以在合法情形下產出之兩個重要省分之黨部，在本黨革命勢力發展之環境下，而橫被取消！是本黨各級黨部在軍閥勢力下，猶能冒死奮鬥而存在，而在本黨黨內轉成毫無保障之機關。一切黨部均將寒心，下級屬部莫知秉承，妨礙黨務之進展，實開重大之惡例。此可痛心者六也。特別黨部原為應付特別情形，以求革命勢力能迅速發展之組織，且已定有條例。武漢會議，不從修改條例入手，竟決定除軍隊及產業工人外，一律取消；且限定特別黨部不得有同樣選舉第三次代表大會之代表之權。是不僅破壞本黨之組織，亦啟不平等的歧視之端，而妨黨務之進行。此痛心者七也。欲革命工作之完成，必須令各個黨員於負責努力中有所保障。今乃毫無正當理由，僅憑若干私人之愛憎，即可橫加處分。如因贛案而開除為黨努力同志之黨籍，令熱心者不敢負責，忠梗者人人自危，是為黨員無保障。又如因一執行委員（彭澤民）之提議，不具確實證據，不經審查手續，立談之際而可停止中央執行委員（蕭佛成）之職權。中央執行委員為代表大會所選出，如此摧殘，於法何據？是中央執行委員亦無保障。又在該會議開會之武漢，凡為地面權力者所不慊之人，雖為黨中任重要職務之同志，亦不免於任意被捕，任意拘留。該會議及政府絲毫不加以制止。是則自命為中央所在地之武漢，一般的人權，亦毫無保障。殘忍慘劇，演成恐怖。此可痛心者八也。黨報為宣傳本黨革命主義之機樞，亦即黨治下一般民眾視聽之所寄託。乃漢口民國日報一月以來之所揭載，大書深刻，莫非動搖革命基礎，損壞本黨中心人物信仰之紀錄。如湖南省黨部之通電中，有蔣同志密令李宗仁同志監視中央執行委員等，毫無根據之讕言。影響所及，不獨毀壞革命軍人之令譽，且置中央執行委員之神聖名詞於何等地位！又如吳玉章同志以負責之委員，主席湖北省黨部，而發表極端惡意之演說，甚至有「軍費占一千三百萬，……但是我們的武裝同志還是饑寒交迫，……究不知他如何支配」等語。此等意在中傷之籠統誣衊，雖敵人之反宣傳，亦何以加茲！而竟公然宣傳於會場，復大登特登於黨報。若非蔣同志深得軍隊信仰，試問此等言論散佈軍中，將令前方發生如何影響？吳同志即不知檢點如此，而中央宣傳部對於黨報，竟任令登載而不加管理，有意凝聾乎？溺棄職守乎？此可痛心者九也。武漢會議既無適法根據，其由此而產生之中央機關，近來所發表之命令，尤多不顧黨國利益。如江西省政府成立未久，正在努力辦公。以贛省貧瘠之區，遭去歲兵燹之慘，休養勞來，方資擘畫。而武漢竟下解散之令。馴至忠貞同志不敢負責，千萬人民惶惑無主。當此全功未竟之時，唯省政府為最能負實際責任，以普樂利於人民。贛省如此，何能望各省政府安心負責？基礎政治，顛覆是虞，人民復甦之望，何由實現？此可痛心者十也。又本黨為負責建國之唯一革命的政黨，亦為領導國內一切革命勢力統一指揮之黨。其旨趣已見於歷居之決議及宣言。所謂以黨治國之精神，即為本黨對世界對中國民族毅然負起一切責任之表示。今觀於武漢會議中所決定採用之統一革命勢力案，竟有共同擔負政治責任問題之一條，內稱：應由共產黨派負責同志加入國民政府及省政府。此種謬誤之決議，大有背於本黨以黨治國之精神，極端毀滅本黨組織之根本旨趣，減少群眾對於本黨之堅固信仰。乃於代表大會閉會期間，竟以若干中央委員非法的會議中，為此重大之決定。亡黨之責，誰當負之？總理所辛苦建設之本黨，不謂一部分之執行委員竟輕輕斷送之而不稍惜。此其尤可痛心者十一也。如上所言，皆為武漢會議中所加於本黨之根本之創傷，致使革命勢力發揚張大之本黨，有遍體創痍之觀。長此以往，不獨北伐困難，而本黨百萬黨員，於朝夕以求中國的自由平等之民眾，亦將何所寄託？險象如此，詎能再安緘默？痛切陳詞，望我全體同志念黨國之危機，凜喪亡之無日；被髮纓冠，共圖匡濟，扶危定傾，端視此舉。披瀝奉陳，敬候明教。

——中國國民黨中央監察委員會委員：鄧澤如、黃紹竑、吳稚暉、李石曾、蔡元培、古應芬、張靜江、陳果夫。

從近代歷史上我們常常看到有一些重大的轉折關頭，在那些歷史轉折的重要時刻，社會內部各種矛盾和衝突異常尖銳，波瀾迭起，局勢瞬息萬變。勝利與挫折，合作和分離，以最急速的發展交替出現。從張靜江等人以當時國民黨第二屆中央監察委員，即留在上海的八位黨國元老身份發給汪精衛的《護黨救國之通電》中，可以窺到從一九二六年國共合作的北伐戰爭，使表面上儼然以龐然大物自居的各地軍閥，以及包括了北洋軍閥，都先後被摧枯拉朽般推倒。但先前攜手合作，共同掀起的這場大革命浪潮的國共兩黨，在中途隨之而來的蔣介石的陰謀「清黨」而分離了。這份通電表面上是寫給汪精衛的，其實是針對先前攜手合作的共產黨的。汪精衛和蔣介石曾都是孫中山革命的忠實信徒，但隨著孫中山的去世，他們間為了對最高權力的爭奪，也從先前的攜手而分裂。這通電中所列舉了二個「不合者」，實際上就是蔣介石要以南昌為中心，即以他握有軍權的總司令部為中心。而汪精衛要以他為孫中山合法繼承人的身份，抓住黨權以武漢為中心。在這兩個以「南昌」和「武漢」各為中心的是非問題上，張靜江是贊成並堅持以「南昌」為中心的，他是竭盡全力幫助蔣介石的；並想把當時的黨權和軍權都歸入到「南昌」派的蔣介石手中。在這分離時刻，他認為中央監察機關有權行使職責，他認為「武漢」會議派是無合法根據的。

張靜江在通電中認為第二個不合者，是他——張靜江依然是第二屆中央執委的主席，未經他同意，或未經全體中央執委討論的一致同意，那麼你汪精衛在武漢召開的「二屆三中」全會是不合法的。

張靜江還在通電中認為，特別在北伐軍蘇皖戰爭最吃緊時召開這個會議就更不合適。張靜江在這份「通電」中還列舉了，當時他認為北伐軍在領導了中國國民革命在北伐還未全部取得勝利時，在武漢召開了這種會議，從而使他們在南昌的黨國元老產生了十一個最痛心的問題。

縱觀這十一個問題，實際上是關係到當時一九二六－一九二七年這段歷史複雜時期所牽涉到的許多複雜的國內國際的矛盾問題。在這段歷史時期無論是圍繞蔣介石一派，或圍繞汪精衛一派，甚至圍繞中共黨內爭論的問題，抑或是共產國際內部對這些問題的分歧也好，前後都在發生著令人吃驚的各種向左向右的急劇變化。從張靜江這份「通電」中，我們還隱約可以窺察到當時的中國在一九二六年至一九二七年、這一急劇發生變化的歷史時期中所發生的各種歷史事件。同時，當時在中國的各帝國主義列強，如英、美、法、德、日等國在對待中國的國民革命的態度也在發生微妙的變化，他們都以在華的經濟利益格局這個角度，逐漸走向如何來分化中國革命的果實。在這個共同的前提下，他們所產生的同中有異、異中有同的複雜變化。這裡當然也包括蘇俄共產國際在華的利益格局在內。這也是使當時中國國內各種問題複雜化的一個重要原因。

從今天已隔了七十多年後，以張靜江為首的八位當時國民黨中央監察委員的這份通電來看，依然是我們一面歷史的鏡子，頗值仔細研討，回顧與思索當時的史料，從而也對張靜江當時所站的歷史角度和立場、有了更深入的認識。

四十一、「清黨」和「寧漢合流」

在張靜江等八名黨國元老致汪精衛的所謂「護黨救國之通電」發出後，蔣介石一面已在佈署「清黨」的緊急措施，當然也不放棄對汪精衛的拉攏，如他稱「汪主席為本黨最忠實同志，亦中正平日最敬愛之師友」，也承諾願意接受汪精衛的指導，他還要李濟深等也聯銜通電，聲言「擁護蔣汪合作，以挽千鈞一髮之局」等等。

但汪精衛畢竟也是在政壇上翻滾多年的老政客，內心也隱藏著反共之心，他認為「共產黨實以本黨為戰利品」，而蘇聯只不過是「把我們國民黨當作工具」。汪精衛有自己的打算，他認為如和蔣合作，只能在上海充當蔣介石的工具，相反到了武漢則尚有政治上的資本可以利用，可東山再起和蔣爭雄天下。

但蔣介石所做的拉攏只是虛幌一槍，實際是佈署陰謀的屠殺。距「四．一二」前三日的四月九日，他成立了淞滬戒嚴司令部，白崇禧、周風歧分任正、副司令。同時，蔣介石下令查封由國民黨左派主持的國民革命軍總政治部，當這一切佈置就緒時，四月九日蔣離滬赴寧，他的心腹幹將楊虎留在上海，由其協同白崇禧等，在上海執行這一計畫。

四月十日，依然由張靜江等八位元老，又拋出了一個「中央監察委員會諮中央執行委員會檢舉共產分子文」。公推蔡元培為主席，由吳稚暉提出「共產黨連結容納於國民黨之共產黨員同有謀叛證據」一案。他們曾分赴各地調查，後聚集上海，報告認為近期共產黨在湖南、湖北、江西、安慶、上海等地騷亂社會，擾亂後方，故他們議結出一個所謂的「各地共產黨首要危險分子」的名單，經他們舉發後，就近由各地公安局或軍警暫時分別看管監視。當時這個由在上海的張靜江、蔡元培、李宗仁、陳果夫等八人提出的對共產分子「免致活動，致成不及阻止之叛亂行為」的議案，實際上是由他們開列出的一個當時「危險首要分子」的名單，為即將在全國展開的「清黨」和「四・一二」製造了一個輿論。

四月十一日，蔣介石發出密令，命令所屬各省一致實行清黨。當晚，上海青幫頭子杜月笙以赴宴為名，誘殺了上海總工會委員長汪壽華，至使「四・一二」事變信號彈打響了。四月十二日，一批化裝成工人的幫會分子聞風而動，向南市、閘北、滬西等地的工人糾察隊發動突然襲擊，雙方發生激烈衝突。這時，跟在後面的大批軍隊打著維護社會秩序的旗號，強行收繳了工人糾察隊的武器。當時上海有兩千七百多工人武裝糾察隊，被

白崇禧於1928年11月贈張靜江照片留念。

突然襲擊。「四・一二」扼殺了工人運動，我們今天看《白崇禧回憶錄》就能瞭解當時的歷史狀況。

白是當時蔣手下第一師的師長，他是這麼回憶的：「第一師調離上海後，我著手佈署清黨工作……在開始行動前，我知道商務印書館工友中有不少係地方幫會分子，所以我派員與上海幫會首領杜月笙、黃金榮等密商，借得工會之符號衣服，分給採取行動之人員，化裝成工人混入工廠，以策應外面包圍之部隊。事前，我還派人與駐滬法國領事交涉，請其准許清黨部隊經過法租界，因為從法租界至商務印書館工廠是一條捷徑。」當時作為首地清黨的上海，蔣介石心腹楊虎也曾說：「當時上海方面清黨的成功，在各界領袖中要算黃金榮、虞洽卿、杜月笙、張嘯林諸先生出力最大。」

就在上海發生「四・一二」事變同時，江、浙、粵、川等省也先後發生了一系列類似事件。一面由蔣介石操作的以上海為首及至全國各地的清黨在展開，一面又在四月十二日這一天，以張靜江為首的八位元老，連袂赴南京出席國民黨中央執監委員聯席會議。在這個會議上，為了對抗汪精衛的武漢國民政府，決定成立以蔣介石與胡漢民合作的南京國民政府。四月十五日在南京舉行中央執監委員會。張靜江繼上次寫給汪精衛、陳璧君信那樣，繼續做「寧漢合流」的工作，他又以南京的中央監察委員會名義，電促武漢的汪精衛來南京參加會議。由張靜江寫出的電文如下：

國民政府常務委員汪委員精衛、胡委員漢民、譚委員延門豈、伍委員朝樞、古委員應芬、宋委員子文、公鑒，並轉政府各委員同鑒：

現在國民政府已定南京，是以第四次全體中央執行委員會亦定四月十五日在南京開會。雖是日委員未能全到，已由到會委員在先日開過預備會一次，在本日候開大會未成，改開談話會一次。可喜首都已定於總理生平所最喜愛之地點。本會本「稽核在黨中央政府任職黨員是否根據本黨政策」之任務，注意貴常務委員等。務望依照政府定在南京之政策，刻日進行，以利庶務之丕舉。其未到南京者，尤望趕赴為要。不勝迫切，謹候公綏。

中國國民黨中央監察委員會謹啟。

中華民國十六年四月十四日。

這份由張靜江以中央監察委員會名義敦促汪精衛、胡漢民、譚延闓、宋子文等重要國民黨高層領導人來南京參加政治會議的電文。實際上是對汪精衛在共產黨和蘇俄共產黨支持下在武漢成立的國民政府的一個回擊，表明江浙滬財閥以及蔣介石、張靜江等國民黨元老是不認可這個武漢政府的。而另一方面蔣介石在聯合了江浙滬財閥以後，又取得了在華利益的國家如英、美、日、法等國的支持，就即刻與共產黨翻臉了。在上海發動的「四．一二」事變是對付國民黨外的政敵。於四月十五日在南京另立國民政府，就是蔣介石在國民黨內與汪精衛翻臉了。而四月十五日另立於南京的國民政府，也可說是「四．一二」事變屠殺工人農民的必然結果。因為蔣介石一要對付汪精衛，二要對付共產黨，必定要有一個最高政權機構來統治和維治。

張靜江在「促汪精衛等來寧」電文中所說的「開大會未成，改開談話會一次」，那是因為蔣介石、張靜江、吳稚暉、蔡元培等人在南京「足足靜候了三點鐘」，等候開會三個小時，可到會僅十多人，不到二屆全體執監委員八十人的六分之一，故只能改為「談話會」了。可是到了十六日這一天，會議人員還不夠，談話會還只能繼續。至十七日，由胡漢民提議召開了國民黨中央政治會議。胡漢民任主席，張靜江等十人為中央組織委員會委員。四月十八日，根據蔣介石、胡漢民主持的國民黨中央政治會議的決定，舉行了南京國民政府的成立典禮。胡漢民這位曾一度被國民黨排斥在外的國民黨元老擔任了國民政府的主席，鈕永鍵為秘書長，蔣介石仍為軍隊總司令。

在南京的政治會議開過後，在一些地區，如上海浙江等地開始成立政治會議分會。浙江省即刻成立了分會，下設民政；由馬敘倫負責，軍事由蔣介石負責，陳其采負責財政，教育蔣夢麟負責，土地周佩箴，建設程振鈞，司法阮荀伯，農工則由朱家驊負責。這時的浙江省分會實質上是為將來在浙江省成立政府打下的一個基礎。

當時在南昌的國民黨中央黨部隨著南京國民政府的成立也遷往南京。南京國民政府把一些國民黨右派和北洋政客都捧上了政治舞臺，如任伍朝樞為外交部長，王寵惠為司法部長，黃郛被任命為上海特別市的市長。

在南京國民政府成立前和成立後，武漢的汪精衛當然不甘示弱，他們舉行會議開除了蔣介石黨籍，並揚言要懲治他。但南京的蔣介石當時採取靜觀和不予理睬的態度。汪精衛此時處於困境之中，因為他所依靠的蘇俄共產國際派駐武漢代表鮑羅廷和羅易對下一步的行動方針含糊不清，中共方面的陳獨秀也缺乏果斷與決心。再加上汪精衛原先想利用武漢國民政府北伐軍唐生智在河南的勝利，想與馮玉祥合力一舉和蔣介石決戰東南。但馮玉祥卻不願合作，並在蔣介石答應他每月提供二百五十萬元軍餉的情況下，轉向了和蔣介石合作。反而致電汪精衛，促其「速決大計」與寧方（南京）通力合作。汪精衛那時最困難的是武漢物資奇缺、工廠停工、物價飛漲、財政陷於崩潰，這是汪精衛在武漢最頭痛的事。

張靜江是商賈出身，他非常敏感到汪精衛在此情景下，最要他命的是財政金融上的危機。在上海靠他的耳目，探詢到上海遠東銀行是蘇俄接濟武漢的金融機關，因為當時蘇俄的史達林已答應支持汪精衛，並也通過此金融機關再給武漢三百萬至五百萬的接濟。為「使武漢不向南京就範」，在這樣的時刻，張靜江為切斷遠東銀行作為蘇俄接濟的通路，在一九二七年七月十六日他從上海向南京發了急電：

> 總司令介石弟，伍外長梯雲兄均鑒：上海遠東銀行為蘇俄接濟武漢金融機關，此間不難封禁，請梯兄設法交涉發封，以絕後患，並盼電複。
>
> 張人傑叩。

張靜江發給蔣介石和當時南京國民政府外交部長伍朝樞的電報，立刻受到了蔣的高度重視，蔣感到張靜江從上海急電封殺任何給予武漢汪精衛政府在物質和金融上的支助的金融機關，是在經濟上徹底打垮汪的最簡捷的方法，而且當時蔣單純用武力解決政治問題的舉動，也頗引起外界輿論的非議。所以，張靜江提出在經濟上和國外銀行交涉發封，確使汪精衛「很為難」甚至「一籌莫展」，張靜江採用經濟封鎖的辦法很靈驗，使汪精衛感到「沒有人支持我了」的危機。再加上汪精衛的國民政府，在蔣介石對他經濟上「釜底抽薪」的情況下，由於物質的匱乏，再加上宋子文倒戈附蔣，從而徹底斷掉了江浙財團的支持，至使武漢政府這時內部發生了「夏鬥寅叛變」和「馬日事變」，在內外交困下，汪精衛召開國民黨中央政治委員會主席團秘密會議，正式決定「裁制一切違反本黨主義政策之言論行動」，汪精衛終於與共產黨決裂，這標誌著中國歷史上第一次國共合作統一戰線的最後破裂。這樣汪精衛也和蔣介石走上了同一條道路——即認為與共產黨合作註定要失敗（蔣也一貫堅持這一主張），汪在武漢也下令開始屠殺共產黨人，共產國際代表羅易三日離開中國，鮑羅廷也在這個月的二十七日離開了中國。

隨著政治形勢的急速變化，寧漢合流的步伐也越走越近，越走越快。在這走向汪精衛與蔣介石的寧漢合流過程中，我們不能不注意兩個主要的人物角色，一個是代表軍事的中間調停人——馮玉祥，另一個便是代表經濟方面的，即代表江浙滬財閥的調停人——張靜江。

作為一個身有殘疾的張靜江，於這樣的緊決時刻，卻以最忙碌的身姿參加各種政治、經濟、文化等方面的策劃。如一九二七年七月九日和蔡元培、李石曾、褚民誼等人，創辦中國第一所上海勞動大學，同時又和蔡元培、李石曾等人，創辦中國第一個中央研究院，六月十七日，張靜江還作為浙江省政治分會主席，在浙江首先推出減輕佃農百分之二十五，即俗稱在浙江農村實行「二五」減租法。他又不顧身殘之軀和浙江建設廳分勘浙贛、浙皖兩鐵路的路線。在政治上又與蔣介石、胡漢民、吳稚暉、李烈鈞、蔡元培、李宗仁、白崇禧等人在這一年政治形勢上最關鍵的六月十九日赴徐州出席和馮玉祥談判。

由於張靜江和馮玉祥在經濟與軍事上的通力合作，在這次中國歷史上重要的徐州談判後不到二個月，便使寧漢合流成為現實。

四十二、一九二七年的以退為進

正當寧漢兩方（一方是以汪精衛為首的武漢國民政府，一方是以蔣介石為首的南京國民政府）繼續走近而合流之際，一九二七年的八月十三日蔣介石在上海突然發表了《辭職宣言》，這一石確激起了千層浪。雖然，在這《辭職宣言》發表前，整個一九二七年的下半年的局勢發展對蔣有多處不利，如在蔣下野前，從政治上講，武漢方面汪精衛和桂系軍閥中的實力派李宗仁、白崇禧已頻送秋波，日趨接近，蔣逐陷孤立。在軍事上又正遭遇徐州慘敗，使蔣受到重挫。再加上武漢方面的軍事實力派唐生智東征步步緊逼……

以上原因確實是蔣辭職的主要原因。但蔣介石自己在談到他下野的原因時，曾說：「中正於本年八月決定辭職，惟一原因，為黨之中央，不能團結……而其時又有一部分同志，認中正為黨內團結之障礙，因此中正自拔於困苦之環境，使黨之團結即可實現。」

李宗仁對於蔣介石下野的原因也曾說：「蔣總司令自徐州回，有決心下野之意……他對我言：現在局面不好，漢方既不相諒，我決心下野休息，以免南京危險。因對方以我為總目標，下野了能使寧漢不破裂，共同合作。」白崇禧也為蔣介石的辭職在上海各界招待會上說過這樣的話：「我自前線返寧後（南京），蔣告訴我說：我們的軍隊非不足以敵武漢，但我不願自相殘殺……決不以我個人之故，而使整個國民黨從此分裂，不能合作。」國民黨元老吳稚暉對蔣的辭職說得直截了當：「八月十一日開了中央黨部會議，蔣介石先生要辭職，大家自然堅留……八月十二日聽見他已走了，於是又開政治會議，武裝同志都說蔣先生要歇歇，照唐生智那種氣勢洶洶……蔣先生歇歇也好……」

對於蔣介石下野一事，從現有史料看，應該說張靜江心中是最清楚的，在蔣下野前的半月，蔣批准了浙江省政府的正式成立，不再是以浙江分會形式出現。張靜江是當然的省政府主席。若從以下幾個方面的史料來看，就不難看出蔣介石在中國歷史上，「時而爭權上馬」和「時而退隱下野」，說到底都脫不出一個「權」字。從一九二七年四月十二日那一天看，在蔣介石發動了

「四一二」事變後的那個晚上，當他回到邁多西愛路陳潔如夫人的住處，正遇上張靜江來看他，他們倆人有一段對付汪精衛的策略的對話，頗值重新索思考察。

那晚，張靜江一遇上蔣介石就說：「我看嘛，汪精衛恐怕對你這個握有重兵的總司令不放心！」蔣介石當然意識到這事的麻煩，對張靜江說：「這也正是我的一塊心病。」張靜江馬上開誠佈公地對蔣介石說：「為了革命的大業，我以為你應當退居幕後。」蔣介石聽了張靜江的那兩句話，似乎有些震愕，但張靜江還是以「導師」和「革命聖人」（前者是蔣介石對他稱頌，後者是孫中山對他的敬佩）的口吻對蔣說：「換句話說，你必須以退為進，先穩住汪精衛，進而促他舉起分共的大旗，這才是上策。」蔣介石聽了張靜江的話，卻說道：「難啊！……」但張靜江繼續開導：「我看也沒什麼難嘛！汪精衛最怕什麼呢？你手中握有的數十萬重兵，為了讓他放心……你得先做個姿態給他看看嘛……」

蔣介石當時確實感到左右為難，他只能向張直截了當地說：「這樣的姿態怎麼做呢，而我怎麼個做法才能使他相信呢？」張靜江又對蔣說：「這還不容易，由你先領銜發個通電，號召全體國民革命軍官，擁護他汪精衛嘛。」「好！……」蔣介石終於開竅了，用雙手重拍一下，頗真有些激動而若有所悟，急說道：「我……我怎麼把這著棋給忘了呢？」

蔣介石在張靜江這一晚上的開導下，第二天即擬就了號召全體國民革命軍官兵，服從中央，服從汪精衛的通電，並立即公佈於世。

時間往後只推了四個月，蔣介石在八月十三日，又公開發表了辭職宣言，這使我們不能不想起張靜江在四個月之前就教會了蔣介石的「以退為進」的策略，以及由張靜江教他的「你得先做個姿態……」我們從蔣介石辭職到他還不到半年的重又復出的歷史事實就可看出其中的奧妙。

再說，我們還可以由第二個史料事實來說明問題，即「同進同退法」。當蔣介石提出辭職下野時，張靜江就和蔣介石一道，隨後也馬上連袂胡漢民、蔡元培、吳稚暉、李石曾等元老人物同時離開了南京返回上海。張靜江的浙江省政府主席職位也交給了蔣介石當時的忠實追隨者何應欽繼任。而且，張靜江回到上海的生活和蔣介石返回老家溪口的生活一樣，也過上了既逍遙又關心時局的雙重並行的生活。下野後的蔣介石到處尋幽攬勝，四出遊玩，常聽當時的佛學大師太虛在雪竇寺的講學。在清風明月、佛鼓梵音中蔣介石度過了正如太虛在詩中所描繪的「千古相知有明月，一生難忘是中秋」那倘佯山林的生活。在老家尋幽攬勝後，蔣介石為了自己和宋美齡的政治婚姻的成功，遂去了日本訪問。

當蔣介石辭職下野的日子裡，張靜江也一同退出了政治舞臺。但他的退出，僅是職務上的，他還得為蔣介石做好「退後的進」這一步，這種為蔣日後的「進」而做的準備工作，既包括拉攏人際關係以及為蔣開展輿論宣傳工作，還要大量參加當時蔣走後各方為政治角逐而召開的各種會議。

一九二七年的中國局勢最瞬息萬變的時期，各黨派、各軍閥、各國在華勢力的代表，也包括以各種理論的共產國際的不同勢力，紛紛在中國政治舞臺上粉墨登場，相互鬥爭，變化無窮，令人眼花撩亂。張靜江正是在這樣的多方政治擠壓中斡旋。他像織布機上的梭機一刻不停。穿新線，打新結，用懷疑和猜忌的網線，去捕捉寧、漢雙方勢力不停的走馬燈式的旋轉。

九月十日，那些留在上海的各中監委員，聚集在張靜江武定路鴻慶里寓所，商討次日將召開的南京、武漢、上海三方面主要國民黨負責人的談話會。他把他們的各種人物當時的心理狀態條分縷析地向聚集在其寓所的上海各中監委員們講解。因為這次由三方人員參加的談話會，實際上是要解決許多黨派以及各自主張的聯席會議。這裡還有汪精衛與孫中山剛逝世後分裂出來極右的「西山會議派」人物，也有桂系代表李宗仁、白崇禧和武漢國民政府軍方面的唐生智之間的矛盾。總之，各方面的情況是十分錯綜複雜的。

九月十一日至十三日，寧、漢、滬三方代表負責人開談話會，在上海戈登路伍朝樞寓所。出席這個會議的有汪精衛、孫科、譚延闓、伍朝樞、李烈鈞、葉楚傖、程潛、褚民誼、邵魯、張繼、于右任、李宗仁、蔡元培、李石曾及張靜江等二十一人。這次談話會上，推選了三方均可接受的譚延闓為主席。第二天（即十二日）寧、漢、滬三方商討了有關黨務，國民政府及統一宣言等三項重要議事。經過了三天的談話會議後，是上海和南京（滬、寧兩方）（是代表了蔣介石的勢力），一致反對漢方（即代表汪精衛方面）。

形勢對武漢原國民政府大大不利，最後提出了三項議決：一是寧、滬反對以三屆四中全會的名義召開中央執、監委全體會議，（因為張靜江早在致電汪精衛夫婦電報中曾指出任何在武漢召開的國民黨會議都是不合法的）。所以，這次的決議不承認以往任何汪精衛所召開的會議。這樣就沒有了三屆四中全會。二是寧、滬兩方提出與共產黨關係密切的人，不能進入中央黨部。這次議決也特別提出了徐謙、陳公博、顧孟餘等人不能進入中央黨部。三是提出汪精衛應當引咎辭職。四是，孫科在談話會議上提出成立一個國民黨中央特別委員會。

這個由漢、寧、滬三方國民黨召開的談話會議，在上海結束後的第三天，即一九二七年八月十五日三方人員共赴南京。張靜江在這樣關鍵性時刻，雖身體始終不佳，但也只能緊隨這二十一人共赴南京。十六日即參加中央執監聯席會議。在南京開臨時會議，這次會上同意孫科提出的成立中央特別委員會。這個特別委員會，為中央臨時機構，行使中央職權。這個特別委員會由寧、漢、滬三方共推委員三十二人為委員。張靜江當然是代表蔣介石勢力被推選為委員之一。這三十二人中，連辭職在野的蔣介石，也被選入委員。這其中的原因，是當時的孫科、程潛、譚延闓等人的屁股，已從汪精衛武漢方面轉到了以蔣介石為代表的寧方（南京）了。他們採用偷樑換柱的辦法，已悄悄打破了汪精衛一向以自己為中央的「正統」地位。三十二人中，汪精衛代表的武漢方人數已占少數。大權已轉到寧、滬兩方人員手中。汪精衛和陳公博等人眼看形勢對他們非常不利，他們便也不去南京出席會議了。汪精衛，終被迫於九月十三日結束的談話會後，宣佈自己下野了。爾後，汪便帶著夫人第六次流亡法國。

在國民黨黨內各派系鬥得不可開交之際，在汪精衛實行了「分共」陰謀時，中國共產黨人發動了「八一」南昌起義，稍後的九月十五日，毛澤東在湖南發動了「秋收時節暮雲沉，霹靂一聲暴動」的「秋收起義」。這正是共產黨人在中國軍閥割據、國民黨內派系鬥爭之時，先到敵人控制薄弱的地區，進行武裝革命，且先從薄弱的山區農村搞起。這確實贏得了中國革命在當時的一個突破性進展。

而在一九二七年的九月二十八日，蔣介石心中非常清楚，他一方面讓張靜江、李宗仁、白崇禧等人去對付汪精衛，而另一方面卻在宋子文的支持下去了日本，以建立一個新型的聯合體系——建立以英美諸國為背景，以江浙財團為後盾的蔣宋聯盟，另則蔣已早獲得了宋氏家族中的宋靄齡的支持，這無疑把中國當時富有資本實力的銀行家孔氏拉了進來，構築成了蔣宋孔為三點支架的蔣氏王朝的根基。同時蔣介石明白只有抓緊在這段他暫時退卻的下野期內及早和宋美齡結婚，他才可以又把孫中山拉到自己一邊——作為孫中山先生的聯襟，才可代表孫中山的「正統」血脈以號召國內民眾。蔣介石日後之所以能成為勃起的政治集團，和一九二七年這一著眼於與宋氏的聯姻確是分不開的。

汪精衛被寧、滬兩方勢力聯合擠出了東南這塊寶地，同時在武漢所依恃的唐生智軍隊在被桂系軍敗北後，汪精衛迅速轉移到廣州，極力拉攏張發奎和黃琪翔的第四軍，又在廣州召開了廣州國民黨中央委員會成立大會，宣佈了「國民政府在廣州的再行設置」，這樣，寧漢對立又變成了寧、粵對峙狀態。汪精衛始終像一個幽靈那樣，依賴著的是孫中山的正統「信徒與學生」，到處拉虎皮當大旗，是一個十足的「跳來跳去」的人物。但是，汪精衛那時在蔣介石的心目中已構不成阻礙和威脅了，因為汪在蔣心目中已成了「四面楚歌」，已無實際力量人了。

蔣介石此時要對付的是在政局變化中遂漸強大起來的桂系軍隊。以及已在桂系控制下的南京國民黨中央特別委員會。無獨有偶，就在蔣介石正在日本活動期間，張靜江卻在為蔣介石極力拉攏北方的軍隊實力派馮玉祥，這正和蔣心中想的不謀而合，興許是謀而有合。

張靜江於一九二七年十月十四日，致電在鄭州的馮玉祥。從電信的前半部分，可以看出，馮玉祥需要當時五位國民黨元老的合作，因為馮玉祥是個多疑忌刻的聰明人，在當時複雜環境，隨時有人在暗中搞他的鬼，他面臨許多政敵和許多軍人對他的猜疑。為了擾亂這些政敵欺騙這些軍人，他也要戴上假面具，去應付各種多變的局勢，同時他又需要一個堅強的合作夥伴及一個可靠的後盾。所以，他請這五位元老去安慶會集。當時蔣去了日本。五位元老，似無興趣前往。最後，反而是五位元老幫蔣介石在拉攏馮玉祥了。如張靜江在電中所述：

玉帛與干戈，將錯亂而並用，豈不騰笑萬國。所以騎馬不必尋馬，釜底可以抽薪，止需犧牲任何一方，使不必有會，亦無所用議，即完全自然解決。弟等初不悟此，其去介兄遠矣，故現亦幡然改其安慶之行，……若又貌合神離，惟領袖是競競，惟曲說自高，因強合而暗鬥，必更重黨國之禍也……一柱擎天，惟公有焉。

弟：胡漢民、張靜江、蔡元培、李石曾、吳稚暉。

這確是張靜江為蔣介石日後繼續復出的深謀遠慮。張靜江可以說是勸說蔣介石在一九二七年下半年「以退為進」的主要智囊人物。退後還必須進，張靜江已為蔣考慮從日本回上海後，欲「進」的話，首先要拉攏馮玉祥這個關鍵性人物。因為馮有部隊，有槍桿子，如要對付桂系派，很需要馮玉祥的部隊幫助和配合。「一柱擎天，惟公有焉。」這確是蔣若復出，要「退而後進」時首先要依靠的軍事首腦人物。

下篇

一九二八年後的張靜江

被排除出權力中心的張靜江，自一九二八年後，遂轉向於當時中國的經濟建設。他按照孫中山的建國方略，借鑒西方之先進科學技術，領導並投身於鐵路、礦產、電力，水利、無線電等各項建設事業中去。並取得卓越的成績。為民國時期的經濟發展，作出了積極的貢獻。

四十三、一九二八年的轉變

一九二七年十一月十六日，蔣介石在日本完成了與宋氏家族的聯姻活動後返國，不久即在上海發表講演，似乎回應了汪精衛屢屢向他發出合作的願望，表示可以考慮雙方的合作。二十四日張靜江赴當時蔣介石在上海拉都路三一一號的寓所參加由汪精衛、李濟深等發起的一次談話會。當時參加會議的有吳稚暉、蔡元培、李石曾等一些中央執監委員。會議主要在蔣的上海寓所商討當時蔣即要重返政壇所面臨的軍政形勢，並商討準備十二月三日起該如何召開國民黨二屆四中全會預備會的一些情況。到十二月三日，國民黨各派要人在上海召開二屆四中全會預備會。在這次預備會上，在吳稚暉的鼓動下，由張靜江和李宗仁等人和當時擁蔣的國民黨元老，一起提出了「對汪精衛等主使張發奎、黃翔琪叛變的檢舉案」。在吳稚暉、張靜江等人提出汪精衛的叛變案後，李濟深也提出了「粵委員附逆者應當退席聽審案」。由於張靜江、吳稚暉等國民黨元老對汪精衛等人在二屆四中全會預備會上提出的二個審案使汪精衛處於被審的地位。

一九二七年十二月十一日共產黨人在廣州發動武裝起義，汪精衛被認為是勾結共產黨，抑或是准許共產黨的發動起義等等，這更使汪精衛無以招架之勢。於是，這一切形勢的發展，對蔣介石的重新登上政治、重新掌握軍事的最高權力更為有利。當蔣介石和宋美齡在一九二七年十二月結婚後，正度蜜月的時候，國民黨也從十二月三日起在上海召開國民黨中央執行委員會，在這個會議的最後一天恢復了蔣介石繼續擔任國民革命軍總司令的職務。蔣介石恢復了這個軍事的最高指揮官，而那個當時蔣下野時成立的臨時機構——中央特別委員會也即結束。張靜江在完成了這個從蔣下野，至蔣重新上任的過程之後，他也返回上海繼續完成招商局的清理工作。

一九二八年，蔣介石重新開始了北伐，在這一年北伐軍佔領了北京，這時，除了東北奉系張作霖外，其它各大軍閥都基本上投到了蔣介石的旗幟下，尤其到了一九二八年六月四日奉系張作霖突然遭日軍暗害於皇姑屯車站後，蔣介石基本上擁有了壓倒一切的最高軍事和政治權力。當然，這種統一的權力是非常暫時的，可以設想一九二八年蔣介石國民黨統治下的中國表面看似乎一切「平穩」和「統一」，但實質上還是處於各方分裂和內部各派系、各區域軍閥的勾心鬥角之中的。而且，在共產黨人進行武裝的「南昌起義」、「秋收起義」後，已建立了和蔣對抗的中國工農紅軍的革命武裝。

在蔣介石積極準備召開他認為在他政治生涯中最為得意和閃光的二屆四中全會前，在一月七日國民黨中執會議上議決了由張靜江、蔡元培、吳稚暉、李石曾提出的停止汪精衛、陳公博、顧孟餘三人出席國民黨的二屆四中全會的提案。當然，原來要停止的出席人員還不止三位，後來舉行了多次談話會後，仍讓何香凝（廖仲凱夫人）、陳樹人、潘雲超等六人能出席此全會了。

一九二八年二月二日，張靜江從上海和他的多年好友吳稚暉、蔡元培、李石曾等人赴南京丁家橋出席二屆四中全會，會議由于右任擔任主席，蔣介石致開會辭。這次會議開了五天，二月七日閉幕，會議主要是消除黨內分裂以促成全面團結，實際上是恢復蔣介石的國民革命軍總司令職務，建立以蔣介石為核心的黨政領導中心。所以，會議最後決定蔣介石擔任中央常務委員會委員，組織部長和軍事委員會主席。另任譚延闓為國民政府主席。這次會議上張靜江和譚延闓、蔡元培三人被推選為國民政府常委，並選出了國府委員四十九人。這二屆四中全會於七日結束後，又舉行了中央政治會議，這次的中央政治會議有二個明顯的議決，這確關係到蔣介石和張靜江兩者個人從一九二八年後的政治生涯的不同命運：

這兩項議決：一是蔣介石被任命為中央政治會議主席。這個任命再次從法律上確定了蔣介石在國民黨內的最高統治地位。二是這次政治會議決定，中華民國要迅速成立一個國家建設委員會，而張靜江被任命為建設委員會委員長。張靜江從一九〇五年參加孫中山的同盟會後，經歷了二十三年的政治活動，他在孫中山時代他追隨孫中山進行革命事業，而孫中山逝世後，他竭力扶持蔣介石的政治事業。一九二八年，二屆四中全會後，他基本上和蔣介石的政治目標分道揚鑣。若從張靜江在法國所受的歐化教育、以及對共產國際未來在中國的走向，應該說他比別的政治人物要清晰得多。因他時可從國外傳入較敏感政治消息，而他對蔣介石為人，也比別人多瞭解一些。張靜江清楚地看到蔣離建立鞏固的統治地位，依然還有相當的距離。以當時的局勢來看，蔣必然要與汪精衛，共產黨鬥爭下去，如果脫離了這種鬥爭他將一事無成。

那時的張靜江已不願把自己所剩不多的有限生命，再一次捲入這種武人爭露頭角的鬥爭中去。那年，張靜江已進入中國人常說的老年時期，加上他身體殘疾，常年多病。這諸多因素，都加強了他日後準備從事經濟建設而淡出政治舞臺的決心，他可以把他在西歐學到的經濟管理和現代科技介紹到中國來，從此張靜江決心用他前二十三年那樣的魄力，重新投入到經濟建設中去。

張靜江把他的這種意願表達得十分委婉而又堅決，這位國民黨的元老，準備告別他二十多年前開始的政治生涯。這二十多年的中國政治是不可思議的，曲折多變的，是殺人如麻的，災禍迭見的二十多年。這二十多年，中國面臨著前所未有的危險，然而正是這二十世紀初的年代裡，張靜江出色地利用了這二十多個春秋，從一個出身江南小鎮的富商子

1928年8月8日張靜江（前坐者）參加國民黨第二屆中央執委會第五次全會時合影。此後張靜江逐轉入從事全國的經濟建設。

弟，到走入了中國歷史上最多變的政治舞臺，而且爬上了當時的政治頂峰。如今他已厭倦了軍閥之間的勾心鬥角，官場上的爾虞我詐，蔣介石在政治上的複雜多變之心態。他如今多麼期望過一種帶著自己的幾個孩子，在自己故鄉南潯的張家花園中散散步，偶爾還可和幾個老友喝喝茶、聊聊天、抑或是看看書的悠閒生活。

1928年山東濟南發生「五三」慘案後張靜江與蔡元培、譚延闓、黃郛、於佑任等聯名抗議日本時寫下四個蒼勁之字。

中華民國建設委員會於一九二八年二月十八日正式在南京成立，當時由財政部撥入的建設基金合國幣僅十萬元，張靜江推薦了曾養甫任建設委員會副委員長。建設委員會下設水利、電力、礦業三大行業，另設總務及秘書處、參事室。當然，這年的三月十四日張靜江和譚延闓、蔣介石、李石曾、吳稚暉、蔡元培、黃郛、孔祥熙等人仍被選為外交委員會委員。但這外交委員對張靜江來說也只是一種外交頭銜的虛設而已，根據他自己的回憶，只在一九二八年發生山東濟南「五州」慘案後，他曾與譚延闓、蔡元培、黃郛、于右任等聯名覆電當時日本的頭山滿、佃信夫、水野梅曉等人，呼籲督促日本政府和中國政府的敦睦邦交活動。但自建設委員會成立以及在全國迅速開展工作以後，他已很少顧及和參加與經濟建設無關的政治活動。

一九二九年六月，在國民黨三屆二中全會上，張靜江提出《提議以鐵道電氣水利事業為建設中心案》和《對三屆二中全會發展電氣及水利事業案意見》，陳述了他對發展電氣及水利事業的見解。他指出：「民生主義首重農工業，而農工業之建設必須電氣與水利。」張靜江還依據孫中山的建國方略，指出電氣工業「可以解決民生衣、食、住、行四大問題之全部」，「實較鐵路更為重要」。而他還提出：「講求水利不僅關係農業，並可以便利交通，發展水利，實為工商事業之母」。故對水利問題不能「只限於消極防災」，而應視為「建設中最有利之事業」，積極投資興辦。

基於上述看法，張靜江還認為，在討論「黨國」「建設大計」時，除了確定鐵道為建設中心外，應將電氣和水利與之並立。「俾將來鐵路、電氣、水利三項重要事業同時發展，國計民生兩有裨益。」張靜江的意見，是對國民黨三屆一中全會以來所強調的「以交通之開發為首要」的建設實施方略的補充，得到了全會的肯定。次年春天，國民黨三屆三中全會通過了《建設方針案》，其中第一款便是：「依照總理之計畫，注重鐵道建設及水利電氣建設。」這顯然是採納了張靜江的提議。

在實際工作中，張靜江對興辦水利、電氣建設等，始終興致很高，為貫徹自己的主張，付出了很大辛勞，確實是一個為實現使水利電氣建設與鐵道建設「同時發展」的良好願望。他在建設委員會任上一些意見，已被近代史家稱作為中國近代化進程的第二次嘗試，這是張靜江既吸取了他在國外時所看到的一些先進技術，也同時結合了國內的實際情況的產物。有人把「張靜江與張之洞、張謇並稱為『三張』，同為發展中國實業建設的三個關鍵人物。」

但是，隨著國民黨統治的不斷鞏固和全國的統一，他所期望的安定的社會環境初露端倪，他與蔣介石在政治、經濟政策上的分歧也不斷擴大。在政治上，以蔣介石為首的軍人集團以武力剿滅異己，不惜勞民傷財，日後所發動一連串「圍剿」戰爭。對西北、西南等地方軍閥也展開大規模軍事進攻。「戰爭耗費了巨大財富，也嚴重干擾了社會生產活動。對此，張靜江頗不以為然。」他始終認為「革命目的是要建設一個理想的新中國，革命是破壞的工作，現在革命成功，該破壞的都破壞了，破壞之後，必須按照理想加緊建設。」他引用孫中山的話說：「總理說過的，革命就要建設，不建設，革命就要失敗。因此，我黨政軍都可不管，唯有建設，我是一定要幹的。」如果「誰不同意，就是有意破壞建設。」張靜江要求當時的國民政府，把主要精力放在經濟建設上……」

「黨政軍都可以不管，唯有建設，我是一定要幹的！」的確，如張靜江所言，一九二八年後的張靜江的政治足跡，確和一九二八年前有了截然不同的人生走向，這是他政治生涯的一個重要轉折。

如果說，一九二八年前張靜江的人生，確孜孜矻矻著眼於政治生涯，而一九二八年後，他的生命卻是轉折到了著眼於經濟建設上去了。這樣的轉變，對已從事了二十多年政治生涯的人物是很難變化的。這似乎形成了兩個明顯截然不同的界限和空間，形成了他兩個生命半球，球體的上半部是政治的，下半部是經濟的。這是社會歷史現狀所決定，還是由他自身塑造的呢？（這包括他的家庭、個人視野和自身素質）等歷史機緣所造就。

一九二八年八月八日至十五日，張靜江還是抱病去參加了國民黨中央五中全會。這次會議是蔣介石在坐定了第一把交椅後，為了進一步鞏固其統治地位而精心設計的，他提出了「裁兵為整軍理財之第一要務」的統治理論。當時，蔣介石欲君臨中央，而各地域軍閥則不甘人下，雙方均挾武力以自重，全無民主政治的素養。所以，這樣的所謂為了國家和民族之裁兵，必然使雙方展開一場你死我活的爭鬥。這二屆五中全會提出的裁軍，及日後由蔣介石和馮玉祥、閻錫山、李宗仁等人之間的連綿不絕的混戰，確使一如張靜江這樣的黨國元老很痛心。張已厭倦於政治上的汪、蔣鬥爭，也厭倦了蔣、馮、閻、李四大系不停頓的混戰局面……

一九二八年以後的張靜江的一系列政治活動，儘管是代表蔣介石的國民政府，但他的行動思想是要求結束內戰，謀求一個在全國的和平和統一的建設的局面。實際上，這個時期，張與蔣介石的關係隨著他一心投入經濟建設已經發生了變化。蔣的剛愎自用，專斷獨裁，與張接受的歐洲無政府主義思想的政治構築已日趨分歧，蔣的濫殺無辜，誅鋤異己，也為張靜江所反感。

在一九二八年的二屆五中及以後的第三次代表大會後，中國國內仍內戰頻仍，戰事連年，建設乏力，這種情況更使張的內心對蔣介石十分失望。如果我們翻開李宗仁後來撰寫的回憶錄，也可看到張靜江與蔣介石之間當時的關係已日顯緊張。回憶是這樣寫的：

有一天，張靜江因受蔣的氣，心中有牢騷要發，便請吳稚暉、蔡元培、李石曾、李濟深、李宗仁等人去其寓所聊天。張說：從前蔣介石未曾和宋美齡結婚時，張與蔣談話，蔣莫不靜心傾聽，今則態度完全兩樣了，動不動就向他大發脾氣。張靜江感到很痛心，因張與蔣的歷史關係非同一般，沒有張的提攜，蔣能否有後來的顯赫地位，是要打問號的。蔣介石在給張的信中，一再說過張是他的恩師。這就難怪張靜江因蔣介石忘恩負義而牢騷滿腹了。其他人都對張靜江的境遇表示同情，惟獨吳稚暉滔滔不絕，說出一大套要大家理解蔣介石的話來。吳稚暉說：「若說句粗話，蔣先生是個流氓底子出身。今已黃袍加身，一躍而為國府主席，自然目空一切。和昔日流浪上海，為靜江先生送信跑腿時，自不可同日而語。最好大家信任他，由他放手去幹，不必對國事濫出主張。做得好，固然是他份內的事；做得不好，也是他的責任，免得推諉到別人身上。

我們從李宗仁回憶當時張靜江和蔣的磨擦中，也即可以看出，蔣介石已非昔日口中常稱「晚輩」與後生小輩了。蔣已是君臨天下的皇帝，地位發生了根本改變，態度也必將隨之變化。當然，若從當時的形勢看，雖只是表面上的政治統一，但確實為國民黨內熱心於經濟建設、有志於用經濟改造社會的人，提供了施展抱負的可能性。所以，張靜江即是這部分人的傑出代表。多年來，那怕是在國外，抑或是在國內長期激烈的政治鬥爭中，他魂牽夢繞的經濟建設之構想，終於獲得了一次全面實施的機會。

從政治轉向了經濟，這便是張靜江人生道路上的最後一次選擇，不管是他當時出於無奈，還是有非常複雜的其它各種政治原因，但張靜江的政治與人生的走向，確實是這麼走過了他的晚年。

四十四、西湖博覽會

對西湖博覽會的構思，可以追溯到一九二四年七月，那時的浙江軍務善後總督盧永祥。省長張載陽建議並準備舉辦西湖博覽會。擬請由李思浩為籌辦主任，當時的預算經費是一百五十萬。那時，剛開過了廣州的中國國民黨第一次代表大會。但後來便發生了齊、盧兩方的地方軍閥的戰爭，博覽會的舉辦便告流產。

時間過去了四年多，直到一九二八年十月三日，在張靜江擔任了全國建設委員會委員長，並兼任浙江省政府主席時，在他的推動和動議下，浙江省政府又正式通過了舉辦西湖博覽會的決議。對於西湖博覽會的動議，我們不禁要回顧在一九一四年張靜江當時在法國做古董生意，那時大戰爆發，他為了支撐他在法國的通運公司，他同時到美國紐約去開設分公司，那年因慶祝巴拿馬運河的成功及紀念太平洋發現四百周年，舉辦了巴拿馬太平洋萬國博覽會，這次博覽會，中國沒有商人去參

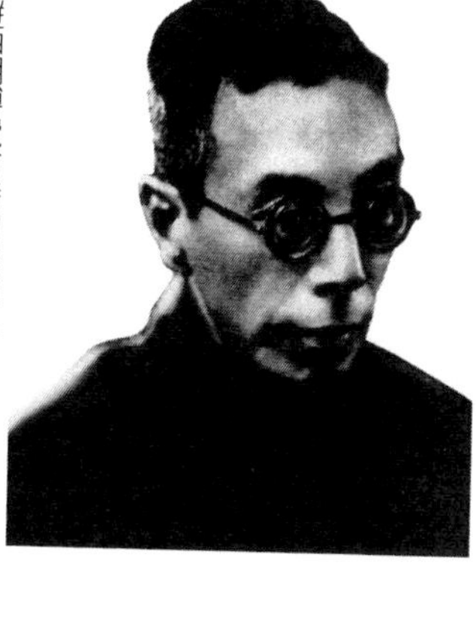

創辦西湖博覽會時的張靜江。

展，但有史料佐證張靜江當時是帶著很大的興趣去參觀過這些博覽會的。

到一九二六年，在美國費城舉辦了博覽會，這次博覽會上就有杭州都錦生的一幅唐伯虎古畫織錦《宮妃夜遊圖》獨領風騷，獲得金質獎章。在國內，最早的當推清宣統元年（一九〇九）的武漢獎進會暨直隸展覽會，一九一〇年的京師出品會，其中規模最大的是宣統二年的南洋勸業會，後於一九二一年、一九二二年、一九二三年及一九二八年在上海舉辦了四屆國貨展覽會。若論規模與氣勢，國內的幾屆展覽會均沒有西湖博覽會大。可以說作為商人出身的張靜江，對無論是國外或國內的多次博覽會，他都非常關注，並瞭若指掌。

孫中山有評張靜江為「上昭日月，下昭黃土。」毛澤東也曾評說：「張靜江幫助蔣介石搞『清黨』，但他有經濟眼光、經濟頭腦活絡！」（《文匯讀書週報》）、《縱橫》第九九年十一期）。蔣介石在南京成立國民政府後，張靜江亟力主張應按孫中山的遺訓，轉入以經濟建設為主要國策。他的這一主張當時得到吳稚暉、李石曾、蔡元培、張繼、於佑任等元老的支持。張靜江以發展浙江乃全國的經濟，振興浙江乃全國的農業為目的，於一九二九年向國民政府提出，以效仿美國費城萬國博覽會的形式，在杭州舉力「中國西湖博覽會」。當時的國民政府只批准了創辦「西湖博覽會」，但所有的博覽會經費要自己籌集。創辦中國歷史上第一次博覽會，況且那年代也正是中國政局還處於較為動盪的時代，沒有一分錢經費的情況下，要舉辦如此空前浩大的博覽會，實非易事，可張靜江毅然擔負此責。並由他任會長，程振鈞先生擔任副會長。

西湖博覽會，當時共設八個館二個所，多係借用杭州裡西湖及孤山一帶的原有舊房舉行。八館二所是西湖博覽會的系統工程，設施如下：

一、革命紀念館：唐莊、平湖秋月、光復南京陣亡將士墓處。籌備主任李超英。

二、博物館：王電輪莊（今孤山北部）、林社、放鶴亭及徐公祠、巢居閣、趙公祠一帶。籌備主任蔣尊第。

三、藝術館：館址設在孤山南麓的蘇白二公祠照膽台、三賢祠及陸宣公祠等處。籌備主任林鳳眠。

四、農業館：忠烈祠（今浙江博物館）、文瀾閣及中山公園。籌備主任譚熙鴻。

五、教育館：省立圖書館、徐潮祠、啟賢祠及朱文公祠、頤興花園等處。籌備主任劉大白。

六、衛生館：西冷印社、廣化寺、俞樓及盛公祠等處。籌備主任朱其輝。

七、絲綢館：葛陰山莊、楊莊、嚴莊、惠中旅館及地藏寺等處。籌備主任朱先光。

八、工業館：抱青別墅、王莊、菩提精舍、陸軍病院等處。籌備

西湖博覽會。

主任李熙謀。

二所是：特別陳列所：此館設在寶石山麓堅匏別墅，大佛寺和留餘草堂（今寶石山下）等處。籌備主任是李辛陽。參考陳列所：地點設在嶽廟內。籌備主任程文勳。

除上述八館二所外，西湖博覽會還設臨時商場，凡飲食玩具，日用必需品等都有出售，共有八十六個門面商店供西湖博覽會期間日夜開放使用。西湖博覽會期間還舉辦京劇、各種雜技及各類遊藝活動場所，由趙伯蘇主任負責。其間還舉辦西湖上空放煙火及聘請南北武術名家舉辦全國武術比賽活動。

為了西湖博覽會自籌資金一事，張靜江正是應用了他的特有的超前的經濟眼光，活絡的經濟頭腦，才辦成功了這一創舉。在七十年前（那時代的中國還確沒有那樣的人才）他已借鑒了國外，抑或我們隔了七十年後在改革開放的今天所應用的發行獎券的辦法來解決籌措資金的問題。西湖博覽會設獎券每條為十張，每張金額為一元，每條計十元，共計發行三十萬條，總收入為三百萬元（籌措整個西湖博覽會總資金數額尚待史家進一步考證）。其中以三分之二作為西湖博覽會的經費，也就是說，博覽會的租房費，房子改造費，一切為博覽會服務的雜用費等等，花去了二百萬元。而總額的三分之一作為群眾抽獎的獎金。西湖博覽會獎券，設頭等獎一個，每條可獨得獎金十萬元，再下面設二等獎、三等獎，還有眾多的小獎。

在一九二九年時代，可獨得頭獎十萬元，那是非常了不得的事。在高額獎金的刺激下，西湖博覽會獎券很快就銷售一空。張靜江還構思出在西湖博覽會期間，為了活躍會場，吸引眾多外來人員方便參觀、購物，並使西湖博覽會流動人員增加，聲勢豪壯，以發揚中華民族之地大物博的驕傲，他特地把西湖邊各遊覽景點，用投標招資方式，使投資者競爭建造大批簡便小木屋，每間造價七元，為期四個月，每間租金一百元，一次交清。西湖博覽會原定一九二九年三月一日開幕，推遲到四月一日，為準備充分，最後推至六月六日開幕，直至十月十日結束，歷時四個多月時間。這四個多月中的西湖博覽會一時吸引了眾多的中外嘉賓，冠蓋雲集，西子湖畔一番空前盛況為前所未有。

張靜江與中國西湖博覽會，可以說是二十世紀三十年代中國經濟建設歷史上的一件大事，試想，

西湖博覽會博物館。

在八十多年前的舊中國，能成功地用獎券集資，能用當時還屬罕見的設獎金刺激消費，還能應用我們在改革開放後也僅在近一二年才出現的那種招標投資方式創辦博覽會，這在三十年代中國尚屬封閉式狀態下，確是一件張靜江先生的成功壯舉。中國第一次西湖博覽會，由於張靜江的超常人的經營思想，以及借鑒國外的科學務實的經濟管理模式，使這次博鑒會既辦得有條不紊，同時也展示了中華民族在工業、農業、藝術、文化教育、醫學衛生等關係國計民生方面的成果，這也開創了政府沒有花一分錢辦展覽的成功經驗。遂為後代人所借鑒。

誰曾設想，在刀風劍雨、腥風激蕩的三十年代，竟有一位人稱「四象八牛」的大象式的江南巨賈，在任職浙江省主席時，不惜傾其身患殘疾之全身心血，在杭州舉辦了中華民族的第一個博覽會——中國西湖博覽會，是很不簡單的事。

這次中國博覽會，在當時對提高國際知名度，引進國外先進科技，促進工農業生產，繁榮商業以及改善杭州城市設施和發展旅遊事業方面，確是一次面向世界的成功。這也確是這位湖州南潯人，民國奇人——張靜江先生創造的一個奇蹟。

西湖博覽會於民國十八年（一九二九）六月六日正式開幕。它的籌備工作於十月十五日開始，成立西湖博鑒會籌備委員會，籌備處設浙江省政府建設廳內，下設總務、工程、財務、場務、交際、宣傳、各館所籌備、駐滬辦事、駐京通訊等處，確定負責人，開展工作。安徽省、湖北省、上海市及浙江省內七十五個市、縣各設西湖博覽會籌備分會，蘇州、無錫、常州、鎮江諸城以及安南

（今越南）南圻、爪哇（今印尼）萬隆等地同時設立徵集西湖博覽會出口委員會，廣泛徵集展品。參加籌備人員先後達數千人，其中在杭州直接參加工作的有六百餘人。

籌備經過情況，先後刊登在上海新聞附印之西湖博覽會籌備週刊上。籌備處專門設計了西湖博覽會的會旗、會徽、紀念章和紀念冊，發行西湖博覽會有獎游券和紀念明信片。會場設有臨時郵局，凡加蓋「民國十八年西湖博覽會開會紀念」戳記的明信片，可免貼郵票，投遞國內各地。

民國十八年（一九二九）六月六日下午二時，舉行了盛大的開幕儀式。參加典禮的有國民黨中央政府代表孔祥熙，中央黨部代表朱家驊，委員林森、褚民誼，行政院代表蔣夢麟，監察院院長蔡元培，浙江省主席張靜江以及中央各部、各省市代表和來賓共數百人，觀眾達十萬餘人。

西湖博覽會的開幕式，首先奏樂、鳴炮，由中央委員林森升旗，國府代表孔祥熙行啟門禮，代表和來賓由軍樂隊前導入場，接著，奏國歌，致禮，致開會詞，報告籌備經過，唱會歌（會歌的歌詞為南京中央大學教、大詞曲家吳瞿安所作。歌詞全文是：「薰風吹暖水雲鄉，貨殖盡登場，南金東箭西湖寶，齊點綴，綿繡錢塘。喧動六橋車馬，欣看萬里梯航，明湖此夕發華光。人物果豐穰，吳山還我中原地，同消受，桂子荷香，奏遍魚龍曼衍，原來根本農桑。」），歌聲悠揚，動聽悅耳。

隨後，由中央政府與各方來賓代表致詞，奏樂，攝影。開幕式上浙江國術分館舉行國術表演，國內國術名家參加拳、劍、鞭、棍、槍、刀、戟等各項表演，並參觀各陳列館所。入夜，各地分別舉行京劇、歌舞、音樂、電影、雜技、跑驢、跑冰、交際舞、新式遊藝、清唱等表演，並舉行水陸提燈會，放焰火，滿湖燈船，歡歌四起。

博覽會原定十月十日閉幕，因遊客踴躍，參觀者絡繹不絕，賓客紛至遝來。參觀者不僅有全國各地各行各業代表，還有海外商人、華僑團體，有美國華僑參觀團、美國記者團、日本考察團、日本教育考察團、英國商務教察團、朝鮮考察團、支那考察團、萬隆考察團前來參觀、考察、洽談業務。展覽期間國內和國外代表團體來杭共一千多個。因此延至十月二十日結束，前後在時一百三十七天。參觀人數總計達二千餘萬。

全部展品合計共為十四點七六萬件。展覽物品以國產為主，在參考陳列所中陳列有外國物品，以與國產物品比較。另有三處特別陳列處，即：鐵路陳列處、交通部臨時電信所陳列處和航空陳列處。此外，大禮堂（今葛嶺南麓）左右及西泠橋、白堤附近一帶，設有商店百餘所，展銷各種產品，供參觀來賓選購。為了鼓勵實業，振興國產，提高品質，博覽會特成立審定委員會，對展品進行評定，共評出：特等獎二百四十八個，優等獎八百〇二個，一等然二百四十個，二等獎一千六百個，分別給予獎勵。

博覽會展覽期間，還請中央航空署到杭州作飛行表演，參加有水陸飛機四架，其中水上一架、陸上三架。水上飛機金馬號環飛全浙各縣散發博覽會宣傳刊物、傳單。陸上飛機和平一號二號，還載客遨遊天空五天。請名人、專家講演共六十四場，其中有戴季陶（考試院院長）、王正延（外交部部長）、陳銘樞（廣東省政府主席）、蔡元培（監察院院長）、楊杏佛（大學院副院長）、蔣夢麟（教育部部長）、馬敘倫（教育部次長）、馬寅初（禁煙委員會委員）、張惠長（航空司令）、郭任遠（心理學專家）、許炳（人造絲專家）、胡庶華（鋼鐵專家）、易鼎新（電氣專家）、杜鎮遠（杭江鐵路工程局長）以及陳其采、陳布雷、沈士遠（浙江省政府委員）等人作了有關政治、經濟、文化、技術等各項專題報告。展覽會中還舉行乒乓球、登高、男女自行車、象棋、圍棋等多項體育比賽。

此外，三個特別陳列處為（一）鐵路陳列處。址設斷橋之北、寶石山麓鐵路駐杭辦事處內，由滬寧、滬杭能兩鐵路局主持。廳中展出兩路沿線各站分佈，所產物品和貨運樣品，廳四周陳列兩路建築物構造的模型，圖表和沿線風景照片。（二）交通部電信所陳列處。地設葛嶺招賢祠前院（今新新飯店附近），由交通部杭州郵電局主持。陳列各種實用通信方法，交通部所辦各廠生產的電氣、通信設備、電池，還有統計圖表。會議期間接受收發電信。（三）航空陳列處。址設閻帝庵（今葛嶺南麓），由南京中央航空協進會主持。陳列飛機大模型三架，以及各種航空照片、圖表等多件。

西湖博覽會不僅展品豐富，而且建築宏偉，景點壯觀，構思新型，引人入勝。我們不妨當時由博覽會裝點一新的特色建築：

一、大門：位於裡外西湖之交點、斷橋的東北處，為宮殿式外形城堡建築，屋頂三角形，分三級，每級勻列雉堞，全呈杏黃色，金脊高聳，鴟角分張，黃瓦朱垣。中設二門。為陸行進口之正門和水埠進口之水門。正面上書「西湖博覽會」五個大字。正門中間有兩根朱柱著地，大門柱子上懸有天臺山農撰寫的一副對聯，字大如斗，雄偉飛躍。上聯是：「地有湖山，集二十二省無上出品大觀，全國精華，都歸眼底。」下聯是：「天然圖畫，開六月六日空前及時盛會，諸君成竹，早在胸中。」甚為莊嚴雄偉。大門裝飾繪畫，有各行各業階層人物，有叟、青、童、婦各種年齡，代表工農商學兵各界。屋頂裝飾二龍戲珠。臨湖樓上裝有大時鐘一座。大門四周安裝無數彩燈。入夜，類光四射，耀如白晝，西南湖上，遠及十餘里，均可見及。

二、大禮堂：位於葛嶺南麓，在絲綢館與工業館之間，建築面積一千平方米，高十五米，有三千個座位，為整個博覽會之中樞所在。禮堂分上下兩層。下層似劇場之地，樓作圓形，築水泥欄，繞欄設座。正面為一大舞臺，供講演、戲劇演出，台下中空，列大缸十餘隻，堂之四周，置音響設備，使講演聲音洪亮如鐘，每座均能清晰聽到。堂中高懸一水月巨燈，圓周約三丈，禮堂上下四周各層滿綴小電燈，方圓斜曲，式樣各異，如纓絡下垂，如花萼仰綻，光芒四照，十分華麗壯觀。

三、紀念塔：在中山公園前的湖中，建有一座噴水紀念塔，以鋼筋水泥製成，塔建基欄，四牛環狀。塔欄以內，四周為池。塔之中級，築有三牛頭突出塔處噴泉，如珠下注。塔中空心，有鐵梯可周環而上，直至塔頂，倚高四望，全湖入目。

四、博覽會橋：為展覽方便，在孤山與葛嶺之間跨湖架橋，全長一百九十四米，用木樁三十四排作橋基，橋面建有三亭，中大而兩小，亭各設座築欄，供遊客憩息。中亭之頂，裝有無線電擴音機，播送大禮堂之講演與戲劇，以及跳舞廳之音樂、歌曲，聲聞十里，音遍全湖。

五、音樂亭：建於西泠橋畔原秋瑾墓旁。占地約一百平方米，亭按音樂原理建築，全部材料，以竹編制，形成穹窿，劈篾組壁，前部圓而大，層次分八級環，為半螺旋形。亭前列階十級，基高而中空。亭左右分裝兩方形喇叭口，向天矗立，臺上發音，由喇叭擴散，每遇演奏，葛嶺之頂，西湖之面，均可聽及。全亭裝飾也以音符圖案，予以線譜。亭前書「音樂亭」三字，其字示似音符構成。亭之內底，裝一大電燈，光芒隨螺旋而閃發，有似音波之流展。

六、跳舞廳：展覽期間，中外來賓甚多，為適合各國人員普遍娛樂，特設跳舞廳。地處葛蔭山莊之西，總面積約二千平方米，場設內廳和露天舞場兩處。內廳舞場內部裝飾均用國產綢緞裱糊，五光十色，鮮豔奪目，入其中恍如置身瑤宮，四周列室座可容三百餘人，能供二十對同時起舞，場內燈光燦爛，紅綠黃紫，瞬息萬變。露天舞場面積與內廳相同，中間水泥磨光，滑如鏡面，四周立柱，高懸彩燈，沿場花樹翠竹，微風吹香，天空月明星閃，真是天上人間。

七、百芝園：址設裡西湖惠中旅館（今新新飯店）之對面，設有三個露天戲臺。中台，羅致南北名家，表演雜技、灘簧、大鼓、評彈、口技等。左、右兩台分別演出四明文明戲（即越劇前身）與武林昆曲（即杭劇前身）等。

西湖博覽會閉幕後，組織會務結束委員會，仍由省建設廳長程振鈞主持，決定結束後的人員、財務、房屋、財產、工務、材料、展品、商品、獎品等一切處理事項。經浙江省政府批准，決定建立西湖博物館（即今浙江博物館）、浙江經濟圖書館、杭州電廠用戶娛樂電影院三個機構。各館的部分展品，徵得各出品者的同意，轉贈給西湖博物館和浙江經濟圖書館，作永久性陳列，供人觀摩。此外，博覽會中的紀念塔、博覽會橋予以保留，點綴湖山景色，增添美好風光。

中國歷史上的第一次盛況空前的「西湖博覽會」，處在當時的歷史條件下，基礎薄弱，科學落後，軍閥混戰，沒有上級資金等情況下，張靜江在一九二八年後身退政治舞臺轉入經濟建設舞臺，自挑擔子，舉辦如此規模的經濟博覽會確是一件談何容易的事。

其它不說，單以經費拮据，來源不足，足使張靜江舉步艱難、焦思苦慮。但張靜江時時告誡人們：「對博覽會之舉……前無因仍，純屬驚世駭俗之舉。故那些巽懦者趑趄不前；那些桀黠之眾從中阻撓搗亂。奔海之水，沿途不暢，必為之塞，宏圖偉業，如有人阻，也會成虛。」但張靜江不為一切困難阻力所動，下定決心，他不禁呼出了長期存在他內心的呼聲：「神州同胞苦苛法久矣！蜷伏偽共和，強暴軍人鐵蹄之下，束縛之，馳聚之，誅求無藝，文明之跡幾熄，生人之趣垂絕。黔首不知身丁何世，更奚複有昭蘇之望……眾志大成，建設當前，亟乘此際，創行賽會，以鼓勵群情，實開國之要圖也。」

讀了他這段文字，自能理解張靜江舉辦中國西湖博覽會的苦心旨意了。如今，對蔡元培、胡適等人傾向的自由與民主的價值觀常常談及，殊不知在張靜江心中他對中國政治、經濟、文化的態度，卻始終是以民主與自由為其價值觀的。

四十五、打通閉塞的大門

張靜江在大力從事經濟建設的同時，他還非常重視「裁兵實荒」和「開發西部邊疆」諸問題。他搞經濟建設的最終目標，是「以樹訓政，憲政之基礎」。這在一九二九年中國還處於非常愚昧落後狀態下，無疑已經觸及到了遵從唯物史觀的發展生產力的問題，即人類歷史發展的基礎是生產力以及經濟制度的問題。張靜江在「建設委員會工作報告書」（一九二九年三月中國國民黨第三次全國代表大會政治總報告）中，他發展經濟建設是為在中國實現「憲政」這個上層建築服務的。從他傾全力發展經濟建設的思想、目標來看，他還是要改變中國當時落後的生產力和經濟制度，以實現孫中山提出的建國方略。但他和孫中山建國方略又有不同之處，這也許就像唐德剛先生評價孫中山先生的論點。張靜江希望出現的中國建設與經濟發展，並非是建立在一個絕對的，一如「二次革命」時建立中華革命黨時那樣只聽命於孫中山一個腦袋之上的經濟建設的方略，他實施的建設事業要同時在政治上實現「以樹訓政、憲政之基礎。」這確是對孫中山建國方略，尤其是孫中山說的「革命成功後第一步緊要工作即是建設」這種思想基礎的一種改進。於是張靜江的全國建設事業計畫非常恢宏博大。

除了上述工業建設已實現和正在實施以外，我們看到他的建設委員會已計畫和正在實施的建設事業，共有十一項：（一）建設基本工業計畫；（二）建設首都電氣大發電廠計畫；（三）籌設工業試驗計畫；（四）組織原動力研究委員會計畫；（五）建設國營繅絲廠計畫；（六）裁兵實荒計畫；（七）建設滿蒙新藏計畫；（八）統一兵器，整理全國兵工廠計畫；（九）建設模範機器廠計畫；（十）建設南京水廠計畫；（十一）編譯工程科學書籍計畫。

今天，當我們回頭看張靜江那時熱心投入各項建設事業的宏大計畫，真感到不簡單。因為，那是在七十多年前的時期，如果我們看當時世界最發達國家的工業建設，再和張靜江的建設事業作一比較，相差雖有，但卻不大。如果，沒有「九・一八」日本的入侵，按照張靜江擬定的這個建設事業順利實施，那麼我國將會是一個什麼樣的國家了呢？真是不可限量。

張靜江把所有新建、擴建的工礦、交通、運輸、電氣等一律歸屬於國家建設委員會管轄。如擴建範圍之內的有淮南煤礦、長興煤礦、南京首都電廠和常州戚墅堰電廠。在籌建範圍之內的有南京到蕪湖，杭州到江山的鐵路，南京到上海的公路（京滬公路），有南京到杭州的公路（京杭國道）。一九二九年一月，張靜江指揮浙江省建設廳特地借調工程師杜鎮遠到杭州，杜工程師親率勘察隊出發浙贛鐵路沿線，認真勘察了二十多天，把勘察工作完成，這為建成浙贛鐵路打下了基礎，為日後建成此鐵路加快了進程；這在中國鐵路建設上開創了最光輝的時期。

一九二九年的張靜江，因為由於他自己深感一個國家通訊事業的不發達，就不能接軌日新月異的國內國際的資訊交流。所以他非常重視無線電臺的建立和管理。在無線電臺的建設上，他分民用電臺和國際大電臺二項實施建設。他統一管理後，馬上取締了外國人在中國境內私設的電臺，並即刻廢除了從前一切不平等的無線電合同契約，他還非常重視中國在國際舞臺上的主權地位，這跟他以前也很反對俄國對中國政治上的一些干涉是一樣對待的。這和他投入辛亥革命時期同，就很痛恨清朝政府的腐敗無能，以及對外的一味退讓的國家政策。

一九二八年六月，建委會成立無線電管理處，專司無線電通訊建設。一年之內，改建、新建長、短波電臺二十九座，開展收發報業務和進行廣播。又同國內三十餘處地方電臺建立通訊網，使電信可到達國內各主要城市。同時，在上海真如開建國際無線電臺，以供收發國際電信之用。此外，張靜江還主持了開展了一系列與發展電氣事業有關的其他工作，包括設立電氣試驗所和小型電機廠，制定全國電氣發展指導規劃，編制電氣法規以及獎勵、指導民營電氣事業等。

當時建設了民用電臺是：上海有四座，漢口三座，還有南京、北平、天津、廈門、福州、宜昌、寧波、安慶、杭州、吳淞各一座。爾後，在一九二九年後，先由在南京、廣州、蕪湖、蚌埠建成無線電臺。所謂民用，實際上是以商股形式經營。為什麼張靜江一部分建設要以一種新型的經濟結構——民營商股形式來發展呢？這有二方面原因：一是由於張靜江曾長期生活在法國並自已本身也長期在法國、美國等歐洲各國經辦實業有影響。國外的經濟組織結構長期是應用民營商股形式出現於經濟組織中，耳染目濡，深受影響。第二個原因是，當時已正逐漸在中國崛起的，以蔣宋孔陳四大家族為核心的官僚資本正在發展，勢必和張靜江等人搞的全國建設委員會發生一些矛盾和衝突。

張靜江心中自知很難抗衡。因為官僚資本是以專制政治權力為基礎。譬如要搞電廠建設，勢必要由人來承辦這個項目，由誰來搞？工程如何進行承建招標等一系列程序行為由誰定奪？在當時三十年代，在蔣介石高度集權體制下，「蔣宋孔陳」四大家族集團，勢必要插手，或打招呼，或由四大家族控制的人員來承辦。張靜江為免於這類磨擦、矛盾，他借鑒國外獲得成功的經濟組織形式——民營商股來參與各專案或實業的承辦，如此，誰投資，誰入股，誰得利，相對比用權力控制較為公正一些。

張靜江在這期間，為了進一步使中國比較閉塞的通訊能跟上國際的步伐，從而改變中國資訊落後的局面。也為了開啟民智。也

1930年全國建設委員會召開大會時張靜江與會人員合影。

著手建設國際大電臺於上海，在上海建立短波無線電發報台一座。這座國際大電臺，是與美國無線電合作組成的無線電實業公司，全部無線電發報等設備均由美國供給，由這家中美合作公司組織供應機件、材料並負責裝置。這個國際大電臺當時所耗用資金約十七萬美元，一年內全部建成。張靜江雖身患殘疾，但每有重要方案，甚或勘察地畝、圈地築台，及設計工程圖紙的拍板均由他投全力而奔波。他還選拔國內優秀並熱心於無線電事業工程技術人材赴美國監製、督促。一邊建設國際大電臺，一邊還與各國海陸無線電交通公司分別訂立報務合同，以和各國攜手合作辦好中國的電訊事業，在張靜江心中目的只有一個，儘快使中國不至於處於封建的閉關自守的資訊閉塞狀態。儘快和各國建立通訊往來，加強資訊管道的通暢，使這個剛從滿清皇朝封建體制中解放出來、又陷入於軍閥混戰局面的中國，能取得國外文明與經濟建設的資訊，從而獲得啟發，以改變中國當時的落後狀況。

當時，張靜江還在上海設中菲轉報電臺，以開拓中國與東南亞各國互通國際電訊，以快速轉遞中國與東南亞各國的資訊交流。當時雙方還訂立了合同，凡中國當時發往歐洲及南北美洲的各國之電訊，均通過上海中菲轉報電臺交菲台轉遞。當時張靜江還及時把南京、漢口、天津、廈門、寧波五個城市的電臺聯起網來，可直接收發國際電臺的資訊。

這段期間，張靜江還迅速督促建立航行船舶的無線電通訊設備的安裝，以使中國能及時加入國際航行安全公約。當時建設委員會行文中國各海關，通知所有註冊船舶，強令裝置無線電通訊設備，以保航行之安全。最值得一提的是，張靜江雖積極引進美國先進科技設備，但為了發展中國自己的無線電製造業，特在上海設立無線電製造廠，這是在原上海無線電修理所的基礎上擴充規模建設的，目的是為了發展自己的民族工業，不必處處仰仗國外供給。各地陸續建立起來的民用電臺，均由該廠供給設備。這個無線電製造廠還擴充了許多精良的先進設備，以製造品質較高的無線電設備零件，以供給國內發展無線電事業的需求。

張靜江深知隨著各城市無線電的建立，必需要很多報務人材。他及時在上海設立全國報務人員培訓機構，當時叫「報務人員養成所」，聘國內外專家進行培訓教育。一九二九年至一九三〇年初，第一屆培訓學生約八十多人，培訓半年畢業，然後分送各無線電臺工作。此後連續進行，就當時統計及報載，每年可培養出二百至三百名優秀的無線電報務人員，以派赴全國各地電臺使用。

由於當時各軍閥割據時，曾把無線電一切用品（包括零配件設備）均禁止流通。張靜江在建設委員會任上，他深恨這種束縛人民開展資訊交流的愚昧做法，深惡痛絕於這種反科學的幼稚思想。他上任後即下令開禁無線電用品。為了這件開禁之事，他多次與財政部會商，終於促成開禁，這對促使中國和國際社會之交流，及國際學術的研究有很大的開拓性進步。今日，從張靜江重視無線電通訊事業的舉措上，可以說是他為打開了二十世紀三十年代中國通向國際交流的長期閉塞的大門。

四十六、發展電力工業

張靜江在發展與世界溝通資訊交流，打開閉塞的國門上他先行發展了中國的無線電事業。但是，當與世界取得交流，當國際的工商界人士進入國門，乃或進行投資合作興辦工業時，卻使張靜江深感國內在清政府衰落，又外加國內軍閥混戰，國內工業實處於凋敝落後狀況，而當你要興辦中國各類工業生產時，當時一個制約其發展的瓶頸就是國內電力的供應，沒有足夠動力之供應成為當時的突出問題。當時張靜江提出了：「電廠建設與各種工廠宜互相促進，以求進展，不宜相互期待，致失時機。電氣廠若成，工商業之發展，將如水之就下，可立而待，今宜先事宣傳指導各工業之如何利用電力，以謀成本廉，而出品多，其次則由政府督促各地電廠以廉價供給電力。」

這個提倡發展電力工業，以利工商業之發展，並利用電力，以使工業成本降低，產出廉價電力供應，這不僅有利於經濟發展，還有利於老百姓使用照明電價的降低，舉一反三，互利帶動，這實是張靜江當時發展電力工業的基本思路。本著這個思想，張靜江第一步著手抓電廠的管理以及把某些頻臨倒閉的民營電廠由國家來接管。他著手的第一步是促進或敦促全國電氣事業重新進行註冊登記。當時國內公營及民營與電氣事業有關的廠家有五百餘家。而向國家正式註冊登記的不滿百家。

由於當時極大部分電氣業的廠家未列入統一管理，以致國內使用沒有統一的電壓標準，這極大地妨礙了國內電廠聯絡並網問題。於此，張靜江以全國建設委員會彙集聽取全國專家意見，制訂出一套全國統一的各種電氣標準，並在南京首都設立中央電氣標準檢定所，並在各省設立的建設廳設立檢定分所。以使全國納入統一標準實行檢定管理。於此基礎上，張靜江實行了全國電氣業管理的法規，並經行政院議決通過公佈。另外，有關行政上，技術上的各種必要行政法規，他也不遺餘力，聽取彙集國內外專家意見，即依據國情，又參照國外先進國家管理法規，進行研訂實施。

為了籌集資金投入電氣工業，張靜江也頗費心力。他提出三個籌資方法：一是借用庚款。二是發行公債，三是吸收外資。七十年後的今日，再回頭看當時張靜江搞經濟建設，除了吸收先進的國外科學技術外，頗值一提的是從籌資方法上看，上述三種方法，除應用庚子款是「自吃自」外，其餘二種方法，都已經和我們今日對外改革開放後所用的籌資方法，已無多大差別了。

一九二九年三月十六日，張靜江出席中國國民黨第三次全國代表大會，他被選為中央監察委員。三月二十八日繼續在京出席三次一中全會。在這年的六月中央二中全會上，張靜江為了更好更合理地用好這筆庚子款項，他提出借用庚子款項，一是用於經濟建設，二是用於發展中國的教育事業。張靜江提出的這個借用庚子款用於建設和教育的問題，在當時確是一種有關國家命脈的大事。

所謂借用庚款辦法：張靜江在國民黨三屆二中全會上提出的內容主要如下：

查退還庚子賠款用途，早經總理手定對外政策第五條明白規定，完全劃作教育經費而為擴充教育之用。前鐵道部議擬借庚款築路，當經政治會議發交教育基金委員會及計畫庚款委員會審查。於本年二月十九日由該兩委員會邀同鐵道部孫部長到會審議，決定鐵道部提案以英、俄、意三部份庚款為擔保發行公債可以成立；但原案擬發行公債一萬三千五百萬元，擬改為一萬五千萬元，此項公債應平分為三股：一股充教育準備金，一股撥借追築鐵道，一股撥借建設委員會辦理建設事業。……使教育與建設諸端均得到同時發展。

張靜江借用庚款用於建設，再加上以當時國營電廠的資產及營業收入作為擔保發行公債，拿了這筆公債資金，再利用外資，以遂漸在國內大力發展電氣電力工業。

當時由張靜江拍板，馬上實施開展。建設委員會即將原南京電燈廠一切工程，帳冊接收，並即改組為首都電廠，加強電廠技術改造並加強電廠內部組織管理。這年的八月原戚墅堰震華電廠因合併風潮而停了發電。張靜江接到報告後，即強行派員下去，要該廠顧全大局立刻發電。但因股東內部糾紛，風潮不息。於此，張靜江派建設委員會人員下去摸底調查，即在摸清原股東入股狀況，股本大小，進行清算。戚墅堰電廠由於前身是私營無錫震華電氣廠和輝明電燈公司，兩廠因營業糾紛及管理不善、設備陳舊，致使「業務日趨萎頓，對於電力的供應漸有不充裕及因故中斷的現象，一時工業界頗受困擾」為此，張靜江於一九二八年十月下令兩廠停業，另擇無錫與武進間的戚墅堰興建新發電廠。從此平息股東風潮。另，張靜江又改建了首都電廠。首都電廠原名金陵電燈官廠，創始於清宣統元年（一九〇九），純係官辦企業。建委會成立後，從南京市政府手中接辦該廠，並對其進行改建。與此同時，張靜江將二廠的建設視為「本會發展全國電氣的起點」，極為重視，親自為首都電廠的改建工程籌募資金，對電廠進行分期擴建。經過三年的努力，至一九三一年上半年，首都電廠月發電量由接辦時的三十餘萬度增至一百二十萬度，電廠資金由二十萬元增至一百五十萬元，戚墅堰電廠則達到月發電二百八十餘萬度，均躋身全國最大電廠之列，有效的解決了南京一帶的供電問題。

籌建長江下游電氣網。建委會從一九三〇年五月進行規劃，預期五年內在西自無錫、南京，東至上海、杭州的廣大區域內，指導擴充原有較大的民營電廠，使長江下游總發電量增加十五萬瓦，同時增設五百公里高壓輸電線路，「組成一模範電氣網」。這一規劃的先期工程是建設京滬杭三角區的中心網路。當時著手在無錫高橋辦理徵地，準備一年內建設容量十萬瓦的火力發電廠，以實現三地聯網。

另外，為減低發電成本，張靜江派工程技術人員下電廠改進設備，以電力專家潘銘新統籌規劃，增加設備，充實資金，加強管理，使該電廠供電量不斷增加，不但解決了無錫地區的用電，而且以優惠價，提供於工廠的用電和農田水利灌溉的用電需求。如當時的電線桿木，以及電線等因年久失修，故電力因此損失達總發電量的百分之六十。經檢修，重新安裝後，在變壓器、電杆及接線上的電力損失已從百分之六十降至百分之三十，由於額外損失減少，電力成本降低。張靜江馬上命首都電廠率先作出減低電價的命令，以減輕人民大眾的經濟負擔，當時在未改進前每度電價為二角四分，改進後降至每度二角二分。而每戶由電廠收取的用電保證金也一律減半收取。

今日（七十年後），在全國各地有「城市亮燈工程」，而據史料記載，張靜江在七十年前也提倡增加各馬路電燈，並增多各路路燈，並編制亮燈計畫。從當時留下的歷史照片我們可觀察到，中國當時各主要城市，特別是南京、上海、寧波、杭州、青島、廣州、武漢等地各馬路亮燈夜景已很閃亮繁榮。

張靜江當時還引進國外電廠的設備，增加發電容量，但同時他也不忘記讓民族工業在引進基礎上的積極而有步驟地發展，並積極使各地電力聯網。當時的首都（南京）、江陰、鎮江三個新的發電所聯絡並網，當時三個所新發電量每月已達一百二十萬度發電量。

張靜江在發展電廠民族工業時，充分吸取他在無線電工業建設上的經驗，他又呈請國家批准由自己製造發電廠設備，新建自己的電廠，以改變前基本上由外國供應發電廠設備狀況。從今天的資料看，他新建的發電廠按當時國幣算約需一千萬元投資。這一千萬元，根據張靜江可分別為：一、廠屋及土地費約二百萬元；二、機器設備約三百五十萬元；三、輕便鐵道及車輛約五十萬元；四、開辦費用約十萬元；五、流動資金為三百五十萬元；六、工程技術人員培訓約二十萬元；七、其它費用約二十萬元。

如果用今日計畫來衡量當時的概算，也稱得上是非常合理和精確的。這也是筆者為什麼要錄其大概框算的費用之用意。說明了張靜江是一個懂經濟管理的國民黨內上層精英人物。另有一條張靜江對經濟的成本核算也想得很精細很慎密。新建電廠以一千萬元計算，如外資合股，以各百分之五十計算。而規定外資股本自營業獲利之日算起。還有，二十年以後，得由本建設委員會按照額面價格收回百分之五十，而在未收回前，該合資外商所有機器發明及專利權可完全由中方廠方自由使用。這些吸收外資的條件，是非常有經濟頭腦，非常愛國，也非常重視培育民族工業發展的。這跟七十年後，我們在有些地方出現的中外合資企業上，一味遷就外商，甚或有些個別企業家「吃裡扒外」的合資，是非常有教益的。七十年前能做到的民族自強、合理利用外資，在七十年後的人們重做中外合資開工廠也許是有史可鑒的。此時，張靜江領導的建設委員會接辦了安慶電廠、貴陽電廠。成立了天漢水電廠、南鄭電廠、湘西電廠、天水電廠等電力建設。

一九二九年的六月一日，也就是張靜江出席國民黨第三次二中全會時，正值孫中山先生靈柩奉安典禮。但由於張靜江足疾加劇未能前往，他特地致信宋慶齡和孫科，信中真誠地反映了張靜江對孫中山先生能及早入土為安進行了對當時形勢發展情況的分析，現錄其信函：

夫人，哲生兄（孫科）均鑒：傑以足疾加劇，今晚不能到會，悵悵。先生葬所，傑意小茅山地勢高踞明陵之上，又非軍事要衝，以葬先生位極相當。先生以明祖雖同以種族革命而成功者，惟先生之主義與人格，皆過明祖遠甚。據其上游實無嫌於後來居上。先生彌留時，以安葬紫金為囑，其意或亦如是耳。又葬事能速則愈速愈妙，諺云入土為安，方今世故糾紛，變端叵測，因循時間，似非所宜，鄙見如是，請夫人與哲生兄決之。

我們從張靜江這封寫於一九二九年給宋慶齡及孫中山兒子孫科的信裡，至少可以窺到張靜江內心的幾點看法。一是張靜江非常忠誠遵循孫中山彌留時的囑咐。在孫中山彌留之際他待在身邊，他聽到孫中山的遺囑，即孫中山逝世後他的遺體要安葬在南京的紫金小茅山一帶。二是，張靜江在心中把孫中山和明祖列為同為以種族革命而成功者。但他認為如同為種族革命成功者，那孫中山在中國歷史上的地位要高於明祖。三是張靜江當時（一九二九年）已經看到了中國局勢的變化不測，從一年多後的政局情況看，張靜江的目光和對當時政局變化的把握是非常正確的。當然他已覺察到隨著時局的發展與變化，他和蔣介石的矛盾也會在各種條件下不斷加深。這些均是張靜江這位辛亥革命元老在政治上的預見性。正因為有這一政治預見性，他才拼命傾注全力與心血抓緊時間在中國搞建設，以奠定日後中國在電力工業建設發展上的基礎。

四十七、興辦水利與創建礦業

三十年代的中國，社會經常動盪不定，水利終年失修，致使災荒頻繁，常常成為農村經濟衰敗的重要原因之一。這裡僅談水利，當時使農村經濟衰敗的原因當然還有很多，誠如有魯迅先生所說的還有「多子，饑荒，苛稅，兵，匪，官，紳……」等等。當時雖站在統治階級陣營內的張靜江，對此也有深刻的體會，他曾說過這樣的話：「倘不急起直追，積極興辦水利，則食糧日減，民命何堪，瞻念前途，真覺不寒而慄。」他的話也確和魯迅用文學的眼光在他《故鄉》中描繪的閏土家族的情況可謂相同。但張靜江大多是用政治家和經濟家的頭腦和眼光來觀察的，他認為發展農業應以改良水利為急務。當時中國廣袤的大地上，水利的建設應視為所有建設的中心。他曾以「民以食為天」來看待當時的農業水利問題，他說：「欲救危亡，自非改良灌溉，增加產量，充裕民食，不足以言建設。」

張靜江在全國建設委員會成立後，便致力於水利建設事業。他實施水利建設的第一步是統一水利機關以加強領導。方法有四個方面，一是建立治黃機關統籌治理黃河及開發西北水利事宜。這主要是指搜集洪水氾濫的各種資料供專家技術人員研究，並設「治黃委員會」，主持測量、調查、計畫等工作，然後在科學的基礎上拿出治洪方案。二是張靜江及時收回了外國人在中國代辦的水利機關，如他著手收回外國人代辦的上海浚浦局、天津海河工程局、營口遼河工程局等機構應統一籌畫管理，以扭轉反客為主的治水管理機構。三是當時全國水政系統的管轄大都是各自為政，各設機關，甚至各省各區域，不相為謀。有同一河流而分段各治，或同一條河流設數種管理機關。這種水政系統，已嚴重阻撓了全國各地的水利建設。張靜江管理後，立即歸併，形成了統一籌畫、治理的新的治水系統。建立這種管理體系，可使全國水利區域分區統一籌畫治理，既有統一，又有分區專職負責。他把全國劃分為東北區、華北區、黃河區、淮河區及華南、西南、西北、漠北區。（漠北區即管理蒙古境內各河川、湖泊等，這個區當時暫緩未曾設立）。

當張靜江把水利建設的管理系統建立後，他就應用他當時的經營理念，籌畫各地水利建設的經費問題。對於水利建設的經費問題，他又把它劃分成三大塊。即中央水利經費，各省水利經費，以及專項水利事業的經費。這三大塊的經費撥劃是：（一）中央水利經費的籌畫，主要來源是以每年關稅增加額的百分之二十五來充實。（二）各省水利費，以每年土地稅收增加額的三分之一來充實。（三）辦理專項水利費，由辦理者負擔工程費的一部分作充實，而其負擔費額由主管機關定之。

在張靜江把全國水利建設籌措經費之來源方法一俟定奪後，即聘請水利專家、經濟學家進行實施。當時全國各區域實施經費測定如下：

一、治淮工程費，（範圍包括山東境內之南運河及江蘇境內的江北運河一帶），款項總投資五千萬元以上。

二、永定河、河北境內各河流，工程款約需投入二千萬元。

三、永定、大清河、子牙、南運、北運等河流之入海工程，計約需投入工程款一千五百萬元。

四、西北水利工程，因陝、綏、甘、寧各省雨量稀少，旱災嚴重，張靜江制訂了整理渭北灌溉工程計畫及解決黃河後套灌溉工程計畫，此投資需伍佰萬元。他乘剛舉行的本屆三中全會通過的開發西北水利案，及時進行這幾項西北水利建設的工程實施。

五、太湖流域水利工程以及疏浚吳淞江計畫，工程款是二百多萬元，以及當時疏浚常州鎮江間運河，概算投資需要二百二十多萬元。

六、廣東的治河工程，主要是整理東西北三江堤工，共需三千五百萬元，另需疏浚珠江及建築黃浦商港，共約需投資五千六百多萬元。

上述的涵蓋全國的龐大的水利建設計畫，張靜江確是研究、計畫得非常周密的。從這份水利建設的投資計畫，僅廣東一帶的三江堤工及建築黃浦商港一項所需資金就很龐大了。在全國的水利建設上，張靜江提出了中央與地方的合資，發行水利公債及有償使用水利設施一系列有效的方法進行。特別頗值一提的是，張靜江在模範灌溉實驗方面做出了卓有成效的探索。模範事業是張靜江為「應用科學方法，發展電力灌溉，增加農產收益起見，擬於各省選擇相當地點，分別設立模範灌溉區，以示提倡……。」這一張靜江所宣導的農村模範事業，在當時確起到了發展農業水利的先進作用。他企圖通過「廣設場所，樹以楷模，使人民知所取法，逐漸推廣」的方法，以達到改良農業發展之目的。

一九二九年十月，他的這一有利於當時中國農業發展的計畫被批准立案。一九三一年初，張靜江在他領導的建設委員會下設模範灌溉局，並委派孫輔世為局長主持工作。此模範灌溉局接辦整理了位於江蘇武進、無錫一帶的武陽電力灌溉區，創辦了位於吳江縣東之龐山湖灌溉實驗區，進行了種子改良，生產消費合作試驗，推廣電力灌溉等一系列工作，為全國的農業生產樹立楷模。

今日從許多史料看，就連蔣介石的把兄弟黃郛，在他退出政界後，還特地去浙江的德清武康庾村搞農業實驗田，在那裡他辦過農業蠶種場、奶牛場。還興修水利，建莫干山農村改進會，在當時算是引進了最先進的農業技術。

張靜江還非常重視中國北方及西北地方的模範灌溉區的推廣，如他致信給那些地區——陝、魯、綏、豫、冀、寧等省政府，要求他們這些地區的政府也即趕快推廣農業模範灌溉方法。當時張靜江的建設委員會已把南京的八卦洲、江西的賽湖、安徽的青草湖、陝西渭南地區、河南陳橋渡、山東的王家梨行等農業區或農業場所列入模範灌溉區的規劃。這些地區大約有六十萬畝土地作為農業灌溉的首期試驗點區。他準備在上述試點區首先取得成功後，再逐漸推廣到全國各地。

經過首期試驗，在這些試驗區都取得了一定的成績。如以武陽地區為例，張靜江所領導的建設委員會接辦之初電灌面積僅有三萬餘畝，一九三四年增至五萬餘畝，每畝每季只需灌溉費約一元二角，比用舊式農業方法灌溉費用明顯減半，或減少三分之一的費用。新式模範農業灌溉區域的收效是非常顯著的。這是張靜江在農業生產管理體系上的一大突破和貢獻。

張靜江除了對當時中國的電力工業、無線電通訊事業，廣大農村的農業水利事業作出了卓有成效的貢獻和開創了中國歷史上工業的先聲外。他在對當時中國的煤礦業和中國的交通事業上也傾注了心力。當時的中國，煤礦業確還十分落後。張靜江因長期居住在國外，對西歐的多種採礦業的發展歷史非常熟知，而他投入辛亥革命前後，也常常往返於中國與許多西歐各國，無論在上海，或在南京及在其它一些沿海大城市，他都看到當時萌芽於中國的工業之發展，在使用燃料上，大量依賴於洋煤的進口。這些當時中國自己民族工業發展的現實狀況，使張靜江在內心對依賴洋煤之用作了深刻的反省，從而更促使他提出振興煤礦業的基本方針。他提出了發展煤礦業的一系列計畫並多次派出礦業專業人員分赴江蘇、浙江、安徽、江西、湖南、湖北、山西一帶實地調查礦苗，以備開採。張靜江認為為了採煤業的順利發展，必須「扶持業經停頓諸礦，不論官辦商辦，研究其停頓原因、代籌解決辦理，使其恢復工作。」他還指令其領導的建設委員會在開展發展採礦業上必須「採用最大最新機器，大規模開採，以盡礦利。」還必須「以開採南方煤礦為先務。」

按照張靜江上述思路，建設委員會首先接管整頓了浙江長興煤礦。為了解決發展電力及其他工業所必須解決的用煤問題，張靜江提出了振興煤礦業的方針。他認為欲求煤業之發展，必須「扶持業經停頓諸礦，不論官辦商辦，代籌解決辦理，使其恢復工作」；「以開採南方煤礦為先務」按照上述思路，首先接管整頓了浙江的長興煤礦。接管前的浙江長興煤礦，「在商辦時代，（即商業民營）因經理無方，用人失當，無法維持」，到一九二四年停產。一九二八年八月張靜江取消了這類民營採礦權，由建設委員會接辦。並委派了專業人材陸子冬先生為長興煤礦局長，前往接管、整頓、重組該礦務。張靜江於一九二八年八月組建了長興煤礦局，逐步修整煤井，恢復並擴大開採。長興煤礦，其煤脈系安徽廣德而來，礦區沿地七十餘公里，當時估計煤總量為四千萬噸。但是，由於辦礦不力，已停產三年，張靜江接管時全部機件已殘缺不全，鐵道、車輛、井工機修廠等多毀壞。當時以陸子冬接辦清理後，投資約六十萬元，於一九二九年五月重新出煤，在此穩定出煤基礎上，張靜江帶著殘疾之身軀，到實地堪察後，他「又囑開發廣興煤田」以解決當時急需的「充裕供應杭州及戚墅堰兩電廠以及上海各工廠用煤」的問題。

經如此一番改造後，其煤產量攀升提高，「一九二九年產煤是二萬〇九百一十九噸，一九三〇年產煤十二萬八千七百五十噸，至一九三一年，已達到十八萬四千六百四十噸，……是我國江南二〇、三〇年代僅次於萍鄉的煤礦。」一時成為南京、上海、戚墅堰和杭州各電廠及其他廠家的主要能源。

此廣興煤礦經過短時間的建設，也於一九三〇年十月開始每日出煤。這時每月平均產量達二萬四千噸以上，且逐月不斷在增加產量，業務日趨繁榮。及至一九三二年九月，張靜江以一百萬元的價格，將煤礦移交給原長興煤礦公司股東經營。

繼長興煤礦經建設委員會整頓接辦好後，一九二九年春，張靜江派員在安徽懷遠舜耕山劃定礦區，決定在此建設一個更大的煤炭基地。經詳細測勘，於次年春正式興建。這就是他全力主持創建的淮南煤礦。

當時，沿長江各埠為中國經濟最發達地區，歲耗煤約三百五十多萬噸，大部分所需之煤都依賴於外國煤的輸入，當時中國煤在張靜江未去開發前，每年靠民營商辦煤礦出產量很小，而取於國礦者，其數甚少。為求煤炭之自給，他宣導中國應「救濟煤荒，抵制輸入。」張靜江曾多次在全國建設委員會舉行的有關採礦業會議上決定「開採皖北懷遠縣煤田，定名為淮南煤礦。」寫到這裡，筆者曾在三年前有機會隨本鄉一個雙林鎮人，他曾是擔任九十年代淮南煤礦的老礦長，我隨他去參觀淮南煤礦，目睹堆積著如一個個小山頭似的淮南煤，以及十多萬職工在那裡工作，站在「淮南煤礦」大門口，看到那因採煤而新興的一個中等城市。這更使人想起二十世紀三〇年代的舊中國，張靜江要以何等魄力和心血投身於中國煤礦事業建設之情景。筆者寫此，還會想起存放於南京中國第二歷史檔案館中有關《建委會創辦淮南煤礦述略》之狀況與情景……雖亦如隔世，可令人難忘。（建設委員會檔案第四十六－七百六十三頁）。

淮南煤礦於一九三〇年四月開工興建，建設速度之快令人驚奇，到八月份日產淮南煤已達百噸左右。至一九三六年六月達到日產煤二千多噸。由於淮南煤礦之開辦取到「養社會數千之工人，抵

四十八、中國新鐵路之父

張靜江對鐵路建設非常重視。在浙江省主席和建委會委員長任內，推動各級部門，調動各方面力量的積極性從事鐵路建設，領導創建了杭江、江南和淮南三鐵路。杭江鐵路經費由浙江省財政籌集，但由於一省財力有限，建委會也是一個財力很脆弱的機構，無米為炊，實在是煞費苦心的。張靜江決定因陋就簡，修築輕軌鐵路，本著「先求其通，次求其備，從而降低築路資金」的原則趕修鐵路。一九二九年九月，杭江鐵路破土動工，到一九三二年三月杭州至蘭溪段竣工，工程實際費用平均每公里僅為三萬七千元，打破了當時每公里鐵路要十萬元的迷信，與不借外債不能造鐵路的自卑觀念。一九三二年四月二十五日杭蘭段全線通車。由於經營有方，加之沿線人口稠密，通車之後客貨效益都不錯，營運後不久，就有盈利。為籌措築路經費，浙江省政府把杭州電廠出售後作築路基金，向中國銀行補借一百九十萬元，向杭州四銀行團加借一百二十萬元，並借到列強退還庚款二十萬磅，作為專門款項購買國外築路材料。這樣經多方籌集，工程終於得以繼續進行。從一九三二年十一月，到一九三三年十一月，僅一年時間，金華至玉山（浙贛交界）段一百六十三公里就全部建成，次年一月正式通車。杭玉鐵路的全線貫通，使浙江省杭江鐵路計畫完全實現，並延至玉山，使浙江境內有了交通大動脈，對浙江經濟發展起了促進作用。後國民政府以次為基礎建成浙贛線，成為橫貫我國東南地區的交通大動脈，「對於運輸貨物、載送旅客，有很大貢獻」。尤其是抗戰初期「後方部隊經浙贛開往前線增援者逾十萬人。適日寇侵滬，所有公私人員物資，亦假道浙贛，撤往後方，保全國家資財元氣，不計其數。」

周賢頌先生有一篇題為《中國新鐵路之父——張靜江先生》的文章，在這篇文章中他透露了一個有關三十年代張靜江在中國創造新鐵路的成本核算的資料。他在文章中說：「他（張靜江先生）修的三條鐵路每公里成本價都在三萬元左右，打破了我政府（當時的三十年代國民政府）與一般社會人士每公里鐵路造價要十萬元的迷信。」

這三條鐵路便是指張靜江初任浙省主席，「鑒於國計民生之凋弊，欲以發展交通、建築鐵路，以資救濟」的方針所創建的杭江、江南及淮南三鐵路。當時他任命鐵路專家杜鎮遠等人為技術領導修建這三條「浙省自辦」的鐵路。

杭江鐵路。全長三百四十一公里，起自杭州向西經蕭山等地至江山為止。杭江鐵路接邊江西，於一九三〇年二月開工，

1928年11月浙江民衆歡迎張靜江任省主席時留影。

一九三三年十一月全線通車。後國民政府以此為基礎發展，建成了浙贛鐵路全線，成為橫貫我國東南地區的交通大動脈。此鐵路的建成，尤其是抗戰初期，「後方部隊經浙贛開往前線增援者逾十萬人。適日寇侵滬，所有公私人員物資，亦假道浙贛，撤往後方，保全國家資財元氣，不可數計。」於此，可見此鐵路之建成後對國計民生及當時抗日戰爭的貢獻。下面我想引一段當時一位撰寫《中國戰時鐵路史》的作者所寫的對建造此鐵路在抗戰時的作用。他是這麼記錄的：

「東西南北戰場，軍隊輜重，得隨軍事形勢之轉移，行動自如。徐蚌會戰時，將南方軍隊，調至江北。及徐州淪陷，又調回南方，保護武漢、守衛長江。此調動自由，皆浙贛鐵路之所致。」

張靜江對交通事業提出了「發展交通，開發地方」，他認為交通發展到那裡，這一方土地上的人民便可得到經濟之開發，他還提出辦鐵路之四大目標：一、不借外款；二、浙省自辦；三、不任用外籍工程師；四、先求其道，後求其備。他這些思想，在當時乃至今日依然是對發展經濟有一定的借鑒作用。

張靜江創建的江南鐵路（蕪乍鐵路），是他用集商股興建的一條鐵路。一九三三年他聯合了蔣介石、宋子文、杜月笙等八十二人成立「商辦中國鐵路公司」，修建蕪湖至乍浦鐵路。這是他在三十年代探索調動應用民間資本投資於鐵路建設的途徑。後改為修建京廣線（南京至廣州）。至一九三三年二月公司股東大會將公司改名為江南鐵路公司，以宋子文為董事長、張靜江為總經理，開始實施工程計畫。七月開工，至一九三六年二月第一期工程竣工通車，東起南京，向西經蕪湖至孫家埠，全線一百七十五公里，這便是張靜江修建的第二條當時中國重要的鐵路線——江南鐵路。張靜江由於長期接受西方發展經濟思想的影響，他深信，要改變當時三十年代落後中國之面貌，發展中國的經濟，必須加快鐵路的建造。但他因長期在國民政府擔任要職，在他經過的各項建設中，他總感浪費太大，成本始終難於降下，而政府用公款造路「糜費太多，成本太大，管理費用過高，進度太遲緩，必須提倡民營鐵路發動民間資本，雙方並進，乃能實現……」這是張靜江在二十世紀三十年代發展民營經濟的基本思想的高度體現。

張靜江認為公家政府造價太高，糜費太多，管理費用過高的想法，確是不爭的事實，當時鐵路造價國營的每公里十萬元，民營的可在三萬元之間完成。究其原因，當時三十年代的國民政府，是蔣介石的王朝也是陳家黨的時代，是一個一黨專政時代，這樣的政府辦實業，造鐵路，不可能不層層盤剝，層層中飽私囊，不可能不腐敗——所謂糜費太多、管理費用過高便是如此造成。也許是張靜江身為國民政府要員，是歷史的侷限，他不能、抑或是他個人的侷限，他不可能洞察當時鐵路造價為什麼要高於民營商股三倍多的本質原因。

當時「江南鐵路」完成後，確對於沿途地域的經濟發展帶來了無窮的商機與幫助，「通車之日，皖南農民可以肩挑一擔米及豬雞鴨，乘上四等車，到達南京，而回程之時又可挑洋廣雜貨返回家鄉。」當時的江南鐵路在三十年代已和歐洲一些國家的鐵路設備相差無幾，已達到設備優良，而「行車管理尤為得宜」可見列車上的軟體服務以及各火車站台的服務已達到方便顧客的條件了。這也可佐證了張靜江在三十年代辦民營鐵路的一個成功的範例。

張靜江傾注心血的第三條鐵路是建造淮南鐵路。這條鐵路是為淮南煤礦的配套工程而修建的。當時淮南煤礦開採的淮南煤由於交通不便，依賴於「輾轉運駁，手續既繁，所費亦巨」，當時江南一帶之工業用煤、民用煤均靠長興煤礦和淮南煤礦，尤發熱量高的用煤主要靠淮南煤礦供給，故如專靠水運確不方便且費用較高，故張靜江看到這一點對當時發展經濟的不利，遂決定自礦區田家庵起，經合肥等地至蕪湖對岸裕溪江，興建一條長二百一十四公里的鐵路，他認為這條鐵路可達到既「運輸獨立，運費低廉，俾能以廉價燃料分配皖北各縣，以促進工業之發展」，又可「輔助開發皖北巢湖一帶肥沃之區。」總之，這條淮南鐵路的建設確給當時三十年代的江、浙、皖，乃至贛、滬等華東各省的工商經濟的發展起了很大的促進作用，也給那一片地域的人民群眾受益很大，從而使那裡的人民群眾富裕起來。

淮南鐵路於一九三一年開始勘測施工，一九三六年一月全線正式通車。通車後，給運輸淮南煤供給華東乃至全國工業、民用帶來了方便。從礦區運煤當天即可抵裕溪口碼頭，「轉循長江水運以濟上下游各埠之需」，況且可降低運價百分之二十至三十。火車客運業務也不斷發展，如以一九三七年為例，其客運收入與煤運收入相等，這大大促進了沿路各區域經濟之繁榮自不待說。今日，七十多年後，中國的民間都在說：「要富裕，先造路」，如今，在西部大開發中，也正式提出開發西部必「先從基礎設施的道路修建開始」。這也足見已遙隔七十多年前的張靜江在經濟建設上已俱有別人無可比的識見與眼光了。

三十年代時期，張靜江在重視鐵路建設的同時，也重視公路運輸的建設，他主持建成了以杭州為中心的全省公路網有四條：一是杭州至長興，北接江蘇省，是為「杭長線」，全程二百四十公里，又是「京杭國道」的一部分。二是杭徽線，自杭州至安徽歙縣，長二百公里。三為鄞奉海線，由寧波至寧海，長一百二十公里。四是自杭州經海寧、海鹽、平湖向東至江蘇境內，長二百餘公里。這些公路建設都是張靜江任建設委員會委員長與浙江省主席時，在短短幾年內加速建設而成的公路交通事業。

對於張靜江這麼一個身患殘疾，身體瘦削而不強壯之人，要在短短幾年內，傾注巨大的心血於當時還處在貧積落後、軍閥們只知武鬥、政客們只知爾虞吾詐的爭權奪利之時，而他卻在毀家紓財資助孫中山完成辛亥革命後，又繼而傾心血和家資去完成孫中山曾提出的經濟建設方略。張靜江在一九二八年後全身心投入經濟建設，這方面值得我寫的東西確很多，當我們今天回頭看他在二十世紀三十年代所走過所付出的艱辛代價，從當時歷史背景下完成了那麼多驚人的業績，確實來之不易。試想要完成這樣的經濟大業，如無公心，無魄力，無天才的經營頭腦，無付出辛勞的代價，是不足於能完成的。

鑒於這麼的回顧與想法，我想還是讓我們引錄一位當時的職業鐵路專家的回憶——《中國新鐵路之父——張靜江先生》，此文中的事實，也許比筆者更能說明一九二八年後張靜江的專心致力於中國建設的真實情景。全文錄之，以便讀者真實瞭解當年的建設史：

> 張先生一生歷史，上半節是革命，下半節是建設。北伐時期，他是中央執行委員會的主席，主持中央大計，他的革命事業，可以說是到了最高峰北伐成功，他回到浙江原籍，張家族人，設筵歡迎，他站起來演說：「革命是破壞的工作，現在破壞成功，我要開始建設工作，請諸公幫忙。」大家鼓掌，一致表示擁護，南潯多富人，張先生借重他們的力量，先在本省創辦長興煤礦，這是他建設事業的開始。
>
> 政府奠都南京，依照張先生之意志，組織建設委員會，請他做委員長。九年之內，造就了數百位建設領袖人才。有幾年，全國各省建設廳長多數由他訓練出來。他經辦各項建設事業規模大得驚人，包括鐵路、公路、電報、電話、煤礦，沒有一樁不是簇新的事業，輝煌的成功，但他只向中央領過了十萬元。
>
> 張先生認定建設中國，需要動力，動力以電氣為主，所以他用建委會的力量，創辦了首都與戚墅堰電廠，又在浙江省設了杭州電廠，都是簇新偉大的企業。幫他忙於建設電氣事業者，為潘銘新先生。

廿幾年來，初到上海的人，沒有一個不注意真茹國際電臺。它一向是中國範圍最大歷史最早的無線電臺，就是建設委員會在通訊事業上第一個貢獻。在張先生創設這個電臺的時候，恐怕大多數中國人腦筋裡，還沒有「無線電」三個字。第一任國際無線電籌備處主任，就是現任臺灣生產事業管理委員會常務委員王崇植先生。

張先生在浙江省主席任內，對於全省公路事業，與各縣電話網兩事，最為注意。因為他認為良好的政治，沒有交通的設備，是不可能的。在他二屆主席任內，完成了全省電話八大幹線，省公路四幹線，樹全國各省之楷模。

張先生對於交通事業的關係，歷史很早，國民革命軍大本營籌備北伐大計的時候，有人建議在華北及長江一帶，聘募同志，轉運來粵，加強兵力。這件「招兵買馬」的工作，由陳果夫先生在上海擔任。為了掩護耳目免人注意起見，張先生租了二條船（船名「東風」、「新國」），組織「國民航業公司」設在上海廣東路。為他辦事的有沈慕芬，是從日清輪船公司調來的。尚有沈仲毅、陳順通二任，上海淪陷前都是我國航業界的領袖。

假如說張先生是新中國交通事業的領導者，我毋寧說他是中國新鐵路之父；因為假如沒有張先生，抗戰的中國，便沒有江南、淮南、浙贛、京贛、湘黔、湘桂各鐵路，與當時服務全國鐵路人們的新精神！

我第一次遇見張先生在民國十七年冬季，當時我離了北寧鐵路，到上海養病。有人問我要不要搭主席專車，去杭州遊覽？一個頭腦簡單的職業鐵路家，摸不清張主席是什麼樣的人，對遊覽杭州也沒有什麼興趣，聽說可乘火車，我就高高興興的答應。

是一個月白風清的午夜，滬杭夜車，突地裡在上海西站停下，我在睡眼惺忪之中，看見了兩個彪形大漢，木頁抬一架四方帆布椅子，從車尾瞭望台，迂廻曲折的走上車來，到了車上客廳，扶進一位帶了很厚很厚眼鏡的瘦削老人。客廳裡圍著一大堆人，火車剛開，會議就開始，除了曾養甫先生以外，我不認識什麼人，也不懂他們所談底事。就聽得三十萬，我問友人什麼一回事，友人說：「他們籌到三十萬元，要修一條鐵路從杭州到金華。」

自認是鐵路專家的我，輕輕的啐了一聲：「真是神經！這些錢不夠造出杭州的城門。」兩年以後，我的同事金士宣博士，向我道別說，他去杭江鐵路做運輸課長，路線總長二百公里！

抗戰前夕，杭江鐵路易名為浙贛鐵路，在株州與粵漢鐵路接軌，總長一千一百一十一公里。「東西南北戰場，軍隊輜重，得隨軍事形勢之轉移，行動自如。徐蚌會戰時，將南方軍隊，調至江北。及徐州淪陷，又調回南方，保護武漢，守衛長江。此調動自由，皆浙贛鐵路之所致。」一位原不認識張先生的作者，在他所著「中國戰時交通史」作如此報導。這是張先生貢獻國家的第一條鐵路。

民國二十年夏間，我伴著李頓爵士率領的國聯調查團，在北寧路東奔西跑。張先生打一個電報給北寧路局長，調我去南京籌辦蕪乍鐵路。當時我是外交部一位義務情報員，天天從瀋陽偷竊消息，打電報給徐謨先生，一方面大家湊錢，每次在日內瓦開會時候，將日軍暴行，電報施肇基先生，作抗議資料，我一時沒法脫身。半年之後，好容易辭脫了北寧鐵路職務，到上海，下車謁見張先生，問他造蕪乍鐵路借到了多少錢？他說：「三十萬。」三十萬！原來三十萬是張先生造鐵路八字裡註定的資本！有人問：「張先生如何借這三十萬元？」

十七年政局蛻變，朝野騷然，財政枯竭，人心惶惶，有人建議取消已發行的國內公債。張先生亦在野，不問政事，但以此議搖動國信，必致引起極大的波動，邀孫哲生先生等會議於其私邸，責以民無信不立的大義；力排眾議，維持公債，金融風潮幸得免除，一時銀行界表示，對張先生新建設事業，必予支持。二十一年六月，張先生在莫干山發起「商辦中國鐵路公司」，修建蕪湖至乍甫鐵道，議起，當由十二銀行合借三十萬。

蕪乍鐵路的發動，是張先生兩個內心信仰的表現：

他最崇拜，孫中山先生，孫中山先生提倡東方大港，無人注意及之，張先生遵照孫中山先生遺教，首派陳懋解先生成立東方大港籌備處，籌畫設港工程。他又想沒有鐵路開港也無用，所以立願修一條鐵路，通達乍甫，要把安徽的米，由東方大港，出口運粵。此其一。

張先生深信，發展中國，必要修造鐵路，政府造路糜費太多，成本太大，管理費用過高，進步太遲緩，必須提倡民營鐵路發動民間資本，雙方並進，乃能實現孫中山先生十萬英里之計畫。此其二。

二十二年二月，公司遵照鐵道部命令，定名江南鐵路公司。二十三年一月顧部長孟餘令淮江南鐵路修南京至蕪湖路線。二十五年五月，江南公司京孫段全線通車，共長一九六公里，全路資金總值七百餘萬元。這是張先生貢獻於國家的第二條鐵路。

同時張先生又為建委會修成淮南鐵路，總長二百三十六公里，這是他貢獻國家的第三條鐵路。

張先生計畫，將淮南鐵路向西北展修，接通平漢、隴海兩線，成為首都與西北交通最直接的幹線。同樣的，江南鐵路的計畫，除由孫家埠修幹線東達乍浦，完成蕪乍線原計劃外，南展歙縣、祁門、景德鎮，而浙贛線之貴溪，形成首都與廣東最短的交通線。再南修至閩粵邊境，銜接廣梅鐵路，完成孫中山先生計畫之東南鐵道系統之京粵幹線。

國營淮南、省營杭江、民營江南，乃是張先生對新中國鐵道建設的初步貢獻。張先生修三路之初，咒其為狂妄者，不只我一人，成功之後，則千萬人被其德澤。國家建設，賴以推進。抗戰力量，增加百倍。他對黨國的功勳，即無從前毀家紓財革命一階段，已是光芒萬丈，永垂不朽。

但我輩從業鐵路事業的人們，對於張先生修建三路的價值，另有一番估計。

張先生自己造成的鐵路，實只六百三十公里，但有了江南，乃有京贛。有了杭江，乃有浙贛、湘黔與黔桂。這幾條泱泱大路，都是從兩路擴修。他們的工程與管理也都由兩路幹部人員所主持。

因為張先生在長江南北修築鐵路引起了閻百川先生在山西修築同蒲路的計畫，與劉湘先生對成渝鐵路的熱情。閻先生修築同蒲，處處要效法於杭江鐵路。我記得張先生修造杭江，係用三十五磅輕軌，都有公價，非常昂貴，張先生曉得三十五磅鋼軌剛在標準之外，各廠可以自由競爭，不受限制，所以取此種鋼軌，為國家省了不少外匯。百川先生聽得這個訣竅，也想買三十五磅鋼軌。洋商知道了，把三十五鋼軌也列入協定之內。百川先生就改用三十二磅輕軌。可見張先生鐵路的風氣，推展到了華北。

閻先生為逃避外國廠商的高價，採用三十二磅輕軌，在於窄軌制的同蒲，勉強沒有問題。張先生所修的鐵路，都是標準制度，可以通行全國，三十二磅軌，斷然不能適用。但他沒有錢買重軌。輕者不可，重者不能，兩者均不可得，他又發明可以購用舊軌，以三分之一的價格，在美國買了二萬五千噸六十磅舊軌，鋪造了江南與淮南鐵路。

因是他能運用其智慧，推陳出新地想出奇妙的方法，減低鐵路的工程費用，所以他所修的三條鐵路，每公里成本，都在三萬元左右，打破了我政府與一般社會每公里鐵路要十萬元的迷信，與不借外債不能造鐵路的自卑觀念。這是我輩鐵路人們認為張先生對於中國新鐵路最大貢獻之一。

過去我國造鐵路，非洋工程師不可，最低限度，必須跟從洋工程師幹過鐵路的，洋工程師場面大，鋪張大，一切一切，都要A字一級。鐵路未造，先修總工程師官邸。出視路線，必須雇工人撐傘，怕其熱昏。張先生聘用工程師，都是中國青年，但知犧牲，不知享受，知修路，不計其他。局長總工程師趕修橋樑，與工人同宿橋頭，雨打日曬，晝夜趕工。以張先生造鐵路，費用低，而工程快。能人之所不能，為人之所不敢，對於中國新鐵路的建築，增加了不少勇氣，不少力量。這是我們認為張先生最大貢獻之一。

鐵路為近代中國唯一大規模之企業，日進萬億，富埒王侯。從事鐵路的人們，尤多「發財」的機會。但自杭江、江南、淮南三路成立之後，在張先生領導之下，養成一種刻苦耐勞簡單樸素的新風氣。不論上下內外，未聞有貪污情事。我在世界月刊寫「江南鐵路」一文內載：「侯或華先生問：『我兩次坐江南鐵路車去蕪湖，行李夫搬我行李，每件銅元兩枚，我多給幾文，他們一個都不收。我在車上吃飯，給侍者賞金，也不肯收。』著者答：『這由於靜江先生人格的感動，在他事業之內，雖地位最低的人們決不貪污。』」

三路廉潔之風打開後，推動全國各路，一掃過去賄賂公行的惡習。這是我們認為張先生貢獻之三。

我國人民乘坐火車，百分之九十五搭乘三等，此在洋工程師心目中，當然不值注意，而在善於做官的鐵路局長的心頭，亦只有供備華麗的頭等車，以承取長官的欣賞，與洋記者

個關鍵人物的張靜江這樣一個歷史人物，倘缺少了對傳主個人家庭生活的記述，無論是革命者、政治人物、學者專家的傳記，那總感覺是缺少了些什麼似的，是不完備的。但搜索了張靜江的關於他的個人生活，特別是家庭生活、兒女情長之類方面的資料，實在是少得可憐。

如前有章節所述，張靜江出身在江南商人世家，到祖父張頌賢逝世時（光緒十八年、一八九二年）時，已成為江南南潯富豪中的人稱「四象」之一了。張氏家族已是經營絲綢、當鋪、錢莊、信託公司，合資或投資新式銀行，經營田莊、地產，已早是家大業大，財源滾滾了。張靜江有同胞弟兄七人，他是老二，他的兄弟們各自發展了自己的實業，均屬富商。如他三弟張澹如還屬於上海辦證券交易的強手，還參與創辦了浙江興業銀行。他的長兄張弁群不但是富商，還對教育很重視，辦過正蒙學社，國民黨上層要員朱家驊從小失去父母，曾得到張弁群幫助在正蒙學社讀書，還是張弁群兒子張乃燕的同窗好友。說到朱家驊還有一段頗值一提的佚事。

朱家驊失去父母後，由其哥哥朱祥生撫養。而朱家驊的哥哥正是在張靜江家所屬的鹽公堂（鹽業公司）任職。他哥哥與國民黨的要員周柏年有世交。在朱家驊十三歲時，由周柏年把他帶到了張靜江故鄉——南潯求學。先進了張靜江哥哥張弁群辦的南潯正蒙學社讀書，十五歲時的朱家驊進了張靜江親戚龐青城辦的潯溪公學讀書。與張靜江的侄兒，後首任中央大學校長的張乃燕為好友，周柏年成為朱家驊的養護人，一直受到周柏年的照料。爾後朱家驊去德國留學，在留學德國時一直受到張靜江的支助照顧，在德國學成歸國後，還是由張靜江介紹其到廣州中山大學任教授和校長。

在張靜江任浙江省政府主席時，張又把朱家驊提拔為浙江省農工廳廳長（後任民政廳長）。但他卻投靠了以戴季陶為首的政治集團體系，而且在蔣介石需要通曉德國歷史與希特勒內幕時，戴季陶推薦了朱家驊給蔣介石，從此深得蔣的賞識。由於朱家驊逐漸得勢，當時雖還在張靜江屬下任民政廳長，但早已身在曹營心在漢了。他為了貫徹蔣所喜歡的法西斯訓練軍人方法，在民政廳屬下設立了浙江省警官學校。朱自任校長。為了訓練蔣所需要的法西斯警官，朱家驊通過德國朋友，向德國進口了一批新式步槍，約三千支及子彈十萬發。可是當這批軍火從上海轉運至杭州後，張靜江得到了浙江省政府保安處偵悉後的報告，對於擅自用希特勒法西斯訓練員警並擅自充實德國新式步槍武裝，張靜江非常惱火與敏感。

張靜江對朱家驊投靠戴季陶在得到蔣的賞識後，已不再像過去那樣順從他的意見了。這次又事前未呈報省政府批准，也不向他打招呼，擅自從國外運進武器，這激起了張靜江的大為惱怒，即命保安處長朱世明攔武裝部隊前往警校，扣繳了全部槍支彈藥，並指出朱家驊未報省政府批准私購軍火，張靜江同時免去了朱家驊民政廳長的職務。這件事最終導致了張靜江與戴季陶之間的不和，並最終導致了張靜江於一九三〇年十一月的通電辭職。當然，這中間還牽涉到張靜江和蔣介石在從政問題，搞經濟建設的目的及思路上的分歧。在此不多展開。這裡不過略提朱家驊與張靜江是南潯鄉友，又是張靜江哥哥張弁群和朱家驊是好友的一段題外插曲。

張靜江的婚姻生活雖談不上一帆風順與結髮夫妻白頭偕老的美滿，但他卻是有著與一般人經歷不同非常幸福的家庭生活的。他曾早年喪妻，後又續娶，但先後走入他生活中的二位女性，儘管出身不同，受教育背景不同，但在扶助張靜江的事業，理解他的追求，以及多次的政治風險上的進退，宦海上的坎坷，都表現出了二位女性賢淑的特性。第一個夫人姚蕙，當張靜江毀家紓財支助孫中山革命時，她都是二話沒有地全力支持。第二個夫人朱逸民，在他全心全力搞經濟建設時，甚至拿出自己的私房錢支助，還積極參與到實業公司擔任董事，幫助張靜江在辦採礦、造鐵路、建公路等事業上的成功，還幫助張靜江創辦國營工業的同時實現發展股份制私營工商業。

第一夫人姚蕙早逝，對張靜江早年從事革命工作打擊很大，非常悲傷，故張靜江特為姚夫人在上海製作玻璃水晶棺殮葬，這在二十世紀二十年代的中國是傳為奇聞的事。從上海運來玻璃水晶棺，真是轟動南潯鄉里。雖然張家有錢，但也表示了張靜江雖是革命志士、領袖人物，一個精明才幹的經營理財家，但更是一位性情中人。雖他後來又有了續妻，但他把前妻所生的五個女兒，個個培養成人成才，都接受過良好的國外的高等教育。而且張靜江親手替她們成家立業，有的嫁給鉅賈大賈，有的嫁給了留美博士回國後擔任鐵路公司的總經理，有的嫁了外交部長，有嫁糧食部長的。在這裡我想摘錄一封張靜江外甥，一位音樂家，離休前曾擔任中國人民音樂出版社副總編輯的陳平先生一九九八年五月的信，在回顧母親的身世——即張靜江的三女兒的經歷，就可以看出張靜江對前妻姚蕙的真實情意了。

母親張芸英是上月中旬，一九九八年四月十四日晚九時十四分去世的，享年九十五歲。臨終時十分平靜，就好像睡著那樣安祥地離開了我們大家。身體並沒有任何病變，她的去世只是因為年老衰弱所致。回顧這十年來，她開始衰老，變化是逐漸的，逐漸地喪失記憶，喪失和大家交流的能力。很長一段時間裡她還能走動，胃口也很好。

去年十一月中開始由於著涼感冒，臥床幾天感冒雖好了，但沒力起床。就這樣一臥不起，飲食逐漸減少，後來只能喝一點半流質和流質，直到幾乎只靠點滴輸液維持。

幸而她近十年來一直是附近一所醫院家庭病床的病人，因此診療、檢查、注射、買藥等一切都不需出門，都是由醫生、護士等上門來給予照顧。十幾年來，她一直是一位丁大夫的病人，由於有了感情，丁大夫就像服侍自己的祖母一樣地關心她的健康。同時，我們家裡請的一位阿姨，在我們家也十幾年了，多年來感情很好，就象自己家人一樣，對她生活上的照顧也十分盡心，今年四月十三日早晨，阿姨發現她眼神、表情有點呆板，我們立刻打電話給醫生，醫院立即派救護車將我們送到急診室進行觀察。經各方面檢查並未發現有什麼病變，之後她大部分時間都是在昏睡之中。臨終時我一直在她身旁，我也沒有看到她的臉上出現過身體上或精神上痛苦的表現。

母親自幼受過良好教育。三歲旅居法國，自幼學習鋼琴，畢業於Lucie Jules Ferry小學，第一次世界大戰時遷到美國，一九二四年畢業於紐約Horace Mann中學。同年回國繼續在上海中西女中補習過中文。後來在上海又師從Lazarev教授學習鋼琴數年。

母親為人忠厚，待人熱情，一生勤懇儉樸。作為母親，她很好地教育了兒孫們，把自己的美德、家庭的傳統和文化藝術方面的素養留傳給了我們。走上社會，她曾在女青年會、匯文中學以及清華大學等教過多年鋼琴，她的學生可以數百計，有不少後來從事音樂工作成了知名的作曲家，音樂學院的知名教授。同時她還為幾個芭蕾舞團、芭蕾舞學校、民族歌舞團等彈奏過芭蕾舞鋼琴伴奏。在中央人民廣播電臺國際部做編輯工作的十五年中，她的工作也一直受到領導和同事們的讚揚。退休後還在英語、法語方面教了不少學生，其中有準備出國交流的知名的醫生和工程師，準備出國留學的大學生，直至鄰里的小孩子們，她也都給予教導，有的孩子長大後考進了外語學院還回來向她道謝。她一生中充分發揮了自己在音樂、英語、法語等方面的能力，為社會做了許多有益的工作。她的美好形象將永留在我們大家心中。

從張靜江留在中國大陸北京的外甥回顧其母親（張靜江前妻姚蕙的三女兒張芸英的童年、青年、中年、直至活到九十五歲的一段生活歷程）的信中，我們可窺到張靜江第一個妻子和兒女們大抵的婚姻和他們生活的美滿完整的狀況了。

張靜江在續娶第二位女性是朱逸民，在婚後的家庭生活中，雖時聚時分（因張忙碌於從政與建設）但始終十分恩愛，甚至分手幾天就使張靜江馬上寫信回家，交待歸期。今天留存在他的故鄉張靜江故居中有大量書信均可佐證。現錄二封短信，便可知其家庭生活的融洽和睦了。

逸民我妹，夫人如握：力經先生來我處，知阿龍熱度難退，尚未起床，殊為懸之，此間明日正開監察委員全體會議，約廿八日可回滬，我弟大約在此時亦來滬，盼你及阿龍均覆我一信，為要。

兄張人傑。元月十日。

（注：阿龍是張靜江和朱夫人所生兒子：乃榮但因親昵，呼其阿龍。）

從這封信中，我們可看出張靜江也是兒女情長的，他稱妻子朱逸民為妹，自己為兄。對兒子阿龍有點感冒熱度，多麼倍加關心，自己在參加的中央監察會議，算得上是國家頭等大事，但他還眷念在上海的妻子兒女，短暫的分別，還叮囑妻子逸民和兒子均能寫上一封信給他，以消魂牽夢繞之念。我們再看他的另一封信：

逸民我妹夫人如握：前日汽車公司開成立大會，我妹亦推為董事。共董事七人，監察二人，有吳稚暉、李石曾、張人傑、程振鈞、吳琢之、朱逸民、霍亞民，星期四文開煤礦董事會，然後乘夜車回滬。即詢近安。

張人傑四月八日。

這封信在字裡行間，我們可以看到作為張靜江的第二位妻子，在張靜江逐漸從政壇淡出後，在他發展經濟建設時期，他的夫人朱逸民已參與了一系列經濟活動中去了，並已出資做了商股汽車公司的股東。這說明了朱夫人和張婚後已成為一個在經濟建設上的賢內助、在精神上和實際生活中支援了丈夫全心投入經濟的建設。尤其在張靜江於一九三一年二月為京杭國道即將竣工時組建的這個長途汽車公司，作為發展民營企業，朱夫人出了不少心力配合丈夫完成這個建設的事業。該公司到了一九三三年已發展成了一個很有規模的長途汽車公事。後又增加了資本二十五萬元，當時的曾養甫、張嘯林，曾是蔣介石妻子的陳潔如也紛紛入股加入，同時還吸收了一百多名職工以每位一萬元加入此江南汽車公司。

當時張靜江已是五十五歲，朱逸民女士是三十歲，他和第二位夫人家庭生活上感情一直十分恩愛。那時期也正是張靜江政治逐漸失意之時，由於這政治的失意，夫妻感情更加依依不捨，這時他們已結婚十多年了，但每遇張靜江外出參加國民黨高層會議，夫妻間那怕有幾天的分離，也始終書信不斷。今日南潯的張靜江故居中還保存許多張靜江寫給妻子朱逸民的信件，而且每封信都稱朱逸民為「我妹」，作為張靜江這麼一位中國歷史上的黨國元老，在他已超過了「知天命」的年齡，稱妻子為「我妹」，可以說在民國歷史上有幾人能從自己丈夫的口中聽到這般誠摯的用詞呢？如讀者有興趣可以查看所有在民國歷史上重要人物的通信，有對妻子這般親蜜的稱呼嗎。

張靜江和妻子常常抽出時間，哪怕一點點閒暇，他們夫妻總要帶著兒子阿昌（乃昌）、阿龍（乃榮）到莫干山去享受大自然天賜與他們全家的溫馨生活。在這般盡享天倫之樂的時光裡，張靜江平時很嚴肅，且帶著病容的臉上時時要泛起對家庭生活美滿的微笑。每當這樣的時光裡，他真已厭倦政治。（我特地在本傳記中選了三幅張靜江和妻子、兒子甚或他抱著兒子時的安祥的姿態的當年照片）。那時的張靜江多麼渴望趕快擺脫政治以回歸平常人的生活。所以，當他最後疏遠了蔣介石，逐漸地淡出了政治時，每逢到親友、親屬，他總是對他們說：「不要做官，沒有做頭！」當時張靜江在莫干山自費修建了一座避署別墅，為了表達到朱夫人的愛，特取名為「靜逸盧」以把他和妻子的名字永遠聯繫在一起。張靜江也常常要和妻子去杭州享受「天堂」之樂，故也在杭州西湖邊與葛嶺山之間築有別業，又稱這別業為「靜逸」別業。主建築為兩棟歐式風格的兩幢小樓，每幢樓群均有寬大陽臺，以讓他和妻子兒女們遠眺湖光山色和美麗的西子湖。至今那樓還依然屹立在經葛嶺有石階梯，繞三道彎，盤旋而至山腰上，可一展其故宅風光。

張靜江在辭去國民黨要職後，基本上息影家園，日以書畫下奕養生，並在日本帝國主義侵略上海時，他便從此吃素念佛，這時他和妻子朱逸民更是互相唱和，安然享盡天倫之樂，朱夫人更是百般服侍和照顧這位殘疾老人，特別在張靜江失意時，這位樸實，溫厚的夫人隨他度過了許多不如意的宦海如夢般的日子。這時他也和朱夫人基本上形影不離，可以說得上是白頭偕老，這或許便是這位亦官亦商，黨國元老，深感宦海如夢後的一種補償——真正過上了那種大徹大悟後的美滿的家庭生活。

五十、兒女們的生活

張靜江的家庭生活，有史料記載的不多，有關張靜江的第一位夫人姚蕙因車禍意外死亡於美國紐約的具體情況記載也很少，張靜江和朱逸民是在姚蕙死後第二年結為伉儷的。上一節我們寫到張靜江與朱夫人恩愛夫妻的一些情況。我們可以設想當時僅十七歲的朱逸民和四十二歲的張靜江結成夫妻，張靜江當然對朱夫人倍加愛護，當時朱逸民比張靜江大女兒張蕊英還小一歲，比張靜江第二個女兒只大一歲。朱夫人像張的女兒一般生活在張家，如按照中國傳統當時封建婚姻，可以說是幸福的，如按照西方獨立人格女性說，亦可以說不幸。但朱逸民和她的從小好友陳潔如嫁了蔣介石後，僅六年即被蔣遺棄後的悲哀來比較，那當然朱逸民可以說是在天上人間了，可以說她的命運是非常幸運的了。蔣介石當時娶陳潔如時是三十四歲，而陳還不到十六足歲，蔣比陳年齡大上一倍多，爾後在二十一歲即遭蔣拋棄了。所以，從這個意義上講，張靜江在四十二歲後和朱逸民結合的家庭是完整的、美滿的。世上的人與婚姻，只有在各種情況的相對比較中才能體味「幸福的家庭大都是相似的」這句托爾斯泰的老話了。

怪不得張靜江稱謂朱夫人為「逸民吾妹夫人如握」的了。張靜江和前妻姚蕙所生五個女兒，如前節所述都嫁了有知識有作為的男人，均無離異，均生活得很幸福。之於張靜江和朱逸民所生的二個兒子和女兒們，我們今天所掌握他們或她們的家庭生活情況卻更少。為了彌補張靜江傳主有關他家庭生活方面之不足，我們想引錄一九九四年《世界週刊》的專題報導，這個報導主要是描述張靜江的最小的一個女兒的談話採訪，以及這位小女兒的一些個人生活背景。我們先引用第一個報導，也許讀者從中更能瞭解張靜江的政治以及重點是家庭生活方面。因從他最小的女兒的真實回憶，與許使讀者讀來更親切。下面引錄《世界週刊》記者董吏安先生的採訪：

沿著印第安那州的聖鐘斯河邊慢慢地行駛，興奮的心情上下起伏不定，我即將要面臨一位八十四歲的歷史見證人，也就是國民黨元老張靜江的第五個女兒張倩英女士。

在陳潔如回憶錄中，一九二三年黃浦江畔上海的張靜江家中，一群年輕小女孩看著革命鬥士國父孫中山先生及先總統蔣介石先生經常的進出，卻茫然不知這些重要人物於中華民國的命運息息相關。而當時的張倩英只有十三歲。

如何將十三歲小女孩的面貌，拉進到今年已八十四歲的張倩英。沿途一直試想著她的模樣，直到找到了她的住所，看到了她的本人，我才鬆了一口氣，因她的洋派，她的活潑，她的服裝，及她和藹可親的態度，充分的把她身世背景明顯地刻劃出。

自小喜歡穿著打扮，走在時代前端的張倩英，於一九二七年在紐約市實現了她的理想，在一所服裝設計學校開始念設計學，當時她是十七歲，而陳潔如女士是二十一歲，張倩英說，她是一九一〇年出生的，陳潔如比她大四歲。不過感覺上陳潔如既成熟，又穩重。

一九二七年八月十九日，張靜江的兩個女兒，大女兒張蕊英和第五女兒張倩英，陪伴著陳潔如一起乘坐傑克遜總統號豪華客輪來到美國的紐約。張蕊英比張倩英大十歲，因此當時張蕊英是二十七歲，比陳潔如大了六歲，張蕊英自始把陳潔如待如妹妹。張倩英回憶著說，陳潔如和大姐比較親密，有什麼話都和大姐說，和大姐商量，她所瞭解的陳潔如情況也是從大姐那裡陸陸續續獲知的。到紐約後，大家就開始念書了，張倩英是念服裝設計學，張蕊英則進了哥倫比亞大學。張倩英說，陳潔如回憶錄中，談到陳潔如是在哥倫比亞大學念書是錯誤的，陳潔如在紐約時，沒有上學，因心情很壞，又怕碰到熟人認出她，所以都是請私人老師在家中為她補習英文。當一九二七年十二月一日蔣介石與宋美齡結婚的消息傳遍世界各地時，陳潔如深受打擊，過去的海誓山盟，真誠愛情及忠心不渝全變成了泡影。張倩英說，相信只要是「人」，心情一定會壞到底的，何況陳潔如的身份畢竟有所不同。

陳潔如每日都在家中，很少出門，張家姐妹出門時邀約她散散心，她都拒絕了。張倩英說，陳潔如很少和姐姐出門，心情惡劣到極點，但卻無可奈何，對一位僅有二十一歲的中國女人而言，相信對她的感情刺激是很深的。有關回憶錄中說到，陳潔如曾到紐約哈德遜河（Hudson River）企圖自殺，張倩英一笑置之，不願意證實。

與張家兩姐妹在紐約住了三年，心情一直不愉快的陳潔如，卻感激張蕊英及張倩英對她生活上的種種照顧，及英文上的指導。她於一九三〇年決定獨自到賓州念書，張倩英說，陳潔如是到賓州的學校念園藝學（Ambler Pennsylvania Schooler Horticulture），她走後，大家就不太聯絡了，她好像沒有畢業，但無法確定，因為張倩英本人在一九三一年回到了上海。

張倩英回到上海後，大約一年多就聽說陳潔如也回上海了，當時是一九三二年，她回國後很少與張家往來。張倩英說，一九三二年以後，陳潔如和大家都很少往來，她開始不願意見人了，而張倩英至此就沒有和她交往，有時只是聽繼母朱逸民說說而已。

張倩英是在法國出生，一九一七年隨父親舉家自法國遷往紐約，在紐約時母親因車禍意外去世，張靜江於一九一八年認識在上海的朱逸民女士。朱逸民當時十七歲，而張靜江已四十二歲，兩人在一九一九年結婚。由於陳潔如和朱逸民是好朋友，因此當朱逸民嫁給張靜江後，自然就常常到張家作客。

說起張倩英的父親張靜江，實在是一位值得一提的人物，張靜江的財富及地位在當時國民革命時是一位重要人物，他在一九〇一年隨清廷駐法公使赴法，任商務隨員，一九〇二年在巴黎獨資經營通運公司，專銷古玩、古董，並開始捐助款給國父孫中山先生，一九〇六年，又與吳敬恒等成立世界社，發行新世紀週刊宣傳革命。一九一一年廣州黃花岡之役，張靜江是捐款最高的幾位之一。一九一一年十月南京成立臨時政府，當時孫中山任大總統，提名他為財政總長，但張靜江婉拒。一九一四年，國父組織中華革命黨於東京，又邀張靜江任財政部長，這次他毅然應允，但卻因不良於行，不克前往就任，由次長廖仲愷代行其職權。一九二八年張靜江任浙江省政府主席，之後改任中華民國建設委員會委員長九年之久，一九三七年赴瑞士養病。

從張靜江的背景，不難想像到朱逸民的飛上枝頭，而在張靜江家中往來的人物，都是在政治或財金界的有力人士。陳潔如經常在張家作客，難免會認識些達官顯要，包括蔣介石先生。

張倩英表示，因父親在政界與商界的關係，家中往來的客人都是大名如雷貫耳的人物。不過當時她只有十三歲，又不懂中文，對父親的朋友只是點頭，沒有什麼特殊的印象。像後來宋子文一直追求三姐張芸英，三姐因有自己的朋友就拒絕了宋子文。陳潔如在她家認識蔣介石先生，又經由父親張靜江及繼母朱逸民作媒，所以陳潔如與張家就較親近。

一九二三年時，張家五個女兒全回到上海，那時大女兒張蕊英二十三歲，二女兒張芷英二十一歲，三女兒張芸英十九歲，四女兒張荔英十七歲，小女兒張倩英十三歲，這五個女兒都是陳潔如在張家串門子認識的，相交均及深，而張倩英是一九二三年回中國時，才知道陳潔如這個人，只有一九二七年到一九三〇年的三年在紐約共同的生活，才使張倩英對陳潔如的個性稍有瞭解：

她回憶當時的情形，覺得陳潔如人很好，性格又溫順，話很少，每天獨自一人在家，就期待著上海的家書，盼望著整個事件有個轉機，能夠立刻回到中國。每日等著，等著，得到的都是不利於她的壞消息，可以想像那段時間陳潔如翻騰的心情，波動的情緒，是一般人無法忍受的，但她不但忍了，受了，而且一直到死。

目前陳潔如的歷史見證人多已作古，張家五姐妹中，張倩英的三姐張芸英尚活在北京，今年已九十歲，但與陳潔如沒有多少交往，現在能夠說出一些陳潔如當年情況的，除了八十四歲的張倩英外，就是九十四歲的陳立夫先生。張倩英已著手準備出版自己的回憶錄，不過談到陳潔如的部份不多，她說：「立夫比較熟悉情況！」

張靜江的第五個女兒張倩英，算起來於今年（二〇〇一年）已九十一歲高齡了，張靜江故鄉——南潯的父老鄉親，除已修建「張靜江故居」史料陳列館，街頭巷尾，近鄉村鄰的老輩與後輩們，代代有人念叨起這位民國時代的傑出人物。《世界

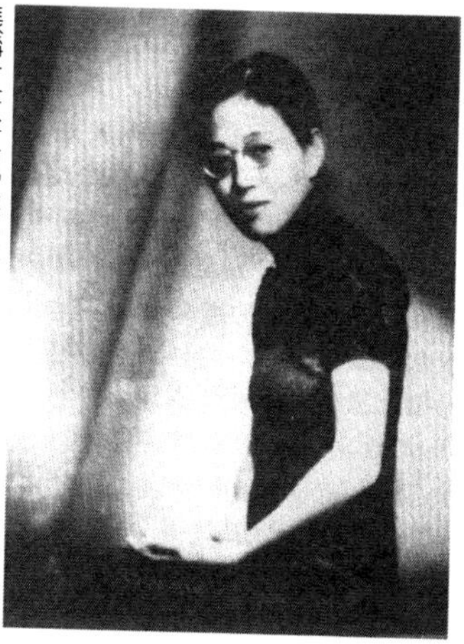

張靜江大女兒張蕊英照片。

週刊》的記者也會在隔世七十多年後的今日去沿著美國印第安那州的聖鐘斯河邊，懷著一顆興奮的起伏不定的激動心情採訪了張靜江先生的小女兒，這也足見人類良知的所在，只要一個人活著確曾為大眾人類在歷史上做了些實實在在的有益事情，哪怕遙隔幾十、幾百年，人們依然還會懷念起他和他的後輩們的。下面，我們不妨再看看一個有代表性的張靜江的小女兒——張倩英一如她父親晚年時那般明智與坦然的平凡而有意義的生活：

因為張倩英的成長背景及所學的服裝設計科目，使今年八十四歲的她，看起來比實際年齡年輕了二十歲。她身上穿戴服飾全部是自己設計的，如果給張倩英一塊布料及一個膠帶，她可以變成各式各樣的服裝，再給她一卷緞帶及一個膠帶，服裝上的配飾就產生了。照片上她脖子上所戴的白色環形首飾就是由她自己設計，環形首飾中，她使用去年雞年的郵票貼在中間，充分顯出了「中國味」。張倩英有此創意，因為她自己屬雞。

張倩英的服裝設計曾帶給大家許多的驚奇，經過多年在紐約及上海的設計生涯，使她創立了自己的服裝風格。

雖然張倩英已八十四歲，但記憶力相當驚人，而且至今都不用戴老花眼鏡，她敘述往事，歷歷如新。她說，當一九三一年回到上海後，就開始自己設計服裝，一九三六年中日戰爭之際，她到了瑞士，又於一九三七年來美，再度進入紐約的服裝設計專業學校攻讀（Fine and Applied Arts）。一九三八年畢業後，就在紐約自己經營一家服裝設計店，店名叫

「Cosmopolitan Creation」，另外在上海也有一家店名是「Tsingi」，就是「織錦緞的彩虹」的意思，這是她的商標，也是她名字的縮寫。

張倩英的服裝設計觀念來自在中國生活時的感覺。她說，在中國什麼衣服都是訂做的，因此自小就有一直尋找可能的東西來搭配衣服的想法，有了這種哲學的觀念，使只有四呎十又四分之三吋高的她，從不去想自己是那麼矮，什麼東西都太高，她只是會用中國古老的箱鎖作為大衣的扣子，處處表現出她的中國風格。

一九四三年報紙上又形容張倩英是「第一個中國專業服裝設計師在紐約自己開業」，

一九四五年三月八日在紐約時裝發表會上，她又是第一位華裔的設計師設計結婚禮服，而且是使用中國古老服務的觀念。

在開業期間，她有兩個有名的好萊塢明星客戶，一位是演員Anna May Wang，一位是有名的服裝雜誌Vogue攝影師Tomi Frissell，她們一直都是她的好朋友。

一九四四年在紐約時，張倩英受了父親張靜江的影響，對中國的戰爭很關心，經常參加募款活動，就在一個募款晚會中認識了她的先生林可勝博士（Robert Lim）。林可勝也是一位愛國人士，他是一九四二年至一九四四年在美國受訓，擔任軍醫總視察，曾兩度獲美總統授勳。

張倩英的先生林可勝，曾當選為中華民國第一屆中央研究院的院士。國防醫學院於一九四九年五月在臺灣復校，就是由林可勝全權負責，至今國防醫學院尚掛有林可勝的紀念照片及史蹟。

張倩英談起林可勝就展開笑容，雖然林可勝已於二十五年前（一九六九年）去世，但張倩英就像談論一位剛離家出去旅行的親人，那麼關心，那麼體貼，及那麼的真誠。

林可勝出生於新加坡，父親是林文慶，曾任廈門大學校長。林可勝一九一九年畢業於英國愛丁堡大學內科、外科學士，一九二〇年獲該校哲學博士，旋入芝加哥大學研究一年，並為洛克菲勒約回到中國，就任中央研究院醫學研究所籌備主任，一九四五年夏天，又任聯勤總部軍醫署署長，一九四六年時，於張倩英已交往兩年，張倩英毅然放棄了自己設計師的高峰期決定回上海和林可勝結婚。這是林可勝的第二次婚姻，林可勝有一個兒子現住牙買加，張倩英與林可勝沒有子女。結婚時，張倩英三十六歲，林可勝五十歲。

張倩英結婚後，就守著中國傳統嫁雞隨雞的觀念，不再東奔西跑，而跟隨林可勝。一九四八年林可勝將國防醫學院往臺灣復校時，張倩英也到了臺灣，這是她第一次到臺灣，但林可勝隨即在一九四九年離職赴美講學。張倩英回憶說，當時大約在臺灣住了一年。

一九四九年林可勝到伊利諾大學擔任客座生理研究教授，一九五〇年又到內布拉斯加州的克雷頓大學醫學院擔任生理藥理學教授兼主任，自一九五二年受聘於印第安那州艾爾卡特鎮（Elkhart）的邁爾斯藥廠（Miles Lab），從此張倩英就定居在這個小鎮四十二年之久。

一九六九年夏天，林可勝因食道癌逝世，所有張倩英的親朋好友都勸她搬回紐約，因那裡還有她許多當年做設計師時所交的好友；但張倩英固執的說，「我喜歡用自己的步調、方法，去作我喜歡做的事」。她是不願離開與林可勝所共同建立的家。

婚姻生活幾乎終止了張倩英的設計生涯，所居住的小鎮也無法使她發揮設計才華，但至今張倩英仍然在自我設計。她的穿著服裝，她的家仍然反映著她個人獨有的設計風格，美術拼貼裝飾著牆，描述著她的歷史與哲學，四個塑膠框子拼成了一個小方桌，客廳用木板訂做的沙發，配上選用亮麗的色彩棉布做的椅墊，是那麼的實用與簡單，小方桌上擺滿了她自己設計的首飾與皮包。

張倩英塗著黑色指甲油，配合當天見客所穿著的黑色洋裝，她解釋著自己設計的首飾，首先拿下脖子上戴的配件，將環狀圈從黑色緞帶拉出，又放上一個自己設計的化裝舞會面具的別針，黑色緞帶可長可短，使配件能變成各種不同的式樣。她說，簡單，是設計的重點，她所設計的東西不但要簡單，且要經濟，她可以使用花園中的水管、罐頭、吸管、硬紙板等，只需要用一點布料，設計出一個樣式，馬上就可變成一個漂亮的首飾。

在目前非常流行廢物利用的服裝設計領域中，張倩英說，這種設計的觀念，她已實行了多年，每一樣東西的設計原則是應該簡單，羅曼蒂克，藝術及大方，她認為流行的服裝應該來配合你（Serve），而不是你被流行的服裝所奴役（Slave）。

一九八四年，張倩英替WTRC電視臺製作了設計服裝、首飾的錄影帶，教觀眾如何自己動手做自己喜歡的東西，她攜帶的東西不但很有趣，還可以在短短的時間中做出一個迷你型的時裝表演，讓人不得不佩服她豐富設計的天分。

目前獨居的張倩英，自己開車出門購物或訪友，不過平時在家中時間較多，印第安那州有半年是寒冷的天氣，已養成不輕易出門的習慣。她說，在家中很忙呀，每天都有做不完的設計及剪貼事要做，況且作自己喜歡的事往往時間過得好快。

曾經接近過歷史舞臺的張倩英在紐約及上海的設計生涯也出過逢頭，經過了半個世紀之久，這一切都已歸於平淡。

後記：

在一次偶然的機會中，發現在印第安那州南灣楊弘農女士傳真給我的新聞稿內，參加活動者有張靜江的女兒張倩英。看到這熟悉的名字，即刻聯想到在陳潔如的回憶錄中，有張靜江的兩個女兒陪伴她到美國，經過查證果然其中一位是張倩英女士。

經過楊弘農女士的大力協助終於順利訪問了張倩英女士，在此特別要感謝楊弘農女士。另外要感謝的是臺北傳記文學的發行人劉紹唐先生。張靜江、林可勝及林可勝的父親林文慶的資料，都是由傳記文學的民國人物小傳中摘錄的。

我們從張靜江一生對二位女性（妻子）的感情，以及他對子女們在人生事業與道路上的培育與讓她們能自由發展自己的天賦，便可看出他是那麼深深地熱愛著妻子和孩子們的。他對妻子和孩子們的摯愛，既有中國傳統的「賢妻」與「孝子」的成份，但又和當時像張靜江這麼一代人的「傳統家庭觀」，又有不同之處。因為他畢竟是和歐洲西方家庭觀有早期的「接規」與「融合」之處，我們從他的五個女兒都受過西方良好的教育，她們均在童年首先接受的是西方教育，然後倒回過來接受中國文化的薰陶，我們從這一點上便可想而知了。我們可以設想這樣的家庭、妻子、子女的群體，不可能是傳統的「家長」制的，文明以及溫馨和平等的家庭觀在張靜江家族中是能夠體現的。這也可窺測他的家庭和子女們的生活是一個充溢著中西匯通的大家庭。這在當時民國上層政界重要人物的家庭生活中，也可以說是無法比擬與絕無僅有的。這猶如今日我們走進正在申報世界歷史文化遺存——張靜江堂兄張石銘的舊宅一樣，這座古老的房子，它的外屋是傳統中式的，而裡面卻包容了另一座完全法國式的新型結構的西式洋樓。我們說張靜江的家庭結構也一如這座中西匯通的大宅。所以這大宅，也成了今天去江南古鎮南潯參觀旅遊的人必去的景點，參觀後使人流連忘返，令人驚訝不已。

五十一、人品與交遊

談及張靜江的人品性格，無論是和他一起從事革命的同志，還是一九二八年以後與他一起搞建設的同事們，都有一種相當普遍的口評，認為他的性格中由三種成份組成了他的人品。一是他有中國儒家傳統道德的很深的烙印，講正直，講誠信。孫中山先生稱謂他有「丹心俠骨」。其實，所謂「丹心」就是儒家文化的核心。常說的「留取丹心照汗青」是也。而「俠骨」，便應該是中國傳統的「正直」之心。當他第一次和孫中山相見便體現了他的秉性，當時孫中山先生正乘海輪去日本，在船上只見一位戴著厚厚的眼鏡，腳蹬怪鞋的奇人要求會面。孫中山回避不及，張靜江對孫中山馬上直說：「你不要瞞我，我知道你是孫文，你不要以為我是反對你的，我是最贊成你的人！」這便是張靜江的率直之心。而當他和孫中山當場拍板後，孫中山危難之中需錢（經費）時，他即傾其家財準時匯款給孫中山，這便是儒家傳統的「誠信」兩字。

構成張靜江的人品的第二種成份是他出身於世代富商之家，有經營之識見與眼光。在他身上有現代市場的敢於冒風險的膽量和風度。平時看他，穿一襲長衫，坐一架輪椅，戴一付凹凸而厚厚的眼鏡；凝重、嚴肅，似乎少了一些笑容可掬的作秀姿態。但他沉著，遇險不懼，略帶浙江南潯口音的官話，由於長期病痛纏身，佝僂瘦小，其貌不揚，說話聲音語調不高，但出口卻透出果斷清朗和智商非凡的睿智。許多和他接觸過的人，無論是革命者，還是建設者，乃或是巨賈富商，都對其身上發出的特殊風采留有深刻的印象。這正是張靜江出身經營世家，又長期在西歐受現代市場經濟薰陶，故有中西合璧之性格。陳果夫有說：「他能為國家建設，能為國家增加資本。會賺錢，又有會用錢的本領。在全國恐怕找不出第二個人來。中國會賺錢的不算少，而真正會用錢的卻不多。本黨同志中，會替自己賺錢的大有人在，能為國家為黨賺錢的就更少了。至於肯為國家為黨用錢，又能夠在短期內替國家賺錢的，則惟靜江先生一人而已。」人們曾說張靜江一身兼有東西文化之長，又有東西儒商之風，在晚年還修身養心，精研書畫與佛學，這是他對西方理性精神的體驗和對中國儒商（特別是徽商）傳統精神的誠心恪守，這便是造就了他成為民國時代一位傑出人才的淵源。

張靜江人品與性格的第三種成份是不卑躬屈膝，不屈意拍馬溜鬚，敢於違上。這在他最終和蔣介石鬧翻，自動退出國民黨政治圈中，也可反映了他的一種耿介氣概。當蔣介石有一次勃然大怒，對著他說：「我看你在浙江要鬧獨立了，等我把閻、馮打下以後，再來打你，你等著吧！」張靜江在蔣介石對他的憤怒指責下，他也並未就搖頭晃腦，左右搖擺。因為他無私，他可以「無欲則剛」。他可以仰笑而去，他可以不幹你蔣家皇朝的活兒。這是一般人做不到的。當然也有人會說因張是黨國元老呵，但是同樣是黨國元老的吳稚暉，就不具備如此耿直之性格了。當吳稚暉同樣經常受了蔣的指責時，就只有卑躬屈膝討好蔣了。吳稚暉只要蔣介石給他送上一筆款子，他就立刻改變態度。但張靜江就不是這樣了，就算蔣介石送上十筆鉅款，也絕對改變不了他自己獨立的人格與態度。陳果夫先生曾評述說：「我從前以為靜江先生總是先入為主，固執成見，現在我知道他是『擇善固執』的一個人。」從這個評述也是可佐證張靜江的性格特徵了。

至今從許多史料看，張靜江由於身殘不疾，往往不是經常露面的黨國元老人物，所以，能顯露他在交際場中的性格的資料很少。但由於張靜江是由多種成份造就的一個「民國奇人」，故確呈現出他多稜角的人物個性。有些人物（民國上層人物），只能有一個或二個面的個性特質，如有的具備傳統的儒家思想，抑或如蔡元培有儒家又有受西方文化教育的性格成份。但卻缺少張靜江那種儒商和介於現代商賈之魄力以及敢於冒風險的性格。張靜江在和孫中山結識後，毀家紓財資助革命，當時的清王朝政府派出官員緝拿他時，張家族人為避嫌和牽連，族中有人要把張靜江逐出張氏家族，把他視為「叛逆者」。但在這種時刻張靜江往往恬淡從容，處事接物，依然如一。而當他擔任了國民黨要職，可以說是「一把手」時，他對人處世，仍一如既往，待人平易，從不把自己當成達官顯貴高人一等。對鄉里人來找他有事，他處處幫助扶持。如當時有一次私立南潯中學校董沈石麒先生向他反映了緝私官員橫行鄉里的情況後，他即出面干涉，並非「官官相護」，而是為鄉里人，主持正義與公道。這些均說明非有吸納西方博愛與平等待人之思想者，在當時軍閥官僚橫行的時代，是不易做到的。而到了北伐基本告捷，他回浙江南潯原籍省親時，張家族人，設宴歡迎款待時，他卻馬上從輪椅上站起來拱手對張家族人慷慨激昂地說：「過去我追隨孫中山先生搞革命，革命是破壞的工作，而現在破壞成功，今日我要實施孫中山的建設方略，我是要開始搞建設工作的，請諸公幫忙！」族人一致表示擁護贊成，大家起而鼓掌。

我們大家知道，江南古鎮多富人，南潯是中國近代史上最大的絲商、鹽商群體的滋生之地。在晚清同治、光緒年間，浙江湖州的水鄉古鎮——南潯，已在全國，尤在江浙滬一帶崛起了一批以經營絲業與鹽業而令世人矚目的富商階層。當時江南一帶均以三種動物形體的大小來形容與評估他們財產的多少，逐漸形成了「四象八牛七十二隻金黃狗」的民間諺語。當時僅四個家族（即四象）和八個家族（即八牛），照清末民初估算總資產達六千到八千萬兩以上。這是令人吃驚的一個大數字，因為在十九世紀九〇年代初，清政府每年全國財政的收入也只有七千萬兩左右。一八九四年前，中國產業資本投資總額也僅有六千萬兩左右。而以「劉、張、顧、龐」的「四象」與「邢、周、邱、陳、金、張、梅、蔣」八家氏族的「八牛」，這個在中國近代崛起的絲商、鹽商群體，無疑是以江浙財閥取代了以「晉商」和「徽商」的群體，這確對中國江南乃至全國的社會、經濟、文化的變遷產生了重大的影響。有史可證，張靜江的故鄉南潯從明中葉起至清末民初，由於經濟的迅速發展，已躍居為江南的雄鎮，而在這個鎮上的「四象」之中，有三象（劉、張、龐）都是張靜江先生的姻親，這確為張靜江在一九二八年以後要全力為中國搞建設時，也確實贏得族中之人能全力支援他創造了一個得天獨有的條件。

無論是從商，從政，抑或是亦官亦商，張靜江始終有儒家的「治家齊國平天下」的思想在作他一生的指導。我們考察其一生，無論對孫中山、蔣介石，以及其它各位黨國元老、知名人士，無論他在擔任國民黨中央執行委員會主席，抑或在擔任全國建設委員會委員長任上，無論他任浙江省政府主席，還是下野後逐被排擠出國民黨中央的政治核心之外。他始終抱著獨立的「合則留，不合則去」的人生信條。如在他對北伐時期的俄國顧問，以及對其它各國派在中國的各界代表，抑或在華的商務代表，都是以這種信條對待。他所謂的合與不合的準則，便是以獨立自由的人生信條和國家的獨立自強為最終的價值觀來判斷。至於高官厚祿、金錢利欲，在他則不足惜。因為，在他每次遇到人生命運之低潮時期，乃或是處在包括革命的低潮時期，他便去重操舊業——在國外以商人之身份，去進行自己幾代家族人所經營的對外貿易事業。而當國內發生政治危難之時，他卻又能毅然放棄商業活動，投入到政治革命中去，而一旦當國家需要建設時，他又積極動員張氏家族之群體，出資出力投入建設中去。在張靜江看來，從商參政，均應全力為公眾做事，使公眾受益，而不是以權謀私。

我們今天從保存於張靜江故居的民國十九年七月（一九三〇年七月）其家庭生活開支帳簿中，還可以看出其家室的各項開支。從中還可以窺測到張靜江家族即便是家庭私生活邊處處留有中國儒家傳統的「儉樸持家」的美德。這本稱謂「尊德堂張」在上海的「宜其家室」的收入開支帳冊，是非常精打細算的，始終保持了儒商的「自強不息，原德載物」的精神。故在張靜江故居有翁同龢禾手書的：「世上幾百年舊家無非積德，天下第一件好事還是讀書」的抱柱聯。這「積德」和「讀書」的儒家思想占主導的文化，始終烙印在張靜江心中，也是他砥礪品行，獨立人格的儒家風範。雖然他由於長期接觸西方文化後價值觀念有所豐富和變化，但古聖先賢的嘉言懿德已侵入其整個身心，這本稱謂為「宜其家室」這四個涵意很深的家庭日常生活所記錄的帳冊，便也是一個史料物證。他認定的人生價值，雖有幾十年在國外的生活經歷，卻幾十年如一日地不可改變他的民族傳統。

我們如從政治與文化抑或從經濟與文化的角度加以考察，不難發現，從戊戌維新始，中國士人上層精英逐漸開始向近代意識轉變，其代表人物為康有為、梁啟超，而經過辛亥革命的政治變動到「五四」新文化運動時期，許多新型的知識份子精英應運而生。其主要是從歐美和日本學成歸國的知識份子。張靜江應屬清末康梁一類思想的人，但他卻能跨越了這一輩人的思想。他確屬自己營壘中人叛逆出來的中國士人。但他和士人們又有不同，他崇洋但不媚外，他從商務實而不迷金錢，他從儒家經營之道轉而成為原始資本積累的中西匯通的鉅賈大賈，但他卻又跨越了單純的資本積累者，從而成為聯結兩代中國亦官亦商（當然從根本意義上說，他也沒有在清王朝從官）的一位儒家政治的特殊代表。正源於此，我們今天從大量的史料和他與各界人士的通信上看，張靜江的交遊也具有特殊

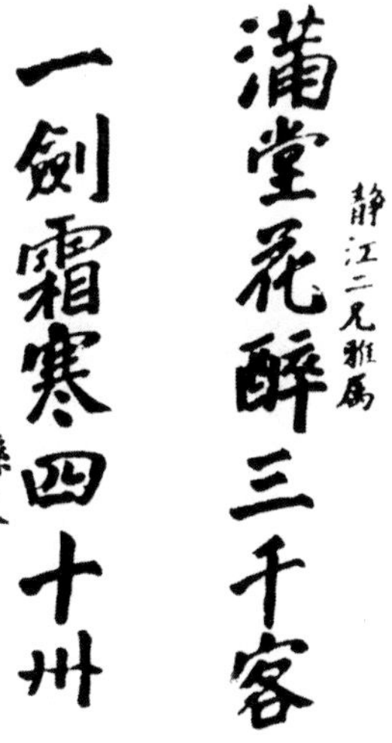
蒲堂花醉三千客
一劍霜寒四十州
靜江二兄雅屬
孫文

孫中山為張靜江家的尊德堂（即東恆和）題詞。

的傳奇色彩。在中國政治界、經濟界、知識文化界，都有張靜江的相當廣泛的交往。甚至在軍事界也和他有交往。舉凡在清末民初有影響的上層人士差不多均與他有不同程度的交往。

張靜江在三十歲之前，其交遊對象主要是於他父親定甫公為他援例納資江蘇候補道員為開始，使他在北京有了結識上層同好的機會。他在北京期間結識了清末光緒年間狀元黃慎伯之子黃秀伯（中慧）並結識了任廷芳博士，在北京最主要的是結識了一位當時顯赫一時的清末大學士，禮部尚書李鴻藻之子李石曾（名煜瀛）。這時的李石曾已被特封為戶部郎中。而就在去年時代使他和李石曾均結為終身好友。從此，他們二人均隨清末官員孫寶琦成為駐法公使的隨員。張靜江自此後，主要和一個新型的知識群體——歐美派知識階層建立起了廣泛的人際關係網。直至他晚年離開政治舞臺定居美國時均是這些關係的延續。

張靜江在各界均有廣泛的交遊，可以說各界人物都與之往來，但從他的主要政治活動和經濟活動中，始終結為至友和聯盟關係的卻應首推三人：即蔡元培、吳稚暉與李石曾。故我在下僅就蔡元培、吳稚暉、李石曾等人物和他的交往略作論述：

張靜江與蔡元培的結識交往應始於他們一起在法國辦《新世紀》週刊的時期。因為，蔡元培在旅法期間由李石曾與吳稚暉之介紹結識了張靜江。其時張靜江負責《新世紀》週刊的經費，吳稚暉負責編輯排版，而蔡元培、李石曾、褚民誼等均協助供給文字。後來蔡元培曾說：「同人就學異國感觸較多，欲從各方面促進教育之準備，爰有世界社之組織。」實際上，新世紀週刊和世界社，其核心人物不外乎是李石曾、吳稚暉、張靜江這些人物，但其經費主要由張靜江負責。而《新世紀》這本刊物所涉內容很廣，有鼓吹革命，有勤工儉學，有文學教育之革新，有創造留法勤工儉學等故聯結張靜江與蔡元培的友誼交往應以這《新世紀》為聯結點。

今天，我們從張靜江致蔡元培，以及他與蔡元培、吳稚暉、李石曾等人聯名的許多電函內容中，可看到一個歷史現象，即有諸多方面他們都有相同的價值觀，如他們對獨立人格方面，自由信條方面，以及對文化教育方面都有相同的觀點和見識。讀者如有機會可參讀張靜江於一九二七年十月十四日與胡漢民、蔡元培等五人宣告下野致馮玉祥電。這五人其中有吳稚暉、李石曾。一九三一年的《為粵局與吳敬恒蔡元培等致古應芬函》。其中還有李石曾、張繼。一九三一年五月三日《與蔡元培等五監委覆鄧澤如林森等電函》。這電函中共同具名的其中有李石曾、吳稚暉、張繼。可以說，張靜江與蔡元培從法國由李石曾介紹結識交遊後，無論是辛亥革命，北伐革命，以及他們在北伐基本告捷後，有了一個暫時的統一的國民政府後，蔡乘這短暫統一的局面即全心投入教育事業，張靜江在這段時期也加緊投入經濟建設事業。他們二人在接受中國傳統文化與西方自由價值觀念上，甚或在接受自由無政府主義思想上，他們二人在思想上，信仰和西方價值觀上，都是有密切關係和一脈相通的。

甚至到了蔡元培晚年定居香港時，即使在一九三八年八月張靜江離開大陸赴美途中，當他在香港居住時，或者在離開時，他始終未忘記他的老友蔡元培，曾去邀請蔡元培同行去美國居住，但當時蔡因身負中央研究院文化學術職責，婉謝了張靜江這位老友的一番熱誠之意。這都說明了蔡元培與張靜江交遊密切的關係。就是在張靜江與蔡元培在一九二七年主張「清黨」問題上均有共同的思想基礎，當然，張是從他自己的出身距賈大賈的自身經濟利益受到衝擊為出發點，而蔡元培大都是和他反對極端，主張中和的思想有關。

在張靜江的朋輩中，交誼最長、最深，往來最多的，歷時最久的，當屬吳稚暉。張靜江與吳稚暉在一九〇七年二人便在法國結識，那是辛亥革命前，為了在國外宣傳反清，鼓吹革命，他和吳稚暉、李石曾籌備《新世紀》週刊就結為至友。在今天可尋的張靜江致別人的信函及電函的排列中，第一封信函便是寫給吳稚暉的。那就是一九〇七年七月十九日的《抵港告革命情勢致吳稚暉函》，緊接著僅隔二天，又有《為清廷野蠻處理徐錫麟案致吳稚暉》，如果我們今日的讀者披閱張靜江全部信函、電函，那麼，可以說張靜江在這些信函、電函中，給吳稚暉的那些信件、電件可以占總數的百分之七十以上。他們二人以辦刊宣傳，上書自己的政治主張，共辦留法勤工儉學，共同在國民黨中央共事多年，在張靜江任建設委員會委員長時期，還共同辦過江南公司創建實業等各方面都通力合作，據說張靜江在建設委員會任上時，和吳稚暉去莫干山避署時曾計畫在莫干山開發旅遊熱線，籌建登山電纜車，機器從國外訂購，但遭蔣介石的把兄弟黃郛激烈反對，遂使這一開發計畫不了了之。在對待蔣、汪問題上，寧漢分流與合流上他們也均相互助益。我們甚至還可從張靜江與吳稚暉日常家務、看病就醫、互相托事等各方面均有形影不離之感。

我們可以隨意一翻他們之間的往來函電，這有關生活上的函電也比比皆是。如：他們二人同往一地開會的有：《約同往京致吳稚暉函》，請吳稚暉代理辦事的有：《不克出席故宮理事會致吳稚暉》，為人介紹的有：《請代撰文介紹李醫師致吳稚暉》，告知自己身體病痛的有：《告近況致吳稚暉函》，上書蔣介石電函的有：《與吳稚暉、李石曾上蔣委員長電》等等。張靜江與吳稚暉的交往在到了張靜江定居美國後，雖逐漸減少，但也隔洋互通信函和電函。當然，吳稚暉與張靜江雖為長久之好友，但他們二人最大的不同點是：吳稚暉一直追隨蔣介石，甚至委曲求全，跟隨至臺灣，晚年孤獨地在臺灣生活到八十八歲離開人世，但張靜江卻不肯委曲求全，最後他畢竟在人生的下半節便離開了蔣介石而去美國獨立自主地生活，直至離開人世間。他們二人早年有共同點，但後來就分手各奔東西了。

李石曾與張靜江是互交的最早的朋友，早年同在清政府共事時就結識了。李是官宦之家，張是鉅賈而出資納官之家，但在北京一席宴請中，「二人一見如故，遂訂交焉」。李小於張五歲。那時是一九〇一年。張靜江僅二十五歲，李石曾是二十歲。但他們都厭倦於清政府就職。李石曾已是清廷政府官至戶部郎中。但他們借機隨清政府孫寶琦出使法國之際，二人一起到了法國巴黎，由於他們二位青年都認識到清王朝的腐敗無能，他們不甘與之沉淪。爾後，由於他們共同的志向，均不返回國內了，並脫離了孫寶琦。在法國李石曾辦過豆腐公司，生意當然沒有張靜江做得大，但總是互相照應，引為知己。他們一起辦世界社。張靜江認識蔡元培也是李石曾作介紹人。可在一九〇五年追隨孫中山加入同盟會，張靜江卻是李石曾的介紹人。中國歷史上赴法辦勤工儉學，在法國里昂辦中法大學，他們二人都是合作者。辛亥革命後，張靜江與李石曾均追隨孫中山進行二次革命，國民政府成立後，均共同從政，並都是與蔡元培、吳稚暉等人一樣信奉的是法國無政府主義思想。

他們二人均有寬宏的胸懷，今日我們從一九四二年三月一日，張靜江《與李石曾覆吳秀峰函》中，即可看出他們即便到了晚年，也一如既往，合作默契。當時吳秀峰代表《自由世界》中文版，向他們二人約稿。約稿信和張靜江與李石曾的回覆信函均很感人。那是因為他們二人在三十五年前創辦了世界社。他們二人幾十年都攜手為「揭出世界之自由合作，以代舊世紀之以暴易暴之觀念」，於此，可見他們二人心中一直在追求自由與和平而反對戰爭與暴力的思想。當時正值中國歷史上艱苦卓絕的抗日戰爭時期，日本軍國主義正蹂躪中國人民之際，今日看來，他們那時二位已在國外，但還是共同為國內讀者服務。

晚年，李石曾與張靜江均居住美國，兩人至死常以好友常來常往。李石曾晚年在其《石曾筆記》中曾為張靜江與他的友誼以及他們共同的事業作了長篇敘論。

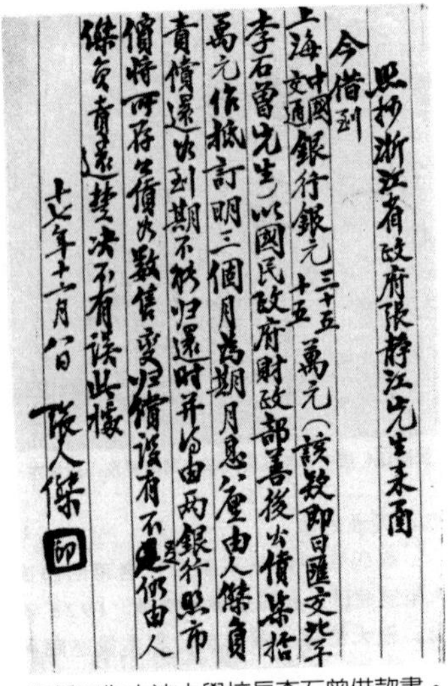
照抄浙江省政府張靜江先生來函
今借到
上海中國交通銀行銀元三十五萬元（該款即日匯交北平
李石曾先生）以國民政府財政部善後公債柒拾
萬元作抵訂明三個月為期月息八厘由人傑負
責償還如到期不能歸還時并由兩銀行照市
價將所存公債如數售賣償還有不足仍由人
傑負責清償決不有誤此據
十七年十一月八日　張人傑　印

張靜江為中法大學校長李石曾借款書。

我們從李石曾的一生來看，他確是在年輕時便從自己清末腐朽的官宦家族中叛逆出來的人，後來他和張靜江一起走上反清的革命陣營，也就是背叛了自己階級出身。他之所以能逐漸加入同盟會，參加辛亥革命，其思想主要是在法國接受了歐洲民主自由思想的薰陶，在他接受了這些歐洲色彩所賦於的思想及價值觀後，再和中國當時清末的閉關自守及腐敗無能作比較時，他和張靜江一樣就逐漸成為了一名徹底反叛者。

其實，張靜江與李石曾、吳稚暉、蔡元培等一代人，從他們年輕時的家庭背景，傳統文化的薰陶上看，本應屬於康梁思想和作為的一類人物，但他們二人卻在清末便直接受到歐美思潮的影響，他們二人無論在文化與教育的貢獻上，以及張靜江在一九二八年後專注於經濟建設上，他們二人均與歐美派知識份子建立了持久的友好關係，這正是他們貢獻於近代中國社會的主要原因。

張靜江與李石曾在晚年致吳秀峰信中有如下心願之表述：「但人傑（靜江）等代表世界社之中國方面，必努力與自由世界社合作，共襄世界聯合之盛舉。凡所能為，又豈敢以衰老卻責……所幸扶導者任重致遠，貫徹始終，此則我們當為世界請命，自不敢自棄者也，石曾追隨吳張諸先生後，共同努

張靜江居美國後在1942年時於紐約的留影。

力……。」李石曾自重慶（一九四二年）到美國後與張靜江一起致吳秀峰信中的這段話，都可看出他們二人自始至終在信仰上的一致，以及晚年還在為反對日本軍國主義之侵略，為自由世界和共襄世界之聯合而努力不息。

從今日世界多元化以及世界一體化發展趨勢而視之，他們二人無論在清末，抑或在推翻清王朝專制統治後，以及革命後和依然以專制獨裁統治的蔣介石最終發生分歧與疏遠，可以看出他們確是幾十年志同道合的志士。他們早年一起在法國接受了相同的自由信條，和接受了同樣的西方早期的價值觀，使他們成為了終生不渝的同志和朋友。他們二人也幾十年如一日，直至離開人世間，始終在實施他們所創建的《世界社》宗旨：「傳播正當之人道，介紹真理之科學。」差不多已匆匆過去一個世紀，今日當世界已進入了更先進科學的二十一世紀，但他們所信奉的宗旨依然不為過時。

五十二、張、蔣聯盟的破裂

張靜江畢竟是出身於富商之世家，以經商發展經濟為業才是他思想的根本。早年他投身革命加入同盟會也是認為在當時統治中國的清朝政府沉淪為腐敗無能、專制暴虐的政府了，已無能力運作晚清末年的經濟與生產，人民因受生產力之破壞，已無法生存溫飽。當他目睹了這一現狀後。加之他受了西歐民主自由思想之薰陶，受西歐專注於發展生產力之影響，於是追隨孫中山投入辛亥革命，他想用革命推翻這個腐朽的清政府後，將會按孫中山先生之建國方略，把被革命破壞了的生產，重新建設起來。在北伐勝利後，他真正從政在其個人歷史上時間不算很長，他不屬於專為從政做官的黨棍，亦不屬於以從政撈取錢財的暴發戶，他自己本身便是一個「有錢人」之巨賈富商，他不需要鑽營取利。他考慮問題的角度，特別是國民政府成立後一段時間，中國趨於暫時的穩定，他認為只要把推翻清王朝革命時所破壞的生產恢復起來，社會便自然穩定，黨派分裂也會日趨平穩。所以他一切以經濟角度為出發點，是「以營利為目的」（這似乎和西歐現代市場經濟思想相吻合）。因此，隨著國民黨統治的不斷鞏固和全國的統一，他所期望於在一個相對安定的社會環境中，能促使蔣介石和他的追隨者也能如他思考的那樣去全心投入中國的經濟建設中來。

張靜江在回到家鄉時，在全族人的宴請上發表要眾位鄉親幫助他搞建設，而在全國政治會議上他也發表了同樣的聲音，要國民黨政府投入經濟建設。但蔣介石考慮問題的角度與他考慮的建設事業，大相逕庭，幾乎是南轅北轍。當他看到蔣介石為了圍剿紅軍，不顧軍費開支的龐大無度，由於擴軍備戰，從而削弱了經濟的建設、生產力的恢復與培育。由於蔣介石加強軍備集中「圍剿」，從而使當時的建設經費無著落狀況已陷入嚴重短缺地步。張靜江不顧蔣介石與他在政治、經濟等國策上的分歧。在一九三〇年三月他在建設委員全體委員的支持下，向國民黨中央政府會議提交了《確定全國建設經費保管支配方案以利建設案》。在這個方案中，他建議成立一個統一的中央建設經費保管委員會，這個委員會將由國家財政、交通、鐵道、工商、農礦各部部長及建委會委員長組成。並使建設經費專案保管、支配及監督其用途。實行建設經費會計獨立制。每年關稅收入增加額，土地稅收入增加額，以及中央及各省官營事業之收入，均須「全部用作發展建設事業之用。他還提出為了確保國家建設經費的穩定，各地方收入，除土地稅增加額之外，應以百分之三十到五十作為建設事業之用。他還提出如果發生短發積欠各機關之建設款項，應由中央或地方財政當局儘先籌足補發，以利國家建設事業之進行。

張靜江為什麼要提出這個確保建設經費穩定的方案呢？很明顯當時張靜江已覺察蔣介石必為他的政治上的需要而投入軍費的龐大開支而在緊縮他所從事的建設經費，故張靜江試圖通過這個法案以限制蔣介石對財政的干預和對建設經費的挪用，以保證經濟建設工作的順利進行。

一九二九年十二月他在呈行政院文中說：「時局多故、軍事頻仍，建設事業反大受其影響，如鐵路、電政、航政之類，每當軍事發生，關於軍隊之輸送，消息之傳遞，其供應極繁，其所受之犧牲損失亦最巨，使各項建設事業年來不惟毫無進步，且日益凋弊。」從張靜江呈當時行政院之文中不難可以看出，他是強烈反對當時蔣介石發動的中原大戰，也反對於一九三〇年十一月開始的對紅軍中央蘇區的「圍剿」軍事戰爭的。當然，他並非是從他的政治立場為出發點而反對，而他是從軍事戰爭會給當時剛恢復開始的經濟建設帶來損失這個角度對蔣介石持反對態度的。由於蔣介石為他自己的政治目的發動的各種戰爭中，都使建設事業大受影響。張靜江還反對國民黨軍隊在軍事行動中強拉民夫，強徵通訊及強徵交通設備等行為。如一九三三年四月他致軍委會函中，批評津浦線駐軍對盜劫淮南煤礦所運之煤的盜匪，「非但不協同取締，反於警士執行職務時藉故阻擾，於煤運前途實有巨大影響」，他強烈要求當時正在「圍剿」的軍委會嚴加約束所部官兵。

我們今日從已過去的歷史回顧，當時蔣介石正在集中兵力對中央蘇區進行空前的多次「圍剿」之中，再則，蔣介石又要騰出手來對付廣東方面以汪精衛、孫科、古應芬、鄧擇如等，以及他還要對付他的另一政敵胡漢民。所以，張靜江提出的反對軍事武裝鬥爭，提出專款專用的建設經費之保障，蔣介石是完全當成耳邊風的。隨著張靜江投入建設事業的決心越大，他與蔣介石在政治上、經濟上和政策上的分歧也日益不斷在擴大。

同時，在實際行動上，張靜江對蔣介石的「軍事計畫」和「圍剿」中央蘇區的行動也不予配合。當時蔣介石正不惜犧牲一切，包括張靜江所傾全力投入的各項建設事業。蔣所奉行的是：（一）一切可以緊縮（包括國家的建設事業經費），（二）一切可以和談（對汪精衛、胡漢民等反對派），（三）一切可以退讓。但在至一九三四年初，在近七年時間裡，蔣介石卻不顧一切，唯一手段是採用德國軍事顧問的「封鎖」與「圍剿」。當蔣介石正全力熱衷於這一軍事武裝的時期，張靜江提出的保障建設經費案，在客觀上無疑是向蔣介石頭上潑著冷水，蔣介石勢必與張靜江在政治與軍事、策略上產生分歧。同時，在實際上，張靜江在他擔任浙江省政府主席後，在浙江大規模從事公路鐵路建設時，那時蔣介石也正設「南昌行營」正熱衷於「圍剿」閩浙贛地區。蔣介石曾下令浙江省政府應首先建造浙贛邊境及浙東、浙南山區公路以配合軍事行動，並限期完成，下令「不得貽誤軍機」。可張靜江卻一味從經濟建設的發展角度，及以經濟收益為目的的角度，他卻不顧蔣介石的嚴詞緊令，卻首先全力修建杭州至紹興的公路，使這條公路成為全省唯一有盈餘的公路。

張靜江有現代市場經濟意識，他不顧蔣介石在政治、軍事上的需要，他腦子裡的唯一價值觀是不花國家的錢，並使投入的建設事業有盈餘。他從以營利為目的，認為只有當有了盈餘，如此這般滾雪球之方法，盈利再盈利，才能加速他建設事業的迅速發展，促進生產力之恢復與發展。故他的價值觀與盈利觀和蔣介石的想法確發生了很大的差異，同時他不執行蔣介石的命令，蔣介石為了貫徹實行他的剿共計畫，也曾命令張靜江從速修築杭州通江西南昌的重軌浙贛線，以利他剿共軍隊的調運，但張靜江一味講經濟效益，著眼於早日收回成本，他只擔任修築輕軌的杭江鐵路，對通往南昌的浙贛線在江西境內的他不承擔此責任。這些陽奉陰違的實際舉措，勢必引起了蔣介石的極大不滿。

雖然，張靜江是蔣介石的恩師，也是黨國資格最老的元老，但在「圍剿」與「建設」上的分歧，使蔣介石與張靜江的分歧無法彌合。這方面的分歧，使張靜江在經濟建設上想施展自己抱負與雄心，受到了蔣介石的冷落與遏制。所以，從今天有許多史料可以看出，張靜江在一九二八年開始至一九三八年的在建設委員會任上的傾注心力搞建設，實際上也如在夾縫中求建設，這從有限的史料中可以看出，他在搞建設時期，只要稍具歷史知識的人，便可看出這十多年正是中國歷史多災多難的時期。內有各自為政和各自持重的割據一方的地方勢力雄據各方，外有蔣介石要把財政的所有經費投入到一次又一次的「圍剿」軍備中去，再加上日本軍國主義已入侵中國，幾乎要想吞併整個中國。在這種局勢下豈能搞好經濟建設事業呢？張靜江是一個身殘而志堅的人物，他非要頂著上述三方面不利條件的壓力，拼命地搞他的建設，張靜江真可謂生不逢時。但他始終堅信孫中山先生提出的「不建設，革命就要失敗。」這話當時確無人相信，但卻言中了蔣介石日後政治革命失敗的後果。

張靜江這艱難十年的搞建設，他僅領國家建設經費十多萬元，但從他為國家創造的建設成果的收益財產，竟達五千多萬元，如此一核算，也足可看出張靜江搞建設的用心之苦了。但蔣介石是對他不滿的。為什麼呢？因為在整個建設過程中，張靜江確以元老自居，不說時常彙報之類，還常常陽奉陰違，還我行我素，他不買當時由宋子文掌握財政大權的帳，就連蔣的意見和命令他也不放在眼裡。如此這般的情勢發展，張靜江與蔣介石多年的政治聯盟，自然從一九二八年逐漸走向破裂的地步，張靜江的政治權力也最終一步步被排擠出權力的核心層。這從一九二九年三月自國民黨三大後，張靜江便由中央執行委員被排擠到中央監察委員，這使他失去了在中央執行委員會中的表決權，也迫使他在一九三〇年，辭去浙江省政府主席，專任建設委員會。

張靜江專任了建設委員會委員長後，他仍常和蔣介石的思路相違背。當他大力投入建設事業時，他和蔣介石也隨著政治聯盟的破裂，在建設經濟上的目的和動機也緊接著發生了不可避免的分裂了。我們今日從張靜江任建設委員會委員長任上，從他經濟發展的方向上看，他和蔣介石的思路存在著明顯的差異。張靜江對他發展中國的思路，基本上可以說是模仿他在法國、美國那一套走自由市場的資本主義道路。他認為除一些非由政府主辦不可的建設事業，如國防、水利、重工業等之外，其它的一些經濟建設項目，政府只需制定政策、樹立規範，盡可能發動民營經濟力量來搞。他還主張鼓勵一些有資本實力的財團進行融資，並讓民間私營工商業者加入其建設行列。

張靜江由於自己也出身商賈，他對商賈和個體私營工商者有切身體會，所以，他曾多次講到：「中國國家建設大計，必須提倡民營為原則」，只有民營事業「乃能發動人類工作之本能，以建立工商生產事業，累積國民財富，實現國父遺教。」這些出自他肺腑之言，我們時隔八十多年後的今天看，似乎可以理解當時張靜江對搞經濟是非常有經營頭腦的，他熟悉中國當時的國情，也非常富有遠見，他發表過這樣的話：「政府可以運用租稅政策，達成均富之目的，何必饞饞槊槊，弄得大家沒飯吃！」他還以公營企業與私營企業在辦同一件事業上，兩者之間在成本核算上差距很大，他認為因為一個是「公」有，責任性不強，與誰也不搭界，反正是公有，節約了成本也沒有用。如果用其它形式來經營國家事業，相反就責任性強，成本便大大降低。

所以在他搞的建設事業中，他身有體會地說：「公營企業，耗費公款。造路需要大量資本，加上糜費，何來如許資本？」他極力主張：「中國國家建設大計，必須提倡民營為原則。」他從人類發展的個性為特點，考察了為什麼民營事業能發展生產力。所以，他認為只有民營事業「才能調動人類工作的本能，才能發展當時的工商生產事業，以達到累積國民財富，真正能夠實現國父孫中山早已告誡的話。」

由於張靜江受西歐發展經濟模式的深刻影響，再加上他自己的家族也是一個從私營業主這樣一步一步地發展到成為鉅賈大賈的，基於這二方面的影響，他在領導建設委員會發展國營事業的同時，努力去做民營事業的計畫、示範、指示和保障工作，多方扶持民營事業。比如在租稅上等都給予優惠。

他還根據安徽饅頭山煤礦與貴池等地煤礦的請求，建議財政部對該礦徵收的稅額由每噸四點五角降到稅額為每噸二角，同時還從所徵礦稅中撥還獎金三成以資補助，寓以「維持國煤之意」。另外他還授意在《建設委員會電氣試驗所業務規則》中明確規定：「民營電氣事業如有大批電錶委託較驗者，本所得照前條所定費用酌予折扣。」張靜江為了扶持民營企業得到發展，對於強加給民營事業的各種額外負擔則嚴加取締。

例如他發現江蘇省江都縣政府拖欠了該縣振揚電氣公司路燈費兩年半；為數金額為二萬餘元。他即致函江蘇省政府，要求該縣立即歸還。他在函中說：「若任長此拖欠，殊與地方公用事業之進展大有妨礙。」他馬上還責令江都縣政府「切實負責分期籌還。」如果，我們今日重讀張靜江領導的當時建設委員會在一九三一年—一九三三年之間致當時財政部的信函，致江西省建設廳的訓令，及致江蘇省政府有關信函，讀他制訂的《建設委員會電氣實驗所業務規則》等《公報》中，便都可以窺見張靜江以扶持當時私營企業並為他們主持公道的事例。

他還對當時江西省景德鎮等一些地方政府的教育部門向民營事業亂派學捐的事情，張靜江在聞訊後即致函江西省建設廳，令其詳細調查彙報，他直接指示「如有勒捐情事」，必須「嚴令制止」。

張靜江自己領導的建設委員會，他常聘用一批國內外技術專家、工程師，並告誡他們要在技術上對民營事業給予支援並為了產品的品質，予以經營性的技術上的監督。為了做好既給予技術上的支持，又能為民營企業提高產品品質。他特地進行了既嚴格監督又積極支持的政策。如他在對產品品質的技術監督上，無不嚴密督促，如張靜江看到有些民營企業的業主在經營自己的產品時只顧到盈利，而無「工程知識」，又主觀地「妄作主張」，而民營企業的有些業主對企業缺乏「通盤籌畫」，往往「只顧目前私利而置公用利益於不顧」。看到這些情況，他就嚴厲批評，他即著手制訂了《修正民營公用事業監督條例》，在《條例》中他要求「民營公用事業之一切技術標準，應依據中央主管機關公佈之各種規程辦理」。

張靜江為了解決民營生產事業缺乏專門技術人材的問題，他決定建委會自一九三一年度起，「凡有創辦事業請求設計者，本會擬積極指導並代擬各種計畫方案以資扶植而示提倡」，為了能有真材實學的技術骨幹去扶植企業的發展，故張靜江對技術人材一向很重視，他自己雖未受過正式的高等教育，但他能尊重知識，尊重人材，他所選用的人，大多具有真才實學，有些還是一類專家。例如他曾聘美國麻省理工學院及洛威爾紡織專科學校進修的周君梅任蠶絲改良場副場長，兼杭州絲廠廠長。周君梅在美國與李佑仁曾代表南潯輯里絲商參加萬國絲綢博覽會，博覽會後，他們即向輯里絲商提出技術上的改進意見，使馳名國內外的南潯輯里湖絲提高了品質標準。張靜江在他胸中，對有人材出現，他即高薪聘請，如他曾聘用從法國留學歸來的農業專家莫定森擔任稻麥改良場場長，充分調動他所具有的專業技術知識為浙江的農業服務。

根據他提出的《倡議》，張靜江在三十年代充分發揮建委會積極參與投入到各民營企業的建設工作中去。如對九江映廬電氣公司之整理，貴陽電廠之創設，丹陽肇明電氣公司之輔導，以及對江南汽車公司和江南鐵路公司之車輛設備採購等事項，他均全力支持。另外，張靜江還主持制訂了許多獎勵民營事業的措施，甚至還從經濟市場盈虧狀況，把一些屬國家管理的國營企業轉讓給民營。以鼓勵民營企業辦得更好，為國家創造更多的財稅收入。那時張靜江確對建設充滿熱誠，他為了整頓土地，成立了地政局，聘美國留學歸來的俞俊民擔任局長。當成立了電話局時，即聘美國理工博士李熙謀擔任電話局局長。當成立了浙江莫干山肺病療養院，即聘德國醫學博士周君常擔任院長。曾聘美國學成歸來的吳琢之工程師任公路局副局長兼總工程師，後還聘他為江南汽車公司和西南汽車運輸公司總經理。總之，我們從張靜江當年他手下聘用的這些專家技術人員，基本上是屬於從歐美學成歸來的技術隊伍。如程振鈞博士，他是一位有學識，有實踐經驗，且廉潔自持，躬身實幹，是張靜江在浙江搞建設的得力助手，他還擔任過浙江的建設廳長。浙江的鐵路、公路及其它工業的建設，是有他一份功勞。可惜在三十年代初就病逝了。留下了僅是一個清貧家庭和一個女兒程雪梅和一個兒子程威廉。

由於張靜江在發展經濟上的理念與思路上，顯然與當時蔣介石的路線也是相互矛盾的。這無疑給張靜江所領導的建設委員會從經費上帶來了困擾，從職權上也逐漸進行了瓦解，直至最終的撤銷。由於政治上、經濟建設上的路線、理念之相悖，張靜江和蔣介石多年的政治聯盟也最終走向了破裂。

五十三、通電全國的辭職

隨著張靜江與蔣介石之間那些政治的聯盟一個個的破裂，他和蔣介石之間的距離也越來越大了。當張靜江一心想把建設搞上去，並逐漸一步一步把各項建設搞得有了一定的眉目時，抑或已見到了經濟建設實施的一定效益時，可他的作為卻並未博得多少國民黨元老派或少壯派的叫好，相反，他在政治道路上的日子反而一天不如一天，這確使他在精神上感到非常的難堪。可在那時他緊接著又和蔣介石所倚重的戴季陶與曾在他手下工作的陳果夫發生了矛盾。

起因是戴季陶與陳果夫為了針對共產黨當時領導的農民運動和土地改革，在一九二八年曾拋出了所謂的「合作運動」與「二五減租」政策，他們認為首先應在浙江推行這二項政策，當時戴季陶、陳果夫已坐鎮中央要職，由國民黨中央黨部電令浙江省黨部，諮請浙江省政府協助貫徹上述二項。

這二項政策，如認真實行起來，勢必與張靜江為自籌建設經費，正在實行田賦附加特捐發生牴觸。張靜江認為如推行「二五減租」容易挑起當時佃農與業主間的矛盾對立，易發生雙方抗租佃等糾紛，從而影響當時省政府對田賦的徵收，並會影響到土地的價值等一系列問題。並且這也關係到浙江省政府的財政收入。因此，張靜江召開了省政府會議討論這些現狀與矛盾，張靜江遂決定暫緩協助貫徹。這「暫緩」兩字，實際上是他婉言對抗中央這二項政策的擋箭牌，也便是說張靜江所領導的浙江省政府不同意實施上述政策。這當然引起戴季陶與陳果夫兩位的不滿。

事有湊巧，這一年的年冬之尾，嘉興卻發生了農民哄搶中國銀行的事件，當時省黨部的《民國日報》（後改為《東南日報》）發表了一篇社論，認為這次農民哄搶中國銀行事件，是由於張靜江所領導的省政府不執行「二五減租」造成的，並在該報上，所用詞語影射並抵毀了張靜江。這無疑觸怒了當時任主席的張靜江，在他的氣怒之下，他手諭省政府保安處長竺鳴濤，將省黨部執行委員兼《民國日報》社長吳建中扣押了起來，並指責他有挑撥關係，嫁罪於人，進行了人身攻擊。但是，吳建中係陳果夫之嫡系，事情越鬧越大，報社方便當然不肯讓步，此事直鬧到了國民黨中央。這更促使了戴季陶與陳果夫對張靜江懷恨在心。戴和陳均向蔣介石直接彙報，並說張靜江在浙江完全搞獨立王國，針插不上，水潑不進。這種矛盾的產生的直接效果，使蔣介石對張靜江更惱火，這也是進一步加深了他和蔣的政治矛盾的惡化。再加上我們在前面章節中已所述的，在一九三〇年夏由於發生了朱家驊問題，這件事當時也得罪了戴季陶，得罪了戴季陶，也便是得罪了蔣介石。

在張靜江任建設委員會委員長時，由於一系列建設專案的投入，也牽涉到當時行政院下屬的好幾個部，因為建設項目所涉的一些工礦企業的管轄權界限不清，這勢必牽涉到這幾個部的他們的管轄權利益的問題。於是，這幾個部的部長也認為張靜江超權越級，亦乘機向蔣介石挑撥和投訴，指責張靜江的權力太大，管得太多，超越了各部的權力。特別是在張靜江傾注全力以全國的經濟建設時，在他全權負責國家建設委員會之際，他將所有新建、擴建的工礦、交通、運輸、電氣事業，甚至包括水利建設事業等，一律劃歸在他的建設委員會的職權範圍內，這無疑又在繼政治、軍事上與蔣介石不合外，又繼續產生了與當時蔣宋孔陳「四大家族」正在大力發展的官僚資本發生了直接的矛盾與衝突。當時的張靜江自知難於抗衡，致使張靜江在搞經濟建設上陷入了四面楚歌之中。當時的張靜江雖也曾聯合了國民黨元老吳稚暉、李石曾等人想走一條亦官亦商的道路，但真和蔣宋孔陳對著抗衡，那簡直是自不量力了。這樣的對著幹的結果，矛盾更趨激化。而且在張靜江的內心始終認為他家裡有錢，加之他老是以黨國元老自居，還以孫中山總理是他的最好朋友自居，處處顯露出自己的優越感。這誠如當時張靜江的秘書李力經老先生曾說過：「我們的二先生（張靜江在家中排行第二）是大少爺做官，家裡有錢不在乎……」

正是張靜江這種以老賣老，處處以元老自居的性格特點，是造成了他在政治上失敗的主要原因。張靜江的脾性，在當初（即在蔣介石、戴季陶、陳果夫等人處於寄人籬下時）自然要讓他三分，可是到了北伐勝利建都南京後，他和這些人之間的地位已經發生了根本的變化，他們認為已坐穩了江山，手中有生殺之權，有了生殺之權自然也有了財源，財也隨勢而長。一九二八年以後的張靜江在蔣、戴、陳等人眼中已不存在什麼優勢了，而且張靜江個人家族以經商獲取的錢財，比之以蔣宋孔陳四大政治集團家族所攫取的錢財，真是小巫見大巫了。而那樣的優勢對比之下，張靜江還以元老自居，對蔣介石的工作礙手礙腳，同時張靜江越要全力投入經濟建設，特別是以西歐那一套模式來抓建設，也妨礙了「四大家族」的政治集團利益，尤其對當時三十年代「四大家族」為首的官僚資本的崛起構成了威脅。

這樣的情狀之下，不得不使蔣介石開始授意陳布雷和陳立夫，前去張靜江寓所，言談之中暗示他應自動放棄職務，也即自動下臺。張靜江在這種暗示之下，自持從政緣份已絕，在盛怒之下，遂於一九三〇年十一月通電辭去浙江省政府主席職務。當歷史已經翻過了七十多年的頁碼後的今日，我們重讀當時張靜江在無奈之下的急電辭呈，是很有意思的一篇通電，其語氣之轉折，言辭之無奈，內心的百般矛盾，以及即要離開這塊他曾傾全心發展經濟而遂有了成果的浙江，其內心是非常複雜的。

筆者無法描述作為民國時期黨國元老被迫下臺時的此情此狀，故錄一九三〇年十一月二十六日電文如下，以讓今日之讀者一窺張靜江在政治上下臺時的內心全貌。

陳立夫當時任國民政府秘書長時贈張靜江照片留念。

「急，南京分送國民政府主席，行政院院長鈞鑒：人傑自十七年冬，奉命主持浙政，本不敢以病之軀，兼膺方面之重，唯念建國之首要在民生，革命之目的在建設，改革之餘，百廢待舉，浙省環境完好，物力較充，宜努力建設，樹之風聲，總理之建國方略，得以次第實現。遂忘固陋，勉效馳驅，任職迄今，荏苒兩載，夙夜兢兢，惟恐有負中央之付託，而幸全浙二千萬同胞之期望。幸省府同人，同心一德，全省父老樂與匡扶，中央尤厚相期待，不以常格相繩，用能於整理庶政之餘，對本省物質建設，有初步之規劃，立草創之始基。然恒情怯於圖始，既群疑眾難之紛乘，謀慮或有未周，又左絀右支之是瞿，績效未彰，已心力瘁。本年夏以來，痰咳相尋，幾無寧日，眠餐漸減，知慮日損，自知衰病餘生，不堪再任繁劇。」

我們細讀上述張靜江的辭職通電的上半部分，就可看到他的內心對物質建設是多麼重視與認真去實現，但當有了初步規劃，草創的基礎時，政治上即刻遭到了「眾難之紛乘」，使他「績效未彰」而已經「心力交瘁」了，這些話，使我們不難看出由於蔣介石授意陳布雷、陳立夫去暗示他自動下臺的苦衷了。於是，他一方面要把他傾心力在經濟建設上的成績歸功於中央對他的網開一面，最終把成績的取得屬於中央的英明了。那麼試問，有了成績為什麼不讓張靜江繼續幹下去呢？這，只有張靜江和蔣介石兩人心理最清楚了，但在蔣宋孔陳「四大家族」的壓力下，張靜江只能以自己的身體不好，「自知痛病餘生，不堪再任繁劇」為由向上報告辭去重任了。但當時由於觸犯了蔣家王朝的利益而下臺，也是一種普遍現象，因為「權」「錢」的爭奪在北伐成功後建立國民政府時代，比比皆是，甚至還是迄今為止，各朝各代機構中爭權奪利的司空見慣之事。張靜江在這封通電辭職書中最後還傾吐了自己的無可奈何的話語：

「人傑自顧孱弱……未便兼身地方重任，致公私均多失誤，懇准辭去浙江省政府委員兼主席職務，迅薦賢能接替，以重處政，而專責成。」張靜江迫於無奈辭去職務，但還念念不忘他以全心全心傾注的經濟建設。你看他最後還呼籲一聲：「至人傑在任內所規劃之交通水利、電力、農礦諸大端，或設施方始，或無成有待，雖計議不免粗疏，皆民生榮瘁之所關，亦為一切建設所托始，……今後方將以經濟建設，文化建設，宣導全國……，人傑身雖去職，志切觀成……。」

張靜江最終還是抗衡不了翅膀已經豐滿的蔣家王朝，也阻止不了「四大家族」對他搞經濟建設而妨礙了他們集團利益的虎視眈眈。他只能推託「幾無寧日，眠餐漸減，知慮日損」而自動罷官了。雖罷了官，但他心中還始終要為經濟建設、文化建設而期望當時中央宣導全國。張靜江以急電形式通電辭職，說真的在他的內心，他是非常憤慨的，也是對政治非常心寒的。但他極力以鎮靜之心態來平衡他的煩躁與心靈上受到的政治打擊。在他辭職後，他以養病為由，息影家園，基本上不外出，日以書畫下奕養生。

我們知道，蔣介石在那個年代裡，他對持不同政見者，抑或有妨礙他的集團利益者，均反臉無情。蔣介石曾軟禁過國民黨元老胡漢民、軍事領袖李濟深，也軟禁過結拜兄弟馮玉祥等，但對張靜江的下臺，蔣認為是出於忍無可忍。蔣介石在最後總算還不忘舊情，給張靜江留有一定的面子，仍保留了他的全國建設委員會的委員長職務。但為了限制張靜江搞建設的空間，蔣介石儘量壓縮建設委員會的權力，在國民黨二屆五中全會上，蔣介石授意通過了二項針對性的決議：（一）即刻成立了全國經濟委員會，由蔣介石的心腹時任財政部長的宋子文兼委員長。為了確保蔣介石的剿共軍費，還規定財政上所有經費支出，概由經濟委員會審批核定。（二）原由建設委員會所轄的企事業單位，一律歸還各部會管理自辦。

很顯然看出，以上蔣介石授意通過的二項決議，使原來的建設委員會的建設經費要受到宋子文所任的經濟委員會的節制了。而原屬張靜江建設委員會管轄的企事業單位都歸還各部，這樣的情況，張靜江領導的全國建設委員會已基本上成了一個空架子了。而蔣介石為了限制張靜江的權力，且建設委員會的日常工作，也由建設委員會的副委員長曾養甫主持全面工作，雖曾養甫是張靜江一手提撥起來，但這時的曾養甫已成為了宋子文的親信，因此，張靜江的所謂全國建設委員會委員長實際上也被完全架空了。

張靜江被蔣介石擠出政治舞臺後，雖然還有一塊全國建設委員會的空牌子，但這樣的建委會已成了一座空衙門，計畫成堆，實務很少，他這個建委會委員長幾近閒職。在當時這樣的情況下，張靜江原已在進行的建設也逐漸被停了下來，有的開始放慢了腳步。有的只能做一些無法實施的建設項目的計畫。為情勢所迫，張靜江只有重新調整他一些剩下的還能他調配的事業。他把南京首都電廠和常州戚墅堰電廠採取商股形式、組織公司、改為民營，由他的舊屬原浙江省電氣局局長潘銘新負責。他還把南京到蕪湖的江南鐵路也成立公司商辦，並由他女兒張芷英的丈夫周君梅任總經理。還有南京市內公共汽車和南京到杭州間的公路運輸，也合併成商辦企業，由他的舊屬原浙江省公路局副局長兼總工程師吳琢之任總經理。張靜江為了作最後一點點小小的抗衡，也為他便利這些商辦企業的資金調度，他還最後依靠了他的家鄉南潯劉家和龐家兩親家的支持，在他們兩位親家支助下，與國民黨元老李石曾共同集資創辦中國農工銀行，在上海設總行，在南京和蕪湖設分行，而張靜江自兼中國農工銀行的董事長和總經理。

當然，從張靜江被排擠出政治舞臺後，由於他失去了政治上的支撐，他雖竭盡力量，也依靠了張氏親屬的一些支持，且也得到了幾位長期與他為伴的國民黨元老的助一臂之力，但這都抵禦不了有蔣介石作政治背景的「四大家族」在經濟包圍中對他的壓力。但從張靜江政治生涯來說，他最後仍保留了一個中央監察委員，但從此他與蔣介石確也分道揚鑣了，也同時結束了他的政治生涯。

五十四、抗日、戒肉、戒煙

我們在上節大致闡述了張靜江在全國建設委員會任上按照他的那一套經濟救國的思想觀念，所貫徹實施的經濟建設的實際行動。當他知道自己有關經濟建設的理念與實施已和當時的「四大家族」集團利益相矛盾時，他知道無論在政治上、經濟上的力量已遠遠無法抗衡時，他憤然通電辭去政治上的行政職務。如此的從政治營壘上的逐漸淡出，他領導的全國建設委員會也隨之由「兩朝國舅」宋子文所組成的全國經濟委員會替代了一切張靜江在經濟上的實權。我們今天從史料上可以看到在二十年代至三十代初期，即宋子文未代替張靜江的一切經濟大權時，不要說蔣家、陳家的財富，還稱不上是大家族，就是宋家、孔家的財富，也還成不了大氣候。宋、孔家族的暴富是在三十年代中期以後的時期。一句話，即蔣宋孔陳「四大家族」的財富的聚斂過程，是在宋子文領導的全國經濟委員會替代了張靜江的全國建設委員會以後的時期。也可以說，蔣介石安排或擠掉了張靜江的搞經濟建設的位置後，才有了「四大家族」暴富的機會。

宋子文替代張靜江的全國經濟委員會成立於一九三一年九月。這個機構由當時的汪精衛、孫科、孔祥熙、宋子文、蔣介石等五巨頭組成常務委員，並由原是張靜江的下屬，現已成了張靜江的對頭朱家驊任秘書長。比之原來張靜江的建設委員會不但地位更高，而且陣勢更壯。由於這個經濟委員會除宋子文以外，其餘均在黨、政、軍擔任國民黨的要職，再加上蔣介石本人在一九三一年秋，正受到來自一方面外部的共產黨所領導的紅軍已突破他的「圍剿」的打擊，另一方面，在國民黨內他自己的權威也正受到內部的挑戰，而且日本人正在向中國發起進攻。在這樣的形勢下，宋子文即是經濟委員會的實際主持者，他上任後一方面是背景大，得到了蔣介石的全力支持，同時也得益於當時正爭取到了一筆國外支持的棉麥借款，他利用這筆借款，把經濟委員會這個機構搞得讓人刮目相看。對於宋子文從張靜江手中接過全國經濟建設這個大權後，他把中國建設銀公司一手策劃成立，並使自己成為執行董事，然後再到他成為當時的中國銀行董事長，宋子文終於完成了他由政界向經濟界與金融界轉移的「三級跳」。而這段時期，張靜江偶爾出席了一些由宋子文領導的經濟組織會議，比如一九三四年五月三十一日，中國建設銀公司發起人會議，張靜江和孔祥熙、李石曾、宋子良、陳光甫、李馥蓀、張嘉王敖等二十七名由銀行家與財政部官員出席。中國建設銀公司實際上是一個中外聯合的投資公司。張靜江在他實際交出全國經濟建設大權後，除了參加一些難於推託的會議外，基本上以在家養病為由深居簡出。當然這並未妨礙他對世界與國內整個大局形勢的關注與瞭解。

張靜江息影家園，基本上已淡出政治，同時在經濟建設上也只是稍稍顧問一下之際，可就在此時，在上海爆發了「一．二八」的日本向駐守上海的中國軍隊發動了軍事進攻。當時上海國民黨的十九路軍背水一戰，英勇還擊，當時十九路軍面臨著來自南京的阻力，由於缺乏物資援助，供應日益短缺，十九路軍在上海終於堅持了三十三天後，被迫撤退。這時，張靜江在上海家中養病正是在要過春節期間，這時的張靜江看到了當時整個中國局勢處於風雨飄搖之中，一方面他目睹了當時中國正處於南京政府與南方的汪精衛、孫科等人的爭執不休期間；蔣介石在被迫之下也於一九三一年十二月十五日再一次辭職下野，另一方面中國正處於日本軍隊步步緊逼，戰爭的火焰即將燎燃東北與整個中國。再則，他從政治轉向經濟建設並進行了一些專案的建設和取得一定成效，現在卻只能拱手讓給蔣介石的心腹宋子文這些人，而他已處於報國無門，從政無道，搞經濟已無權的地位。

這樣的時候卻又在上海爆發了「一．二八」戰爭，當他在無線電廣播驚聞日本侵略軍正在閘北屠殺中國同胞時，他心頭有一種說不出的悲忿，一種酸楚，一種莫名的黯淡和消沉。據說，在張靜江聽到廣播後的那日晚餐時，當他正舉筷吃肉時，一反常態，他擲筷而起，這似乎是他對侵略者弱肉強食的痛恨，興許是他感覺對當時整個中國局勢的無奈，對整個中國猶如一盤散沙而悲憤。由於當時的中國（一九三一年）正遭遇了一場洪水的災難，成千上萬的人民死於洪災和上海的「一．二八」戰爭，在這多種災難發生時，國民黨內部卻在為職位和權力爭執不休。一九三二年三月四日，雖然上海簽訂了淞滬中日停戰協定，這一切局勢的急劇變化，對當時的張靜江內心卻深深感到自己經歷的幾十年的政壇風雲，猶如經歷了宦海如雲煙般的無奈與空虛。從那年開始，他認為「反日是反侵害，不是反異族。自己假如再食肉乃自是成了侵略者，便無資格反他人的侵害。」他還認為反侵害係「以殺止殺，不如戒殺」。張靜江在那一年從此不吃肉食，從此開始吃素並信仰起中國的佛教，以後他就皈依淨土宗的印光法師成為一名臥禪居士。

當然，我們從張靜江在其政治上感到的前途黯淡，以及當時他在搞經濟建設上的力不從心，以使他逐漸只能用中國佛教形式來擺脫當時的環境。眼看祖國山河破裂、國家的危亡，使他不時在心中感到焦急與悲憤。但他另一方面還是與蔡元培、李石曾、張繼、陳銘樞等黨國元老們積極出面調停當時國民黨內部的矛盾，期望求得全黨的統一以抵抗日本的侵華戰爭。當時南京政府一起赴洛陽辦公，而徒具空架子的建設委員會從一九三二年二月後調派極少數人員同國民政府赴洛陽辦公，其餘留京職員都留職停薪，只發給一定的生活費，剩下了總務處長劉石心為駐京辦事處負責。

張靜江當時在心中已漸漸和政治脫離開了，但由於仍擔任中央監察委員，在國民政府遷都洛陽期間，也只能按期在一九三二年三月一日帶著他不悅之心情去參加四屆二中全會，會議期間，參加了在洛陽舉行的國難會議。爾後，在國民政府重新回南京期間，即在打道回府時，張靜江在吳稚暉的遊山玩水情趣日增的狀態下，他們一起借了這個機會，從

1934年張靜江參加國民黨第四屆中央監察委員第一次代表大會。當時張已六十歲雖參加會議但已早無意於國民黨的政治。

龍門、關陵、光武陵、明帝陵、白馬寺等一氣遊遍之下，又一起去張靜江老家的莫干山避暑遊山。這段期間張靜江雖也出席中央會議，也或多或少顧問著建設委員會的工作，但他也做了一些出退的準備工作，如他把吳稚暉、李石曾等以及原北方金融界巨頭中國銀行總經理張嘉王敖（字公權）等人參加進建設委員會，聘他們這些人為常駐委員。為了一步步退出他原從事的經濟建設，又在一九三三年二月，原中國鐵路公司股東大會通過改名為江南鐵路公司，這時已由宋子文任董事長，張靜江雖仍為總經理，但實際由曾養甫為常務負責。為了表示全國建設委員會的名義上的存在，建設委員會的「建設公報」仍以每月出版一期。這時的張靜江作了些人事上的安排，以讓自己逐步退出。

此時，張靜江心中對現實所發生的一切除了憂慮，已一切感到不順眼，他開始吃素食，開始念佛，他似乎已經到了佛祖所指引的彼岸，他憂慮中國的前途與他看到的各類政客在中國實際已處於風雨飄搖之中，還爭執不休而煩惱，他的一顆心靈只能祈求在佛教中得到蔭庇和短暫的安寧。

其實，他只是在尋找一種新的逃避政治紛爭的生活方式。他在上海過了一冬，度過了一個傳統的春節，在春節前，他參加了國民黨的四中全會，他和其它元老仍選舉另一位國民黨元老林森連任國民政府主席。那已經是一九三四年的初春，他已接近了快六十歲的老人了。他每天從廣播中得知日本侵略者已步步緊逼，而他看到蔣介石在南京正處於內心矛盾的兩端，他看到全國已燃起抗日之火，學生、工人及各界人士已紛紛走上街頭反對蔣介石的不抵抗主義，原英勇參加上海「一・

二八」抗日的十九路軍現正在福建舉起了義旗，但蔣介石還只是用一種嫉爐的眼光看著抗日事態的發展，他還堅持「攘外必先安內」的政策，準備先消滅共產黨。蔣介石很快把十九路軍鎮壓了下去，撲滅了他們抗日的火焰，使張靜江看到了在上海「一．二八」抗日英雄的十九路軍已成為歷史。這真使張靜江感到心灰意亂，使他真正從內心感到上海這樣的大都市，以及他和吳稚暉從莫干山遊山回滬一路上看到的江浙許多美麗的土地也許會很快陷於日本侵略者之虎口。他在想到了這些可能也許會戰馬上變成現實時，他的心非常恍惚，非常淒慘。

特別是當他於春節過後，三月十日，他和吳稚暉一起赴無錫主持江南汽車公司新開闢的錫宜公路通車典禮後他們一起泛游太湖時，他向朋友講述了他的所見所聞，他在輪椅上簡直是帶著義憤與悲憤之情，他似乎揮動著他的拳頭說話：

「我們不能老是忍耐下去，任日本人橫行！」他對吳稚暉及一群同遊太湖的友人們說：『稚暉說得對，我們有武器在手，而取所謂不抵抗主義，則是軍人無恥之表現！……』」一個多月後，他為了表示願世界各國能對日軍入侵中國引起高度關注，他又和吳稚暉、蔡元培等人一起在上海參加世界社世界文化合作所在上海的中國會所奠基典禮。參加這個典禮後，這年的年尾十二

張靜江在黃山上悟思。

月十日他又赴京出席國民黨五中全會。在這段時間內，張靜江幾乎足不出戶，連吳稚暉幾次約他出遊黃山，他也婉言謝絕。因為他對局勢非常憂慮。因為他感到十九路軍雖很快被蔣介石打敗了，但全國抗日情緒日漸激奮，而蔣介石既要對付汪精衛，又要對付兩廣的胡漢民。同時廣西的李宗仁、白崇禧多次舉兵反蔣，雖均遭失敗，但始終也令蔣介石頭痛。而那時南方兩廣紛紛打著抗日大旗與蔣介石的南京國民政府對峙。由於張靜江從各方面、各政界、軍界所得訊息很多，促使他內心對目前國內形勢很是憂憤。一九三五年春季，他和夫人朱逸民以及吳稚暉、李石曾二人乘民生公司輪船由上海到四川，在過漢口時，他特地邀請張岳軍、張學良登輪長談。他在和張岳軍與張學良暢談中表白了大家應團結一致，堅持抗日，徹底把日本侵略軍趕出中國的決心，當時張岳軍、張學良均為他的一番鼓勵抗日的話所感動。

過三峽時，張靜江突發感冒，咳嗽不已，其夫人朱逸民勸其戒煙，但他卻說：「我在『一．二八』後已不食肉，而戒煙可與戒肉不同，戒肉是為了抗日，而煙是自害，不會害人。」李石曾眼看到張靜江咳嗽日甚，提議張靜江夫人也不吃肉以交換張戒煙，結果他們伉儷一致同意。吳稚暉隨即拿起筆在剩下來吸的三支煙上各寫小字一行，以示作證。確實，從此張靜江非但戒肉同時也真的戒煙了。這些看似生活小事，但也都表明了他當時決心從此戒腥茹素，以示對弱肉強食的侵略行徑的仇視和厭惡。也反映出了他雖是國民黨元老，但對全民的抗日是有同感和信心的。這從日後他流亡美國時的實際抗日態度可謂輔證。

五十五、宦海如夢

自民國二十一年（一九三二年），上海爆發「一．二八」日軍侵略上海的時候，張靜江驚聞日軍在閘北屠殺同胞。爾後，日軍步步緊逼，一步步侵吞中國大好河山，隨著他已漸漸步入老年，體質衰弱和原有骨痛病的加劇，身體也隨歲月與對時局的日漸憂慮，而很快地使他變得衰老了，他這時試圖從繁雜的事務紛擾中擺脫出來，這也使他日益深信佛教。

在民國二十五年（一九三六年）八月間，他皈依的淨土宗的印光法師到上海，張靜江專程前往拜訪。印光法師給他專門講了佛道。印光法師向他作了指點：「凡所有相，皆是虛妄」、「若見諸相非相，則見如來。」張靜江親聆了印光法師給他解釋為什麼世事，特別是政事，其所見、所聞、所曆，皆是虛妄呢？印光法師還給張靜江解釋了為什麼「見諸相非相」便像看見了佛，而這「佛」是講人要看到真正的人生便是清靜不動的本性中所顯示出來的一切美德，這是人生的真實。在印光法師的指點下，張靜江自覺大徹大悟，決意要隱退政壇與全部擺脫掉他心中所有雜務的紛擾。

張靜江在一九三五年八月與吳稚暉在黃山小住二月後，除出席了國民黨五大外，他最後也勉強地參加了幾次公路和鐵路的某些工段的通車典禮及淮南煤礦創辦六周年紀念日，日後他就在杭州長住安居，張靜江全家住在西湖邊最佳的住宅，每天與西湖風景相伴，湖光山色，流連忘返。有時和夫人朱逸民在月光下游三壇映月、白堤蘇堤、平湖秋月。游久了，使張靜江最嚮往留戀的還是放鶴亭。因為這裡有梅妻鶴子的林和靖，也許這最和自己如今的心態合拍。張靜江很羡慕林和靖的大徹大悟，他似乎在深深地責問自己：林和靖他似乎把什麼都看透了，在孤山隱居了二十多年，以梅為妻，以鶴為子，遠避官場與市囂。而自己到了六十歲晚年，才能在印光法師的一番指點下開始自覺地有了徹悟。他想到了印光法師在二月前在他耳邊的頻頻耳語，想到了他在印光法師的耳語後的遽然大哭。當張靜江在西湖居住期間，他在書畫、奕棋之餘，不時要吟誦起林和靖的「疏影橫斜水清淺，暗香浮動月黃昏」的兩句詠梅詩來。張靜江有時開始感覺孤獨，他不但漸漸地和社會分離，而且對自己的人生利害和病痛也漸漸淡漠了。他似乎感到以前所從事的激烈的革命、鬥爭，似乎漸漸變得毫無意義了。他如今唯一留存心間的是祈求日本侵略軍能停止對中國的蹂躪。

一九三七年四月，曾是他的同志，也一度是他的政敵，現在又是他的朋友的戴季陶因舊疾復發，他要求張靜江能和他一起到南潯借住故居，張靜江從杭州回南潯一起和他敘晤數日。

這時已距日本侵略中國發生的「七七」蘆溝橋事變只有三個月了，兩人談起當時國內時局都不免憂慮和悲憤起來。張靜江和戴季陶雖為了政治上的「二五減租」，「朱家驊的靠向問題」，也為了宋子文的「經濟委員會替代建設委員會問題」……曾有著糾纏不清的矛盾，但這時的張靜江已經在政治的宦途上大徹大悟了，他從佛道的慈悲為懷，已對戴季陶言歸以好，他已忘記了過去的一切了，再加上他們倆畢竟是老鄉，也同是孫中山的忠實同志與信徒，所以，這次戴季陶為養病而住在南潯、湖州期間，兩人什麼話都坦誠相見，戴季陶那時也確為時局擔憂，有一次他們兩人在南潯張家花園內，一邊品茗一邊閒談：「靜江兄啊，你已經成了臥禪，而我呢？一個蔣介石身旁的中央考試院院長，對如今當前那一觸即發的可危可急的時局、以及中國的抗日能起什麼作用呢？……」同一個戴季陶，當初是多麼有自信，激烈的攻擊專制政體，如今也已漸入消沉地說：「我看日本很快就要想吞併中國了，靜江兄你看如何辦呢？」

而實際上，張靜江已沒有了往日的激烈而怨恨的心態了，他把一切都看成了虛妄，他已沒有了往日的高昂激奮，因為對他一切已經太晚了。「我想，日本自從陰謀策劃『華北自治』後，已經作好了一切向我國開戰的準備，我從國外獲得許多訊息，根據我的經驗，不出半年，日本就要大舉進攻了。」這時的張靜江反顯得異常冷靜：「季陶啊，蔣公已經在日本人的刺刀下，再講什麼『新生活運動』，我看已經遲了，起不了多大作用了呢。如果有作用，為什麼會發生『西安事變』呢，你說對嗎？」他們二人都有同感。戴季陶總帶著悲觀無奈的腔調用湖州土話回答道：「鄙人是一介書生，拿筆桿的人，所敢誇口的，也只能在筆桿上多盡點力而已了！」在這段戴季陶因養病而借住張靜江故居時期，他們時時不免要促膝談心至深夜、甚或通宵達旦。

張靜江和戴季陶在南潯休養期間，雖然從表面上看「西安事變」已經結束，一九三六年的聖誕節，蔣介石和夫人已由張學良少帥陪同回到了南京。但是，張靜江和戴季陶都在心理上清楚，憑著他們倆長期革命、從政的經驗，一九三六年以後中國的日子並不平安，日本侵略軍在華北可一觸即發爆發戰爭。而就當時國內局勢看還是一盤散沙，各唱各的調，各人均以自己為自重，圍繞汪精衛與蔣介石繼續在爭執和勾心暗鬥，國民黨五屆一中全會上，汪精衛突遭暗害而遇刺負傷，汪精衛被迫辭職後，蔣介石繼任了行政院長，利用謀刺汪精衛事件，蔣再次奪過汪精衛手中那有名無實的黨政大權，遂又成為名副其實的集黨、政、軍於一身的中華民國的領袖了。這些已使中國正處在風雨蒼黃的日子裡，還明爭暗鬥不斷，對於張和戴在心中都清楚，他們倆也為之悲哀。戴季陶在南潯借住張靜江故鄉寓所居住養病數月後，乃回到南京湯山望雲書屋做他的閒差——中央考試院院長去了。這次戴季陶和張靜江是最後一次晤敘了，從此他們各按自己的生活方式而分道了。以致，當他們二人分手握別時也是各有一份說不出道不盡的政治悲哀和對國家前途擔憂的愛國情緒在心頭的。

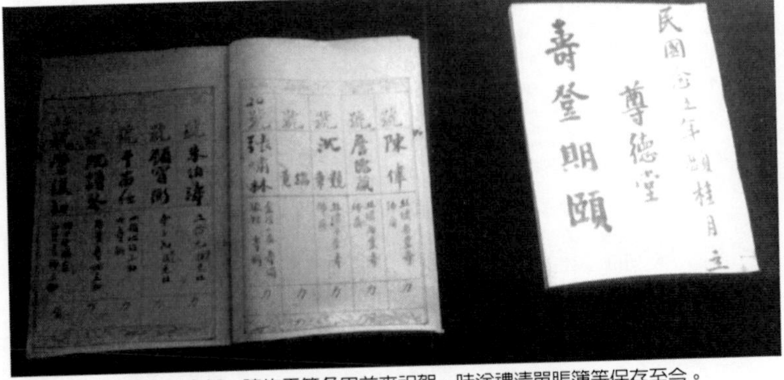

張靜江六十大壽時于右任、陳佈雷等各界前來祝賀，時送禮清單賬簿等保存至今。

一九三六年八月十三日，張靜江在江南正是夏秋之交最富有詩意的日子裡，迎來了自己六十歲的生日。也便是他在出席國民黨中央二中全會以後返回上海的日子裡。他在家中置辦了按中國傳統的六十歲壽宴，其親情融融自不必說了。政界、軍界、經濟界以及教育文化界各方人士均利用這一機會來向他這位黨國元老祝壽慶祝。他的老友們蔡元培、吳稚暉、李石曾均前來向這位已經共事幾十年的同志與朋友表達友誼之情。前來祝壽之人很多，可張靜江這時也正是他受印光法師點化時期，也是他開始在人生旅途上大徹大悟期間，故張靜江已不願張揚，是他淡化紛雜人生事務之期，故曾極力推辭，但這也是傳統壽宴，面對這種場面，他也無不激動表示了自己今後的人生走向與出世態度，他向朋友表示：

「我隨總理加入同盟會，參加辛亥革命，人傑是想為中華民族和中國的經濟建設盡點微薄之力。近年自感體力日衰，舊病不斷，人傑常臥病醫院和家中，時不能恭與各類盛會。而今感愧交並，惟日後善自調攝身體，多關心中國之建設，使國力昌盛，人民福祉……

祝大壽而心中留下些許所祈的人生願望，搞經濟建設，使人民安居樂業，顯然是這位出身巨商大賈的終極關心之處，雖他已成為了一名臥禪居士，但心中還不會泯滅那些宿願，因為它已縈繞在他心中多年，至六十歲尚未實現，而今日顯黯淡，前途茫茫，國勢飄搖，抱憾與悲忿之心在所難免。惟其如此，在他即將要離開這片熱土時向為他祝壽宴的朋友說了那些自勉與共勉的心裡話。

使張靜江感到內心不安的是，他一生奔走國事，晚年投身於國家的經濟建設，但正當經濟建設有些眉目和實施後有了成效時，可就和「四大家族」的利益有了衝突，不得不使他停緩了在中國搞經濟建設的腳步，自他領導的全國建設委員會開始至今，已近十年。尤當他已快要結束他的建設事業時，驀然回首往昔，世事紛擾，甚而真不堪回首。這位早年無政府主義的狂熱信徒，曾浪跡歐美的巨賈富商，二十世紀初年中國政壇上的風雲人物，雖時時想在有生之年力求補償，從政壇退到經濟建設界，誠如他在通電辭職中即表白過的：「人傑許身革命，寧能自恤其躬，用是強忍不敢告勞……。」看來，晚年的張靜江在身殘體衰與無奈之中，確實想擺脫繁雜的事務，想獲得一種安寧，當看到了中國複雜多變，岌岌可危的局勢下，花甲之年終在空門中找到了一種歸宿。

可就在他壽宴後，那年的秋燥之氣，使張靜江又病了一場。對他從來不太願意住院的人，卻也由於咳嗽不止，痰熱上升，影響了肺心功能，高燒不退，幾乎是在病危狀態下他只好聽人之勸住進了醫院。許多黨國同志紛紛往醫院看望他，許多重要的黨國會議他只能謝絕，蔣介石也致電他應多加調善，養好身體並命所在醫院多加護理。他也回電蔣介石和其它黨政要人說：「人傑臥病醫院，未克恭與會議，旁添未議，復奉溫諭，慰勉有加，並蒙王泉笙、時子周兩同志到院，而致盛意，感愧交並。惟有謹遵鈞命，善自調攝，俾復健康……。」由於診治及時，醫院護理調養得當，最終出院在家養息。但畢竟他身體本有殘疾，精力大減，尤因目疾而視力大減。

但就是在這般身帶病痛之時，他還顧問建設委員會最後的一些剩餘工作，如讓購南京首都電廠及戚墅堰電廠於揚子公司，接著先後接辦安慶電廠、貴陽電廠，並成立武漢水電廠、南鄭電廠、湘西電廠、天水電廠及湘江煤礦等機構。

在他離開中國前夕，還帶著身體的病痛至廬山出席全國學術界座談會。這也是他早年和李石曾等曾致力於中國留法勤工儉學至今的最後一次關心中國學術發展的工作。此時，中日戰爭一觸即發，全民一致抗戰已成大勢，國共兩黨尚且再度合作。當然，張靜江對黨內的當權者的爭鬥，怨艾也是一清二楚的，有些要他出面周旋的事，此時也只能由他交托秘書李力經老先生往來京城，面詳一切。不過此時的張靜江已確餘生日衰，心力交瘁，可謂心有餘而力不足了。因此，當中國大地上驚天動地的戰鼓作響，抗日的戰火在全國燃起時，張靜江也只能聯絡蔡元培、吳稚暉、李石曾等黨國元老們呼籲世人譴責日寇外，在政壇與軍界他已不可能有更多的作為了。

一九三七年七月七日，日本蓄謀已久，終於在位於盧溝橋附近的一座高牆環繞的小城宛平打響了第一槍，僅六天內，兩萬名日軍部署在北平地區，一切很清楚，第二次中日戰爭終於又打響了。中國駐軍極力抵抗日軍的入侵。七月八日蔣介石宣佈全面抗戰，電令華北當局：「宛平城應固守勿退，並須全體動員，以備事態擴大。」七月十七日在廬山的一次會議上，他說了這樣一番話：「我們尋求和平，但我們不能不惜一切代價換取和平。我們不想進行戰爭，但我們可以被迫自衛。」在北方，共產黨表示堅決抵抗日本的侵略，並緊接著發表了「洛川聲明」，號召打敗日本帝國主義，把戰爭進行到底！

這年的十月，張靜江亦以體力不勝繁劇，由夫人朱逸民和幾個女兒陪同由上海搭輪離開上海，到達香港。其時張靜江一家人暫借住一幢別墅，此寓所離香港商務印書館不遠處，這時蔡元培也由丁西林等人陪同離滬至港，他們時有往來。那時在香港淪陷之前，曾是國內人士奔赴西南內地或放洋出國的海路中轉地，張靜江據此養病，使他今後赴國外要方便得多。

在香港近一年的時間裡，張靜江幾乎是深居簡出，靜心養病，很少公開活動。當他到港初期，建設委員會還未撤銷，當建委會電告他浙贛鐵路局南昌至萍鄉段路線按時趕工完成通車。他在內心似乎感慨萬千，因為已創建的中國國家建設委員會，即將要結束撤銷（一九三八年一月宣佈撤銷），而在結束前能完成通車，至少於國於民做了一件大好事，當接到這封來自建設委員會最後一封有關國內建設的電函時，那一天他吃得很少，夜間不能成寐，沒有一個思念不在他心中引起無限的感悟。

這時在港停留的張靜江，似乎更證實了印光法師在他耳邊說的話語，他已感到一切世事是虛妄的，而「菩提本無樹，明鏡亦非台」——那佛的禪境，似乎是他殘留的生命唯一的依託和幸福，他不

1938年張靜江夫婦離上海赴美國前在馬斯南路住宅前與送行友朋合影留念。

禁在心中喃喃絮語：「盡日尋春不見春，芒鞋踏破隴頭雲……如今我才感覺到我過去所遇到的，所經歷的一切政事都是虛妄的呵，如今我才辨認出了我們過去做的似乎是虛妄與過錯百出的……。」

當一九三八年建設委員會奉蔣介石命撤銷，全部業務由經濟部交資源委員會接管，這雖是蔣介石命令，但對張靜江卻是一種重軛的徹底解脫。因為這時的他已視官場如幻夢，把宦海沉浮也視作「非心之境界，如畫於虛空」。

他在自己的心裡，也即是他晚年的歲月裡——尋求的是佛的皈依，他到香港後，鑒於國內同胞的遭殃，更一天天迫近於印光法師的教化。他永遠信仰它了，雖然他絲毫不會受教徒的迫從，他也知道他永遠是一位居士，他是「臥禪」。當然在港病痛時，他似乎聽到了國內隱隱的炮聲，當他每日讀「晨報」時，他甚至想不吃每天必服的中藥，他生活中的第一件事是要謁拜家中供奉的佛祖，他對於佛的祈禱更是日漸不離，他信仰祈禱甚於一切藥物。他把能及時擺脫了蔣介石所控制的政界，自己能避免遭受到的一切不幸，那戰爭沒有降臨給他一切災禍，應盡歸於印光法師的教誨……呵，宦海如夢，他在香港的最後一些日子裡，他從心底不禁想起了他革命的前輩梁啟超的一首詩：

拍碎漢玉鬥，慷慨一何多。滿腔是血淚，無處著悲歌。三百年來王氣，滿目依舊山河，人事競如何？百戶尚牛酒，四塞已干戈。千金劍，萬言策，兩蹉跎。醉中呵壁自語，醒後一滂沱。不恨年華去也，只恐少年心事，強半為銷磨。願替眾生病，稽首禮維摩。

這是張靜江在二十九歲時讀到梁公作於一八九五年的詩，那時他正好加入孫中山的同盟會，正是年輕茂盛，風華正時，時隔了三十多年，他已進入了老年、重讀之下，感慨萬千，浮想聯翩，他即刻鋪紙添墨，執筆書錄梁公之詩。在書完後蓋上「臥禪」與「宦海如夢」之閒章。從此時開始，他多麼急著要離開孤島香港——這最後一片中國暫時的淨土！

五十六、最後的尾聲

保衛上海之戰役始於一九三七年八月八日，直到十一月八日結束——歷經了三個月的拼殺，中國付出了傷亡幾十萬人的代價，當然日軍損傷也慘重。日軍從杭州灣登陸進行迂迴包抄，終於佔領了上海，繼而挺進南京。這年的十二月，南京被日軍陷落。緊接著日軍繼續從各個方向挺進，當漢口、廣州，也即將被日軍佔領時，雖這時的香港表面上是平靜的，但香港也逐漸成為孤島。當時張靜江已從大陸轉至香港生活和治病。

但張靜江眼看這種局勢的急劇變化，他那時又多麼渴望能早日離開這座孤島——香港。一九三八年三月二十九日在當時的國民黨臨時召開的全國代表大會上，雖他因居住香港治病而未能出席參加，但他仍當選為中央監察委員。但就在這年的八月中旬，他攜眷和他的幾位女兒們終於由香港搭輪赴瑞士日內瓦。臨行前，他考慮到香港最終也會被日軍陷落，他希望和他一起在香港養病的他多年的老友蔡元培，也能和他一起同行赴歐，張靜江特地去向蔡徵得了去國外居住的看法，但蔡元培由於當時他負責的中央研究院的事務纏身，故未能成行，於是，當張在全家離港時，他只能與風燭殘年的蔡元培作最後的握別了。

張靜江在日內瓦暫住了近四個月，但在這四個月中，他在日內瓦雖有美麗的風景在吸引他去作遊，但他的健康從未恢復。不斷的感冒、咳嗽不停，骨痛症以及目疾的痛苦把他折磨得死去活來。日內瓦雖是個好地方，確也使張全家人流連忘返；但由於他那時身體上的多種病痛不時的發作，便促使他又只能早日離開日內瓦前去醫療條件好的國家治病。

一九三九年一月，病痛纏身的張靜江又只能攜眷帶兒女由瑞士赴巴黎，並即轉道赴美國定居紐約，以治療他當時患有的全身疾病。在紐約的第一年，即整個的一九四〇年，張靜江身體的病痛，雖經專家的治療略有好轉，但身體已極端虛弱，在紐約的平靜而又寂寥的日子裡，張靜江在靜養之余，便是習字畫畫，這時的他，已能依傳統文人畫的流派，畫得一手好的文人畫。其次是靜心讀一點《金剛經》佛經，以慰藉他的心靈。他只能從佛道中悟出：「世間道中得解脫，猶如蓮花不著水，亦如日月不住空……」那些佛道中的深深意境。

經過一年多在美國紐約的治療和養病，張靜江在遠離了中國這塊故土後，似乎在養病的孤獨中深深懷念起祖國和他的家鄉故人。

當時，整個中國的局勢越來越嚴重，到一九四一年四月十三日，突然給蔣介石頭上潑了一大盆冷水，他決沒有意料到史達林在全力支援中國抗日之際，突然掉頭和日本和好起來，並簽訂了五年的日俄中立條約，在蔣介石看來，史達林一直在為中國提供軍需品和武器以打擊日軍的侵略，史達林突然的變幻無常真令他簡直難以置信。多年以後，蔣介石在他寫的《蘇俄在中國》一書中提到這件突然變化的事：「一九四一年四月的中立協定只是俄日龐大陰謀中的一小部分，在這個陰謀中，外蒙古、新疆、西藏和陝西省的潼關口都將劃歸蘇聯……」

在這樣的變幻莫測的局勢中，蔣介石唯一出路是靠向美國求援，蔣介石終於候到了機遇，在一九四一年十二月七日，日本人突然發動了轟炸夏威夷的美國艦隊，世界局勢由於「珍珠港事件」的發生，美國和英國開始對日本宣戰。蔣介石在拍給美國總統羅斯福電報中意氣激昂地說：「在我們新的共同戰鬥中，我們將竭盡全力，與你們站在一起，直到

1942年10月5日張靜江在美國每日閱報關心中國抗戰形勢，仍心繫天下。

太平洋地區和世界從野蠻勢力的禍殃中以及無止境的背叛中解脫出來。」至此，中國的抗日戰爭已進入第二次世界大戰。

深懷民族大義，充滿愛國熱情，是張氏家族從先祖到他的一代的優良傳統，張靜江一直秉承這一民族氣節和這一中華民族的傳統，這使他雖身居國外，常年體衰病痛，但其報國之志老而不衰，張靜江雖身殘多病，且已六十六歲高齡，但卻心繫天下，尤當他所寓居的美國，已對日宣戰，故他從廣播聽到羅斯福總統的講話，他興奮異常，認為中國同胞有救了。

當他在美國聽到此訊息後，也即是他在美國紐約唯一的一次公開活動——即於一九四二年十二月四日，他和已從四川到美國的李石曾老友一起，在大洋彼岸、異國他鄉的美國紐約發起召開了第一次「世界國際社會」大會（World Confederati on Of Internat ional Groupments）。由於張靜江身殘有病，行動不便，故此「世界國際社會」大會就在張靜江所居住養病的鹿山山居寓所召開。出席這次由他和李石曾

1942年12月張靜江與老友李石曾一起在美發起張一次「世界國際大會」大會時留影。此大會提出聯合世界愛好和平的人士，以抗擊日本、德國、意大利侵略者。

一起發起的這次大會，出席的人數很多，除在美國的華人以外，美國、法國及南美各國國際社團代表均參加了這次會議，一時冠蓋雲集，空前熱烈。張靜江在這次大會上被推選為「世界國際社會」大會主席，會議由李石曾代為主持。

這次「世界國際社會」大會，主要是提出聯合世界上一切愛好和平的人士以各種方式反擊日本、德國、義大利的法西斯侵略戰爭。

這次「世界國際社會」大會的淵源，還是可追溯到三十五年前張靜江、吳稚暉、李石曾在法國組織「世界社」和編輯出版《世界》與《新世紀》週刊的時代，他們創辦「世界社」的歷史，遠遠沒有被世人所遺忘。

我們可以引錄在抗日戰爭時期為了喚醒民眾、聯合世界上一切民眾反抗侵略戰爭時「自由世界」中國部編輯吳秀峰先生的信：

「三十五年前創辦的世界社，以世界合作相號召，並發行『世界』與『新世紀』兩刊物，於世界革命史與中國革命史中，已成為寶貴之文獻……」也許從今日之眼光回顧那時由張靜江他們所創辦的「世界社」在人們心中的作用，從它在國際上的延續和傳承來看，在如今世界向全球化發展之過程中也許還有一定的歷史作用。

這次在美國紐約舉行的第一次「世界國際社會」大會，是在第二次世界大戰期間，在世界各國正面臨危難時期召開的。「世界國際社會」大會號召：世界國際社會自由緊密合作，以繼承數千年來的「天下為公」為宗旨，而奮起反擊侵略者為目的。故這次大會閉幕時，當時領導對日宣戰的美國總統羅斯福夫人也趕來參加並主持這次「世界國際社會」大會的閉幕式。

張靜江在異國他鄉，在這次國際大會上，他也說出了自己多年的心聲：「必努力與自由世界社會的合作，共襄世界聯合之盛舉，凡所能為，豈敢以衰老卻責……」當時張靜江雖已早退出政壇、並也退出了經濟界，但國內外各方人士並未因戰亂而忘記在美國紐約病居的張靜江，自一九四二年「世界國際社會」大會召開後，不少中國及寓居海外的元老與友人不斷來函來電表示祝賀，並祝他身體康健。當時經常到張家作客的是國民黨元老李石曾，他們既是老友，又是國民政府共事多年的元老，二老聚在一起，憶及前塵往事，平添幾多逸趣。而且抗日戰爭時期李石曾先生為張靜江代理主持各種會議，也代擬文稿，有時在他身體臥病不起時還為張代為接客。

三年後，也許是對張靜江內心最為嚴重的打擊，他長期患有的痼疾使他終於雙目失明，他已什麼都看不見了，這世界對他已一片黑暗，使他從激奮不已的祈求抗日戰爭勝利的激情中，逐漸使他轉入雙目失明而引起的平和的靜寂，使他只能以耳朵收聽廣播來關心世界，同時他也只能在內心靜寂中吃齋念佛來苦度殘生了。

但是，「皇天不負苦心人」——就在張靜江只能在雙目失明的黑暗與靜寂中生活時，就在他雙目失明在一片黑暗中追逐著光明的使者的快快到來之際，他始終在盼望中國同胞能早日擺脫日本侵略者的魔掌。在時代的黑暗中和在他雙目失明的黑暗中，可以說，在這國家和個人的兩個黑暗中

——他終於等待到了那一天——即一九四五年八月經過八年艱苦抗戰的中國人民——終於迎來了抗日戰爭的最後的勝利！

七月二十六日，中、美、英三國首腦，蔣介石、杜魯門、邱吉爾聯合發出波茨坦公告，促令日本迅速無條件投降，否則「將迅速完全毀滅」。八月六日、八日、九日，美國為儘早結束戰爭，先後在廣島、長崎投下兩顆原子彈，沉重打擊了日本侵略軍的狂妄氣焰。八月十日，日本天皇裕仁召開御前會議，決定請求投降，十五日，天皇廣播停戰詔書，日本終於向中國人民無條件投降了。同日，蔣介石在重慶發表告全國軍民及世界人士書中說到：「我們中國人民在最黑暗和絕望的時代，都秉持我們民族一貫的忠勇仁愛，偉大堅忍的傳統精神，深知一切為正義和人道而奮鬥的犧牲，必能得到應得的報償……」

也許如此，張靜江在雙目失明的「最黑暗和絕望的時代」裡，漫長的八年後，他終和國內同胞們一起得到了應得的報償——當張靜江在美國紐約自己的寓所，從廣播中聽到那長長的八年抗戰後勝利的聲音，終於見到了光明，終於戰勝了日本對中國的侵略，這時的他像失目重又復明而閃出了光亮一般，雀躍、興奮，他情不自禁地高呼起：「我的中國同胞呵，你們終於獲得了拯救，終於獲得了勝利，我在遙遠的異國他鄉，為你們真高興呀……」

的確，張靜江從抗戰爆發時離開故土，雖他沒有歷經隆隆的炮聲、機槍的噴發，他沒有在國內參加血肉之搏鬥、更也沒有親身在中國和死傷了無數的中國同胞付出生命的鮮血。但他在國外也好不容易在等待與煎熬中才換取了這一天。他用他的心靈可以能感悟這來之不易的一刻。他慶倖自己在生命的幾次垂危中能活過來，並能看到，等待到他所日夜渴望的那一天的到來。他這時在美國想起了已和他分別了多年的老友吳稚暉、蔡元培來了。但他更不禁嘆惜，他的另一位老友蔡元培終於沒有能看到那光明的一天——那使中國同胞盼了八年的勝利的一天——蔡元培卻過早地離開了人世。

就在那抗戰勝利的第二年，九月十九日，又正逢上他七十大壽，美國紐約家人、親戚、朋友都紛紛到他家向他祝壽，這時的張靜江是在他女婿（張乃琪的丈夫）俞時中的日夜照料中度過他晚年的生活。這位女婿是美國紐約的傑出醫生，也是南潯同鄉人（他是曾任浙江省土地局局長俞俊民的兒子）。在他七十歲壽辰時，國內自蔣介石及許多國民黨軍政要人均拍發電報向他祝賀。興許，抗戰剛勝利，對所有的中國人都是喜慶的日子，所以，張靜江的七十歲壽辰，也都到處充滿著一種喜慶與吉祥。吳稚暉、李石曾二位多年老友、黨國元老撰文書祝，在上海的好友們甚至帶著抗戰勝利的喜慶在上海集會慶祝他的七十壽辰，隨後把在上海為張靜江祝七十大壽的簽名壽冊，用快件特地從上海寄呈美國紐約張靜江的住所。

又過去了三年，到了一九四八年的五月，張靜江真已經衰老不堪了，他的心臟病復發了好幾次，由於他身患殘疾，平時不能運動，長期的瘦削的身子，已經歷多次病痛，肺部和氣管已畸形，咳嗽不止，甚至劇烈到窒息，但他總算挺了過來。這時的蔣介石又在大陸就職中華民國的總統，當然張靜江也知道蔣家天下已國運日衰，但他還是接受了蔣介石的聘書，被聘為國民政府總統府資政。當然，對於行將就木的人來說，已沒有了任何人生意義。興許「父貴子榮」，對他的子女還能有一點榮耀之感。

歲月又翻過了二頁（二年）到一九五〇年的六月，張靜江實在是挺不下去了，隨著體力日衰，心肺都衰竭了，待過了二月，八月二十五日起，已呼吸困難，只能身臥氧氣帳篷，僅用氧氣維持了最後的八天的生命，度過了他人生之最後的歲月；至九月三月終於在美國紐約寓所不治逝世，在他活了七十四個春冬秋夏，這位黨國元老、民國奇人，終於閉上了雙眼離開了人世。

張靜江這位元老，雖然他晚年備受冷落，受到政壇的排擠，但中國有句諺語：「死人做給活人看」，中國之傳統，大家都逃脫不了這運命，他死後卻備極一時之哀榮，國民黨中央黨部及蔣介石總統均紛紛從中國發來唁電，並給其遺屬匯寄喪費。十六日國民政府明令褒揚，現錄其原文如下：

資政張人傑，器局恢宏，志節堅貞，早歲追隨國父，竭贊革命，毀家紓難，公而忘私，弼奠洪基，厥功甚偉。北伐之際，秉政中樞，動勳備著。嗣後出主浙江省政，兼長建設委員會，推輪肇始，篳路開疆，碩畫宏規，民生攸賴。近年養屙海外，靖獻不忘，胡天不相，遽奪老成，目眷碩典型，實滌軫悼，應予明令褒揚。生平事績，宜付國史館。飾終之典，交行政、考試兩院妥議、務極優隆，用示政府崇德報勳之至意。

中央黨部還特設靈堂公祭，蔣介石為之題寫「痛失導師」的輓詞並臂佩黑紗親自主祭。靈堂中懸遺像，四圍滿掛各方輓聯。于右任、陳誠、王寵惠、張群、吳鐵城、朱家驊、閻錫山、何應欽等黨國要人均參加公祭。吳稚暉、居正、鄒魯、錢大鈞等人撰書挽詞。六年後，（即一九五六年），在張靜江八十誕辰紀念會上，蔣介石又為其題詞：「毀家紓難，以從事革命，踔厲無前，以致力建設，俠骨豪情，高風亮節，一代典型，邦人永式。」這也許是蔣介石對張靜江曾經幫助過自己的盟兄的一種回報，抑或是蔣介石為了自己的一種政治需要而做給大家看的吧。

張靜江逝世已有半個世紀，海內外對於這位民國時代的奇人一直貶褒不一。其實，對張靜江的一生從事的事，早有人對他作了一定的評述。隨著「文革」結束，隨著改革開放的擴大和發展，更隨著二十一世紀新紀元的到來，更有人對他的生平事蹟及思想作了一些實事求是的評價。回顧張靜江的一生，他活了七十四年，在這七十四年中，中國正經歷了一個前所未有的動盪的、戰爭的、多災多難的、風雨飄搖的、複雜多變的歲月。

他早年加入同盟會，他從自己的營壘裡走出來，他出身富豪世家，但他看到清朝政府晚年的腐敗無能，中國同胞正處於清王朝專制殘酷的統治下，他放棄了自己富裕的上層生活，他毀家紓難支助孫中山反對清王朝的專制統治。辛亥革命勝利後，他在上海與陳英士響應孫中山「二次革命」的召

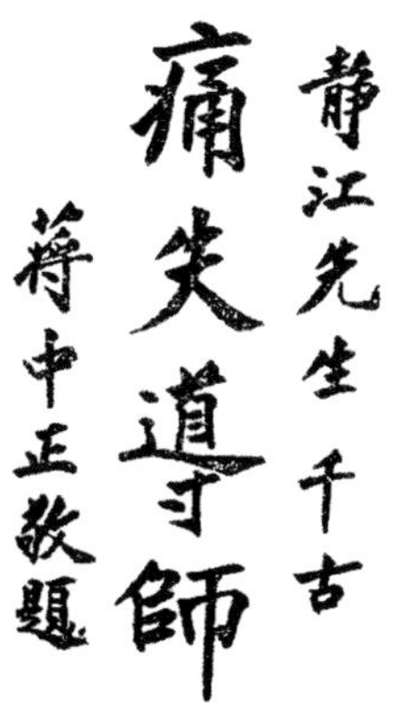

張靜江在美逝世後蔣介石親書「痛失導師」。

喚，又緊緊投入討伐袁世凱的鬥爭，他的家族痛遭袁世凱的通緝和抄家。

在孫中山逝世後，我們許多研究張靜江思想及他的政治軌跡的人不難發現，那時，他一心扶持蔣介石，甚至背叛了孫中山聯俄聯共扶助農工的三大政策，參與了「清黨」，這是張靜江在孫中山逝世後，在錯綜複雜的政治形勢下的一個政治上的失誤。但是，我們對他的政治思想軌跡的研究，不能不看到一九二八年後至一九三七年盧溝橋「七．七」事變以前這段時間裡的張靜江的思想與行動，卻應當作些具體分析。

這段時期，他是積極實施孫中山的遺願——革命後重建中國的經濟建設。這使他又回歸到一條在中國務實搞經濟建設的人生道路。他那時已明顯與蔣介石的以剿共為主的方針，雙方開始意見分歧。在他被迫從政壇上被排擠後，他始終抓住全國的經濟建設，並一步一步把經濟建設的各個專案抓緊實施。這樣，在他任建設委員會委員長時，又與蔣介石、戴季陶、陳果夫、朱家驊等人在政見上和搞建設上發生矛盾，特別是當張靜江提出建設資金的集中專款使用，以及把許多建設專案集於建設委員會來實施時，必然觸犯了三十年代正在中國崛起的「四大家族」的集團利益，他遭到四大家族和附和與「四大家族」的許多政壇人物的反對，抑或排擠。在無奈之下他又只能於一九三〇年辭職息影，從此，他與蔣介石在政治上分道揚鑣了。

至今，歷史過去了七十多年，張靜江在一九二八年後搞經濟建設的思想始終是人們研究的重點。有些論者認為，張是一個早期受無政府思潮影響的人，他吸收了早期改良派和維新派學習西方經濟建設的經驗教訓後，提出了他自己的市場經營和建設的主張，從而開展經濟建設的實踐。在他提出的西方近代建設模式與經營理念，其廣度、深度及影響都超過前人，在近代建設史上應佔有十分突出的地位與影響，特別是在他對待中國鐵路與無線電通訊事業的建設上。

也有論者認為張靜江在引吸西方經濟思想上還比較保守排外，但從當時時代還處於較為落後，還正處於剛剛結束二千多年封建專政王朝後的時期，也許不得不如此做。

有論者認為實際上張靜江是在實施「相容並收」的方針，他走的經濟建設是既吸收西方又壯大自己的道路。他是一個資產階級民主色彩和無政府主義思想的混合體，他生平不是鑽營弄權的政客，也不是斂財中飽私囊的傳統官僚，他是民國時期國民黨元老中具有開拓思想的人，是一位有獨立見解，有志於建設和開拓事業的實踐者，也是民國時期浙江省歷任省長中致力於建設最有成就的一個。他在巴黎經營通運公司，在上海搞最早期的證券物品交易所，他籌畫革命經費，他從事經濟建設，他舉辦中國第一屆西湖博覽會，都是自籌資金，他有經濟頭腦，非常注重經濟效益。

總之，對張靜江的評價與研究還有待於進一步深入，就他的從政思想到從事經濟建設思想和經濟理念，頗值進一步探討，特別是張靜江的建設思想龐雜、範圍廣泛，其一生活動領域又十分寬泛，再加上其留下的文字資料較少，對他的傳記敘述均屬零星的片段摘言，缺乏系統敘述。後人要全面準確地把握他的生平思想並非易事，再加上對歷史人物研究中長期形成的某些思維定勢，諸如較偏重其政治行為，對歷史人物的褒揚或貶損在一定程度上的違莫如深、單向發展等等，也在一定程度上對張靜江這位歷史人物的研究的深化起到了一定的制約作用。

中國的現代化是一個漫長而緊迫的過程，特別是歷史發展到了近代的民國時代，在許許多多人的努力之中，張靜江作為近代民國時代經濟建設的開拓和實踐的先期代表，七十多年過去了，在經過了歷史的積澱，業已構成了中華民族經濟建設史上的重要內容，從這個歷史意義上講，後人對張靜江的人格敬仰與經濟思想的研究與評價將會永遠持續下去……

於二〇〇二年十二月
苕溪聽雨齋

張靜江生平、大事年表

一八七七年（清光緒三年　丁丑）誕生

張靜江名增澄，又名人傑，字靜江，號飲光。別號臥禪，佛名智傑。是年九月十日（農曆八十三日）生於浙江湖州南潯鎮。

一八八一年（清光緒七年　辛巳）四歲

在外祖母家龐氏，父親張定甫教讀《千字文》。

一八八三年（清光緒九年　癸未）七歲

在龐氏外祖母家，延師讀《論語》、《孟子》。

一八八五年（清光緒十一年　乙酉）九歲

仍在龐氏外祖母家，入家塾讀書。

一八八九年（清光緒十五年　已丑）十三歲

讀完《論語》、《孟子》。仍塾師讀《詩經》、《尚書》《周易》並始習試貼。

一八九一年（清光緒十七年　辛卯）十五歲

讀《禮記》、《春秋左傳》，分題作詩，並始學作八股文。

一八九四年（清光緒二十年　甲午）十八歲

家中有花園，喜園中蓄馬，並精騎術，在南潯雖在狹巷中，仍能馳騁自如，見者無不驚歎。是年發生中日甲午戰爭，清廷對日宣戰，但陸海軍均大敗，當時旅順，威海衛相繼陷落，頗為之憤慨、奮發。

一八九六年（清光緒二十二年　丙甲）二十歲

父親（定甫）為兒子援例納資為候補道員，分發江蘇省。是年發骨痛症病，兩腳不良於行。

一九〇一年（清光緒二十七年　辛丑）二十五歲

赴北京。時黃秀伯於北京工藝局與附設英文學校於琉璃廠的舊址設宴款待。宴席上和李石曾一見如故，遂訂交友。李石曾是清末大臣李鴻藻之子。

一九〇二年（清光緒二十八年　壬寅）二十六歲

孫慕韓（寶琦）出使法國。是年即以隨員身分隨行。十月十四日乘新民輪由天津至上海，稍留、即轉搭法郵輪安南號至法國馬賽，換乘夜火車於當年十二月十七日到達巴黎。李石曾和他同行，隨行赴法有二十餘人。其助手周菊人，以自費留學生伴行。

一九〇三年（清光緒二十九年　癸卯）二十七歲

在巴黎與周菊人籌備通運公司。並回國募款招股，但未能成功。後由父親（定甫）出資三十萬元在巴黎創辦成通運公司。經銷茶絲綢緞、漆竹牙器。及中國古董、字畫玉器、瓷器等。公司設在巴黎馬德蘭廣場。當時在法國業務大振。

一九〇五（清光緒三十一年　乙巳）二十九歲

七月　自巴黎至英國倫敦。由孫揆伯（鴻哲）約吳敬恒（字稚暉）同訪先生在倫敦旅邸，後也與林斐成相約回訪吳，並邀吳稚暉往法。吳同意赴巴黎，寓李石曾處，三人共商發起在巴黎成立「世界社」。

八月　返國，在上海數月，冬仍返法國。在赴法輪中，正遇孫中山離西貢赴歐洲，兩人相識交談甚洽。當孫中山面慨允助革命，推翻滿清。並約好匯款支助革命的電碼。約定ABCDE之次序。A為一萬元，B為二萬元，C為三萬元，D為四萬元，E為五萬元。後孫中山每遇困難時，總得其鉅資相助。

一九〇六年（清光緒三十三年　丙午）三十歲

三月　離法返國。途中經新加坡，即加入孫中山領導的同盟會。抵上海由楊守仁介紹認識于右任。

八月　由上海返法巴黎，是年介紹在法國的李石曾也加入同盟會。

十二月　至倫敦，繼約吳稚暉赴法。吳稚暉隨同抵法。「世界社」是年正式成立於法國巴黎達候街二十五號。並組織中華印字局於巴黎健康街八十三號，積極籌備發行刊物。

一九〇七年（清光緒三十三年　丁未）三十一歲

一月　在法國巴黎與吳稚暉、李石曾等備《新世紀》週刊。由先生負責經費，吳稚暉負責編排，李石曾、蔡元培、褚民誼等均協助編輯撰稿。以《新世紀》週刊在國外發表，以鼓吹革命。並介紹蒲魯東、巴枯寧、克魯泡特金等人的思想和學說，設發行社於巴黎李濮街四號。

五月　赴倫敦並轉回上海，在上海設「世界社」分社於上海平望街，由周柏年主持上海發行工作。

六月　二十日發行《世界》大型美術畫報。印數為一萬冊。由夫人姚惠為發行人。刊載介紹世界名人，近代偉人學術思想及重要的科學發明。同盟會經費枯竭，孫中山試電求援，按第一電碼，立即匯款萬元資助。孫中山獲款後作書並謝。

七月　在香港暫住，獲悉浙江徐錫麟、秋瑾等發動革命失敗均遭殺害，憤慨萬分。幫助胡漢民、馮自由補辦入同盟會之手續。

一九〇八年（清光緒三十四年　戊申）三十二歲

三月　孫中山越南河內兩次電告支助匯款，均即按電碼數匯出鉅款。通運公司因支助革命發生周轉困難。《新世紀》仍按時出版。《世界畫報》出版第二期。

一九〇九年（清宣統元年　已酉）三十三歲

春　聯絡巴黎法國銀行四家，共同籌設通義銀行。華人占股百分之七十五，法人占股百分之二十五。但返上海與各銀行洽商未成。

冬　姚夫人從法攜諸女返回上海。資助於佑任刊發《民籲報》，因聲援韓國革命，於佑任被捕，後經張靜江營救出獄。並資助於佑任東渡日本。

一九一〇年（清宣統二年　庚戌）三十四歲

春　籌備通義銀行，但純利甚微，決議解散。此大好計畫遂成泡影。

夏　大批採購古玩，和姚叔來從上海至巴黎重振通運公司。

五月二十一日　《新世紀》第一百二十一期出版，因虧本，與《世界畫報》同時停刊。

一九一一年（清宣統三年　辛亥）三十五歲

十月　辛亥革命武昌起義，孫中山自美國至英國倫敦，先生在倫敦晤吳稚暉，即返上海。在上海為孫中山設聯絡中心，併發電催孫中山返國。在上海晤陳英士、戴季陶、黃複生，並一起策劃外省革命。

一九一二年（民國元年　壬子）三十六歲

一月　孫中山就任臨時大總統。以革命既成，約昆季等數人，均加股通運公司，有重振其業之雄心。

二月　赴廣東，與吳稚暉、林森等同志會晤。

四月　與蔡元培、吳稚暉、李石曾、汪兆銘（精衛）在上海發起「八不會」與「進德會」。

四月一日，國父卸任臨時大總統。後先生與蔡元培等人發起儉學會、宣導學生赴英、法各國留學。

六月　與吳稚暉一起同謁孫中山於黃興寓所。因孫中山卸任，準備去法仍專心致力於貿易。

一九一三年（民國二年　癸丑）三十七歲

三月　宋教仁被刺。袁世凱下令拘捕各省革命黨人，上海推舉陳英士成立討袁聯軍總司令。先生亦親往前線，鼓勵士氣，出資助餉，猛攻江南製造局。

五月　時出奇計，炸死袁世凱的親信第二軍軍長徐寶山。時國人莫不稱快。

一九一四年（民國三年　甲寅）三十八歲

三月　和朱家驊同輪至大連，會晤戴季陶、陳英士、縱談三日。後仍和朱家驊經西伯利亞至德國柏林。後仍回巴黎主持法國通運公司。

七月　孫中山就任中華革命黨總理，宣誓再舉二次革命。

被任命中華革命黨財政部長，因身在法國，由廖仲愷代理此職。

八月　另又設通運公司於美國紐約市。蔡元培自德移住法國都魯士，二人在法國常往來。

一九一六年（民國五年　丙辰）四十歲

六月　在法國獲悉袁世凱憂憤逝世，黎元洪繼任總統。孫中山發表宣言，通電各地罷兵。二次革命結束。

一九一七年（民國六年　丁巳）四十一歲

五月　因在法國發骨痛病，雙腿不能行動，搭輪返回在上海醫治。閒時以揮毫奕棋自遣。

一九一八年（民國七年　戊午）四十二歲

在上海與蔣介石時相往來，共同常商討時事形勢。

五月　返原藉故鄉南潯小住。時戴季陶移家湖州，寄寓原趙孟兆頁故園蓮花莊（潛園）彼此往來於南潯與湖州兩地。

七月　得趙孟兆頁行書心經墨績，遂捨棋學書。是時，胡漢民亦來湖州小住「潛園」約半年，此時，有黨人廖仲愷、朱執信（大符）也常自上海來南潯、湖州共敘相晤並遊這一帶的山水。

一九二〇年（民國九年　庚申）四十四歲

二月　在上海辦證券物品交易所。開業後由虞洽卿任理事長。設上海恒泰交易所。由陳果夫和遠房侄兒張秉三為經紀人。戴季陶、蔣介石均加入恒泰交易所。並提供革命經費每月一至三萬元左右。

一九二三年（民國十二年　癸亥）四十七歲

二月　臥病於上海，二十二日，電蔣介來上海計議。二十六日，孫中山催促至廣州。正發骨痛症，孫中山特介紹留德李其芳醫生診治其病並致函與先生。

十二月十五日　蔣介石從俄國考察返國抵上海，並即拜訪先生。並在十二月二十七日電促赴粵。

一九二四年（民國十三年　甲子）四十八歲

一月二十日於廣州出席中國國民黨第一次全國代表大會。

三十日　大會閉幕，被選入國民黨中央執行委員，執委會名單列第三人。

一九二五年（民國十四年　乙丑）四十九歲

二月　悉孫中山在北平病危，抱病北上探視，相見執手流涕。

三月十一日　孫中山簽字遺囑，先生在旁飲泣。

十二日　國父孫中山逝世北平。

四月四日　與林森、于右任，戴季陶、葉楚傖等十二人為葬事籌備委員會。並於十八日設籌備處於上海。

七月　被國民黨中央執行委員會推定為十六人為國民黨政府委員。並被推選為國民政府常務委員之一。

一九二六年（民國十五年　丙寅）五十歲

一月一日　出席國民黨第二次全國代表大會。

九日　下午，蔣介石陪同游廣州長洲島。

三月十二日　孫中山逝世周年紀念日，在南京國葬之地舉行奠基典禮。親書孫中山總理大同篇於奠基石，並題：「孫先生遺墨，十五年三月十二日陵墓奠基紀念，張人傑敬題。」

二十三日　急赴廣州，當晚至要塞部與蔣介石商談政治大局。

五月十五日　參加國民黨中央執行委員會第二次全體會議。同意實施「整理黨務第一次議案」。

五月十九日　中央執行委員會全體會議上被推選為國民黨中央常務委員會主席。

七月六日　國民黨中央全體會議推選蔣介石為常務委員會主席，但北伐期間，張代行使中央主席權。

十一月　父親（定甫）逝世，因職務留粵，未能奔喪。

十二月十五日　由廣州啟程北上，祇達南昌。中央政治會議決定在浙江設臨時政治會議是年任浙江臨時政治會議主席。

一九二七年（民國十六年　丁卯）五十一歲

一月　參加蔣介石在南昌召集的軍政聯席會議。

三月　浙江臨時政治會議在杭州開始執行職權。並致書汪精衛能和蔣介石精誠團結合作。

四月　赴上海出席中央監察全體會議。通過吳稚暉請查辦共產黨案，並與吳稚暉、蔡元培、李石曾等人與蔣介石商討清黨事宜。並聯合發表「護黨救國」通電。十二日，國民黨實行清黨。先生等又連袂赴南京，出席中央執監聯席會議，決定在南京成立聯合政府。並促「寧漢合流」。十八日，參加在南京的國民政府成立典禮。

五月九日　與蔡元培、李石曾籌備中央研究院。

七月二十七日　浙江省政府正式成立，由先生任浙江省政府主席。

八月十三日　為促成「寧漢合流」，在蔣介石通電辭職後，和胡漢民、吳稚暉、蔡元培、李石曾連袂辭職返上海。浙江省政府主席由何應欽繼任。

十二月十日　赴南京出席中央執監全體會議，並通過蔣介石繼續任國民革命軍總司令。

一九二八年（民國十七年　戊辰）五十二歲

二月二日　赴南京出席中央黨部四中全會十八日中華民國建設委員會在南京成立，任建設委員會委員長並由財政部撥建設基金國幣拾萬元正。曾養甫為副委員長。

三月一日　浙江政治會議在杭州執行職務。

七月　建設委員會成立無線電管理處。並著手建全國無線電臺。接收南京電燈廠改組為首都電廠。積極增加設備，增加供電量。

八月八日　接辦長興煤礦。及整理四畝墩、大煤山兩處煤礦。出席中央五中全會。

十月一日　建設委員會把無錫震華、耀明兩電氣廠改組成立戚墅堰電廠。

三日　浙江省政府通過開辦西湖博覽會，在建設廳內設籌備委員會。

八日　國民政府改組，蔣介石任國民政府主席，譚延闓等為國民政府委員及五院正副院長和各部部長。改組浙江省政府，再兼任浙江省政府主席。當時著手興建京杭國道公路浙江境內部分，由杭州經湖州、長興、北達江蘇境內，並修建滬杭公路浙江境內部分，自杭州經海寧平湖沿海修建至江蘇邊境。並計畫築杭江鐵路、錢塘江大橋，籌建杭州電廠。

十二月建設委員會成立國際無錢電臺籌備處，並積極籌設無錢電發報台於上海。

一九二九年（民國十八年　已巳）五十三歲

一月　聘杜鎮遠至杭率勘察隊出發勘察浙贛鐵路沿線，經二十日完成。與菲律賓無線電公司訂中菲報務合同。凡由我國發往歐美各地電訊，由菲台轉遞。

三月　浙江省政府通令辦理土地陳報工作。並為整理淮南煤礦，派員至安徽劃定煤區。

十六日，出席中國國民黨第三次代表大會。不再擔任中央執行委員，而擔任中央監察委員。

二十八日，出席三屆一次中央全會。

六月　一日，參加國父孫中山靈柩奉安典禮，在京出席第二次中央全會，提出全國設教育基金會及計畫庚款委員會的建議。同時為發展教育和經濟建設，提出庚款借用辦法法案。建立上海、南京、漢口、北平、天津等二十七個全國重要城市的無線電臺。從而發展了國際電訊事業。創立上海無線電製造廠。是時長興煤礦已開始出煤。又計畫開發廣興煤電，淮南煤礦。

六月　六日中國第一次西湖博覽會開幕。任西博會會長，程振鈞為副會長。西博會內設八館二所。至十月十日閉幕。

八月　浙江公路工程，寧鎮慈線已通達寧波，京杭國道杭長段通達湖州，並參加通車典禮。

十二月　五日淮南煤礦成立。並主持發行戚墅堰一九三〇年長期公債國幣一百伍拾萬元。年息為六厘。

又為擴充首都電廠和戚墅堰兩電廠，發行一九三〇年短期公債，國幣二百五十萬元。年息為八厘。

一九三〇年（民國十九年　庚午）五十四歲

一月　發行建設委員會公報第一期，每月一日出版

二月　國民政府公佈建設委員會組織法：分設總務處，水利處，電氣處，礦業管理室。所屬部門有：南京首都電廠，戚墅堰電廠，電機制造廠，華北水利委員會，東方大港籌備處，北方大港籌備處，長興煤礦局，淮南煤礦局，第一灌溉區委員會，中央模範區委員會，訓盲委員會，圖書委員會等。

三月　一日至六日，出席南京中央三中全會。浙江杭江鐵路工程局開始開工興建。

四月　浙江省政府全國運動會（第四屆）開幕。為期十日。

淮南煤礦建成開始出煤，可日產煤一百噸左右。並計畫為淮南煤礦運煤方便，計畫修建淮南鐵路。

十月　廣興煤礦與廣興鐵路線均告完成，每月平均可產煤二萬四千噸以上。

十一月十二日　出席中央四中全會。

十二月　通電辭去浙江省政府主席。

一九三一年（民國二十年　辛未）五十五歲

一月　專任建設委員長，建設委員會改隸屬於國民政府。以設計規劃為主。

三月　建設委員會改任曾養甫為該會經濟委員會常務委員兼任主任委員。

六月　十二日，在南京出席中央五中全會。安微饅頭山煤礦已可出煤，每日產量三百噸。沿江一帶居民家用燃煤，賴以供給。

九月　十八日，驚聞日本突襲瀋陽，進而佔據吉林等省，全國憤慨。

十月　被南京國民黨政府選與蔡元培、李石曾、張繼、陳銘樞等代表與粵方到上海代表汪精衛、孫科、伍朝樞，鄒魯等人和談以求統一對外。國民政府又任命曾養甫為建設委員會副委員長。

十一月　十二日，國民黨第四次全國代表大會在南京召開，仍被選為中央監察委員。

一九三二年（民國二十一年　壬申）五十六歲

一月二十八日，日軍侵入淞滬，政府遷都洛陽。建設委員會調派少數人赴洛陽辦公。其餘留京人員一律留職停薪，分等級發給生活費。自「一二・八」滬戰發生，停止食肉，自此日起戒腥茹素。

三月一日，至洛陽出席二中全會。是時，浙江杭江鐵路由西興鎮經肖山、諸暨、義烏至金華段完工通車。先生即著手興建金華至江山鐵路。
四月十日，去莫干山休養，期間吳稚暉、李石曾、黃鄂偕來山間別墅訪談，至十八日和吳、李、黃一起下山赴寧波出席蔣介石所召集之會議。
五月三日，建議委員會聘吳稚暉、李石曾、張嘉敖（銀行家）為常駐委員。
六月　為便利南京市內外交通，集資成立江南汽車公司。任董事長。
十月十五日，出席國民黨三中全會。長興煤礦應民股要求，改為民營經營礦業。
一九三三年（民國二十二年　癸酉）五十七歲
二月　中國鐵路公司股東大會通過，改名為江南鐵路公司，宋子文為董事長。被股東推選為總經理。並開始修建蕪湖乍浦鐵路。
六月　抵滬參加世界社舉行的文化合作中國協會籌備委員會議。
淮南煤礦產量日產增至二千多噸，並完成了淮南鐵路的通車，淮南煤從此可由鐵路直運蕪湖，轉運長江水運各埠之需。
七月　江南鐵路公司蕪湖至宣城段路基開工。
九月　六日，與吳稚暉、李石曾等應蔣介石之召參加廬山山會議。
十二月　金華至玉山段鐵路通車，杭州鐵路工程局改組為浙贛鐵路局，並完工全線通車。並興建玉山至南昌鐵路線。

一九三四年（民國二十三年　甲戌）五十八歲

四月　參加上海世界社世界文化合作中國協會會所奠基典禮。

七月　浙贛鐵路局築玉山至南昌段路線開工。江南鐵路公司蕪湖至宣城段鐵路完工通車。

八月　繼續修建南京至蕪湖段鐵路線。

十二月　十日赴京出席中央五中全會。

一九三五年（民國二十四年　乙亥）五十九歲

三月　十八日與吳稚暉、李石曾乘民生公司輪船由上海赴四川，途經漢口時，特邀張岳軍、張學良登該輪晤談討論日本對中國侵略之危急局勢。

三十日，輪抵重慶，接受盛大歡迎，登岸住上清寺陶園。訪晤四川省主席劉汀（甫澄）。四月返南京。

五月十五日，江南鐵路南京蕪湖段路線竣工通車。

八月招待吳稚暉搭乘江南鐵路火車至蕪湖，並一起轉往黃山小住遊覽。

十一月一日，出席中央六中全會。

十二日，出席國民黨第五次全國代表大會，仍當選為中央監察委員。

十二月　浙贛鐵路玉山至南昌段鐵路，依預定時間竣工通車。

一九三六年（民國二十五年　丙子）六十歲

一月　浙贛鐵路南玉段完成，十五日在南昌舉行全線通車典禮。另開始興築南昌至萍鄉段線路及萍鄉至株州段工程。

五月　江南鐵路宣城至孫家埠線路完工，於是，南京至孫家埠全線通車，正與京滬鐵路接通。如此，便利了沿線農民運輸，商貿等民生。

七月　上海建設銀行公司成立楊子公司，收購了張靜江創辦的首都電廠及戚墅堰電廠。本洽商合辦宜洛煤礦，因戰事發生而停頓未成。

八月　中國佛教印光法師抵上海，先生與印光法師敘晤，法師與他頻頻耳語，分手時先生慟哭，似獲得了佛法之大徹大悟。

十二月　從上海移杭州，常留居西湖邊別墅，欲安享晚年。

一九三七年（民國二十六年　丁丑）六十一歲

一月　長興煤礦因民營經營不善，又收歸國有。仍交建設委員會主辦。

四月　戴季陶舊疾復發，易地遷居南潯借住先生在南潯故居，調養數月，常一起促膝相晤敘談當時日軍正侵略中國之危急局勢。

六月　建設委員會公報出至第七十七期，即行停刊。至廬山出席全國學術界座談會。

七月七日，日軍侵入盧溝橋及炮轟宛平城，駐軍抵抗，抗戰爆發。後先生以身體日趨病衰，攜眷由上海搭輪至香港。在香港療病。

十月　在香港喜聞來電告之浙贛鐵路南昌至萍鄉段線路仍能竣工通車。

一九三八年（民國二十七年　戊寅）六十二歲

一月　先生領導十年的全國建設委員會奉命撤銷。業務由經濟部交資源委員會接管。

三月　二十九日，國民黨臨時全國代表大會在武昌舉行，先生以病缺席，仍被選為中央監察委員。

八月　由香港搭輪赴歐洲，在瑞士日內瓦暫居住。

一九三九年（民國二十八年　已卯）六十三歲

由瑞士日內瓦赴巴黎，後又轉道赴美居住紐約治療疾病。並由其女婿（張乃琪丈夫）俞時中（紐約名醫）照料。

一九四〇年（民國二十九年　庚辰）六十四歲

在美國紐約的第一年，異國他鄉，常思念抗戰中的中國同胞。時臨池畫畫，已畫得一手傳統文人畫。時在病中讀《金剛經》等佛經書藉。

一九四一年（民國三十年辛巳）六十五歲

世界局勢發生日本偷襲「珍珠港事件」。在美國紐約醫院喜聞美國總統羅斯福宣佈對日宣戰。先生心系中國，興奮異常，祈禱中國同胞抗日有了新轉機。

一九四二年（民國三十一年　壬午）六十六歲

十二月　李石曾抵美國訪晤。

四日，與李石曾一起在美國紐約發起召開第一次《世界國際社會大會》（World Confederation Of Interational Groupments）。美、法及南美各國國際社團代表均出席大會，一時冠蓋雲集。先生被推選大會主席，至五日閉幕，美國羅斯福總統夫人主持閉幕儀式。會議號召世界各社團聯合反對德、日、意的侵略主義行徑。

一九四五年（民國三十四年乙酉）六十九歲

由於長期患眼疾，久治不醫，並長期背井離鄉，無限思念在日本侵略軍的鐵蹄下的中國同胞及鄉親，終雙目失明。但在他雙目失明的黑暗歲月裡，也終於在紐約收音機聲音中驚聞中國抗日戰爭的勝利，日本的投降，像重見光明般的雀躍而興奮不已。

一九四六年（民國三十五年丙戌）七十歲

九月十九日　正逢七十歲壽辰，紐約全家人及在美國的親戚友人致慶賀。因喜逢抗戰勝利的第二年，壽辰辦得更隆重，更高興。而國內當時蔣介石及許多國民黨元老拍電祝壽。老友吳稚暉、李石曾並撰文書祝，向先生祝賀七十壽辰。上海的友好們同時集會慶賀，並在壽冊上簽上名寄美國紐約，以示祝賀。

一九四七年（民國三十七年戊子）七十二歲

五月　蔣介石再就職總統，發電聘為總統府資政。但在美國聞訊國內當時局勢，夜不能寐。

一九五〇年（民國三十九年庚寅）七十四歲

六月　體力日衰，心臟衰竭而病倒。

八月　二十五日起住進美國紐約醫院，已呼吸困難，以吸氧氣維持殘餘之生命，後來即昏迷不醒。

九月三日　在美國紐約寓所不治逝世。享年七十有四。

附錄一

張靜江先生對煤礦事業之史績

朱謙

吳興南潯張靜江先生襄助總理從事革命，功在黨國，兆民景仰，忽傳噩耗，舉國痛哀，其生平事績，罄竹難書，謙追隨先生辦理煤礦事業有年，爰就先生對於煤礦事業之史績，約略述之，以告國人，並敬致哀悼之忱。

民國十七年，北伐完成，邦基已奠，中樞欲挽先生出而主政，先生高明卓識，遂知立國根本，首重建設，而我國工礦事業，方在萌芽，乃因軍閥之摧殘，已陷入一蹶不振之險境，先生棄官不為，以振興實業原屬民營，經軍閥之壓榨被迫停頓，先生既長建設委員會後，即謀恢復，但民股於創痛之餘，無心重振舊業，先生遂以政府力量於十七年八月派員前往接辦，先就四畝墩、大煤山兩處，整理複采，至十八年五月開始出煤。先生為求充裕供應杭州及戚墅堰兩電廠以及上海各工廠用煤起見，又囑開發廣興煤田，是冬著手勘測四畝墩至廣興鐵路，計畫既定，即同時並進，至十九年十月新礦與鐵路均告完成，自是以後，每月平均產量達二萬四千噸以上，業務日趨繁榮。斯時民股方面，又覺有利可圖，要求發還商營，先生但求事業之發展，有益於國家建設，不計功利之誰屬，遂允所請，民二十一年十月發還民營，詎料民股接辦以後，經營不善，產量大減，先生不忍其日就萎落，複於二十五年五月指派監督協助商民從事經營，始見轉機，至是商民乃心服先生領導有方，轉而請求收歸國營。先生又從其請，於二十六年初再將長興煤礦收歸建設委員會主辦，觀先生之一予再取，悉就事業本身著眼，為國興利，而不與民爭利，其目光遠大，抱負恢宏，有如此者。

中福煤礦公司原屬中英合辦，軍閥割據時亦備受摧殘，北伐完成後，入於第二集團軍之手，十八年六月先生派員前往接辦，極積整頓，其時河南名隸中央，仍為殘餘軍閥之惡勢力所籠罩，豫省主席韓複渠，蓄意攘奪，百般阻撓，甚且欲加害該礦之主持人員，先生鑒於中央實力既未深入，迫不獲已，遂於是年九月移交豫省接辦，先生固明知豫省環境惡劣，但必犯難一試，其為事業之精神，殊非常人所可幾及。

淮南煤礦為先生一手創辦之事業，發軔於十八年三月，先則派員在安徽懷遠舜耕山劃定礦區，七月又另派省測量由蚌埠至礦山之鐵路線，同年十月又再派員詳細測勘礦區確定開採計畫，翌年四月展開礦路采建工作，至八月間即可每日產煤一百噸左右，年底已達日產五百噸，先生複以淮河水運不便，難於配合大量增產，又囑修建淮南鐵路，自田家奄子直達蕪湖，至二十二年六月鐵路完成，其時產煤量已增加至每日二千噸，並可由鐵路直運蕪湖，轉循長江水運以濟上下游各埠之需，而淮南亦遂成為我華中唯一大礦。其自開創以至完成僅費三年時間，皆緣先生謀事既定，即付實行，所需資金又必寬籌預撥，受命主事者，無所顧慮，無所牽制，故得順風進行，易於有成也。

先生不僅以工業用煤為重，同時亦極注意家庭用煤開發，曾於二十年初，派員測勘安徽大通饅頭山之柴煤礦區，釐定開採計畫，惟以該處礦區原經商民設定礦權，並曾小規模開採不願放棄，先生乃集私人資本二十萬元與之合作，從事開發，是年六月正式出煤，最高產量曾達每日三百餘噸，沿江一帶，家用燒煤賴以供給，觀此先生之集私人資本，以開發饅頭山礦，可見先生之致力事業，因勢利導，必求有成，其熱誠與毅力之充沛，實令人欽佩不止。

先生於二十五年間，尚曾派員與豫省當局洽商合辦宜洛煤礦，正籌備間，以發生戰事而遂停頓，深為可惜。

先生領導之煤礦事業，已如前述，其間唯中福一礦，當時格於環境未能如先生之願望，至若長興、淮南、饅頭山三礦，皆各有成就，此在先生功績不過什一，謙追隨先生曾實際參加三礦工作，深覺先生之建設三礦方式各異，實為先生一切事業成功之精微，而當時公私建設事業在先生宣導之下，風起雲湧，生氣蓬勃，國家日趨富強。

附錄二

張靜江先生與浙贛鐵路

侯家源

杭州浙贛鐵路局門前，沿裡西湖之馬路曰靜江路，浙贛鐵路由杭過錢江大橋後，其第一站曰靜江站，均所以紀念其創辦人張靜江先生者。靜江先生之道德、學問與功業，早為中外所推崇，無待介紹；茲述其創辦浙贛鐵路之經過信其對於國家民族之貢獻，即可以見人格偉大之一斑。

甲、創辦浙贛鐵路之動機：民國十六年，國民革命軍平定江浙皖贛諸省後，靜江先生奉命來浙，任浙江政治分會主席，鑒於國計民生之凋敝，欲以發展交通，建築鐵路，以資救濟。並以浙江全省，因天然形勢，分為浙東浙西區域，浙東金衢一帶，因山嶺重疊，交通不便，遂形成文化落後，工商業之不振，人民生計之蕭條：浙西則因有滬杭鐵路之貫通，及河流之四達，往來便利，遂使社會日趨發展，人物日趨富庶，兩相比較，幾不可道理計。為欲使兩浙平衡發達，遂有建築浙贛浙皖兩鐵路之疑議，並於是年六月，由浙江省建設廳派員分勘該兩路線，以便擇一建築，藉以謀浙東之發展，並使國父實業計畫東南鐵路系統得以奠定始基。踏勘完畢後，復因浙省承軍閥割據之餘，府庫空虛，經費難籌，並以靜江先生不久即離浙江，上項疑議竟未能見之實施，繼其後者亦未遑及此，然由贛經贛達湘，長達一千餘公里之浙贛鐵路，其建築之動機，則實始於此。

乙、建築浙贛鐵路之決定：民國十七年，靜江先生復以中央建設委員會委員長再度臨浙，兼任浙江省政府主席。臨任伊始，仍復注意鐵路之建築，並以前所踏勘之計畫，交由前浙江建設廳程故廳長韜甫氏詳細審核。認為皖境高山水險，工程浩大，路線入皖以後，無法與他路銜接，將來養路必多困難，不若浙贛一線，一面可經南昌銜接南潯，以通長江；一面經株萍鐵路，聯絡粵漢，以通粵海；而其東端則可與滬杭、京滬、津浦等鐵路相貫通，將來此路完成，可為東南一大動脈，故決計捨去皖一線而致力於浙贛路線之建築。是年十月，由浙江省政府諮商建設委員會派專門委員杜鎮遠氏來浙複勘，於十八年一月七日率踏勘隊出發，曆二十日複勘竣事，編制報告，並於是年二月八日提交浙江省委員會第二〇三次會議議決，由浙江省政府自行籌款，先生建築浙省境內杭州至江山一段，定名為杭江鐵路，並決定由江山伸展至江西玉山，以通信江，藉暢客貨運輸，故此段一名為杭玉段，俟浙省境內路線工程告竣，再謀與贛省合作，展築至萍鄉，接連萍株鐵路，以達株州而通粵漢；自此次決定後，遂先由浙省自行籌款，分段建築，以底於成。

丙、建築之目標及其設備：前清一代，所有已成之各鐵路，多係借貸外款，任用外籍工程師，以致主權旁落，莫可挽救；而所借外款，一經成交，即先建築富麗之辦公房屋，舒適之員工住宅，路線工程，反而置於緩圖。靜江先生深悉其弊，於建築杭江鐵路時，特別提出四大目標，俾各遵守：（一）浙省自辦；（二）不借外款；（三）不任用外籍工程師；（四）先求其通，後求其備。

故杭江鐵路之建築，一切工款，皆由浙省自籌，各級工程師，皆選用本國人才，低級幹部則設班訓練，此可謂開中國「省辦鐵路」「不用外款」「不用外人」之先河。為兼顧經費困難計，並以極經濟之方法，極短暫之時間，力謀完成路線通行車輛，俾得早日觀成為第一要著。其餘設備，除軌距仍保留標準制，重要橋樑按部定國有鐵道標準載重設計，藉留將來更換重軌之地步外，其鋼軌則為每碼重三十五磅，機車則為小型，軸重僅八噸半，車站房屋，及一切設備，則大半均臨時性質，因陋就簡，留待營業發達時，再為正式興修，以期節省初期經費。

丁、建築完成之困難：本路由杭州至江山，以達江西至玉山一段，係浙省自辦之路。以一省之財力，創辦如此之巨大工程，自不免捉襟見肘竭蹶時虞。以故自十八年一月踏勘起，至十九年三月開工時止，初因省庫空虛，無款可撥，繼雖發行國債，募集亦難，一年有餘光陰虛擲，幾於工作停頓，中輟者屢。幸靜江先生本往昔革命精神，不顧一切堅持到底，並鼓勵路局杜局長鎮遠，奮力苦幹，方未致中途停輟。至廿一年金玉段開工時，曾養甫先生奉命來浙，擔任建設廳長職務，一本靜江先生苦幹窮幹快幹之精神，首以完成本路工程為主旨，多方籌款，督促進行，本路工程遂比較順利，經費亦比較有辦法；尤其是杜局長在養甫先生領導下，格外努力，將金玉段一百六十四公里之路線，在一年以內，趕築完成，於廿二年十二月全線通車，但杜局長則因此積勞請病假，不能執行職務。乃請假赴北平療養，幾達兩年告痊癒，此時杭江鐵路工程局已改組為浙贛鐵路局，局務由筆者代理，並由理事會派謝文龍副局長，主持杭玉段運輸事宜，一面成立玉南段工程處，該處主任亦由筆者兼任，繼續興建玉山至南昌一段路線，於二十三年七月開工，二十四年底完工。當開工之初，沿線上橫弋貴一帶，匪氣猶熾，不但工程被其侵擾，員工多被擄掠，繼則洪水為患，疫病流行，員工之死於匪、死於水、死於疫者，不下兩千餘人，其已建築完成的土方橋基，亦多其沖毀破壞，損失尤屬不貲，筆者多方應付，克服困難，督率員工朝夕趕工，卒能依照定限，將玉南段二百九十二公里之路線，於一年半以內建築完成。二十五年一月九日，在南昌舉行玉南段通車及南萍段開工典禮後，即玉南段工程予以結束，另成立南萍段工程處，由路局工務課長吳鳴一為主任，主辦南萍段新工程及萍株段整理工程，其時筆者業已離路，杜局長業已病癒返杭，仍舊供職。南萍段工程進行，雖較玉南段困難為少，然以杭玉玉南段輕重軌不同及機車車輛不足之關係，南萍段所需建築材料，不能經由本路運輸，必須由九江、武昌運轉工地，使工程進行，感受甚大影響，其能如限於廿六年十月完成通車，殊非易事，自南萍段通車以後，本路一千餘公里之工程，遂告完竣。

戊、對於國家民族之貢獻：當民國廿二年，杭江鐵路甫經建築完成之日，即值福建之變，大批軍運，驟然而來，各部份人員，力勉從公。得使國軍迅趨閩疆，不旬日間變亂日平，事後軍事當局，深加贊許。又民國二十六年，浙贛線路通至株州時，正值抗戰初期，後方部隊群眾經浙贛開往前線增援者逾十萬人，一時使日寇無法侵京滬，所有公私人員物資，亦皆假道浙贛，撤退後方，為保全國家資財元氣，不可數計，直至抗戰勝利前夕，浙贛路線敵人再三破壞，猶保存江山至上饒一

附錄三

中國新鐵路之父——張靜江

周賢頌

張先生一生歷史，上半節是革命，下半節是建設。北伐時期，他是中央執行委員會主席，主持中央大計，他的革命事業，可以說是到了最高峰北伐成功，他回到浙江原籍，張家族人，設筵歡迎，他站起來演說：「革命是破壞的工作，現在破壞成功，我要開始建設工作，請諸公幫忙。」大家鼓掌，一致表示擁護，南潯多富人，張先生借重他們的力量，先在本省創辦長興煤礦，這是他建設事業的開始。

政府奠都南京，依照張先生之意志，組織建設委員會，請他做委員長。九年之內，造就了數百位建設領袖人才。有幾年，全國各省建設廳長多數由他訓練出來。他經辦各項建設事業規模大得驚人，包括鐵路、公路、電報、電話、煤礦，沒有一樁不是簇新的事業，輝煌的成功，但他只向中央領過了十萬元。

張先生認定建設中國，需要動力，動力以電氣為主，所以他用建委的力量，創辦了首都與戚墅堰電廠，又在浙江省設立了杭州電廠，都是簇新偉大的企業。幫他忙建設電氣事業者，為潘銘新先生。

廿幾年來，初到上海的人，沒有一個不注意真茹國際電臺。它一向是中國範圍最大歷史最早的無線電臺，就是建設委員會在通訊事業上第一個貢獻。在張先生創設這個電臺的時候，恐怕大多數中國人腦筋裡，還沒有「無線電」三個字。第一任國際無線電籌備處主任，就是現任臺灣生產事業管理委員會常務委員王崇植先生。

張先生在浙江省主席任內，對於全省公路事業，與各縣電話網兩事，最為注意。因為他認為良好的政治，沒有交通的疫備，是不可能的。在他二屆主席任內，完成了全省電話八大幹線，省公路四幹線，樹全國各省之楷模。

張先生對於交通事業的關係，歷史很早，國民革命軍大本營籌備北伐大計的時候，有人建議在華北及長江一帶，聘募同志，轉運來粵，加強兵力。這件「招兵買馬」的工作，由陳果夫先生在上海擔任。為了掩護耳目免人注意起見，張先生租了二條船（船名「東風」「新國」），組織（國民航業公司）設在上海廣東路。為他辦事的有沈慕芬，是從日清輪船公司調來的。尚有沈仲毅、陳任通二任，上海淪陷前都是我國航業界的領袖。

假如說張先生是新中國交通事業的領導者，我毋寧說他是中國新鐵路之父；因為假如沒有張先生，抗戰的中國，便沒有江南、淮南、浙贛、京贛、湘黔、湘桂各鐵路，與當時服務全國鐵路人們的新精神！

我第一次遇見張先生在民國十七年冬季，當時我離了北寧鐵路，到上海養病。有人問我要不要搭主席專車，去杭州遊覽？一個頭腦簡單的職業鐵路家，摸不清張主席是什麼樣的人，對遊覽杭州也沒有什麼興趣，聽說可以趁火車，我就高興的答應。

是一個月白風清的午夜，滬杭夜車，突地裡在上海西站停下，我在睡眼惺忪之中，看見了兩個彪形大漢，扛抬一架四方帆布椅子，從車尾繚望台，迂迴曲折的走上車來，到了車上客廳，扶進一位帶了很厚很厚眼鏡的瘦削老人。客廳裡圍著一大堆人，火車剛開，會議就開始，除了曾養甫先生以外，我不認識什麼人，也不懂他們所談的事。就聽得三十萬，我問友人什麼一回事，友人說：「他們籌到三十萬元，要修一條鐵路從杭州到金華」。

自認是鐵路專家的我，輕輕的啐了一聲：「真是神經！這些錢不夠造出杭州的城門。」兩年以後，我的同事金士宣博士，向我道別說，他去杭江鐵路做運輸課長，路線總長二百公里！抗戰前夕，杭江鐵路易名為浙贛鐵路，在株州與粵漢鐵路接軌，總長一千一百一十一公里。「東西南北戰場，軍隊輜重，得隨軍事形勢之轉移，行動自如。徐蚌會戰時，將南方軍隊，調至江北。及徐州淪陷，又調回南方，保護武漢，守衛長江。此調動自由，皆浙贛鐵路之所致。」一位原不認識張先生作者，在他所著「中國戰時交通史」作如此報導。這是張先生貢獻國家的第一條鐵路。

民國二十年夏間，我伴著李頓爵士率領的國聯調查團，在北寧路東奔西跑。張先生打一個電報給北寧路局長，調我去南京籌辦蕪乍鐵路。當時我是外交部一位義務情報員，天天瀋陽偷竊消息，打電報給徐謨先生，一方面大家湊錢，第次在日內瓦未會時候，將日軍暴行，電報施肇基先生，作抗議資料，我一時沒法脫身。半年之後，好容易辭脫了北寧鐵路職務，到上海，下車謁見張先生，問他造蕪乍鐵路借到了多少錢？他說：「三十萬。」

三十萬！原來三十萬是張先生造鐵路八字裡註定的資本！有人問：「張先生如何借這三十萬元？」

十七年政局蛻變，朝野騷然，財政枯竭，人心皇皇，有人建議取消已發行的國內公債。張先生時亦在野，不問政事，但以此議搖動國信，必致引起極大的波動，邀孫哲生先生等會議於其私邸，責以民無信不立的大義；力排眾議，維持公債，金融風潮幸得免除，一時銀行界表示，對張先生董新建設事業，必予以支持。二十一年六月，張先生在莫干山發起「商辦中國鐵路公司」，修建蕪湖至乍浦鐵道，議起，當由十二銀行合借三十萬。

蕪乍鐵路的發動，是張先生兩個內心信仰的表現：

他最崇拜孫中山，孫中山先生提倡東方大港，無人注意及之，張先生遵照中山先生遺教，首派陳懋解先生成立東方大港籌備處，籌備設港工程。他又想沒有鐵路開港也無用，所以立願修一條鐵路，通達乍浦，要把安徽的米，由東方大港，出口運粵。此其一。

張先生深信，發展中國，必要修造鐵路，政府造路糜費太多，成本太大，管理費用過高，進步太遲緩，必須提倡民營鐵路發動民間資本，雙方並進，乃能實現中山先生十萬英里之計畫。此其二。

二十二年二月，公司遵照鐵道部命令，定名江南鐵路公司。二十三年一月顧部長孟余令淮江南鐵路修南京至蕪湖路線。二十五年五月，江南公司京孫段全線通車，共長一九六公里，全路資金總值七百餘萬元。這是張先生貢獻於國家的第二條鐵路。

同時張先生又為建委會修成淮南鐵路，總長二百三十六公里，這是他貢獻國家的第三條鐵路。張先生計畫，將淮南鐵路向西北展修，接通平漢、隴海兩線，成為首都與西北交通最直接的幹線。同樣的，江南鐵路的計畫，除由孫家埠修幹線東達乍浦，完成蕪乍線原計劃外，南展歙縣、祁門、景德鎮，而浙贛線之貴溪，形成首都與廣東最短的交通線。再南修至閩邊境，銜接廣梅鐵路，完成中山先生計畫之東南鐵路系統之京粵幹線。

國營淮南、省營杭州、民營江南，乃是張先生對新中國鐵道建設的初步貢獻。張先生修三路之初，咒其為狂妄者，不只我一人，成功之後，則千人萬人被其德澤。國家建設，賴以推進。抗戰力量，增加百倍。他對黨國的功勳，即無從前毀家紓財革命一階段，已是光芒萬丈，永垂不朽。但我輩從業鐵路事業的人們。對於張先生修建三路的價什，另有一番估計。

張先生自己造成的鐵路，實只六百三十公里，但有了江南，乃有京贛。有了杭江，乃有浙贛、湘黔與黔桂。這幾條泱泱大路，都是從兩路擴修。他們的工程與管理也都由兩路幹部人員所主持。

因為張先生在長江南北修築鐵路引起了閻百川先生在山西修築同蒲路的計畫，與劉湘先生對成渝鐵路的熱情。閻先生修築同蒲，處處要效法於杭江鐵路。我記得張先生修造杭江，系用三十五磅輕軌，都有公價，非常昂貴，先生曉得三十五磅鋼軌在標準之外，各廠可以自由競爭，不受限制，所以取此種鋼軌，為國家省了不少外匯。百川先生聽得這個決竅，也想買三十五磅鋼軌。洋商知道了，把三十五鋼軌也列入協定之內。百川先生就改用三十二磅輕軌。可見張先生鐵路的風氣，推展到了華北。

閣先生為逃避外國廠商的高價，採用三十二磅輕軌，在於窄軌制的同蒲，勉強沒有問題。張先生所修的鐵路，都是標準制度，可以通行全國，三十二磅軌斷然不能適用。但他沒有錢買重軌。輕者不可，重者不能，兩者均不可得，他又發明可以購買舊軌，以三分之一的價格，在美國買了二萬五千噸六十磅舊軌，鋪造了江南與淮南鐵路。

因是他能運用其智慧，推陳出新地想出奇妙的方法，減低鐵路的工程費用，所以他所修的三條鐵路，每公里成本，都在三萬左右，打破了我政府與一般社會每公里鐵路要十萬元的迷信，與不借外債不能造鐵路的自卑觀念。這是我輩鐵路人們認為張先生對於中國新鐵路最大貢獻之一。

過去我國造鐵路，非洋工程師不可，最低限度，必須跟從洋工程師幹過鐵路的，洋工程師場面大，鋪張大，一切一切，都要A一級。鐵路未造，先修總工程師官邸。出視路線，必須雇工人撐傘，怕其熱昏。張先生聘用工程師，都是中國青年，但知犧牲，不知享受，祇知修路，不計其他，局長總工程師趕修橋樑，與工人同宿橋頭，雨打日曬，晝夜趕工。以張先生造鐵路，費作低，而工程快。能人之所不能，為人之所不敢，對於中國新鐵路的建築，增加了不少勇氣，不少力量。這是我們認為張先生最大貢獻之一。

鐵路為近代中國唯一大規模之企業，日進萬億，富埒王侯。從事鐵路的人們，尤多「發財」的機會。但自杭江、江南、淮南三路成立之後，在張先生領導之下，養成一種刻苦耐勞簡單樸素的新風氣。不論上下內外，未聞有貪污事情。我在世界月刊寫「江南鐵路」一文內載：「侯或華先生問：「我兩次坐江南鐵路車去蕪湖，行李夫搬我行李，每件銅元兩枚，我多給幾文，他們一個都不收。我在車上吃飯，給侍者賞金，也不肯收。」著者答：「這由於張靜江先生人格的感動，在他事業之內，雖地位最低的人們決不貪污。」

三路廉潔之風打開後，推動全國各路，一掃過去賄賂公行的惡習。這是我們認為張先生貢獻之三。

我國人民乘坐火車，百分之九十五搭乘三等，此在洋工程師心目中，當然不值注意，而在善於做官的鐵路局長的心頭，亦只有供備華麗的頭等車，以承取長官的欣賞，與洋記者的贊許。張先生每見我們談話必問上三等車設備如何，四等車減價多少，他是鐵路大眾化，服務人民們的領導者。在他經營的鐵路裡面，人人之思想，不是如何做官，而是如何為人民服務。這是我們認為張先生最大貢獻之四。

有張先生的勇氣與先知，乃有杭江、江南與淮南。有此三路，乃有澎湃全國建設新鐵路的運動與人才，與其刻苦耐勞、廉潔服務的風氣。稱張先生為中國新鐵路之父，誰曰不宜？

中國新鐵路之父長逝矣，流風遺澤，永被來茲，緬懷前塵，涕泗滂沱，不僅我一人也。

附錄四

二兄行述

張久香

家兄靜江先生行二，吾家昆季七人，大兄弁群早故，五兄讓之於去年辭世，三兄澹如養屙香島，四兄墨耕，七弟鏡芙，皆不及離滬，惟久香得於上海淪陷前及時遷台。前聞二兄長逝，痛何可言。僅按二兄幼時，性殊頑劣，而智異常童。成年即患痛症及目疾，雖不良於行，仍精騎術，每於故鄉南潯狹巷小街馳騁自如，見者無不驚歡，以為奇技。嗣後骨病益劇，改研書畫，書法李（北海）、趙（孟兆頁），畫仿董（其昌）王（鑒），造旨甚深，得其寸楮，莫不珍賞。對於我國古董，尤精監別，中歲赴法，經營古玩，一因興趣所在，一以愛國熱忱，蓋其時海外古玩業為日人所壟斷，故自經營以示抵制耳。又在法英組設通運公司，有所盈餘，輒獻黨國。民八至十三年，久香就學北美，書問致疏，期內事功，未能彌縷。北伐功成，兄任建設委員會主席及浙江省主席，其所建樹彰彰在人耳目，紀之另有專篇，茲不贅述。二兄好奕，於燕寢之餘，圍棋解悶，兄弟相與抵掌。論列是非，二兄雖未受新式之教育，而於科學之原理，發明之途徑，莫不頭頭是道，如數家珍，雖專家無不嘆服其見解之透徹與所聞見之淵博也。況其思想高超，不囿於故常，倘能假以時日，聽其設施，則其成就當十數倍其已成之事功也。二兄以入世之人，而有出世之志，當一二八滬變之發生，日人無故進攻，屠殺無辜，二兄聞訊，正舉箸食肉，投箸而起，頓悟戒殺之道，以為弱肉強食，我之以待畜類，日人即以之待我人，遂決心戒腥茹素，以身作則，十數年如一日焉。中日戰爭之前一年，印光法師來滬，二兄晤謁。印師與兄耳語，移時兄遽感悟大哭，同座者不知印師之作何語而能感兄如此是也。從此二兄抱引退讓賢之念，帶妻海外，盡其餘年。當此歸真日，正中原板蕩之時，其真能悟去來因緣而有先知者耶？

附錄五

談臥禪

李石曾

「顧名思義」，談臥禪似乎是講一個「睡和尚」，或是臥佛寺是身長一兩丈之睡佛臥像；但知民國史較詳者，則知臥禪為革命元勳之一，張靜江先生名人傑，佛名智傑，別號臥禪，浙江吳興人；近讀世界社石刻于右任先生詩首句正言「張老開國有功」者是也。臥禪是我最新最老之友，新就革命而言，老就時間而言，換言之是我最早之革命同志，訂交於二十歲之時，距今六十年矣。我曾有一長聯，下聯云：「憶臥禪書畫，道義賓朋，佛心參傑士，五湖聚散轉乾坤」。這二十一字，描寫了臥禪生平的概略，亦吾人六十年之史料，不過此其大意，再進幾步至字數一二百倍之此文，將來或有幾次等於此文之作，當可比較詳細。

我初識臥禪，他不過二十四歲，已是「眇能視，跛能履」，雖遠不是臥佛後幾年抬在椅上的形態，但已是初步。他本生在一個豪富之家，而潛伏在內心的則卻是佛而傑之大施捨家！大建設家！大革命家！大慈大悲的佛家！

我們初識在北京黃氏工藝局，前已於瑣談中略言，茲再補充之未詳，先從細微處說起。「眇能視跛能履」的臥禪——在此點其特殊的表現如何？首先可以說他的眼鏡與皮鞋均與普通人不同！別人偶然可以借朋友的眼鏡與鞋，他則不能！他的目與足均與常人迥異：普通人的眼鏡玻璃不過像是一張平面紙作微凹微凸之狀而已，在臥禪則不然，其鏡之玻璃不但特別厚而且不均勻，故別人絕不能借用；其鞋之特殊，則類似以前女子纏小腳時所用之裡高低，即足與鞋底之間置一木塊，名曰裡高低；臥禪之鞋與此有略似處，因足為風濕病變其骨形所致然，所以他走起路來很不方便！

「眇能視跛能履」，臥禪行路之不便如上所言，而其工作與活動並不為之減少，尤其難能可貴。可舉幾點以明之：我們同船到了巴黎之後，常常一同出去，或工作或遊覽。臥禪向以大富見稱，但其行動極為隨便。那時巴黎還無汽車，只有馬車與馬拉的公用車，或火力電力發動的公用車；公用車並多用樓形，樓的上層為二等價廉，上層為頭等稍貴一兩銅板；有時樓下坐滿了人，臥禪並不要改用單雇的小馬車，也不耐煩候下班的公用車而運用不便之目與不便之足，手緊緊的扶著鐵欄杆走到上層。有時他與我及幾個朋友或他店鋪中的同事到樹林裡去玩，從他那在馬德蘭廣場的商店各乘一自行車，同穿過熱鬧最繁華的總統府大街，直奔樹林而去。在巴黎最熱鬧的街市，如上所舉之廣場與大街，普通人有時還覺得有點怕，而眇能視跛能履的張先生居然能之，或勉強為之，「見微知著」也可以看出一點他與常人不同的個性！

方才說到我們從他商店騎自行車出遊，現在就從商店擴大出來的茶店，說一說臥禪初步在法的經濟事業，與以商業贊助革命，及發動世界社文化事業的情形。

張靜江早年騎自行車雄姿

我們同乘法國以「安南」為名的郵船到了巴黎，在船上常常在一處同桌吃飯的四個人：張、周、夏、李，在巴黎還是常在一處，周菊人是張的助手，夏堅仲是張李共同的助友，到後不久，張周就籌備一出入口商店，我則準備學農，夏準備學醫，早飯與吃飯的時候，還是常常一處；那商店名曰「通運公司」，由商店推廣出來的叫作「開元茶店」。

通運公司在馬德蘭廣場的左邊，馬德蘭是一座相當大而著名的天主教堂，面對香永梨大街頂頭的公台更為偉大的廣場；教堂前面有四棵希臘式分隔號大柱，左邊斜對著教堂就是通運公司的兩間門面，兩間之中有一個臨街顧客出入的門，門旁左右玻璃窗前陳列許多的中國貨物的樣品：茶、絲、綢緞、地毯、漆竹牙器，以及其他名貴的古董、字畫、金石、玉器、瓷器等等，無所不有。這是一座七八層的大樓，臨街部份樓上租作辦公室，樓下則為門面，左右門面之間一個大車門，並為住在院落後面樓上樓下住房租客所經；張先生商店中五六人即住在後面樓上，大約有房四五間，我們朋友常常在那裡吃飯談天：通運公司所租的門面與後面的住房，在巴黎可以算作中等，指在特等第一等第二三四等之間，那時通用公司在巴黎商業上地位並不太高，而於那幾年中（辛亥革命之前）貢獻於民國革命與社會文化者，則實在不少，張先生與孫中山相約，見到電報即匯一萬二萬或三萬，許多人都知此故事，較比通運公司大多少倍的大商家就是同志，都也沒有那樣的精神魄力，所以國父遺著中稱之，方才說的于右老詩中亦稱之，非偶然也。

開元茶店，可以說是通運公司的分店，或者是茶葉部門的推廣部。與品茶處；因其坐落在義大利街一帶，是巴黎最繁盛的場所，較馬德蘭廣場尤為活躍豪華，且為外國遊客必到之所，那座茶店在二樓，寬朗華美雅靜的種種特長，充滿了中國氣氛，高臨巴黎國際中心人海的頭上，其處境之高貴在一般茶室或咖啡館之上；為中國文化與實業作宣傳作廣告，可謂很大的成功：但就直接商業說，並非十分理想，故未見持之甚久，隨公司業務之轉移，而成為過去的史績了！

史績，誠然！不僅張氏家庭史有一位以茶店為名而著名的女兒，以繪畫見稱，即是開元小姐。許多關於革命的會議在那裡舉行，尤有歷史性的一次：張先生接到國父的電報，催匯更大的鉅款，立即約集一個秘密會，我亦在座，臥禪遂決定出賣茶店，以所得供給革命餉項，惟尚未得到買主，那次起義之舉已如電光石火的過去了！茶店終歸賣出，一面推廣商業以廣來源，一面維持同盟會黨費，一面維持世界社的會費。維供給革命與建設性的各項長期業務，經濟總是困難，時刻推進通運公司在法英美三國努力；巴黎的茶葉店雖然停止，而古董業大為發達，推廣到倫敦、紐約；馬德蘭總店也改到聖教場一座古色古香的精舍裡，無異於一座中國博物館；在那裡也有過歷史性的集會，到有梅道良夫人、中法政界的要人，這又另是國民外交的一章；就經濟而言總須開源，通義銀行、豆腐公司等等，均先後在中國方面的馬德蘭、義大利大街、聖教場幾個機關；國際方面的南逵博士、杜珊娥夫人兩沙龍中亦在進展；這又另是革命經濟史的一章。

國際也好，革命也好，經濟也好，都各成一章，或為專述，有見於國父遺著者，有見於歷史者，亦有我之專作，見前幾年中國一周，即張先生逝世時，我曾特為注意到國際問題，因別人均在革命與建設方面著眼，故我在另一途徑；現以為篇幅限制均暫緩談，而談幾段有關心性的節目，或更可以表現臥禪之特徵。

張先生為人極端熱誠，最為少見，可以舉一小事：吳張兩先生與我在巴黎創辦世界社印書局在達廬街三台街，有一夜晚的小事，最感動我而懷憶至今，可以一談；即辛亥前三四年左右，我住在巴黎世界社旁一個小旅館樓上一間陋室，睡中有人敲門，就是張先生方由倫敦歸來，還未回家，就到我那裡述說與英方同志所談；他去倫敦推廣業務，同時看同志；歸途渡海乘夜車，辛苦一天到了巴黎，若是別人必趕快回家休息；任何要事，夜間不能辦，均可明早再說；張先生則不然，下了火車一口氣跑到我的樓上談過話才回去休息；這種熱誠勇氣，尤在一位病體的臥禪，享受慣二十餘年的豪華子弟之福的，尤為難能可貴；我固自愧不如，許多革命同志，無論居於何等地位，有任何偉大發揮的那是另一回事，而在一個，真純的「熱心」立場，恐怕是唯一無二！一個「誠」字，吳稚暉先生也稱道備至，而自歎不及！此為我要特寫之一。

臥禪的革命建設等之心情是最純真的，不但無權利之私，抑且無毀譽榮辱之念；這又是他特點之一。一日由安南來一位參加中國革命的法國同志Leony（李雍尼）帶有孫先生的介紹信，並作口頭說明：革命前途如何樂觀，所需要的是經濟援助，中法合力的組織；這可說是後來在革命史很有貢獻的「通義銀行」的導源；我現在不要說張先生與南逵博士與我如何在法進行，周佩箴同志如何在上海協助張先生進行銀行業務，幫助革命軍，那固重要，但比較似已通常了！最可記者是張先生與李雍尼一席話，很有歷史性與哲學性，李是一個法國三點會友，經孫先生將他參加中國革命，當然不是很平凡的人，談話也非常圓滿而愉快，但其中心思想還是「立功」，這一點與張先生的口味不同，張先生雖然辦公司辦銀行，作革命自然不離開政治，但他的「真誠」離開功業如天淵之隔，這是法國同志所驚奇的！對於張先生雖覺得「怪」也更格外敬仰！此我之特寫又一。

臥禪在少年時經過不少醉生夢死上海的生活，可以說是「出污泥而不染」，也可以說是「放下屠刀立地成佛」但是二十五六年習慣，尤其在可以出入的「小德」方面，如何容易一旦拋去的乾乾淨淨？我因研究科學哲學而得的結論：「不吃肉，不吃煙」張先生都贊成而實行，但是很難，仍勉為之；張、夏（仲堅）兩位決定戒煙，將煙盒交我保管監視，限制每日只吃幾支，逐漸斷絕；一旦在我睡覺後，張、夏竊取煙吃，第二天告訴我說明戒煙之苦，要我原諒；戒肉也有相類的困難，屢斷屢續，到中日大戰，乃下了最後的決心，實行素食；他那最高尚的理由是「反日是反侵害，不是反異族，自己若食肉乃是侵害者，便無資格反他人的侵害」，從此臥禪就成了一位真純的素佛！

遷都重慶之前，張先生伉儷、吳先生與我乘民生船遊川，船中幾日極為愉快；又有一件臥禪的「小事大觀」！一次午飯間張先生作咳，張夫人歎息著說「夜間咳的尤甚，皆因吃煙致然，勸他戒煙絕不肯聽」！張先生答曰：「這與戒肉不同，頂多自害而不害人，我已七十歲，多活少活幾年，也無大關係！」我那時靈機一動，遂提出一個有趣的建議，居然成功，便是「張夫人戒肉交換張先生的戒煙，張先生乃為不害他而戒煙了」，伉儷兩位齊聲同意，立即實行：吳先生在余煙三支上各寫小字一行作證，至今還在張夫人手中。

張先生諸多史事固然重要，有待他文，但以上幾段瑣談的「小事大觀」，更可見臥禪的性靈，作「佛心參傑士」的佐證；這「心性」的寫照是不是較物形的寫照尤可寶貴？禪心之在，雖死猶生，而況臥乎？

（民國五十五年九月十九日　中外新聞）

附錄六

于右任致張靜江信手跡

一九二四年五月，于右任致張靜江信

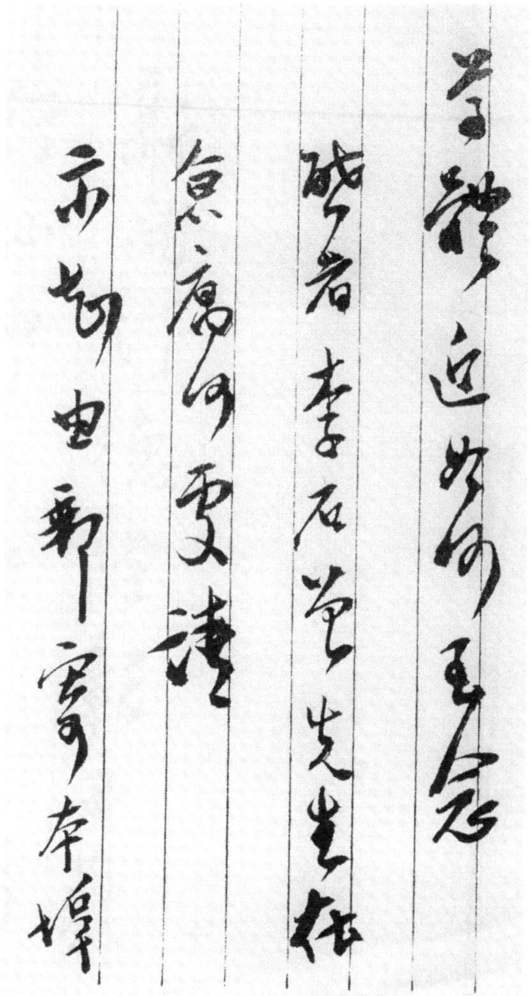

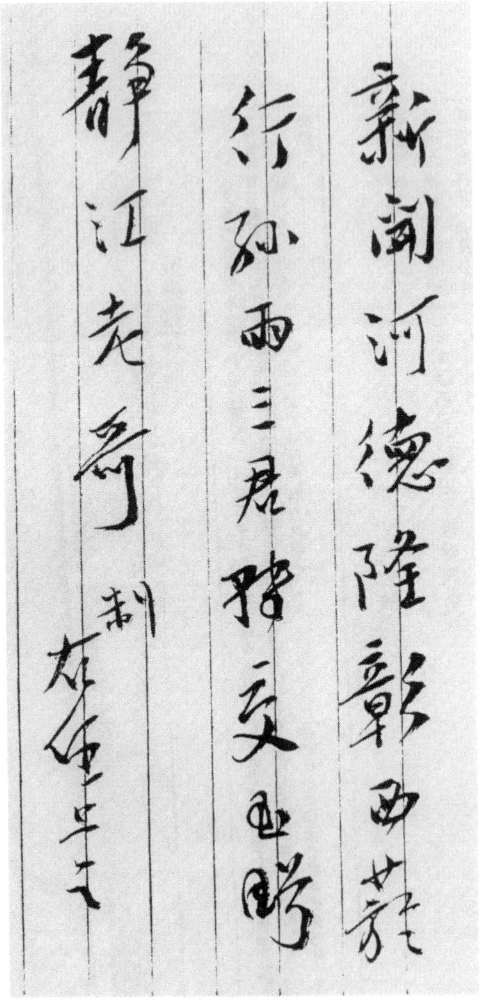
靜江老壽

原文：

尊體近如何至念。啟者李石曾先生在京寓何處？請示知。由郵寄本埠新開河德隆彰西菸行孫雨三君轉交，至盼。靜江老哥。

制右任上言

制：舊時依禮守喪之期。時值于右任伯母逝世之際。

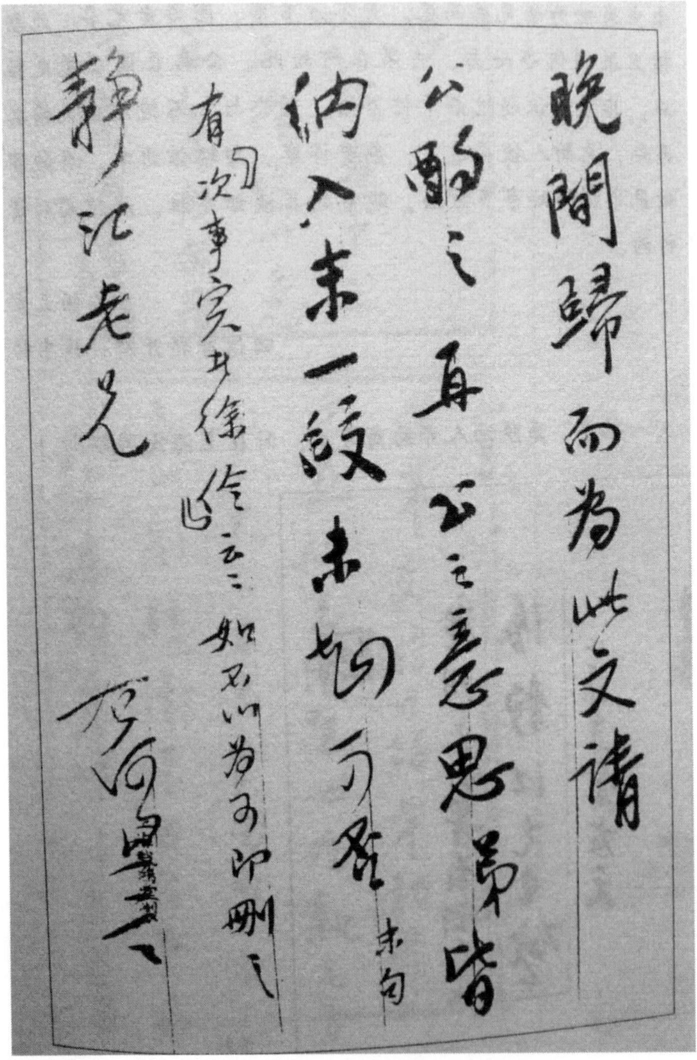

晚聞歸而為此文請
公酌之再三意思弟皆
納入末一段未切可發 末句
有次事實其係修正云云 如不以為可即刪之
靜江老兄

一九二四年十一月，于右任致張靜江信

原文：

晚間歸而為此文，請公酌之再，公之意思弟皆納入末一段，未知可否？末句有「次事實者徐佺」云云，如不以為可即刪之。

靜江老兄

右任上言

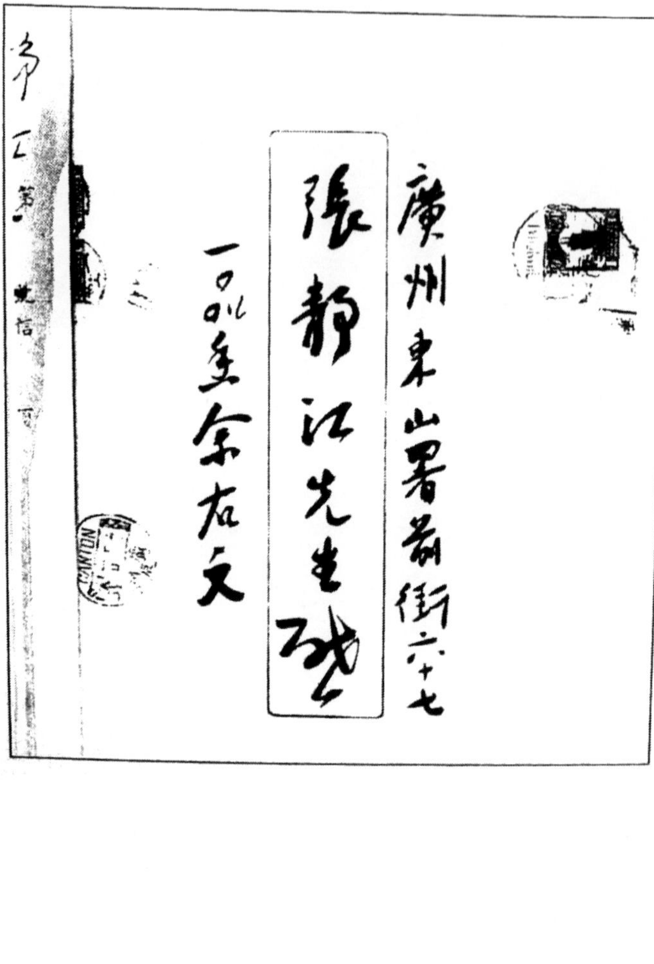

一九二六年六月十五日，于右任從上海一品香旅社寫信給當時在廣州的張靜江

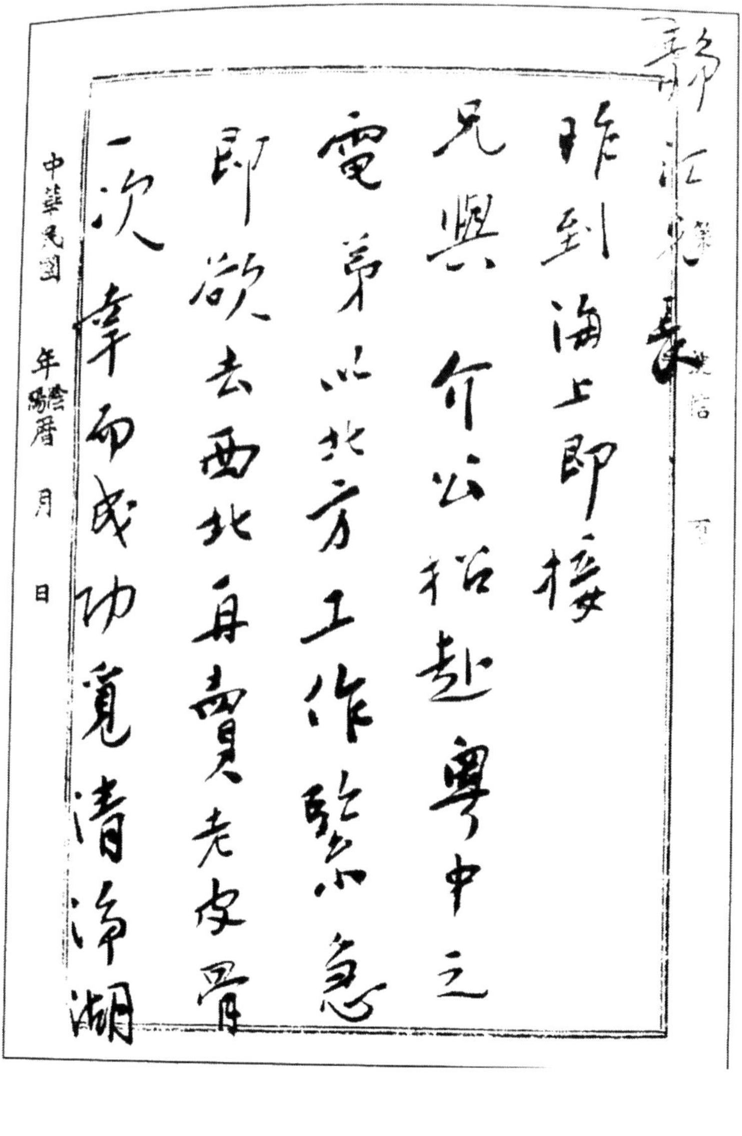

靜江兄長

昨到滬上即接

兄與介公招赴粵中之

電弟以北方工作緊急

即欲去西北再賣老皮骨

一次幸而成功覓清淨湖

中華民國　年　陰陽曆　月　日

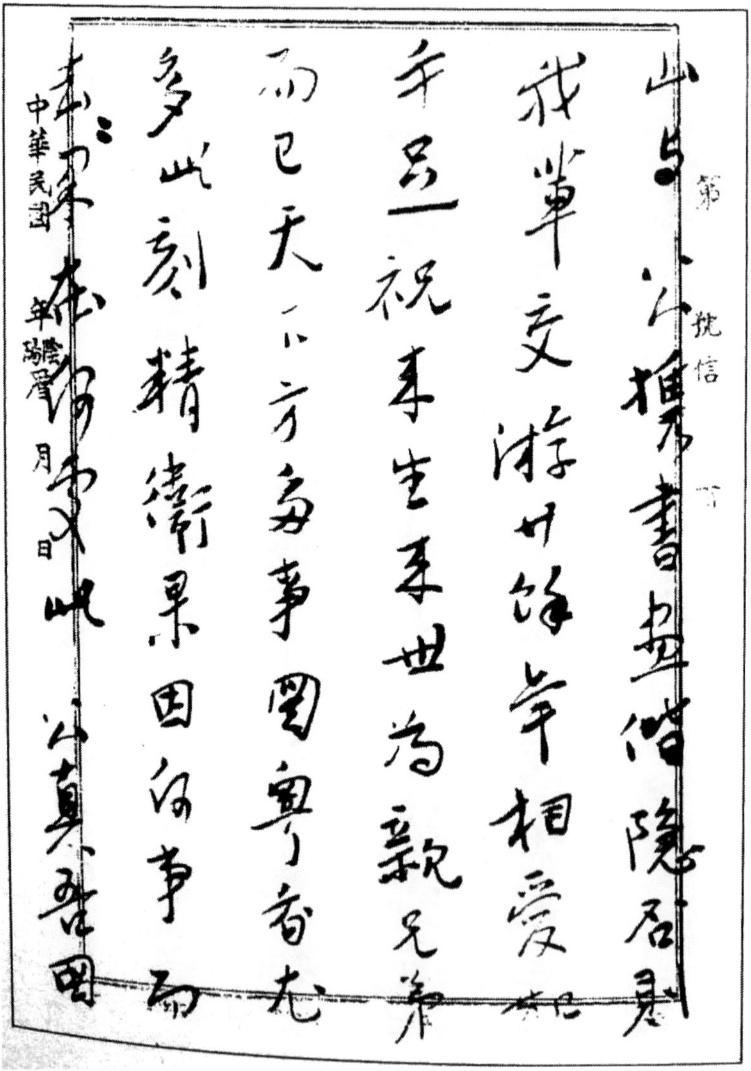

第　號信

山兄以攜書畫偕隱居是
我輩交游廿餘年相愛知
年只一祝來生來世為款兄弟
而已天下方多事圖興吾尤
多此刻精衛果因何事而
[illegible] 公真吾國

中華民國　年　陰陽曆　月　日

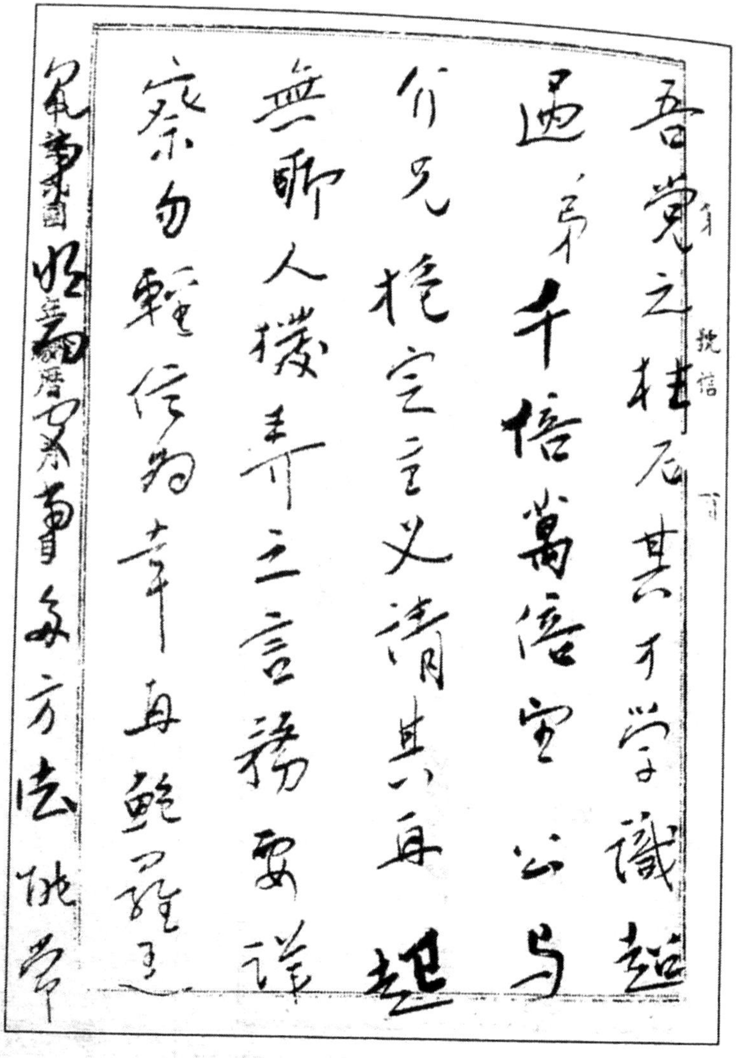

吾覺之桂石其才學識超
過弟千倍萬倍，定公與
仲兄擬定之文，請其再想
無聊人撥弄之言，務要詳
察，勿輕信為幸。再頌[illegible]
[illegible]

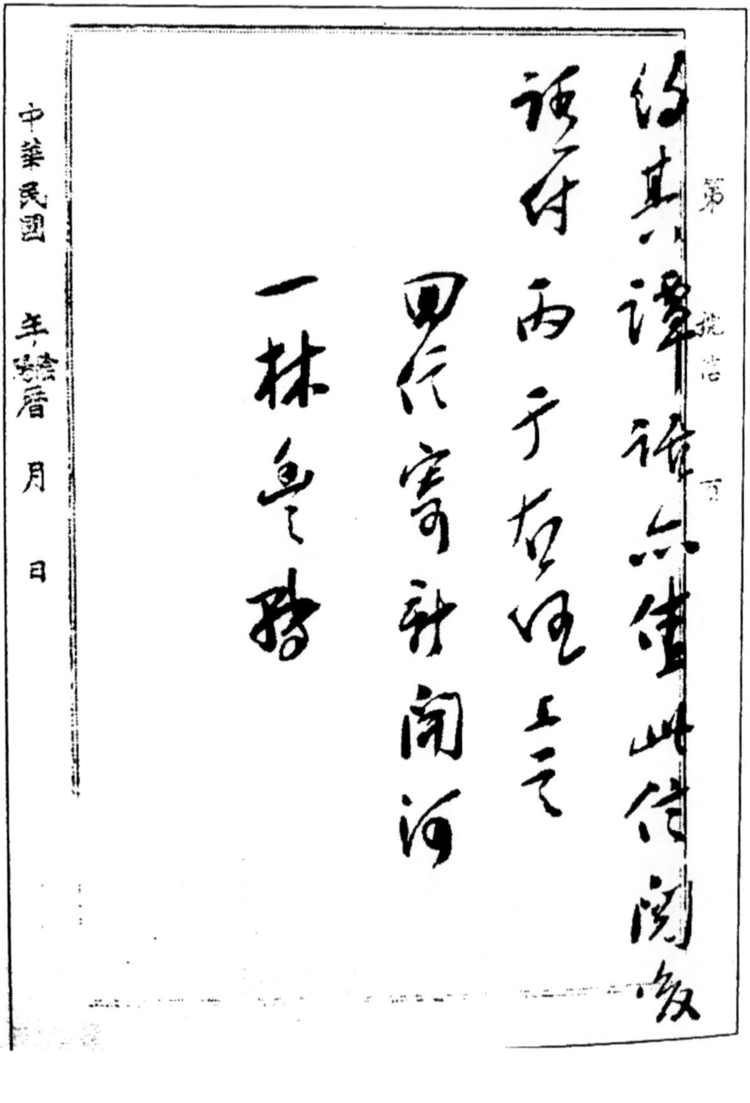
第　號　頁
中華民國　年　月　日

原文：

靜江兄長：

昨到海上即接兄與介公招赴粵中之電，弟以北方工作緊急，即欲去西北再賣老皮骨一次，幸而成功，覓清淨湖山與公攜書畫偕隱，否則我輩交遊廿餘年、相愛如手足、來生來世為親兄弟而已。天下方多事，圖粵者尤多。此刻精衛果因何事而去，去果在何處此，公真吾國吾黨之柱石，其才學識超過弟千倍萬倍，望公與介石抱定主義請其再起，無聊人撥弄之言，務要詳察，勿輕信為幸，再鮑羅廷見事明而處事多方法，能常約其談話亦佳。此信閱後請付丙。于右任上言

回信寄新開河

一林豐轉

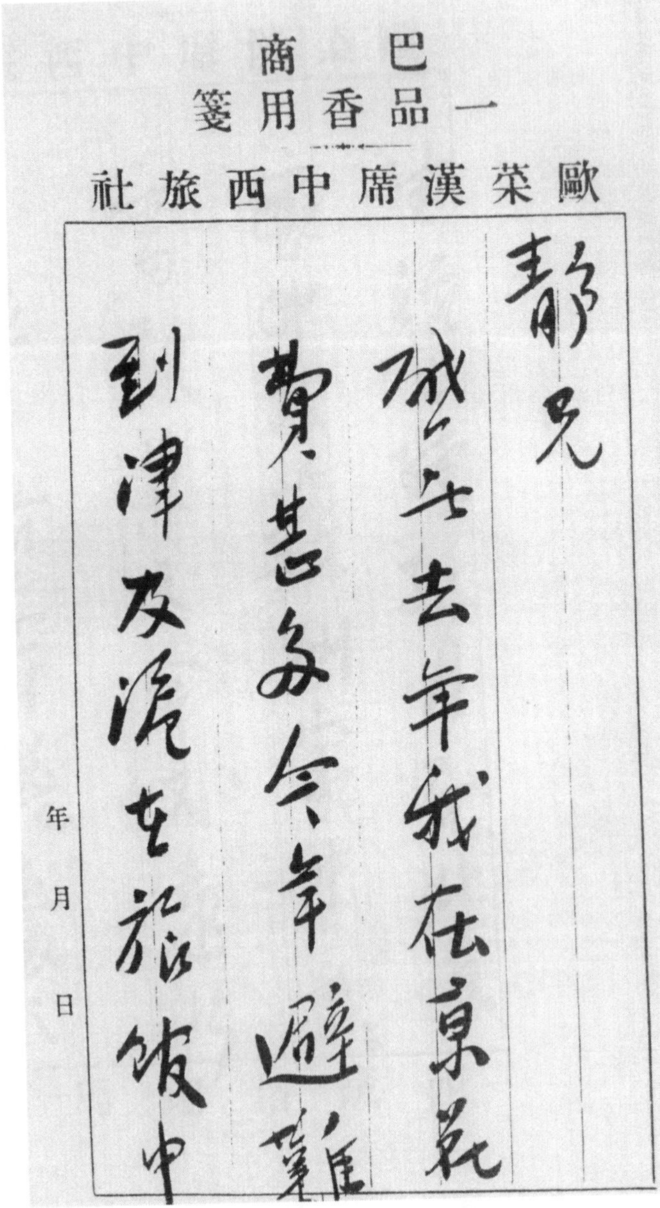
巴商
一品香用箋
歐菜漢席中西旅社

靜兄
殘冬去年我在京花
費甚多今年避難
到津及滬在旅館中

年 月 日

一九二六年六月十六日，于右任致張靜江信

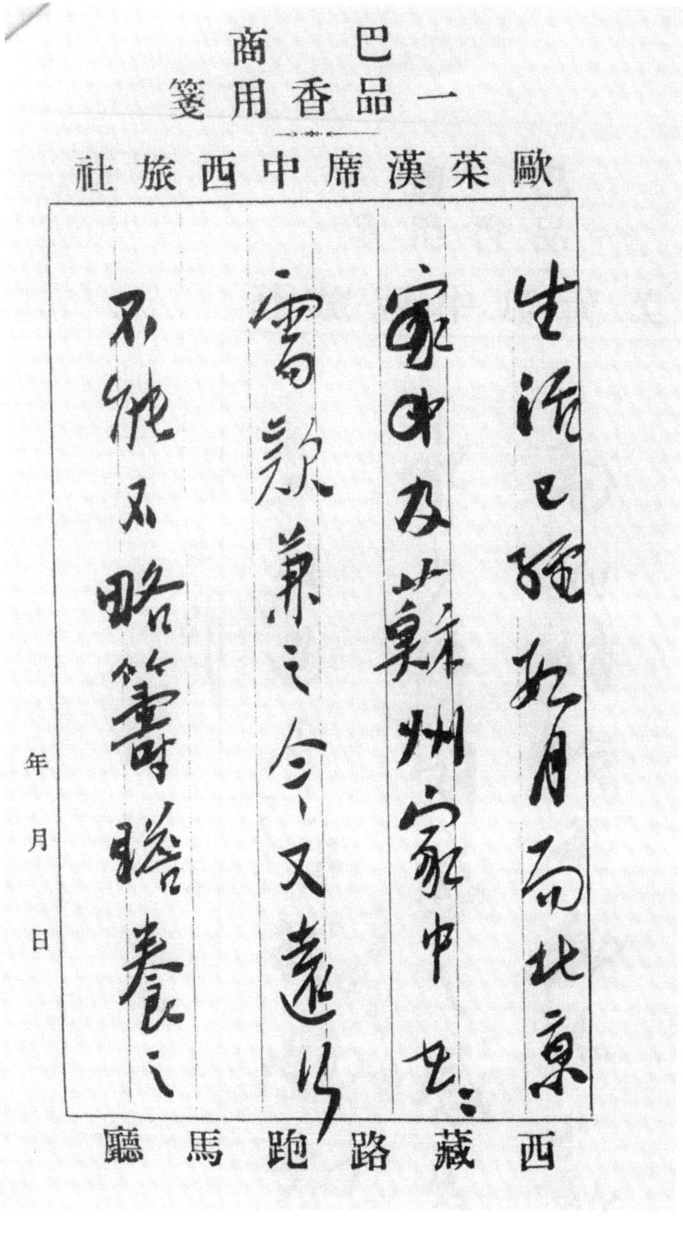
巴商
一品香用箋
歐菜漢席中西旅社

生活已經數月而北京
家中及蘇州家中亟亟
需款兼之今又遠行
不能不略籌贍養之

年　月　日

西藏路跑馬廳

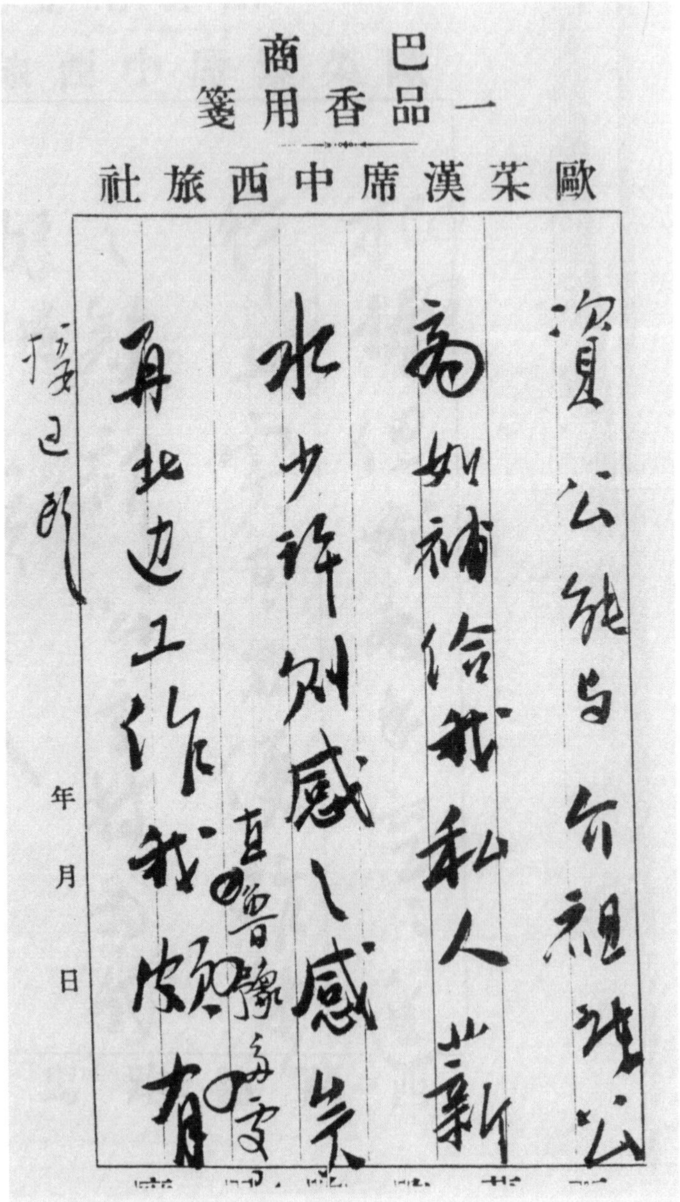

巴　商
一品香用箋
歐菜漢席中西旅社

資公能与介祖强公
為如補給我私人薪
水少許則感之感無
再北边工作我没有

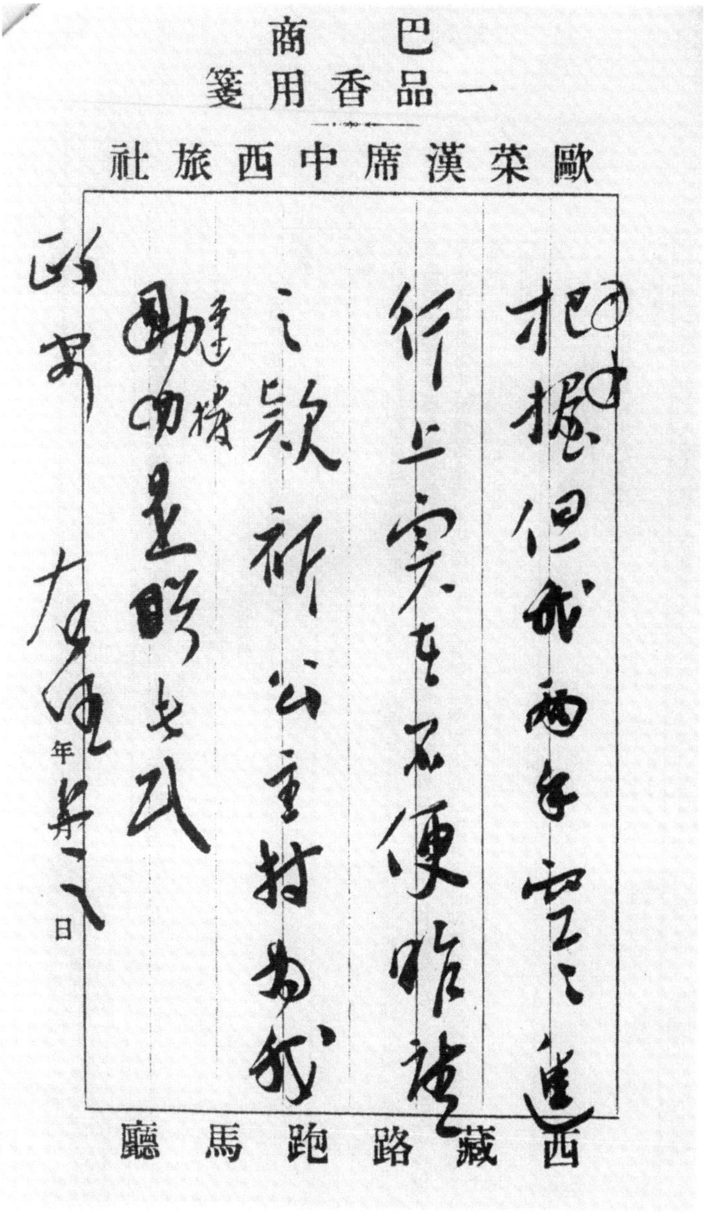

巴商一品香用箋

歐菜漢席中西旅社

[illegible]

年　[illegible]　日

西藏路跑馬廳

原文：

靜兄：

啟者去年我在京花費甚多，今年避難到津及滬，在旅館中生活已經數月，而北京及蘇州家中在在需款，兼之今又遠行，不能不略籌贍養之資，公能與介祖、望公商如補給我私人薪水少許，則感之感矣！再北邊工作我頗有把握，但我兩手空空，進行上實在不便，昨請之款，祈公主持為我速撥是盼。此頌

政安　右任上言

一九二七年八月，于右任致張靜江信

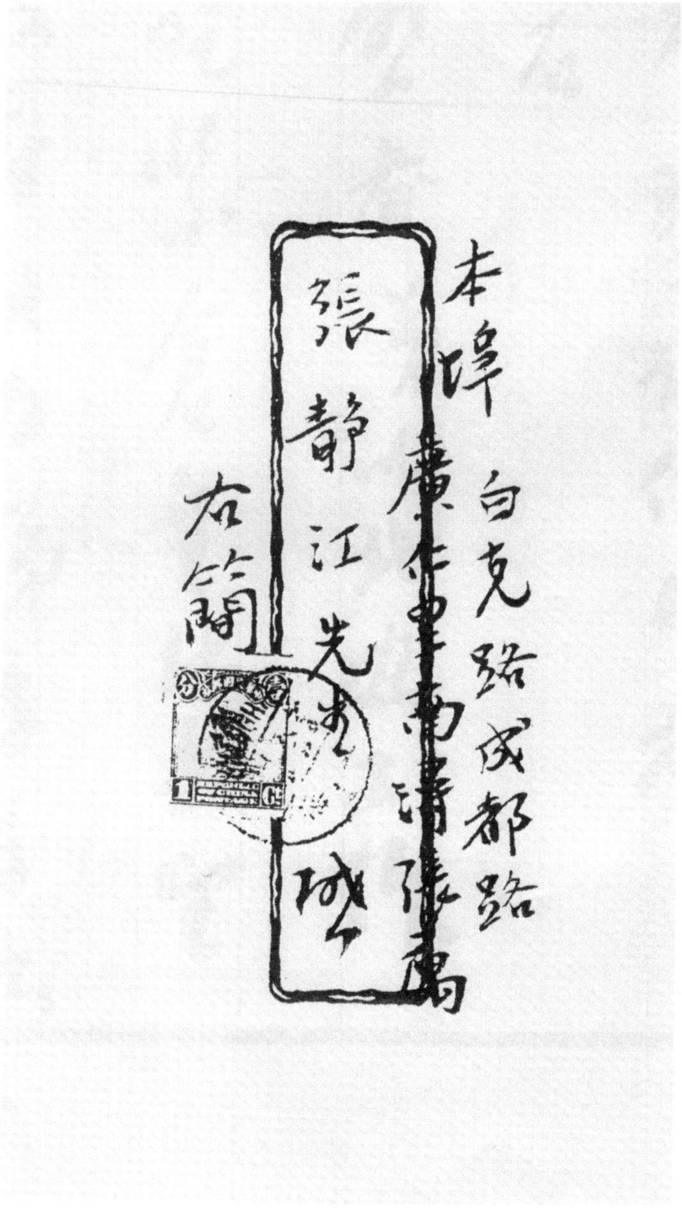

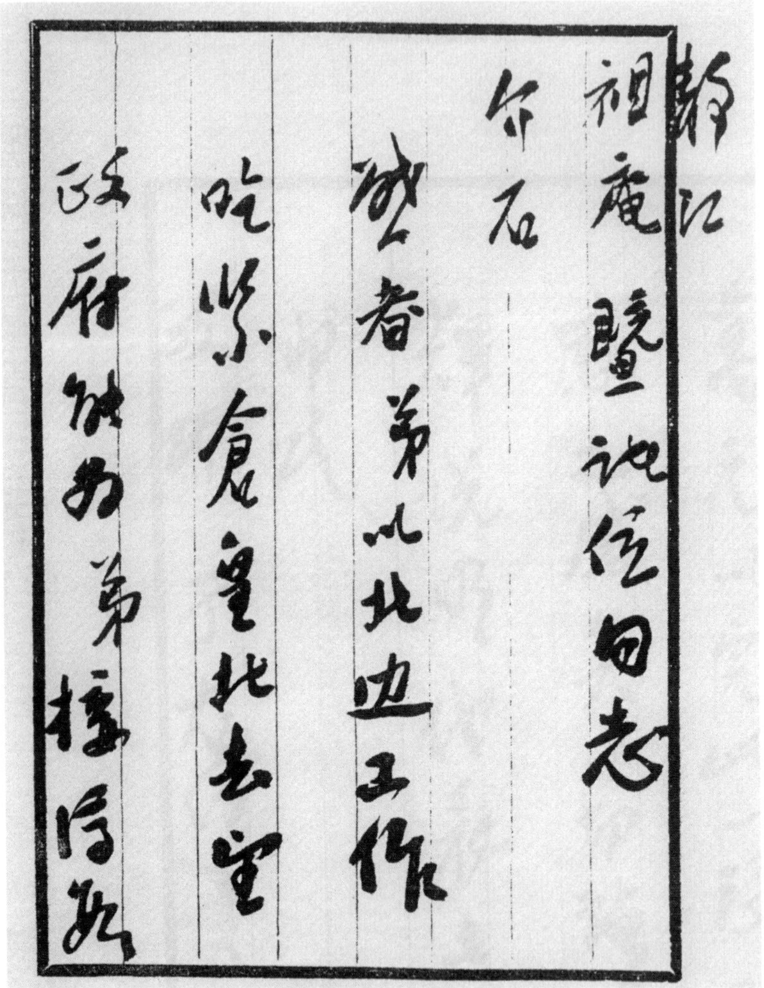

靜江
祖庵暨諸位同志
介石
誠吾弟以北邊工作
吃緊倉皇北去望
政府能為弟撥得款

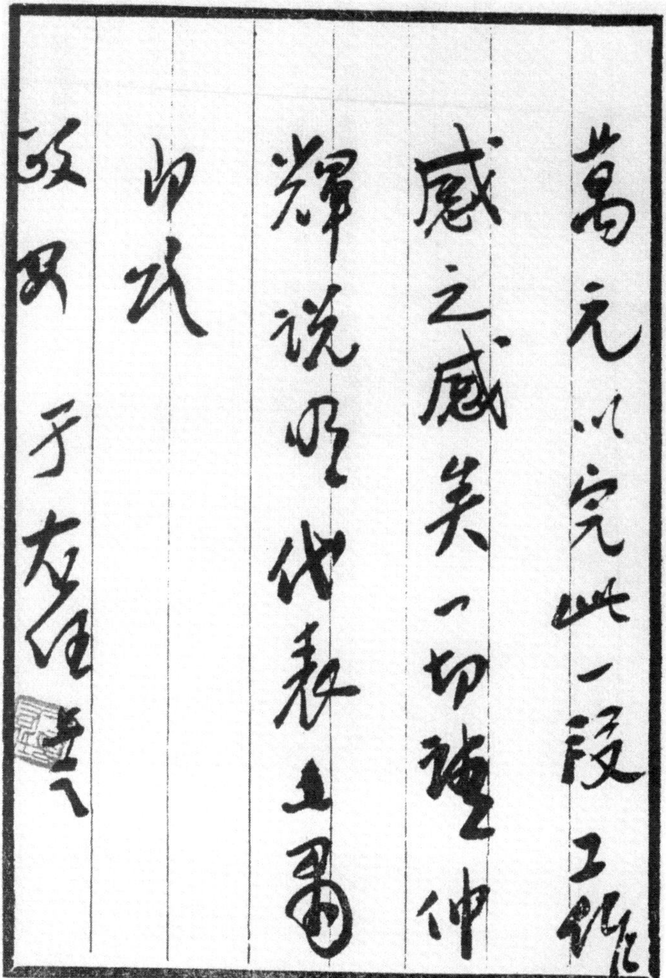

萬元以完此一段工作
感之感矣一切請伸
謝說明代表至意
即頌
政安　于右任上

信封：
本埠　白克路成都路廣仁裏南潯張宅
張靜江先生　啟
右簡

原文：
靜江祖庵介石暨諸位同志：
啟者弟以北邊工作吃緊，倉惶北去，望政府能為弟接濟數萬元以完成一段工作。感之感矣。一切請仲輝說明代表。此肅即頌
政安　于右任上言

注：仲輝，即邵力子先生。

一九三六年，于右任致張靜江信

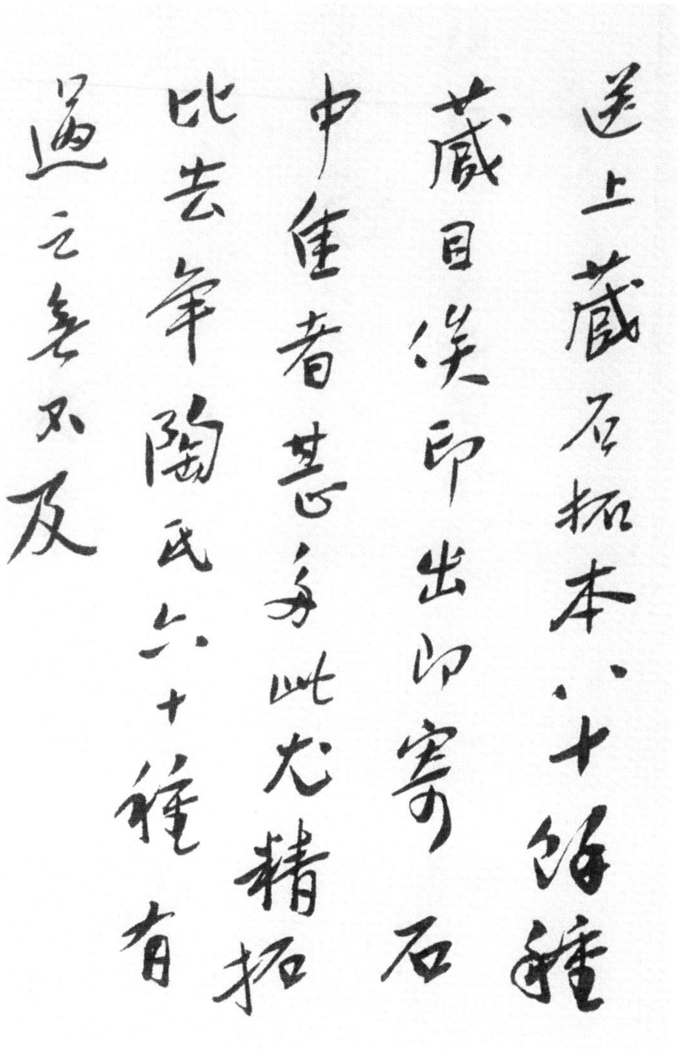

送上藏石拓本、十餘種
藏目俟印出即寄 石
中僅有者甚多此尤精拓
比去年陶氏六十種有
過之無不及

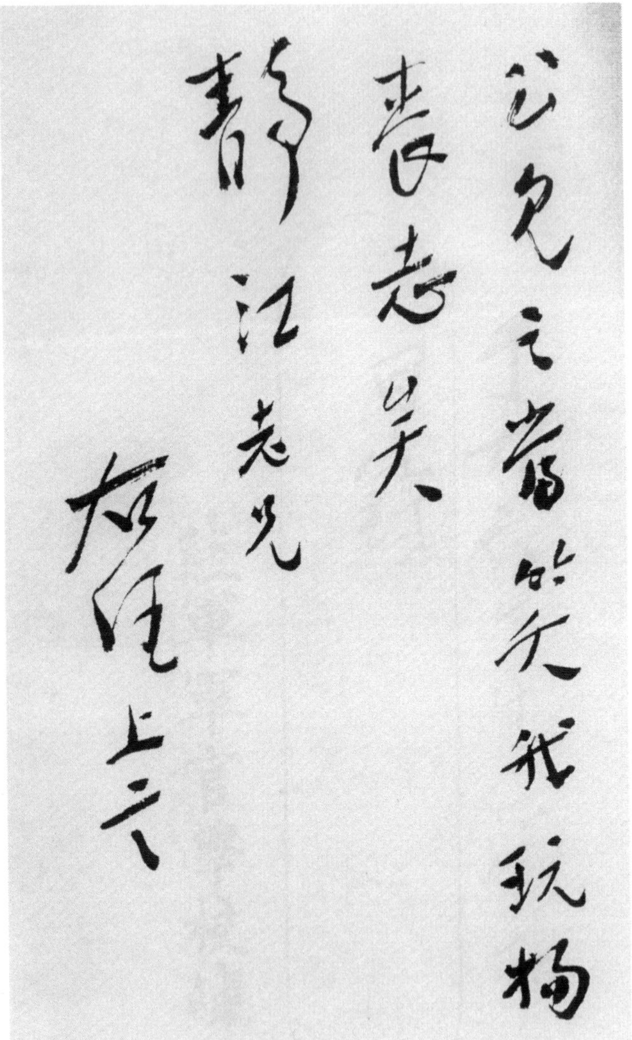
靜江老兄
上言

原文：

送上藏石拓本八十餘種，藏目俟印出即寄。石中佳者甚多，此尤精拓比去年陶氏六十種有過之無不及。

公見之當笑我玩物喪志矣。

靜江老兄

右任上言

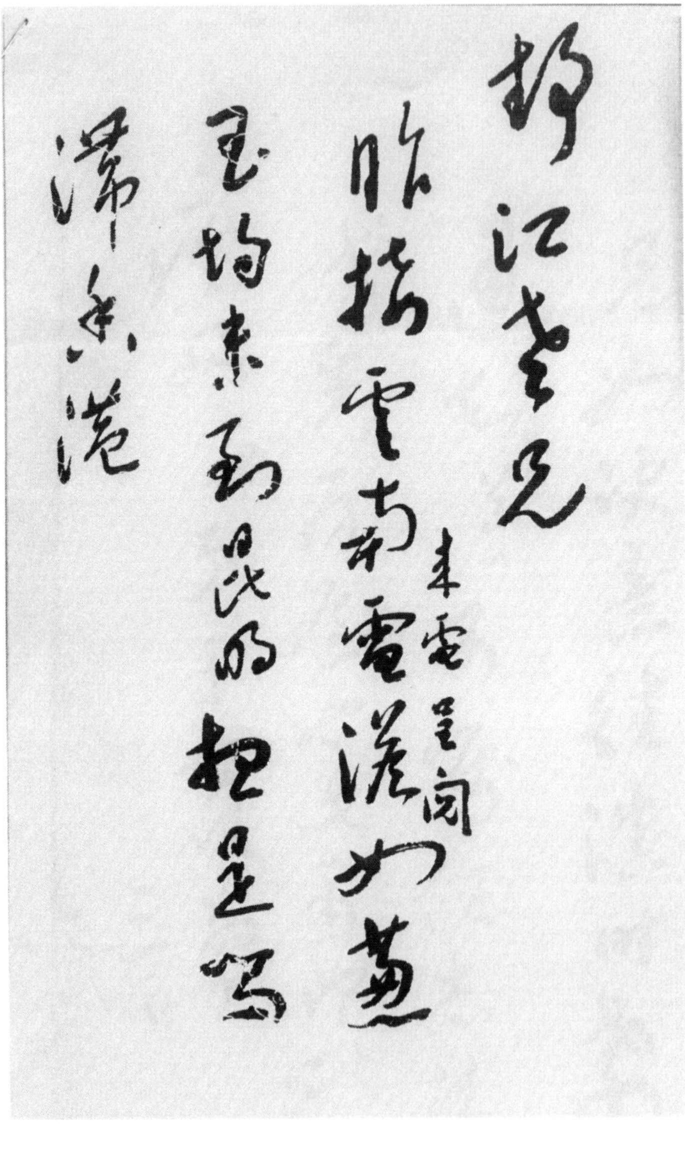

一九三七年，于右任致張靜江信

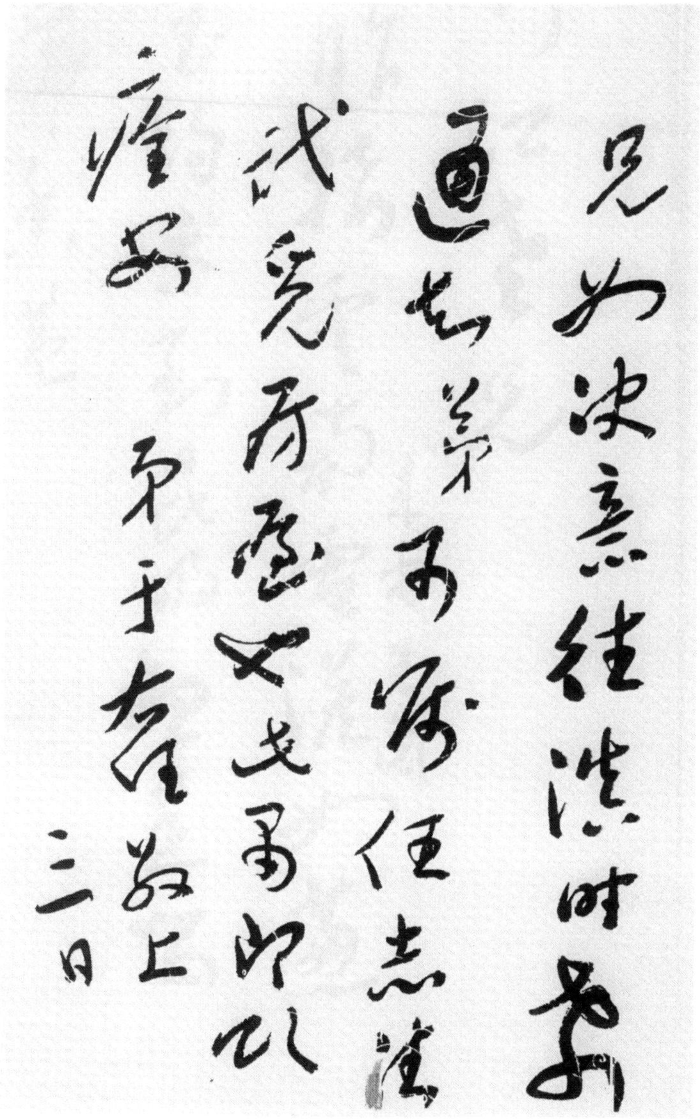
兄如決意往滬時再
弟于右任敬上

原文：

靜江老兄：

昨接雲南電（來電呈閱）澹如、蕙玉均未到昆明，想是留滯香港，兄如決意往滇時，希通知弟，可囑任志清代覓房屋也。此即頌痊安。

弟于右任敬上

三日

注：澹如，是張靜江的三弟，蕙玉是張靜江的侄孫。

主要參考書目

《民國張靜江先生人傑年譜》，臺北商務印書館，一九八一年版。
《中華民國名人傳第二冊》，臺北近代中國出版社，一九八四年版。
《毀家憂國一奇人——張人傑傳》，張素貞著，臺北近代中國出版社，一九八一年版。
《張靜江事蹟片斷》，政協全國文史資料研究會編，中華書局，一九八一年版。
《張靜江先生文集》，臺北中央文物供應社，一九八二年版。
《中華民國史事紀要》，臺北中央文物供應社，一九七八年版。
《孫中山全集》，中華書局，一九八一年八月版。
《孫中山傳》，尚明軒著，北京出版社，一九七九年版。
《孫中山集外集》，郝盛潮主編，上海人民出版社，一九九〇年版。
《蔡元培先生全集》，臺灣商務印書館出版，一九九一年版。
《中國近代的無政府主義的思潮》，蔣俊、李興芝著，山東人民出版社，一九九一年五月版。
《留法勤工儉學運動》，上海人民出版社，一九八〇年十月版。

《勤工儉學生在法最後之命運》，載天津著，《益世報》，一九二一年十二月二十八日。

《里昂海外大學又一消息》，《申報》一九二一年八月五日。

《李石曾與留法勤工儉學運動》，《中國留學史萃》，中國友誼出版公司，一九九二年版。

《汪精衛先生傳》，政治月刊社，一九四四年版。

《中華民國史資料叢稿大事記》，中華書局，一九八六年版。

《細說民國創立》，黎東方著，上海人民出版社，一九九七年版。

《吳稚暉先生大傳》，陳洪、陳凌海著。

《民國吳稚暉先生敬恒年譜》，臺灣商務印書館，一九八一年版。

《汪精衛與陳璧君》，程舒偉著，吉林文史出版社，一九八八年版。

《張溥泉先生全集》，中央文物供應社，一九六一年版。

《中國回憶錄（一九二一－一九二七）》，達林著，中國社會科學出版社，一九八一年版。

《共產國際、聯共（布）與中國革命檔案資料叢書・第一卷》，北京圖書館出版社，一九九七年版。

《一九一七－一九二四年的蘇俄對華政策》英文版，艾倫・惠延著，紐約哥倫比亞大學出版社，一九五四年。

《建設委員會辦理浙江長興煤礦節略》（建設委員會檔案未刊原件），南京中國第二歷史檔案館。
《建設委員會創辦淮南煤礦述略》（建設委員會檔案未刊原件），南京中國第二歷史檔案館。
《張靜江手創杭江、淮南、江南三鐵路》，世界社編印。
《張靜江百歲紀念集》，一九七六年版。
《建設委員會十年》，中華民國史事紀要（一九二八年一－六月份）。
《建設委員會財政部公函》，一九三三年七月六日。《建設委員會公報》，一九三三年八月。
《吳稚暉傳》，路小可著，蘭州大學出版社，一九九七年版。
《江精衛評傳》，李理夏潮著，武漢出版社，一九八八年版。
《于右任傳》，許有成、徐曉彬著，復旦大學出版社，一九九七年版。
《近代史研究》，中國社會科學院近代史研究所，一九九七年第一期。
《蔣介石》，（美）布賴恩・克羅澤，內蒙古人民出版社，一九九五年版。
《辛亥風雲錄》，任光椿著，湖南人民出版社，一九八三年版。
《開拓者的足跡──張謇傳稿》，章開沅著，中華書局，一九八六年版。
《鄭超麟回憶錄》，東方出版社，一九九六年版。
《中國近代最大的絲商群體──湖州南潯的「四象八牛」》，陳永昊、陶水木主編
浙江人民出版社。

《張靜江先生事略》，林黎元，手印小冊。
《革命浪人》，（日本）三好徹著，任余白譯，學林出版社，一九九七年版。
《蔡元培評傳》，張曉唯著，百花洲文藝出版社，一九九三年版。
《章太炎傳》，張兵著，團結出版社，一九九八年版。
《宋美齡傳》，楊樹標著，江西人民出版社。
《汪精衛和蔣介石》，王朝柱著，中國青年出版社，二〇〇一年版。
《國民黨金融之父宋子文》，楊者聖，上海人民出版社，二〇〇一年版。
《陳果夫回憶錄》，臺北傳紀文學出版社，一九八〇年版。
《國民黨教父陳果夫》，楊者聖著，四川人民出版社，一九九五年版。
《浙江辛亥革命回憶錄》，浙江人民出版社，一九八一年版。
《黨人三督傳》，上海書店出版社，二〇〇〇年版。
《蔣百里傳》，陶菊隱著，中華書局，一九八五年版。
《歷史研究》，中國社會科學出版社，一九八九年第四期。
《中國史研究》，中國社會科學出版社，一九九四年第一期。
《歷史檔案》，中國第一歷史檔案館，二〇〇〇年第一期。
《學術月刊》，上海人民出版社，一九八六年第四期。

後記

自幼常聽外祖母講南潯「四象八牛」的故事，當她講起那些充滿傳奇而又神秘的軼聞時，老人就顯得神乎其神，精神氣爽，而我聽著這些故事時，也不時使我聽得神往而入迷，並在幼小的心靈上泛起一種崇敬之感。老人有時還神采奕奕地講到，她的婆婆那時也常被「四象」之一的龐家請進大院為女眷們描花繪畫。及長，我常常有機會去位於這個鎮東柵的張氏故居走走看看。當然，那時的大門是緊閉著的，我無法窺測其故居內院。長期來這些大大小小的房屋，以及有關這戶大族的一切傳聞故事，只不過是我心中一座「認識的高牆」而已。其時，我只能憑藉幼時從外祖母那裡聽來的故事，以及張氏家族在鎮頭上高高聳立的建築物，去尋求當年曾生活在那一座座高牆大院裡的歷史人物，去夢幻，去猜度，去馳騁當年他們生活的時代，以及他們的人生命運。

二十世紀，是一個複雜多變，動盪不定，且令人耐忍的時代。她歷經了從封建王朝到共和政府之嬗變，發生了五四新文化運動，歷經了國內軍閥斷斷續續的戰亂以及二場世界大戰給中國帶來了災難性損害。天災、人禍和各種動亂，奪去了數千萬中國人的生命；這確是個不堪回首的時代。怪不得魯迅要說：「我翻開歷史一查，這歷史沒有年代，歪歪斜斜的每一頁上都寫著『仁義道德』幾個字，我橫豎睡不著，仔細看了半夜，才從字縫裡看出字來，滿本都寫著兩個字『吃人』」。一個世紀，從歷史長河來說，雖只不過是一瞬間，可作為對生命個體來說，在這漫長的一百年中，從蒙受列強淩辱，到向西方尋求科學真理，從閉關自守到改革開放，這個世紀裡所發生的無數悲劇與喜劇的故事，可謂太多太長，實有令人說不清，道不盡的滄桑之感。從晚清社會到二十世紀上半葉，在這一歷史河流中，既有萬丈波瀾，也難免泥沙俱下，魚龍混雜。總之，歲月滄桑，既有可圈可點的精英人物，也有芸芸眾生的悲歡離合。

在我們對這上一個世紀的回眸中，那些可被後世所記憶而該寫的歷史人物很多。而我，所以要為張靜江這個歷史人物寫一點傳記之類的東西，那是因為我要了卻我心中的一個夙願。同時，也是為了避免寫歷史人物時的捨近求遠。因為，南潯畢竟是我的故鄉，我隨時可走進那些人去樓空的張氏故居，一遍遍沐浴和體味那種場景和氛圍；以及它與我心靈碰撞出的奧妙感覺……。再則，我的善良而又具識見的外祖母，她雖然早已離我們而去，但她曾津津有味講起的「四象八牛」的故事，卻遠遠還沒有講完。這般的故事，已經延續了一個多世紀；但她始終是讓一代代人講不盡的故事。如水年華，倏忽又流淌到一個新世紀，「百代之過客」的人生之旅，已流到了我們這一代，於是我想，是否可以把這般的故事，再繼續講下去；是否可以把它敘述得更系統和更貼近歷史的真實呢？親愛的讀者，我想，這也許便是我所以要寫這部傳記文學的出發點與歸結點吧。

於是，我便開始搜尋有關張靜江的史料、以及這方面的傳聞軼事。同時研究了二十世紀這個歷史大背景所發生的國際關係史、共運史；以及在這個歷史舞臺上曾粉墨登臺的眾多人物的民國史。當我開始著手寫作時，我真有幸，又得到了對近現代史與辛亥革命史素有研究的章開沅先生的幫助。他從武昌華中師大自己的「實齋」書屋，給我寄來了他自己撰寫的有關辛亥革命的著作讓我閱讀，而且，在徵得他的同意後，華中師大歷史系的張建平先生，還特地從圖書館給我複印了有關我必須的資料，這無疑給予了我很大的幫助。從而使我在為生存而忙碌的工作之餘，大多是利用深夜時間，在一盞孤燈下；耐住寂寞和勞累，一頁一頁地寫下去，終於化了三年多的時間寫完了這部傳記。

的確，當我在完稿之際，也正是歲末寒冬最冷的時光，我如釋重負。當時真有二種感覺，一方面悄悄對自己說，唉，下次別再寫那些長長的傳記文學了！可同時滋生出一種進取與喜悅的狀態，認為通過寫長篇傳記，既對近現代史上許多重大歷史事件有了新的認識，也增長了涉及多門學科的歷史人物撰寫的經驗，如以後再有機會寫這方面的傳記文學就方便多了。

在我撰寫《張靜江傳》時，我總記起著名德國哲學家伽達默爾的思想：他認為傳統是需要通過活生生的詮釋活動來延續和更新的。我試圖按照他的「另一種類型的認識」——即「實踐智慧」的理念，也就是說用一種對生命體驗的思惟方式來理解、撰寫張靜江這位歷史人物。實際上我們自孔子、老子以來中國的思維傳統，恰恰是沿著這一方向發展的；這不過我們自己在這幾十年中，自覺或不自覺地去破壞了這種理性的延續與更新。所謂活生生的詮釋，也便是對歷史及其人物的研究要力求全面、客觀和公正而已。

當然，用這種理念去理解、去撰寫民國歷史人物的傳記，其中的百般辛苦只能由自己去感受了。恕我孤陋寡聞，也許這是華文第一本長篇敘述的張靜江傳，眾多的讀者是否會喜歡閱讀它呢，而本書的寫作品質又如何？我想，這自有專家、同仁和讀者去評判。但由於筆者學識有限，書中疏漏之處在所難免，我真誠希望以此書為拋磚引玉，在國內外能有多種版本的張靜江傳出現，以期對民國奇人張靜江有更深入的研究。誠如孟子所說「知人論世」、「以意逆志」，希望有更多的學者去和前古後今的歷史人物溝通起來，並以此方式作為理解與鼓勵我們同時代人的生存和民族精神的發揚光大。

在本書的寫作過程中，我除得到上述師友之幫助外，還得到許多有識見人士的鼓勵，他們都給予了我很大的鞭策，使我能堅持寫下去；在此也一併敬致感謝。內人陳靜芳除了承擔家務以外，還抽出時間為此書列印了部分書稿。很難設想如沒有了他（她）們的幫助與支持，本書的的如期完成，幾乎是不可能的。呂薇編輯，在上海組稿時的偶然邂逅，惠予邀約出版此書，在此一併衷心感謝！

一個災難深重、風雲多變的二十世紀已經過去，新世紀之初，我們能否對上個世紀的歷史作出合理的解釋？也許能，也許不能，抑或見仁見智，各有各的解釋。但我想，歷史是由人所演化，「歷史是人心中的歷史」，也許，從這個角度出發，讀一讀在上個世紀裡生活的歷史人物的紀錄，與許能使我們對合理解釋二十世紀這段歷史的原則和邊界有一點幫助與借鑒；如達此願，雖此書殘缺遂多，語饒重出，是謂著者所深誡，然敝帚自珍，終能獻之讀者良朋，吾願足矣！

於二〇〇二年十二月

重修訂於二〇一一年十月

苕溪聽雨齋

Do人物12　PC0328

現代呂不韋
——民國奇人張靜江

作　　者／張建智
責任編輯／邵亢虎
圖文排版／王思敏
封面設計／王嵩賀

出版策劃／獨立作家
發 行 人／宋政坤
法律顧問／毛國樑　律師
製作發行／秀威資訊科技股份有限公司
地址：114 台北市內湖區瑞光路76巷65號1樓
電話：+886-2-2796-3638　傳真：+886-2-2796-1377
服務信箱：service@showwe.com.tw
展售門市／國家書店【松江門市】
地址：104 台北市中山區松江路209號1樓
電話：+886-2-2518-0207　傳真：+886-2-2518-0778
網路訂購／秀威網路書店：https://store.showwe.tw
國家網路書店：https://www.govbooks.com.tw

出版日期／2014年7月　BOD一版　**定價**／600元

獨立作家
Independent Author

寫自己的故事，唱自己的歌

現代呂不韋：民國奇人張靜江 / 張建智著. -- 一版. -- 臺北市：獨立作家, 2014.07
面； 公分. -- (Do人物；PC0328)
BOD版
ISBN 978-986-5729-15-8 (平裝)

1. 張靜江 2. 傳記

782.886 103006388

國家圖書館出版品預行編目

讀者回函卡

感謝您購買本書，為提升服務品質，請填妥以下資料，將讀者回函卡直接寄回或傳真本公司，收到您的寶貴意見後，我們會收藏記錄及檢討，謝謝！如您需要了解本公司最新出版書目、購書優惠或企劃活動，歡迎您上網查詢或下載相關資料：http:// www.showwe.com.tw

您購買的書名：________________________________

出生日期：________年________月________日

學歷：□高中（含）以下　□大專　□研究所（含）以上

職業：□製造業　□金融業　□資訊業　□軍警　□傳播業　□自由業

□服務業　□公務員　□教職　□學生　□家管　□其它____

購書地點：□網路書店　□實體書店　□書展　□郵購　□贈閱　□其他

您從何得知本書的消息？

□網路書店　□實體書店　□網路搜尋　□電子報　□書訊　□雜誌

□傳播媒體　□親友推薦　□網站推薦　□部落格　□其他________

您對本書的評價：（請填代號　1.非常滿意　2.滿意　3.尚可　4.再改進）

封面設計____　版面編排____　內容____　文／譯筆____　價格____

讀完書後您覺得：

□很有收穫　□有收穫　□收穫不多　□沒收穫

對我們的建議：________________________________

____

____

____

請貼
郵票

11466
台北市內湖區瑞光路 76 巷 65 號 1 樓
獨立作家讀者服務部 收

（請沿線對折寄回，謝謝！）

姓　　名：＿＿＿＿＿＿＿＿　年齡：＿＿＿＿　性別：□女　□男

郵遞區號：□□□□□

地　　址：＿＿＿＿＿＿＿＿＿＿＿＿＿＿＿＿

聯絡電話：(日)＿＿＿＿＿＿＿＿＿＿(夜)＿＿＿＿＿＿＿＿＿

E-mail：＿＿＿＿＿＿＿＿＿＿＿＿＿＿＿＿